KB210509

신학교 재학 시절 가장 배우고 닮고 싶은 설교자는 이동원 목사였다. 신학교 졸업 이후 유학생 사역에 뛰어들 당시 이동원 목사는 워싱톤 DC에서 목회하면서 코스타 수양회도 이끌고 계셨는데, 그때 미국 유학생들에게 가장 인기 있던 설교자였다. 개인적으로 감히 범접할 수 없는 이동원 목사의 설교 세계를 신성욱 교수의 깊이 있는 분석과 특유의 정제되고 맛깔스런 필력으로 관찰해 보는 것은, 마치 신혼방 창호지 문에 구멍 내어 들여다보는 것처럼 가슴 설레는 일이다. 이동원 목사가 영향을 받았다고 말하는 멘토들은 지금도 우리에게 큰 감동을 주는 분들로서, 시대를 넘어 오늘날 우리에게도 큰 도전을 준다. 특히 이동원 목사의 설교에 있어서 성경해석학적인 분석은 신성욱 교수의 신학적 해박함과 교회의 시대상을 읽어내는 전문성까지 한데 어우러져 탁월한 논문과도 같이 여겨진다. 치열한 취재와 풍부한 내용들이 한 시대를 풍미한 설교자를 중심으로 한국 교회의 현대사를 정리해 준다는 점에서도 본서의 유익이 있다. 지금 개정증보판으로 재출간되는 본서는 말씀의 강단에서 시대적 설교가를 꿈꾸는 이들에게 교과서가 될 것이다. 또한 본서는 한 시대 한국 교회와 이민 교회를 흔들어 놓았던 이동원 목사의 뒤를 잇고자 하는 후배들을 일으키는 일에 요긴하게 사용될 것을 믿어 의심치 않기에 적극적으로 일독을 추천한다.

김한요 목사 얼바인 베델교회 담임

추천사를 쓰면서 먼저 한 시대 존귀하신 예수 그리스도의 복음을 위해 전 삶을 던지셨던 이동원 목사께 감사와 존경을 표한다. 이동원 목사의 설교는 한 교회를 넘어 전 한국 교회 성도들을 먹이는 하늘의 양식이었고, 한국 교회 설교자들의 이정표가 되었다. 이동원 목사의 강단을 통해 진리의 빛을 영롱하게 비추어 주신 하나님께 감사드린다. 이동원 목사의 설교는 분석을 요구할 수 있는 대상이 아니다. 은혜를 받는 데만 마음을 쏟아도 소화를 채 시키지 못한 채 열두 광주리는 더 남을 것이기 때문이다. 이런 탁월한 목회자이자 설교자이신 이동원 목사와 함께 한 시대를 호흡하며, 그의 설교를 통해 하나님의 말씀을 들을 수 있다는 것은 우리에게 주어진 큰 특권임에 틀림이 없다. 신성욱 교수께서 이동원 목사라는 한 분의 삶과 설교를 씨줄과 날줄처럼 정교하게 엮어 아름다운 태피스트리를 창조해 냈다. 한 사람의 삶과 설교 세계를 이렇게 장대한 파노라마로 그려낸 저자의 열정과 헌신에도 감사드린다. 이 책은 한 사람의 설교 세계를 넘어, 한국 교회의 수많은 목회자와 신학도가 보아야 할 설교 교과서이다. 누구나 이동원 목사처럼 설교할 수는 없다. 그러나 이 책이 누구의 손에 들려지든지 자신의 설교에 한층 더 발전을 가져올 것은 틀림이 없다. 추천자 자신이 그 잔잔하고 확실한 변화의 증거이다.

류응렬 목사 와싱톤중앙장로교회 담임, 고든콘웰신학대학원 객원교수

누군가 나에게 '신학교에서 설교학을 가르치는 교수이자 언제나 단독 목회를 소망하는 한 사람인 나에게 귀감이 될 만한 설교자는 누구일까?'라고 질문한다면, 나는 주저 없이 '이동원 목사'라고 대답할 것이다. 왜냐하면 이동원 목사는 비록 은퇴하셨지만, 여전히 설교단에서 정점에 이른 설교를 왕성하게 선포하고 계시기 때문이다. 그렇기에 나는 아직도 이동원 목사의 설교에 매료되어 늘 경청하며 은혜를 받고 있다. 설교학자로서, 나는 설교자로 부름받은 후학들에게 개정 증보되어 출판된 신성욱 교수의 『이동원 목사의 설교 세계』를 탐독하기를 권한다. 그 이유는 먼저 나도 이동원 목사처럼 설교하기를 간절히 소원하기 때문이고, 둘째는 후학들에게 설교자의 큰 바위 얼굴인 이동원 목사를 바라보게 하기 위해서이다.

박성환 교수 한국성서대학교 설교학

설교학자 신성욱 교수의 『이동원 목사의 설교 세계』는 20세기 말 한국 교회 부흥의 주역 가운데 한 인물인 이동원 목사의 설교를 분석하고 평가한 책이다. 이 책에는 설교학에 관련된 여러 가지 주제들(해석과 적용, 연역적-귀납적 설교문 구성, 예화, 설교자의 인격, 설교 전달 등)이 직간접적으로 등장한다. 따라서 하나님 말씀의 봉사자들인 설교자들과 신학도들은 이 책을 통해 자신의 설교 개혁의 통찰력을 얻을 수 있다. 저자는 본서에서 학자다운 분석과 평가를 통해 새로운 전망과 기대를 제시한다. 무엇보다도 전능하신 하나님은 연약한 사람을 들어 쓰셔서 그리스도의 십자가 복음을 증거하게 하신다. 은혜로우신 하나님은 쓸모없는 구부러진 막대기로 똑바른 선을 그으신다.

박태현 교수 총신대학교 설교학

『이동원 목사의 설교 세계』의 증보판이 출간된 것을 진심으로 축하드린다. 이제 내년이면 한국 나이로 80이 되는 이동원 목사는 언제나 청춘이다. 사무엘 울만의 '청춘'(Youth)이란 시가 노래하는 것처럼, 이동원 목사의 설교는 언제나 '풍부한 상상력, 불타는 정열, 인생의 깊은 샘의 청신함'을 가지고 있다. 무엇보다 이동원 목사의 설교의 가슴에는 영적 젊음이 있다. "경이[신앙 세계]에 이끌리는 마음, 어린아이같이 미지에 대한 [지적] 탐구심, 인생에 대한 흥미로운 아름다움, 희망, 기쁨, 용기, 그리고 영감을 받는 한 그대는 젊습니다"라는 시구는 이동원 목사에 대한 시구이기도 하다. 최근 '상실 순례 모임'에 참석했던 이동원 목사에게서 아들을 잃고 상처 입었으나 더욱 가슴에 천국 소망을 품은 치유자의 모습을 보았는데, 이 일로 또 다른 설교의 세계가 펼쳐지길 기원한다. 함께 해석자의 길을 걷고 순례길을 가는 본서의 저자이자 사랑하는 후배 신성욱 교수에게 다시 한번 축하와 감사의 마음을 전한다. Shalom!

심상법 교수 전 총신대학교 신학대학원 신약학

저자는 배우 하정우의 뺨치는 '추적자'다. 이동원 목사의 30년 설교의 변천을 추적할 뿐만 아니라, 허버트 코킨스, 로이드 존스, 아더 핑크, 찰스 스펄전, 해돈 로빈슨, 예수 그리스도, 그리고 청중이 어떻게 그의 설교에 스며들고, 본문과 원문, 문맥, 배경, 구속사가 어떻게 그의 설교를 완성했는지 밝힌다. 저자는 백종원 못지않은 요리 연구가다. 『설교의 삼중주』에서 선보인 역량으로 이동원 목사가 어떻게 본문이라는 고기를 삶고 지지고 굽고 요리하는지, 30가지 양념과 9가지 비법을 공개한다. 저자는 봉준호 감독과 같은 디테일러다. 타의에 의해 책을 붙든 소심한 독서광 어린 이동원, 자살을 생각할 정도로 심각한 우울증에 사로잡혔던 청년 이동원, 타인의 설교를 모방하던 전도사 이동원, 무늬만 강해 설교자였던 초기 설교자 이동원의 발견은 위로가 되고, 그가 가진 모든 역량은 아니더라도 나와 청중에게 맞는 방법을 찾을 수 있다면 충분하리라는 희망을 준다.

오현철 교수 성결대학교 설교학, 전 한국복음주의실천신학회 회장

일선 목회자들과 설교자들에게 이동원 목사의 설교는 마치 범인으로서는 결코 다가가기 어려운 천상의 마술처럼 보일 수도 있다. 하지만 우리 시대 최고의 설교학자 신성욱 교수가 최고의 강해설교자 '이동원 목사의 설교 세계'를 이 한 권의 책에 담아냈다. 이동원 목사의 설교 세계를 제대로 이해하려면, 그의 성경해석학적 특징이 빠질 수 없다. 깊이 있는 성경해석이 없이는 강해설교가 만들어질 수 없기 때문이다. 본서에서 저자가 소개하는 설교학적 특징은 30가지다. 이 특징들을 읽다 보면 자연스럽게 이동원 목사의 설교 세계에 흠뻑 젖어 든다. 본서가 저자의 희망처럼 침체하고 있는 한국교회 강단을 새로운 부흥으로 이끌어갈 제2, 제3의 이동원 목사로 나서기를 열망하는 모든 설교자들에게 필독서로 사랑받기를 기대한다.

이승진 교수 합동신학대학원 대학교 설교학

설교 세미나를 인도하다 보면, 현장의 목회자들과 종종 대화를 나누곤 한다. 이때 '가장 많은 영향을 받는 한국의 설교자는 누군인가'라는 질문들을 자주 주고 받는다. 그럴 때마다 교단을 초월하여 가장 많이 거론되는 설교자는 이동원 목사이다. 왜일까? 이동원 목사의 설교에는 성경 본문에 뿌리를 둔 순수 복음과 영혼을 사랑하는 마음, 그리고 시대와 호흡하는 탁월한 소통이 있기 때문이다. 한국 교회의 자랑인 이동원 목사의 삶, 신학, 설교 철학, 설교 기술이 한 권의 책으로 다음 세대 설교자들에게 주어진다는 것은 큰 복이다. 그런 점에서 신성욱 교수의 『이동원 목사의 설교 세계』를 기쁘게 추천한다. 아무쪼록 본서를 통하여 다음 세대 설교자들이 권능 있는 강단을 꿈꾸고, 치열하게 준비하여 하나님의 영광을 드러내는 영적 거목으로 성장하길 소원한다.

임도균 교수 한국침례신학대학교 설교학

이동원 목사는 한국 교회의 뛰어난 설교자들 가운데서도 그 누구보다 본이 되는 설교자다. 그의 설교는 성경 본문에 굳건히 뿌리를 내리고 있으면서 청중의 삶과 동떨어져 있지 않다. 또 논리적이며 짜임새 있는 형식 안에 담긴 감각적인 이미지와 풍성한 상상력, 리듬감 있는 문장과 명쾌한 발음, 정말 어느 곳 하나 빠지는 데가 없다. 그런 점에서 『이동원 목사의 설교 세계』는 이동원 목사의 설교를 배우려는 후배들에게 더할 나위 없이 좋은 지침서이다. 이 책은 다년간 설교학을 가르쳐 온 학자의 안목으로 이동원 목사의 깊고 풍성한 설교 세계를 얕지 않으면서도 어렵지 않게 탐험하도록 안내하고 있다. 본서를 통해 우리 한국 교회 강단에 이동원 목사의 기대처럼, "선배의 등을 디디고 앞으로 나아가는 사람"들이 많이 일어나기를 바란다.

조광현 교수 고려신학대학원 설교학

이동원 목사는 '온전한 복음'(whloe gospel)을 전하는 '온전한 설교자'(whole preacher)이다. 그만큼 그 자신이 복음의 사람이기 때문이다. 그래서 그는 우리 시대에 가장 이상적인 복음 설교의 표상을 보여 준다. 그분의 설교를 듣는 모든 사람으로 하여금 '오직 복음'으로 해답을 얻게 해 준다. 참된 복음으로 정상에 우뚝 서는 환상을 품고 살아가게 해 준다. 따라서 일평생 실천적 설교학자로 활약한 신성욱 교수의 역작 중 최고에 해당하는 『이동원 목사의 설교 세계』를 인생 교과서로 강력히 추천한다. 이 책을 읽음으로 당신의 설교에 새로운 지평이 열릴 것이다.

조봉희 목사 지구촌교회[서울] 원로 및 선교 목사

인터넷 시대를 맞이하면서 생긴 신조어 중 하나는 '연관 검색어'이다. 하나의 단어를 입력할 때 함께 등장하는 단어를 일컫는 말이다. '이동원'이라는 이름을 입력하면 가장 먼저 등장하는 세 단어는 '목사', '지구촌교회', 그리고 '강해 설교'이다. 부름 받은 한 사명자가 남길 수 있는 최고의 단어는 '목사', '교회', '설교'이다. 그중에서 가장 두드러진 특징은 바로 '설교자 이동원'이다. '지성', '영성', '감성'을 겸비하고, '시대적 감각'을 놓치지 않음으로 모든 세대를 말씀 앞에 무릎 꿇게 하는, 늙음이나 낡음도 피해가는 설교자이다. 본서는 탁월한 설교학자 신성욱 교수의 손에 의해 정리되고 다듬어짐으로 더욱 빛을 발하게 되었다. 본서는 이동원 목사의 사후에도 많은 설교자들에게 참고서가 아닌 교과서의 역할을 할 필독서이다. 주저 없이 이 책을 펼치고 꼼꼼히 읽어 보라. 최고의 설교자와 설교학자가 만들어 낸 명품 설교를 경험하게 될 것이다.

최병락 목사 강남중앙침례교회 담임, 월드사역연구소 소장

목회자들이 가장 본받고 싶은 설교자

이동원 목사의 설교 세계

목회자들이 가장 본받고 싶은 설교자

이동원 목사의 설교 세계

신성욱 지음

미래사CROSS

차례

재혁 목사(케냐 Bridge World College 학장, 전 지구촌교회 담임) | 한홍 목사(새로운교회 담임)

개정증보판 출간에 부쳐

『이동원 목사의 설교 세계』가 출간된 지 벌써 9년이 흘러가고 있다. 당시 칠순을 맞이했던 이동원 목사는 이제 팔순을 눈앞에 두고 있다. 세월의 유수함을 절감한다.

본서는 당시 출간된 지 3개월 만에 그동안 나온 설교학 책 가운데 가장 많이 판매되었다는 이야기를 들은 바 있다. 그것은 이 책의 내용이 좋은 이유도 있겠지만, 이동원 목사라고 하는 명성이 크게 작용한 것 때문이기도 할 것이다.

세월이 지나 본서는 절판되어서 구입이 불가능한 상태인데, 여전히 찾는 이가 있고 필요성도 있다고 판단되어 심사숙고 끝에 다시 개정증보판으로 새로 출간하게 되었다. 내용은 부록이 첨가되고 출판사는 '두란노'에서 '미래사CROSS'로 바꾸어 새로운 옷을 입고 재탄생하였다.

본서 이후에 '거룩한빛광성교회'의 원로인 정성진 목사의 요청으로 광성교회의 원로인 김창인 목사의 『김창인 목사의 설교 세계』(두란노, 2020)를 출간한 적이 있다. 이후 몇몇 설교자들로부터 『○○○ 목사의 설교 세계』를 집필해달라는 요청을 받고 있다. 계속해서 시리즈로 출간할 예정인데, 다음 작품은 어떤 분의 설교 세계에 대해서 집필할 것인가를 고민 중에 있다.

본서의 특징이 있다면 우선 설교에 특별한 재능을 가진 분들의 설교를 분석하는 하나의 모델을 제시했다는 점이다. 다음으로 중요한 점은 유능한 설교자가 되려면 어떤 장점과 재능을 소유해야 하는지에 대해 구체적으로 잘 제시하고 있다는 점이다.

본서의 주인공 이동원 목사는 여전히 설교를 많이 하고 있고, 반응 또한 예전과 다르지 않다. 집회나 예배에 참석해서 설교를 들은 이들마다 이분의 탁월한 설교에 감탄을 하는 것을 본다. 특별한 재능과 은사가 아니면 불가능한 일이다.

젊은 시절부터 이동원 목사를 잘 알고 있는 송용필 목사를 통해 이 목사가 천부적으로 타고난 재능의 소유자이며, 또 젊은 시절부터 책을 가까이했던 아주 출중한 설교자라는 이야기를 들은 적이 있다.

하늘로부터 타고난 재능도 있지만, 같은 침례교 출신인 설교의 황태자 스펄전 목사를 가장 닮으려 해서 그가 100독 했다고 하는 존 번연의 『천로역정』을 100번 읽을 정도로 노력도 많이 한 설교자이다.

본서는 유능한 설교자가 갖추어야 할 구체적이고 유익한 특징들을 모두 담아놓았다. 필자가 아는 한 영어권에도 이처럼 세밀하고도 다양한 장점들을 담아놓은 책은 찾아볼 수 없다. 그래서 본서를 영어로 번역하여 세계의 설교자들에게 선보일 생각도 하고 있다.

본서가 출간된 이후 한국 교회에 자랑할 만한 새로운 설교자가 출현했는지 궁금했다. 몇몇 설교 잘한다고 하는 후배들의 이름이 오르내리고는 있으나, 여전히 이동원 목사를 능가하는 설교자는 아직 찾아보기 힘들다. 이 책에 나오는 설교의 비결을 읽고 배우고 활용함으로 한국 강단이 변화되고 설교자들의 설교가 많이 달라지는 일이 일어난다면 필자가 본서를 집필한 보람이 있을 것이다. 그런 후배들이 많이 많이 출현하기를 고대하는 마음으로 새롭게 인사를 드린다.

2023년 8월

신성욱

헌정의 말

설교학을 가르치는 전문가로서 필자가 자주 받는 질문이 하나 있다. 그것은 "우리나라에서 설교를 제일 잘하는 이가 누구인가?" 하는 것이다. 이 질문에 필자는 10년 전이나 지금이나 변함없이 한 사람만을 말할 수밖에 없는 큰 아쉬움을 가지고 있다.

수년마다 한 번씩 목회자들을 대상으로 한국 최고의 설교자가 누군지에 관한 앙케이트 조사를 실시한다. 결과를 보면 2위에서 5위까지는 조사할 때마다 매번 바뀌는데, 1위만큼은 항상 부동의 자리를 고수한다. 그가 누구일까? 바로 이동원 목사다. 비록 담임의 자리에서 은퇴해 원로가 되었지만, 그의 설교는 지금 최고의 절정에 다다르지 않았나 싶을 정도로 탁월한 경지에 올라 있다고 볼 수 있다.

한 시대를 풍미했던 위대한 명설교자들이 은퇴하면 젊고 유능한 새로운 후배들이 그들의 명성을 이어 가기 마련이다. 하지만 안타까운 사실은 현재 한국 강단에서 이동원 목사를 능가하거나, 그에 근접할 정도로 빼어난 설교자가 쉬 보이지 않는다는 점이다.

"잘 물든 단풍이 봄꽃보다 아름답다"는 말이 있다. 봄꽃이 아무리 아름답다 해도 책갈피에 꽂히지 않는 반면, 떨어진 단풍은 책갈피의 장식으로 오래오래 간직될 정도로 가치가 있다. 위대한 업적을 많이 남긴 인물일수록 은퇴 후의 뒤안길은 그만큼 처량해 보이기 마련이다. 그러나 이동원 목사는 은퇴한 후 어느덧 칠순을 맞는 희끗희끗한 백발의 주인공이 되었건만, 깊이 있는 그의 영성과 최고의 경지에 다다른 설교의 탁월함은 가을 단풍처럼 날이 갈수록 우리의 가슴을 더욱 붉게 물들이고 있다.

이동원 목사. 그는 이 땅의 봄꽃과도 같은 수많은 후배 설교자들이 두고두고 존경하고 우러러보며 닮아 가야 할 우리 시대의 큰 바위 얼굴이 아닐 수 없다.

찰스 스펄전Charles Spurgeon, 조지 휫필드George Whitefield, 조나단 에드워즈Jonathan Edwards, 마틴 로이드 존스Martyn Lloyd-Jones, 존 스토트John R. W. Stott, 무디D. L. Moody, 빌리 그레이엄Billy Graham 등 이름만 들어도 알 만한 이들이 역사상 가장 위대한 설교자의 전당에 당당히 그 이름이 새겨져 있다. 필자는 이 명예의 반열에 한국인 설교자 이동원의 이름 석 자도 새겨질 자격이 있다고 생각한다. 그런 점에서 그가 영어권이 아닌 한국에서 태어난 점이 못내 아쉽기만 하다. 그래도 이 위대한 설교자를 다른 나라가 아닌 이 땅에, 그것도 다른 시대가 아닌 우리 시대에 보내 주신 하나님께 깊이 감사드린다.

필자와 이동원 목사의 운명적인 만남은 2009년부터 시작되었다. 그가 필자의 설교에 관한 저서 『설교의 삼중주』, 『목사님, 설교 최고예요』의 추천사를 쓰는 것을 계기로 교분이 이어졌고, 2013년 7월, 그가 개최한 "이동원 설교 클리닉"에 필자가 강사로 초청되어 함께 강의하면서 교제의 폭이 더욱 깊어졌다. 필자는 3박 4일 동안 실시된 설교 클리닉에서의 공동 강의와 교제를 통해서 이동원 목사의 인품과 영성과 설교의 깊이를 제대로 경험할 수 있었다.

하나님이 한국 강단의 모범으로 보내 주신 이 위대하고도 탁월한 설교자의 모든 것을 책으로 집필하여 말씀 선포자로 부름 받은 수많은 이들에게 유익한 도구로 남겨야겠다는 생각을 오래전부터 하고 있었다. 그런 차에 이동원 목사의 칠순에 즈음하여 개인적으로 그를 가장 존경하는 필자가 그의 설교에 관한 책을 집필해서 출간한다면 그 자신은 물론이겠거니와 한국 교회와 후배 설교자들을 위한 뜻깊은 일이 될 수 있겠다는 생각에 이르렀다. 이 책은 그런 마음에서 필자가 심혈을 기울여 내놓은 작품이기에 개인적으로 최고의 기쁨과 영광으로 생각한다. 뿐만 아니라 이 책은 우리 시대 최고 설교자의 설교에 관한 모든 것이 분석된 것이기에 설교자들에게 더없는 유익과 도움이 될 것으로 믿어 의심치 않는다.

부디 이 저서를 통해 제2, 제3의 이동원, 아니 이동원 목사를 능가하는 위대한 후배 설교자들이 이 땅에 많이 배출될 수 있기를 간절히 바란다. 이것은 필자뿐 아니라 이동원 목사 자신의 간절하고 진실한 소망이 기도할 것이다.

"한국인으로 태어나 미국과 이 땅에서 모범적 목회를 완수하시고 위대한 강해설교자의 샘플로 우리 시대의 모든 설교자들의 귀감이 되어 오신 이동원 목사님! 칠순을 맞아 모든 존경과 사랑의 마음을 담아 큰 박수로 축하드리면서 기쁘고 영광스럽게 이 책을 헌정드립니다."

2014년 11월

신성욱

감사의 말

저는 늘 하나님 앞에 죄송스러운 마음을 갖고 살고 있는, 은혜로 구원받은 죄인에 불과합니다. 아직도 한없는 부족함으로 늘 주님 앞에 엎드려 긍휼과 자비를 구할 수밖에 없는 자신을 만나고 있습니다. 그런데 어느덧 세월을 비껴간 언덕에서 칠순을 앞둔 시점에 이르렀습니다. 그런 저를 위해 제가 평소에 아끼는 설교학자인 신성욱 교수께서 저의 설교 세계를 한국 교회에 소개하는 과분한 책을 써 주셨습니다.

저는 늘 후배를 선배의 등을 디디고 앞으로 나아가는 사람이라고 정의합니다. 이 책이 한없이 부족한 한 선배의 등을 밟고 앞으로 나아가는 설교지침서가 되기를 소망해 봅니다. 요즘 한국 교회는 참 어려운 시간을 보내고 있습니다. 저는 그런 어려움의 원인이 되는 리스트 중 하나가 한국 교회 강단의 약화라고 믿고 있습니다. 저는 후배들이 선배들의 설교의 강점을 계승하고 약점을 극복하면서 다시 한국 교회의 부흥을 일구는 모습을 보고 싶습니다. 이런 일에 이 책이 조금이라도 일조할 수 있다면 더없는 기쁨과 감사의 제목이 될 것입니다.

저의 설교 세계를 만들어 온 역사에 축복이 되어 주셨던 국내외 선배들에게 깊이 감사드립니다. 그러나 저의 가장 큰 감사는 제가 주일마다 강단에 설 수 있는 기회를 주시고, 저의 설교를 경청해 주신 지구촌교회 가족들에게 돌려야 할 것 같습니다. 그리고 부족한 사람 곁에 머물며 친구와 동역자가 되어 주신 저의 벗들에게도 감사드립니다. 그들과의 우정의 교분은 저의 설교의 영감이 되는 또 하나의 맑은 근원이었습니다.

다시 한 번 저를 구원해 주시고 오늘까지 인도해 주신 나의 주님과 나의 신실한 아내 우명자 사모, 그리고 나의 가족들에게 깊은 사랑을 드립니다. 특히 이 책의 저술을 위해 시간과 노력을 아끼지 않고 힘쓰신 신성욱 교수께 특별한 감사의 말씀을 드리고 싶습니다.

한국 교회 강단의 부흥이 한국 교회 회복의 마당이 되고, 한국 역사의 새 시대의 새벽을 여는 한 알의 씨앗이 되기를 갈망하는 기도와 함께 이 책에 감사의 말씀을 헌정합니다.

주후 2014년 추수의 가을을 내다보며

주 은혜에 빚진 미말의 종

이동원

들어가는 말

이동원 목사는 대한민국의 설교자들이 꼽은 명실공히 최고의 설교자 중 한 사람이다. 한국 교회에는 교파를 초월해서 수많은 교회들이 있고, 수많은 목회자들이 존재한다. 그런데 불과 수년 전까지만 해도 한국 교회에 사두마차가 거론되는 시기가 있었다. 심지어 한국 교회는 사두마차가 끌고 간다는 말도 있었다. 옥한흠, 홍정길, 이동원, 하용조 목사. 이네 사람을 일컫는 말이다.[1]

이동원 목사의 말에 의하면 옥한흠 목사는 이동원 목사보다 일곱 살이나 많았고, 홍정길 목사는 세 살이 많고, 하용조 목사는 한 살이 어렸다고 한다. 그런데 이 사두마차 중 옥한흠, 하용조 목사는 이미 하나님의 부르심을 받았고, 홍정길 목사와 이동원 목사는 은퇴해서 원로목사로 남아 있다. 이제 사두마차의 시대는 저물고, 젊고 유능한 새로운 목회자들이 그 뒤를 채워 나아가고 있는 현실이 되었다.

아무리 한 시대를 풍미한 걸출한 인물이라 할지라도 세월 앞에는 장사가 없다. 때가 되면 그 자리에서 내려와야 하고, 새로운 인물이 그 자리를 대신하게 되어 있다. 문제는 과거의 사두마차를 대신할 후진들이 눈을 닦고 찾아봐도 쉬 보이지 않는다는 점이다. 불신 세계로부터 조소와 멸시를 받고 교회의 권위와 신뢰가 땅에 추락한 이 시점에서, 이 탁월한 선배들처럼 교파를 초월해서 한마음이 되어 교제와 협력을 하고 후배 목회자들은 물론 한국 교회 전체에 영향을 미칠 영적 리더들을 쉬 찾을 수 없다는 사실이 못내 아쉽기만 하다. 특히 한국 최고의 설교자인 이동원 목사를 능가하거나 그에 필적할 만한 후배 설교자들이 얼른 떠오르지 않는다는 점은 더욱 우리의 가슴을 아프게 한다.

세월이 지나면 젊고 유능한 인재들이 새롭게 등장해서 선배들의 뒤를 이어 가기 마련이다. 그간 한국 교회도 기라성 같은 대선배들의 은퇴로 인해 유능하고 실력 있는 젊은 설교자들이 뒤를 이어 목회를 하고 있다. 그런데 원로목사로 은퇴한 이동원 목사를 능가하거나 그와 버금갈 정도의 후배들이 지금쯤이면 한둘씩 등장할 법도 한데, 왜 아직 그런 인재가 보이지 않는 것일까? 후배들의 실력 부족인가, 아니면 타의 추종을 불허하는 이동원 목사의 천부적인 설교 능력 때문인가? 필자의 생각에는 둘 다 맞는 이유가 아닌가 싶다.

2000년 「국민일보」에서 전국 13개의 신학대학원 학생 2,000명을 대상으로 조사한 "귀하가 생각하기에 하나님 말씀의 선포, 즉 설교 말씀에 관심이 가는 목회자는 누구입니까?"라는 설문 조사에 당당히 1위로 뽑힌 사람이 바로 이동원 목사였다.[2] 2007년 『목회와 신학』에서 전국 578명의 목회자들을 대상으로 설문 조사를 벌인 결과, '국내 최고의 설교자'(36.1%)로 선정된 이가 이동원 목사였고, '목회자들이 가장 본받고 싶은 설교자'(23.9%)로 선정된 이도 역시 그였다.[3]

이동원 목사에 대한 이중표 목사의 평가를 소개한다.

이동원 목사는 한국 교회의 보배예요. 이동원 목사는 한 세기에 두 번 다시 나기 어려운 설교자지요.[4]

이쯤 되면 이동원 목사를 가히 한국 교회 최고의 설교자로 인정함에 이견의 여지가 없을 것이라 판단된다.

그런 이동원 목사에게 따라붙는 별명도 참 많다. '강해설교의 일인자', '완벽한 강해설교자', '황금의 입', '언어의 마술사', '설교의 미학자', '천부적 이야기꾼', '하늘이 내린 설교자', '하늘을 위한 땅의 소리꾼', '탁월한 비저너리', '한국의 스펄전' 등 헤아릴 수 없이 많은 찬사가 쏟아진다. 그에게 꼭 붙어 다니는 수식어구도 즐비하다. '강한 흡인력', '심령을 꿰뚫는 호소력', '유려한 언어구사력', '겸허한 인격', '전인적 영성', '번뜩이는 지성', '뛰어난 균형 감각', '천재적 설교 능력', '촌철살인의 유머', '현란한 수사 기법의 소유자' 등등….[5]

설교자로 태어나 이처럼 빛나는 찬사를 누린다면 개인적으로는 더할 나위 없는 영예가 아닐까 생각한다. 이런 영광과 명예의 주인공이 된 이동원 목사. 본인은 이에 대해 어떤 마음을 갖고 있을까? 박영선 목사의 말에 의하면, 정작 이동원 목사 본인은 "자신을 향한 세간의 평이 허명虛名"이라고 인식한다고 한다. 그것이 이동원 목사를 더욱 최고의 설교자로 만드는 것은 아닐까?

이동원 목사! 그는 과연 누구이며, 무엇이 그를 한국 교회 최고의 설교자로 우러러보게 만든 것일까? 설교자라면 누구나 궁금해하지 않을 수 없는 질문들이다.

최근에 필자는 그와 자주 만나서 교제를 나누고, 설교에 관한 세미나에서도 함께 강의하며, 문자를 통해 깊은 대화를 자주 나누는 등 긴밀한 교분을 갖는 남다른 행복을 경험하고 있다. 한국이 낳은 세계적인 설교 자에 대한 이 책을 잘 집필하라고 하나님께서 필자에게 주신 축복의 기회와 특권이라고 생각한다.

그간 이동원 목사와의 개인적인 교제와 대화에서 얻은 정보, 그가 쓴 저서와 잡지에 기고한 글들, 100권이 넘는 그의 설교집, 그를 아는 지인들과 이동원 목사 개인과의 인터뷰들을 중심으로 이 책이 구성되어 있다. 따라서 그 속에 담긴 이동원 목사의 인생, 철학, 사상, 정신, 신학, 인격, 신앙, 세계관. 이 모든 것이 이 책에 담겨 있다고 해도 과언이 아니다.

이제부터 이 모든 지식과 정보와 체험을 기초로 해서 우리 시대 최고의 설교자요, 영적 멘토인 이동원 목사의 설교에 관한 값진 여행을 필자와 함께 신나게 출발해 보자.

chapter 1

성장 배경

필자는 최근, 그동안 한국의 신학생과 설교자들로부터 깊은 존경과 사랑을 한 몸에 받아 온 마틴 로이드 존스의 어린 시절과 생애를 연구하면서 예상 밖의 재미있고 충격적인 일화를 견하고 놀란 적이 있다. 누가 봐도 공부를 잘했을 것 같은 그가 의외로 어린 시절 공부보다는 축구에 더 관심이 많았음을 알게 된 것이다. 또 주일학교 부장까지 역임했던 그가 죄 문제로 깊은 고민을 한 후, 뒤늦게 비로소 회심을 경험한 사실도 처음으로 확인했다.

　보다 충격적인 사실은 그가 목회를 하던 젊은 시절에 골초라 불릴 만큼 담배를 많이 피웠다는 사실이다. 당시 영국 사회가 목사의 흡연에 대해 문제 삼지 않기 때문이다. 그러던 어느 날 그를 찾아온 한 성도와 상담하게 되었는데, 담배를 찾아 물려고 했지만 사무실에 담배가 없다는 것을 알았다. 그 순간부터 안절부절못하는 자신의 모습을 발견한 그는 자신이 담배에 깊이 중독되어 있다는 사실을 알게 되었다. 자신의 영혼이 그것에 빼앗겨 있어서 성도의 이야기가 하나도 머릿속에 들어오지 않는 것을 경험한 것이다. 그 일로 크게 깨달음을 얻은 로이드 존스는 이후로 담배를 완전히 끊었다고 한다.[6]

무엇보다 어릴 적 집안에서 일어난 화재 사건과 형 윌리엄의 죽음이 그의 성격 형성과 회심과 의사직에서 목회로의 전환에 결정적인 영향을 끼쳤음도 알게 되었다.

그렇다. 한 사람의 인격과 사상과 삶은 그 사람이 자라 온 배경의 산물이다. 특히 그 사람의 어린 시절의 삶과 가족과 주변 환경을 살피는 것은 그의 인생 여정이 현재의 그 사람을 만드는 데 어떤 영향을 끼쳤는지를 보다 잘 알 수 있게 해 주는 유익한 토대라고 본다. 그런 점에서 먼저 이동원 목사의 어린 시절과 성장 배경에 대해서 간략히 살펴보기로 하자.

이동원 목사는 해방 이후인 1945년 12월 11일, 수원에 있는 한 평범한 가정에서 부친 이방규 씨와 모친 이봉후 씨의 6남 1녀 중 장남으로 태어났다. 그의 집안은 불교와 유교와 샤머니즘이 결합된 종교적인 배경으로 기독교와는 거리가 멀었지만, 초등학생 때부터 성탄절이면 가끔 친구를 따라 교회도 나가고 연극도 하곤 했다. 그는 조부모뿐 아니라 외증조할머니까지 함께 살 정도로 전통적인 대가족의 틀로 형성된 개방적이고 자유로운 분위기 속에서 자라났다.[7]

그러나 할머니와 어머니의 고부간 갈등, 그 사이에서 무력하기만 했던 부친, 부친의 중독성 만취 현상과 직장과 사업에서의 계속되는 실패 등은 어린 이동원에게 적잖은 상처를 안겼다. 그로 인해 그에게는 외로이 고뇌하며 사색하는 습관이 형성되었다. 어려서부터 소심하고 소극적인 성격으로 친구를 많이 사귀지 못했던 그는 어린 손자를 귀하게 여긴 할머니의 지나친 보호로 인해 독서를 거의 유일한 낙으로 삼게 된다. 어린 시절의 고독으로 인한 깊은 사색과 과잉보호로 인한 독서 습관이 그를 당대 최고의 설교자 반열에 올리는 데 일조했음은 당연한 일이었으리라.

흔히 이동원 목사를 찰스 스펄전을 가장 닮은 설교자로 이야기한다. 사실 그와 스펄전에게는 두 가지의 공통점이 있다. 하나는 침례교도란 점이요, 다른 하나는 독서광이었다는 사실이다. 이동원 목사처럼 스펄전도 어린 시절 목회자였던 할아버지의 서재에 들어가 독서를 즐겼다고 한다. 이것이 훗날 그가 탁월한 언어 구사와 풍부한 표현력을 특징으로 한 설교의 황태자로 자리매김하는 데 결정적 원천이 되었음은 불을 보듯 훤하다.[8]

그러면 과연 당시에 소년 이동원은 어떤 책들을 읽었을까? 이 궁금증을 그의 인터뷰 기사를 통해 직접 확인해 보자.

중·고등학교 시절에 문학에 대단히 심취했습니다. 당시 아버지의 사업이 실패하고 가정 형편이 어려워지면서 홀로 사색에 잠겨 점점 더 책 속으로 빠져 들어갔지요. 그때 참 많은 고전을 읽었습니다. 그 당시 엄청 두꺼웠던 도스토옙스키 전집과 실존주의 작가인 카뮈, 사르트르 등 비단 고전류뿐만 아니라 이것저것 읽을 수 있는 것이라면 가리지 않고 다 읽었던 것 같습니다.[9]

한국 교회의 대표적인 설교자로서 자리매김하는 데 어릴 적 그가 읽은 인문 고전이 상당한 기초가 되었음을 알 수 있다.

그는 자신의 10대 시절을 잔인한 계절로 추억하고 있다. 서울 경복중학교에 입학하던 해에 시청 공무원이던 아버지가 실직하고 파산하는 일이 동시에 벌어졌다. 낙심한 아버지는 아무 말 없이 집을 나가 행방불명되고, 가족들은 갈 곳이 없어 수원 팔달산에 한 달 동안 굴을 파고 지낸

적도 있었다.[10]

그는 중학생 때부터 가정교사를 하면서 동생 6명과 어머니, 할머니까지 책임지는 가장 역할을 해야만 했다. 폐결핵까지 겹쳤으나 공부에 대한 열망을 버리지 못하고 서울대학교에 응시했다가 낙방하고만 그는 자살까지 생각할 정도로 심각한 우울증과 열등감에 빠지게 된다.[11] 시험에 낙방한 뒤 그는 재수를 하게 되는데, 어린 시절에 잠시 경험했던 성탄절의 설레는 기분과 동경이 되살아나 김장환 목사와 선교사들이 이끄는 모임에 출석하면서 구원 문제에 심각한 도전을 받는다.

그 무렵 선교사에게 전해 받은 오스왈드 스미스Oswald J. Smith의 『나의 가장 사랑하는 나라』와 디한M. R. De Haan의 『율법이냐 은혜냐?』라는 작은 영어책 두 권이 젊은 이동원에게 희미하게나마 복음의 빛을 비추어 주는 등불 역할을 했다. 결정적으로는 1965년 9월 말경, 어느 날 성경공부 모임에서 갈라디아서를 공부하고 토론하다가 문득, 갈라디아서 2장 21절 말씀을 통해서 십자가의 복음을 알게 되어 예수 그리스도를 구세주로 영접하게 된다.[12] 숲 속에서 길을 잃고 방황하던 외로운 새끼 사슴이 마침내 어미 품에 안겨 행복을 찾게 된 것이다.

이어서 그는 YFC 간사로 헌신하게 되고, 교회에서도 주일학교 교사로 봉사를 시작하게 된다. 그 후 그는 신학에 대한 목마름으로 국내의 한 신학대학에 호기심 반, 장난 반으로 입학시험을 치러 1등으로 합격하지만, 지극히 폐쇄적인 근본주의 신학으로 인해 의욕을 상실한다. 그리고 1년이 조금 지난 후 신학 여정을 중단해 버린다.[13] 로이드 존스가 자유주의 신학 때문에 신학교를 다니지 않은 것[14]과 대조적이면서도 흡사한 일이었다. 신학을 중단한 후, 그는 경기도 화성 독정리에 위치한 독정감리

교회에서 생애 처음으로 목회 수업을 받게 된다. 그곳에서 그는 신학교에서 느낄 수 없었던 현장감을 통해 영혼 구원과 영혼 섬김의 절박함을 몸소 체험하게 된다.[15]

그는 매주 한 편 한 편의 설교를 작품처럼 만들어 가면서 창조의 기쁨을 누리게 된다. 그 당시 이동원 목사의 설교는 다른 유명한 목사의 설교를 모방하는 수준을 벗어나지 못했다. 그럼에도 불구하고 불과 30여 명모이던 교회가 1년 후쯤 갑절로 늘어나면서 자신 안에 잠재된 리더십을확인하는 계기가 됐다.

그는 건강하지 않은 몸으로 군에 입대하지만, 부대 너머에 있는 한 개척교회에서 지속적으로 설교하면서 예수님에 대한 열정을 쏟아붓는다. 또한 미군사 고문단KMAG에 카투사KATUSA로 차출되어 파견 근무를 하면서영어 공부를 하고 영어 타자기 활용법과 운전을 배웠다. 계속해서 신남장로교회에서 설교 사역을 하면서 그의 설교는 남의 것을 모방하던 수준에서 조금씩 창의적인 설교로 발전했다. 전역 후 그는 다시 YFC 간사로돌아와 당시에 영향력 있던 목회자들과 교제를 나누고, 청소년들을 전도하고 헌신하게 된다.

chapter 2

목회적 성과

1970년대 초에 이동원 목사는 미국 유학을 떠나 한국인으로서는 최초로 윌리엄 틴데일 대학William Tyndale College에 입학해 우등생으로 졸업했으며, "그 해의 설교자Preacher of the Year"로 선정되었다. 그는 졸업 후 계속해서 공부하기 위해 미국의 유수한 신학대학원 몇 곳에 입학 원서를 넣고 합격통지서를 받았다. 그러나 학교 선택을 고민하던 어느 날 김장환 목사로부터 YFC 간사 사역을 도와달라는 부탁을 받고, 진학을 연기하고 귀국하게 된다. 그리고 귀국길에 미국 아이오와 주 디트로이트에 있는 빌리 선데이 기념 교회Billy Sunday Memorial Tabernacle에서 목사 안수를 받는다.

그는 한국에 돌아오자마자 결혼과 동시에 수원중앙침례교회 부목사와 한국 YFC 총무로 섬기게 된다. 본격적인 사역을 하면서 하나님이 자신을 강해설교자로 부르고 계심을 점점 더 강하게 확신한다. 그 무렵 유신고 등 학교로부터 교목으로 청빙받고 임지를 옮겨 산상교회 제1대 목사로 부임해 사역을 시작한다.

그 다음에는 출석 교인 300여 명의 서울침례교회를 불과 4년 만에 2,000명이 넘는 교회로 성장시키는 경험을 한다. 그러나 대부분의 전통 교회가 갖고 있는 구조적인 모순을 발견한 그는 인간의 부패성과 절망을 경험하다가 미국 워싱턴에 있는 제일한인침례교회의 초청을 받고 임지를 옮긴다. 그곳에서 그는 1983년부터 1993년까지 만 10년 동안 워싱턴 지구촌교회(제일한인침례교회 명을 1993년 지구촌교회로 바꿈)에서 이민 목회를 하게 되는데, 그곳에서 500명의 교인을 2,000명으로 부흥시키는 기쁨을 맛본다. 동시에 사우스이스턴 침례신학교Southeastern Baptist Theological Seminary에서 신학석사 학위과정을 계속 이어 갔다.

신학석사 과정을 2년 반 만에 마친 그는 시카고에 있는 트리니티 복음주의 신학교Trinity Evangelical Divinity School에서 선교학 박사과정D. Miss을 끝낸 후, 이민 교회 사역을 정리한다. 그리고 1993년 겨울, 그는 평소의 결심대로 50세가 되기 전에 다시 한국으로 돌아와서 지구촌교회를 개척한다.

1994년 1월부터 1995년 7월까지 1년 7개월 동안 그는 선경 스매트 공장 복지관 5층을 모태로 하여 지구촌교회의 개척을 다듬기 시작했다.[16] 장년 출석률이 1,000명을 넘어서기 시작할 무렵인 1995년 8월에 선경 스매트 공장 복지관 시대를 마무리하고, 분당 정자동 사거리에 위치한 성심 빌딩을 임대하여 지구촌교회 분당 시대의 막을 열게 되었다. 그때부터 1998년 3월까지의 2년 7개월은 문자 그대로 지구촌교회가 폭발적인 성장을 경험한 시기였다. 특히 IMF라는 국가적 위기에 직면했을 때, 그 어느 때도 느끼지 못한 가장 크고 빛나는 은혜와 부흥을 체험했다.

1998년 4월은 지구촌교회사에 또 하나의 이정표가 만들어진 때였다. 수지 신봉리 시대가 시작된 것이다. 아직 개발 붐이 일어나지 않았던 시기였기에 수지 성전 매입에 반대하는 의견이 많았다. 어느 날 밤 이동원 목사는 기도하다 잠든 사이에 꾼 꿈을 통해 하나님의 뜻을 깨닫고, 그것을 교인들에게 나눔으로 수지 성전 시대가 열렸다. 이렇게 해서 다시 이루어 간 4년 동안 교인들의 주일 출석 인원은 매년 천 명씩 증가하여 수지 이전 4년 만에 4,000명에서 8,000명의 장년들이 주일마다 모여드는 대성장을 경험한다.

21세기를 맞아 지구촌교회는 예수 그리스도의 전도 명령과 사랑의 명령에 순종함으로써 민족을 치유하고 세상을 변화시키는 교회의 비전을 확립한다. 또한 모든 성도들이 소속된 목장 교회를 통해 선교사적 삶을 살아가는 평신도 선교사로 훈련되는 사명을 수립한다. 1999년 5월, 지구촌교회는 이런 비전과 사명의 틀 안에서 '지구촌 333 전략'이라는 성장 목표를 세우게 된다. 그것은 2010년까지 3만 명의 가족을 전도하고, 3,000명의 국내 평신도 선교사를 일으키고, 300명의 타 문화권 해외 선교사를 파송하는 것을 말한다.

2001년에 접어들면서 수지 성전이 포화 상태에 이르게 돼 새로운 대안이 절실하던 차에, 분당 미금역 사거리에 위치한 이랜드 2001 아울렛 백화점에서 건물 공동 매입을 타진해 왔다. 만장일치로 이 건물 매입을 결정하게 되었고, 2003년 4월에 분당 비전 센터가 열림으로써 바야흐로 수지와 분당, 두 날개의 성전 시대가 시작되었다. 이렇게 지구촌교회는 두 날개를 활짝 펼침으로 다시금 21세기를 향해 비전의 신을 신고, 새로운 내일을 향해 힘껏 비상하기에 이르렀다.

지구촌교회 전체 교인 가운데 30-40대 비율이 60%에 이르며, 남녀의 비율이 4 대 6이고, 대졸 이상의 학력을 가진 사람이 60%나 된다. 이는 한국갤럽이 조사한 대도시 교인의 교육 수준보다 훨씬 높은 비율이다.

이동원 목사는 전셋집에 살면서 (후에는 교회 관사) 은퇴비 전액을 포기한 무소유 정신의 목회 철학을 실천해 왔다. 또한 65세 정년 단축과 장기 기증을 선언한 모범적인 목회자다. 2010년, 자신의 약속대로 65세에 17년간 목회했던 지구촌교회 담임 사역에서 조기 은퇴하여 새로운 후임 목사를 세운 뒤, 현재 원로목사로서 GMN과 필그림 하우스에서 목회의 제2막을 멋지게 펼쳐 가고 있다.

지구촌교회의 성장에 대해서는 이구동성으로 이동원 목사의 설교 능력을 최상의 요인으로 꼽는다. 2000년에 「국민일보」에서 펴낸 『마스터 처치 100』이라는 책을 보면, '지구촌교회 예배참석자들의 교회 활동 및 신앙의식 조사 보고서'에 관한 설문 조사의 내용이 나온다. 이를 참조해 보면, "지구촌교회 교인들의 예배 참석 이유"로 가장 많이 대답한 항목이 "담임목사의 말씀 능력"(71%)이었음을 확인할 수 있다.

서두에서도 소개한 바 있지만, 이동원 목사는 여러 차례 공인된 대한민국 최고의 설교자다. 교회 성장의 요소가 많이 있지만, 그중 제일 큰 영향은 역시 설교다. 위대한 부흥과 성장 뒤편에는 항상 위대한 설교가 존재했다. 교회의 부흥과 설교는 늘 함께 간다.[17] 설교 외에 또 다른 성장 요인 중 하나로 비전 제시가 명확하고, 그 비전을 달성하기 위해 지구촌교회가 다양한 교육 프로그램을 갖추고 있다는 점을 이야기할 수 있다.[18]

그뿐 아니라 이동원 목사의 온유하고 겸손한 성품과 리더십이 부흥과 성장에 적지 않은 영향을 미쳤음을 놓쳐선 안 될 것이다. 사람은 처음에도 좋아야 하지만, 특별히 끝이 좋아야 하는 법이다. 처음 과정이 위대했음에도 마지막 모습이 추하게 비춰져 지금껏 쌓아 올린 모든 명성과 명예를 한순간에 잃어버린 예를 최근 우리 주변에서 어렵지 않게 지켜볼 수 있다. 그런 점에서 이동원 목사는 모든 영적 리더들의 표상이라 할 수 있다. 모두가 칭찬과 찬사를 보낼 정도의 조기 은퇴의 실천과 불협화음

이 없는 리더십 이양의 모습은 한국 교회의 귀감이 되고도 남는다. 우리 시대에 유종의 미를 거둔 목회자로서 그의 이름은 앞으로 두고두고 회자될 것이라 본다.

chapter 3

설교의 변천 과정

세상에 하루아침에 유명세를 타는 사람이 얼마나 있으랴! 아무리 달인이나 천재라 할지라도 짧지 않은 세월의 노력과 변화를 통해 위대한 사람으로 거듭나는 법이다. 지금은 이 시대 최고의 강해설교자인 이동원 목사에게도 다른 이와 마찬가지로 나름 설교의 어설픔을 경험하던 시절이 있었다. 땀과 수고와 노력을 동반한 고뇌의 변천 과정이 있었다.

　그가 본격적으로 설교한 세월은 총 30년인데, 초기 10년은 이 사람, 저 사람의 설교를 흉내 내고 모방하는 수준이었다. 10년 뒤부터 자신만의 설교 스타일을 가져야겠다는 생각에 연구도 하고 노력도 하면서 나름대로의 설교 패턴과 틀을 갖게 됐다.[19]

　자신의 설교에 대한 혹평과 무한한 반성과 뼈를 깎는 변화와 성장에의 의지를 통해서 그의 설교는 한 단계 한 단계 발전을 거듭했다. 그 변화의 과정과 내용을 자세히 살펴보는 것도 우리에게 큰 유익과 재미를 가져다 줄 것이다. 보다 나은 설교를 위해 언제나 새로운 변신을 거듭해야 할 모든 설교자들이 눈여겨봐야 할 대목이다.

　이동원 목사는 자신의 설교가 세 단계의 변천 과정을 겪었음을 증언한다.

1) 이동원 목사 자신의 분석

① 첫 번째 단계

신학교 졸업 후 처음 7-8년 기간 동안 나타난 변화의 단계를 말하는데, 이 시기는 그가 설교가 무엇인지를 찾아 고민하고 헤매던 때였다. 강해설교야말로 진정한 설교임을 처음으로 알고 붙잡은 단계였다.

당시는 설교를 학문적으로나 이론적으로 배울 수 있는 학교나 스승을 찾기 힘든 시절이었기에 설교를 어떻게 해야 하는지를 혼자 힘으로 터득하기란 무척 힘들었을 것이다. 그러다 보면 이모저모로 다양한 설교를 시도해 보기도 하고 타인의 설교를 모방할 수밖에 없다.

이 시절 이동원 목사는 윌리엄 틴데일 대학의 설교학 시간에 설교 원고를 써서 제출했다가 허버트 코킹스Herbert Cockings 교수로부터 C학점도 아닌 F학점을 받고 충격을 받게 된다.

"크리스천의 사랑이란 어떤 것인가?"라는 제목에 "1. 희생적인 것, 2. 자기결단적인 것, 3. 궁극적으로 하나님에게서 기원한 것"이라고 개요를 제시한 것으로 그는 기억한다. 최선을 다하고도 낙제 점수를 받게 되자 의아한 생각에 교수에게 가서 따졌더니, 이렇게 대답했다고 한다.

설교의 내용이 나빠서가 아니라 자극을 주고 싶었다. 설교를 구성할 때 제목부터 정하고 작성해서는 안 된다. 그렇게 작성한 설교는 설교자 개인의 말이지 하나님의 말씀이 아니다. 본문을 단락 단위로 선택하고, 그 단락의 메인 아이디어, 즉 핵심이 무엇인지를 살펴서 그 안에서 하나님의 음성을 듣고, 그 음성에 근거하여 설교를 다시 작성하여 제출하기

바란다.[20]

　교수의 이 같은 충고를 기초로 다시 작성한 설교 원고에서 그는 'A'를 받았다고 한다. 한마디로 "너의 설교는 근본적으로 전제가 잘못되었다. 이것은 너의 생각이지 본문의 텍스트와 무슨 관계가 있는가?"라고 따끔하게 지적받은 것이다.

　그는 코킹스 교수의 신랄한 지적을 통해 자신의 설교가 본문에서 근거된 강해적인expositional 것이 아니라, 미리 자신의 생각이 전제되어 presupposed 작성된 제목설교임을 처음으로 깨달았다.[21] 스스로 최선을 다해서 작성했다고 하지만, 본문을 분석하기 전에 "사랑이 무엇인가"라는 선입견적인 사고가 미리 발휘된 제목설교의 전형을 교수에게 제출한 것이었다.

　그래서 정신을 가다듬고 본문을 근거로 해서 텍스트를 철저히 묵상하고 주석한 후에 다시 설교를 쓰게 된다. 이런 훈련을 통해서 그는 난생처음 들은 강해설교expository preaching를 자신의 설교의 큰 틀로 접목시키는 계기로 삼는다.

　당시 이동원 목사에게 설교의 한 수를 크게 가르친 코킹스 교수는 로이드 존스로부터 설교 훈련을 받은 분이었다. 그로 인해 이동원 목사는 로이드 존스에 대해서 관심을 갖고 그의 설교를 배우기 시작한다.

　뿐만 아니라, 그는 아더 핑크Arthur Pink를 통해서 성경만을 가지고도 얼마든지 설교를 재미있게 할 수 있다는 사실을 깨닫게 된다. 사실 성경만 언급하며 설교할 때 청중의 입장에선 여간 듣기 힘든 게 아니다. 그런 점에서 본문만으로 승부를 거는 설교에 그는 자신이 없었을 것이다. 하지만 아더 핑크를 접하고 나서 그는 본문에 집중하면서도 얼마든지 청중에게 어필할 수 있는 설교의 가능성을 처음으로 깨닫게 된다.

또한 이동원 목사는 설교의 황태자 스펄전을 통해서 천부적인 오감의 언어로 복음을 청중의 현장에 감동적으로 재현시키는 그의 감각적인 표현력과 전달력에 큰 도전을 받는다.[22] 아울러 스펄전이 강조한 예수 그리스도와 그분의 십자가와 복음에 대해서도 크게 눈을 뜬다.

이에 대한 증거를 그의 글에서 직접 확인해 보자.

> 성경의 핵심은 그리스도입니다. 스펄전의 설교가 저에게 영향을 주었습니다. 그의 설교의 절정은 그리스도였습니다. 그리스도를 따라가도록 하지 않으면 좋은 강연은 될 수 있어도 좋은 설교는 될 수 없습니다.[23]

이동원 목사의 설교 끝 부분에 예수 그리스도와 그분의 십자가와 복음이 자주 제시되고, 그로 하여금 뛰어난 감각으로 청중의 가슴에 감동의 물결을 가져오고, 그들의 눈에 눈물을 자아낼 수 있게 만든 것도 다 스펄전에게서 온 것이라고 할 수 있다.

② 두 번째 단계

그 다음 10년 동안에 일어난 변화의 단계를 말하는 것이다. 이 시기는 이동원 목사가 나름대로 강해설교를 알고 정립하기 위해서 또 다른 의미의 갈등과 방황을 하던 때였다. 이 당시 그는 강해설교의 대가인 해돈 로빈슨Haddon W. Robinson 교수의 강해설교 세미나를 통해 강해설교가 주석적인 측면에서 성경을 잘 배우면서 소통의 은혜도 동시에 경험할 수 있다는 확신을 가지게 된다.

이 기간이야말로 강해설교의 틀을 조금씩 다지고, 논리적인 체계를 잡아 가는 시기였다. 이때가 바로 이동원 목사가 책별 강해설교를 선보인 시점이기도 하다.

③ 세 번째 단계

이동원 목사가 이민 교회 사역을 접고 국내로 들어와 개척하기 얼마 전부터 10년 기간 동안에 벌어진 변화의 단계를 말한다. 이 시기는 강해설교의 한계를 깨닫고 새로운 방향으로의 전환을 시도하던 때였다. 본문 중심의 강해설교는 논리적인 반면, 적용에 약하기 때문에 청중과의 호흡과 커뮤니케이션에 치명적인 결함을 보일 수밖에 없다. 이에 대한 대안으로 이동원 목사가 새롭게 시도한 방식이 귀납법적 강해설교와 제목 강해설교다. 이는 청중의 삶과 실존의 현장에 들어가서 문제 해결을 위해 질문하고 함께 고민하면서 본문을 통해 해답을 제시하는 설교 방식을 말한다.

지금까지 살펴본 이동원 목사의 설교의 세 단계를 한꺼번에 정리하는 차원에서 주승중 목사의 분석을 참조해 보자.

우리는 이동원 목사의 설교의 이런 3가지 흐름을 그의 설교집들을 통해서도 분명히 볼 수 있다. 그의 설교집들 가운데는 먼저 1980년대에는 주로 "이렇게 … 되어라"는 주제별 혹은 성경책별 강해설교를 하였고, 1990년대에 들어서서는 성탄, 기적, 예수, 가정, 기쁨, 기도 등의 주제를 더욱 강조하는 강해설교들을 하였고, 2000년대에 들어와서는 회중들의

정황에 더욱 구체적으로 적용하는 스타일의 설교집들이 나온 것을 볼 수 있다.[24]

이처럼 시기에 따라서 상황의 한계를 넘어서는 새로운 변신을 거듭 시도한 이동원 목사의 모습은 자신의 설교 스타일을 끝까지 고집하는 설교자들에게 많은 것을 시사한다.

2) 필자의 분석

이동원 목사의 분석에 이어서 필자가 분석한 내용을 소개한다. 필자가 살펴본 바로는, 위에 소개한 세 단계 중에 나타난 이동원 목사의 설교에서의 구체적인 변화의 알맹이는 네 가지로 볼 수 있다. 이제 그의 설교의 변천 과정과 그 내용을 하나씩 짚어 보자.

① 제목설교 ⇨ 본문 중심 설교 ⇨ 강해설교

미국의 10대 설교자 중 한 사람으로 거론되며, 성경적인 설교자로 유명한 존 맥아더John MacArthur의 신학교 시절의 이야기다. 당시에 모든 신학생들은 채플 시간에 교수들 앞에서 설교해야만 했다. 어느 날 존 맥아더는 자신의 차례가 되어 파인버그Pineberg 교수가 지정해 준 사무엘하 7장으로 설교했다. "하나님을 악용하지 말아야 한다"는 주제로, 힘찬 진술로 시작해서 진지한 적용으로 끝을 맺었다.

스스로 만족할 만큼 설교했다고 생각했고, 청중의 반응도 괜찮았고, 자신의 설교를 칭찬하는 사람도 있었기에 좋은 평가를 기대했다. 하지만 파인버그 교수가 건네준 채점표에는 한 줄로 된 붉은색의 평가 내용이 적혀 있었다.

"자네는 본문의 전체 요점을 놓쳤네!"

이는 설교자로서 범할 수 있는 최악의 실수를 의미했다. 그는 구약성경 전체에서 가장 중요한 "메시아와 그의 영광스러운 왕국으로 성취될 다윗의 언약"이란 메시지를 놓쳐 버린 것이다.[25] 파인버그 박사의 쇠망치 같은 한마디의 충고가 존 맥아더로 하여금 40여 년 동안 오직 성경만을 설교하게 만든 것이다.

이동원 목사에게도 이와 흡사한 경험이 있음은 이미 앞에서 살펴본 바 있다. 요즘은 '강해설교'란 말이 보편화되어 있지만, 이동원 목사의 목회 초기에는 그런 말을 들어 본 사람이 드물 정도로 한국 교회에서는 희귀한 용어였다. 이동원 목사도 처음 미국 유학을 갔을 때 허버트 코킹스 교수에게서 강해설교라는 말을 처음 듣게 되었다.

사실 필자의 대학 시절만 해도 한국 교회의 강단에서 선포되는 대부분의 설교는 제목설교였다. 제목설교는 본문이 중심이 되는 것이 아니라, 설교자의 생각이 설교를 지배해 나가는 설교다. 그래서 고든 콘웰 신학대Gordon Conwell Theological Seminary에서 구약을 가르치는 월터 카이저Walter Kaiser 교수가 이런 말을 했다고 하지 않는가!

제목설교를 하려면 5년에 한 번 정도 시도해 보라. 그리고 나선 즉각 회개하라![26]

제목설교의 위험성을 경계한 우스갯소리이리라.

탁월한 설교자인 이동원 목사도 설교 초년병 시절엔 본문에 근거하지 않은 제목설교를 해서 야단맞은 때가 있었다. 그런 사실이 이 책을 읽고 있을 설교 초보자들에게 큰 위로가 되리라 생각한다. 그렇다. 처음부터 완벽한 사람은 없다. 어떤 사건이나 계기를 통해 깨우치고 갈고닦아 조금씩 바람직한 방향으로의 변화를 경험해 가면서 비로소 대가가 되는 법이다.

필자가 확인한 바로는, 설교 초기부터 1980년대 이전까지 이동원 목사의 설교 방식은 본문보다는 자신의 생각이 중심이 된 제목설교의 스타일이 주를 이루었다. 이 시기는 설교의 초보자로서 이동원 목사가 바람직한 설교의 방향과 방식을 찾아 시행착오를 겪던 시절이었으리라 짐작된다.

그런가 하면 1980년대에 유행한 이동원 목사의 '이렇게 … 되어라' 시리즈는 제목별 설교와 책별 강해설교가 복합된 형태로 나타난다. 이때서야 비로소 그는 자신의 생각보다 성경 본문에 충실한 설교에 눈을 뜨게 되었음을 알 수 있는 근거가 된다. 하지만 아직은 강해설교의 목적과 대상인 청중에 대한 적용 부분이 본문에 비해 상대적으로 많이 다뤄지지 않은, 본문 중심의 설교였다고 분석할 수 있다. 필자가 1980년대의 '이렇게 … 되어라' 시리즈로 된 본문 중심의 성경책별 설교들을 분석해 본 결과, 당시에 그의 설교는 적용은 아주 미미한 반면 본문 해석과 설명이 80% 이상을 차지할 정도로 강조되고 있음을 확인할 수 있었다.

그러다가 1990년대에 들어서면서 그의 설교는 청중에게 강력하게 어필할 수 있는 시리즈별 강해설교의 형태로 바뀌게 된다. 이 방식은 지금까지 그의 설교 가운데서 가장 큰 영향력을 미침과 동시에 지속적인 인기를 누리게 되는 기틀을 마련해 주었다.

1990년대 이전까지의 그의 설교를 살펴보면, 설교란 용어 앞에 '강해'라는 타이틀을 붙이는 것이 적절하지 않다. 왜냐하면 적용보다는 본문 해설에 치중한 설교였기 때문이다. 하지만 1990년대 이후부터 나타나는 그의 설교에는 '강해'라는 용어가 자연스럽게 따라붙는다.

필자가 이때부터 현재까지의 그의 설교를 분석해 보니 본문 설명과 적용이 50 대 50, 또는 45 대 55의 비율로 나타난다. 1980년대에는 본문 설명이 80%를 차지했는데, 1990년대부터 지금까지는 청중에의 적용이 많이 강조되고 있음을 그의 설교에서 발견할 수 있다. 이처럼 적용의 중요성이 제대로 파악되면서 본문이란 탄탄한 씨앗을 기초로 하여 적용이란 탐스럽고 향기로운 열매를 맺는 쪽으로의 방향 전환이 그의 설교에서 일어나게 된다.

그렇다. 이제 그의 설교는 그 어떤 설교자의 설교보다 성경적이며 강해적이다. 적용이 없는 설교는 강해설교가 아니기 때문이다.

그동안 강해설교에서 적용을 사용해야 하느냐, 말아야 하느냐에 대한 찬반 논란이 계속 있어 왔다. 독일의 유명한 신학자 칼 바르트Karl Barth는 본문의 진리에 충실하다는 것은 본문과 현대의 청중의 차이를 좁혀 주는 것이 아니라고 믿었다. 그에게 있어서 적용은 설교자의 역할이 아니라 하나님과의 만남을 통해 오는 자연스러운 열매였다.[27]

그의 견해를 따라 적용의 필요성을 반대하는 이들이 여전히 존재한다. 예를 들어, 찰스 데니슨Charles G. Dennison은 성경 시대와 현대 시대 사이의 간격을 적용이 메워 줘야 한다는 시드니 그레이다누스Sidney Greidanus의 '갭 이론gap theory'을 강하게 부정한다.[28]

게리 핀리Gary Finley 또한 적용이 메워야 하는 고대와 현대의 '두 세계 two-world'를 거부한다. 그는 만일 적용을 강조하면 '하나님의 종말론적 사 다리God's eschatological ladder'로서 그리스도에게 매달리기보다 두 세계를 이어 주는 일에 초점을 맞추기 때문에 그리스도 중심성Christcenteredness이 약화될 것이라고 비난했다.[29] 데니슨 또한 많은 이들이 본문과 청중 사이 의 접촉점을 찾으려고 시도함으로써 하나님과 그리스도를 놓쳐 버리기 때문에 설교에 있어서 적용에 대한 강조를 거부한다고 말한다.

존 맥아더 역시 비슷한 생각을 갖고 있는 사람이다. 비록 그는 설교에 서의 적용의 활용을 반대하지는 않았지만, 적용에 대한 설교자의 의무를 절대시하지 않았다.[30] 그는 하나님의 말씀 자체에 내재된 능력이 들어 있 음을 강조하면서 설교에 있어서 적용의 필요성을 중시하지 않았다. 성경 이 정확하게 해석되고 강력하게 선포되기만 한다면 성령께서 그 메시지 를 취해서 청중 각자의 특별한 필요를 채워 주신다고 믿었다.[31] 그는 강 해설교에서 하나님 말씀의 내재된 능력과 성령의 사역을 강조했다.

그런가 하면 강해설교에서 적용의 필요성을 찬성한 이들도 많다. 21 세기의 영국의 유명한 강해설교자인 로이드 존스는 "설교자는 반드시 그 들이 말하고 있는 내용을 청중에게 적용시켜야 한다"고 주장했다.[32] 그 는 "본문을 설명하고 끝내 버리는 데만 만족하는 설교는 참된 강해설교 가 아니다. 진리는 삶 속에 적용되어야 하고, 그렇게 살아야 한다. 권면 과 적용은 설교의 필수적인 부분이다"라고 강조했다.[33] 그에게 적용이 없 는 설교는, 건강에 관한 강의만 하고 처방전을 주지 않은 채 병원에서 내 보내는 의사와 같았다. 그는 살아 있는 설교를 만듦에 있어서 적용이 얼 마나 중요한 역할을 하는지를 강조했다.

파리스 휫셀Faris D. Whitesell 역시 강해설교에는 반드시 설명explanation과 함께 적용application이 포함되어야 함을 주장한다.34

한때 영국 런던에서 로이드 존스와 쌍벽을 이루었던 존 스토트 역시 적용의 중요성을 강조한 설교자다. 그는 설교자라면 하나님의 불변하는 말씀God's unchanging Word을 계속해서 변해 가는 우리의 현실our ever changing world과 긴밀히 관련시키려고 애써야 한다고 주장했다. 그에게 있어서 설교자는 현실의 적용을 위해 하나님의 진리를 희생시켜서는sacrifice truth to relevance 안 되며, 반대로 하나님의 진리를 위해서 현실의 적용을 희생시켜서도relevance to truth 안 되며, 성경과 현실에의 적용 둘 다에 공히 충실해야 하는be faithful to Scripture and pertinent to today 사람이었다.35

적용을 반대하는 자들은 적용이 하나님 말씀의 권위와 성령의 영향력을 축소시킨다고 비판한다. 그러나 사실 적용이야말로 하나님 말씀의 권위를 가장 잘 드러내고, 성령의 능력을 통해 설교자의 임무를 가장 잘 실행하는 최선의 방법이다. 그렇다. 대부분의 학자들은 강해설교라면 반드시 적용이 포함되어야 함을 인정하고 있다.

여기서 중요한 사실 하나를 짚고 넘어가자. 강해설교에서 적용의 필요성을 이론적으로는 인정하면서도 적용의 실제에 있어서는 적지 않은 문제점을 보이고 있는 학자들이 있다. 존 맥아더, 로이드 존스, 존 스토트도 그에 속하는 이들이다.

그럼 뭐가 문제란 말인가? 우선 로이드 존스의 경우를 살펴보자. 최근에 한국 교회의 유명 설교자들에 대한 설교 비평으로 유명세를 탄 정용섭 목사의 로이드 존스에 대한 평가를 참조하면, 로이드 존스가 설교 행위에서 인간적 요소를 철저하게 차단하기 위해서 절치부심하고 있다는 점을 높이 평가하고 있다. 로이드 존스는 하나님만 드러나는 설교와 예배를 위해서 마치 청중을 무시하는 것처럼 보일 정도로 청중 개개인의 삶을 설교에서 거의 배려하지 않았다는 것이다.[36]

이러한 현상은 존 스토트의 설교에서도 엿볼 수 있는 특징이다. 우리가 잘 알고 있듯이, 그는 하늘과 땅을 연결하는 '다리 놓기bridge-building' 이론을 통해 본문의 세계와 오늘의 청중의 세계가 연결되어야 함을 강조했다.

하지만 실제로는 청중보다는 본문에 무게 중심이 기울어져 있음을 볼 수 있다. 이에 대해 백석대학교에서 설교학을 가르치는 이우제 교수의 말을 참조해 보자.

존 스토트의 '다리 놓기' 이론에 근거한 설교 실제는 성경이 기록될 당시의 본문의 세계와 오늘 청중의 세계를 연결하는 것을 강조하면서도, 실제로는 대부분의 경우 본문의 세계를 드러내고 설명하는 일에 치중하고 있음을 볼 수 있다. 그가 청중의 세계를 무시하고 있다는 말이 아니다. 오히려 본문의 세계에 대한 충실한 설명을 먼저 한 후에 이에 대한 적용을 제시하고 있다. 문제는 이 과정에서 주해와 적용이 이원론dualism적으로 흐르게 된다는 점이다. 이 부분이 바로 그동안 전통적인 설교가 청중들의 귀를 사로잡는 데 실패한 중요한 원인이라 말할 수 있다. 주해와 적용은 구분은 되지만 분리가 되어서는 안 된다. 왜냐하면 청중들의 관심이 주해 쪽보다는 적용 쪽에 있기 때문에, 많은 경우 이원론적인 청취로 흐를 수 있기 때문이다. 이렇게 될 때, 설교는 주해 중심적으로 나아가게 되고, 거기에 적용이 부록처럼 달라붙게 되는 형태를 취하게 된다. 주해가 주가 된 채로 적용을 일부분 가지고 있는 설교가 되는 셈이다. 전형적인 전통적인 설교의 모습이 이와 같다고 할 수 있다.[37]

예리하고 정확한 지적이다. 존 맥아더, 로이드 존스, 존 스토트의 의도가 청중의 기호나 욕구felt-need를 충족시켜 주는 포퓰리즘populism보다는 그들의 영혼에 필수적인 참진리real need를 중시한 선한 동기에서 비롯된 것임을 모르는 바는 아니다. 하지만 이렇게 될 경우 텍스트text만 강조되고 컨텍스트context는 무시될 가능성이 다분하다.

위의 학자들도 공히 인정하듯이, 강해설교의 목적은 적용이다. 본문은 적용을 위해서 주어진 것이다. 이동원 목사는 자신의 책에서 강해설교를 충족시키는 다섯 가지 요소를 다음과 같이 소개한다.

첫째로, 성경 본문이 있어야 한다. 둘째로, 그 본문의 본래 의미가 설명되어야 한다. 셋째로, 본문에 나타난 보편적인 진리가 천명되어야 한다. 넷째로, 본문의 진리가 하나의 주제를 중심으로 조직되고 설명되어야 한다. 다섯째로, 설교의 주제가 성도들의 삶 속에 적용되도록 설명되어야 한다.[38]

한마디로 말하면, 본문의 원래 의미가 하나의 주제로 설명되고 적용되어야 한다는 말이다. 청중의 삶에 적용하지 않는 설교는 강해설교가 아니란 뜻이다. 하지만 '적용도 고려하는 본문 위주의 설교'와 '적용을 목적으로 본문이 나아가게 하는 설교'는 그 출발점과 목표 지점이 완전히 다르다는 것을 알아야 한다. 강해설교라면 반드시 청중에의 적용을 중심으로 본문이 나아가게 해야 한다. 본문에서 출발해서 본문에만 머물러 있다면 그것은 강해설교가 아니다.

적용을 설교의 부록appendix이나 하나의 구성 요소로 보는 이가 있는데, 그것은 큰 착각이다. 적용은 설교의 목적이요, 혼spirit이다.[39] 그래서 설교자는 적용을 위한 기초와 무기라 할 수 있는 본문real need은 물론, 적용의 대상인 청중을 늘 의식하고, 그들의 삶과 생각과 기호felt need를 신경 쓰지 않으면 안 된다. 본문 분석analyzing the text과 함께 청중 분석analyzing the audience이 필수적인 것이다.

참고로 정장복 교수에 의하면 한국 설교의 평균 85%가 본문해석 중심에 머물고, 나머지 15%만이 적용하는 데 할애한다고 한다.[40]

김형준 목사는 이동원 목사의 설교에 대해서 이렇게 평가한다.

현실과 본문의 끊임없는 대화 가운데 만들어진 이동원 목사의 설교는 마치 이해하기 어려운 하나님의 언어가 이해하기 쉬운 인간의 언어로 풀이되는 작업에 비유할 수 있다. 목사님의 설교가 삶을 치유하는 역사를 일으킬 수 있는 것도, 성경을 떠나지 않으면서도 청중들이 오늘날의 현실에서 만날 수 있는 수많은 문제에 대한 하나님의 뜻을 전해 줄 수 있는 것도 다 이런 이유 때문이다. 이동원 목사의 설교는 현장 속의 말씀인 것이다.[41]

이런 점에서 볼 때, 이동원 목사는 강해설교를 제대로 실천하고 있는 설교자라고 할 수 있다. 그는 충실한 본문 주해를 통한 영양 만점의 재료를 가지고 청중이 군침을 삼키며 먹을 수 있는 맛깔스러운 식단을 준비하는 것으로 정평이 나 있다. 물론 청중을 지나치게 강조하다 보면 본문이 적용에 함몰되기 쉽고, 영양가 없이 그저 맛만 좋은 패스트푸드식 설교를 양산할 위험성이 없지 않다. 하지만 이동원 목사에게 그것은 기우에 불과하다. 그는 언제나 본문에서 설교 준비를 출발하여 본문으로 매듭짓기 때문이다. 주승중 목사의 말처럼, 그는 처음부터 설교를 위한 성경 해석에 강조점을 두었고, 텍스트와 컨텍스트 간의 긴장과 대화를 유지하려고 끊임없이 노력해 왔다.[42] 그러면서 설교의 목적지인 청중에의 적용점을 놓치지 않고 꾸준히 지향해 나가는 모범적 강해설교자다.

이동원 목사도 설교사역 초기의 10여 년 동안은 설교할 때 '텍스트'에 비중을 두고 그것에 충실하려고 애썼다고 한다. 그때 그는 본문이 무엇을 말하는지, 본문 주해와 석의에 최선을 다했다. 그러나 점차 목회의 경륜이 쌓이면서 '청중의 필요'를 무시할 수 없다는 사실을 알게 되었다. 텍스트 못지않게 컨텍스트가 중요하며, 본문 못지않게 청중에의 적용이 필요하며, 청중을 염두에 두지 않는 설교는 진정한 의미에서 강해설교가 아니라는 사실을 절실히 깨닫게 된 것이다.[43]

오늘날 많은 사람들이 교회를 떠나가고 있다. 여러 가지 이유가 있지만, 근본적인 문제는 강단으로부터 흘러나오는 말씀이 청중에게 더 이상 어필하지 못하고 큰 의미를 주지 못하고 있기 때문이다. 그렇다. 맛없게 차려진 밥상에 손이 가지 않듯이, 들리지 않는 설교에 관심이 가지 않는 법이다.

자신의 삶과 밀접한 관계를 맺고 자신의 고민과 관심사를 터치해 주는 설교에 청중은 귀 기울인다. 그래서 이동원 목사는 자신의 설교를 '전통적인 강해설교'에서 컨텍스트에 더 중점을 두고 나아가는 '제목 강해설교'의 스타일로 변화시켰다고 스스로 고백하고 있다.[44] 이것은 이동원 목사 자신에게는 물론이요, 당시에 그의 설교를 듣던 청중에게도 결코 작은 변화가 아니었으리라.

그런데 이 대목에서 짚고 넘어가야 할 것이 하나 있다. 이동원 목사의 설교에 또 다른 변화가 일어났음은 틀림없는 사실인데, 그가 자신의 설교를 '전통적인 강해설교'에서 '제목 강해설교'로 변화시켰다고 한 점에는 용어상의 문제가 있다는 점이다. 용어상의 개념부터 정리해 보자. 우선 '전통적인'이란 용어 뒤에는 '강해'란 말을 붙일 수 없고, 또 '제목'이란 용어 뒤에도 '강해'란 말을 사용할 수 없기 때문이다. 이동원 목사가 말한 '전통적인 설교'는 쉽게 말하면 '본문 중심의 설교', 즉 적용이 결핍된 설교를 말한다. 그리고 그가 말한 '제목설교'란 설교자의 주관이 중심이 되고 본문은 들러리로 전락할 가능성이 다분한 설교를 말한다. 따라서 '강해설교'란 용어 앞에 '전통적인'이나 '제목'이라는 수식어를 붙임은 적절하지 않다.

'강해설교'는 설교자가 아니라 본문이 기초가 되고 중심이 되는 것은 물론, 본문의 대상과 목적인 청중에의 적용을 향해서 결론까지 나아가는 설교를 의미한다. 제이 애덤스Jay Adams가 말했듯이, 강해설교란 성경에 대해 말하는 것이 아니라not about the Bible, 성경으로부터from the Bible 청중에 대해about the audience 말하는 것이기 때문이다.45 그래서 "이동원 목사의 설교는 '본문 중심의 설교'에서 모든 설교자들이 바라고 꿈꾸는 진정한 의미에서의 '강해설교'로 변화되었다"고 하는 것이 정확한 표현일 것이다. 그렇다. 이동원 목사의 설교는 강해설교다. 그는 짧지 않은 설교 사역의 시행착오를 통해 마침내 바람직한 강해설교의 모범자로 확실하게 거듭났다. 그는 실로 이 시대에 보기 드문 강해설교자로 우리 앞에 우뚝 서 있다.

오늘날의 설교자라면 누구나 그를 통해 보고 듣고 배워야 할 것이다. 모든 설교자는 강해설교자가 되어야 하기 때문이다. 자신의 설교가 강해설교가 아니라면 이동원 목사처럼 과감한 변신을 시도해야 한다. 참된 설교자라면, 하나님이 기뻐하시고 인정하시는 강해설교자로 새롭게 자리매김하기 위해 부단히 배우고 갈고닦아야 할 것이다. 특히 강해설교의 고수인 이동원 목사가 보여 주는 설교의 모든 것들을 기꺼이 배울 수 있다면, 그보다 더 큰 복은 없으리라 믿는다.

② 책별 연속 강해설교 ⇨ 시리즈별 강해설교

이동원 목사는 한동안 성경의 각 권을 하나씩 설교해 나가는 방식을 즐겨 활용했다. 이것이 책별 연속 강해설교다. 창세기, 출애굽기, 다니엘, 로마서, 디도서, 사복음서, 갈라디아서, 요한계시록 등이 그런 설교였다. 그러다가 어느 순간부터 시리즈별 강해설교로의 변화가 시도 된다. 이 두 설교 방식의 차이점을 살펴보자.

설교를 작성함에 있어서 가장 우선시되는 과제는 설교할 본문을 정하는 일이다. 매 주일 설교를 마치는 순간부터 설교자들은 다음 주 설교의 본문을 무엇으로 잡을 것인가를 고민해야 한다. 그러다 보니 불과 몇 년 전까지만 해도 한국 강단에는 성경 한 권을 정해 놓고 연속으로 마지막 장까지 설교하는 방식이 설교자들에게 인기를 끌어 왔다. 어떤 본문으로 설교할 것인가를 고민할 필요가 없기도 하거니와, 한 저자가 기록한 책 전체를 처음부터 끝까지 다룰 수 있기에 성경적이라는 장점도 있기 때문이다.

하지만 이 방식의 설교에 치명적인 문제가 대두되기 시작했다. 그것은 요나서나 야고보서와 같이 짧은 책과는 달리 창세기나 복음서나 로마서처럼 분량이 많은 책을 다룰 때 청중으로 하여금 싫증나게 만든다는 점이다.

성경 속에 수많은 인물들과 각기 다른 사건들에 관한 내용이 기록되어 있는데, 적어도 몇 달, 길게는 1년이 지나도록 동일 인물이나 그와 관련한 비슷한 내용의 이야기들만 계속 듣다 보면 청중의 마음에 지겨움과 식상함이 쌓일 수 있기 때문이다.[46]

그래서 수년 전부터 새로운 방식의 설교가 차츰 한국 강단을 지배하고 있다. 책별 연속 강해설교에 식상한 나머지 나타난 자연스러운 현상이라고 할 수 있다. 그렇게 새롭게 자리 잡고 있는 대안이 바로 '시리즈별 강해설교'[47]다. 이것은 설교할 본문은 매주 바뀌지만 동일한 주제로 5주나 8주, 혹은 12주, 길게는 몇 개월 동안 설교해 나가는 형태다. 이동원 목사의 『하나님, 그의 이름은 비밀입니다』, 『당신은 예수님의 VIP』, 『인생레슨』, 『하나님 나라 비전 매핑』 등이 그 대표적 실례들이다.

물론 이 방식의 설교 역시 다음과 같은 점이 단점으로 지적된다. 한 주제에 맞추어서 각기 다른 본문으로 설교하다 보면 성경 본문이 들러리eisegesis가 될 가능성이 있고, 그렇게 된다면 본문 중심의 성경적인 강해설교exegesis가 될 수 없다는 것이다.[48] 따라서 시리즈별 강해설교를 시도하는 설교자는 절대로 주제가 성경 본문을 지배하지 않도록 유의해야 한다.

성경을 책별로 연속적으로 설교해야 강해설교라고 착각하는 사람들이 적지 않다. 그러나 이는 잘못된 편견과 선입견에서 비롯된 생각임을 알아야 한다. 아무리 책별로 한 권씩 설교해 나가더라도 본문의 핵심 메시지가 들어 있지 않으면 강해설교가 될 수 없다. 반면, 매주 다른 본문의 설교가 선포되더라도 본문의 중심 사상과 메시지가 설교의 내용 속에 충실하게 반영되어 있다면 그것이 강해설교다.

'시리즈별 강해설교'는 설교자가 정한 특정 주제와 관련된 각기 다른 본문을 가지고 여러 주 혹은 여러 달 동안 본문이 말하고 있는 의미에 철저히 기초하여 청중의 삶에 효과적으로 적용시키는 설교 방식을 말한다. 그렇다면 이 설교는 구체적으로 어떤 점에서 장점을 갖고 있으며, 21세기를 살아가는 오늘의 청중에게 어떤 유익을 준다고 말할 수 있을까?

첫째, 정해진 기간 동안 설교해야 할 주제가 고정되어 있기 때문에 설교자가 다음 주에 어떤 주제로 설교해야 할 것인가에 크게 부담을 갖지 않아도 된다.

둘째, 매주 다른 본문에 기초하여 새로운 인물과 사건에 관한 내용을 다루기 때문에 청중이 따분해 하지 않고 신선하게 들을 수 있다.

셋째, 동일한 주제를 가지고 여러 주에 걸쳐서 설교하기 때문에 청중에게 강한 인상을 줌으로써 말씀의 효과적 적용과 삶의 변화에 유익을 준다.

넷째, 매주 서로 다른 본문의 작은 퍼즐들이 연속으로 조합되어 중요한 주제의 큰 그림을 완성해 나가는 연결성과 축적성을 가진다.

다섯째, 삼대지 설교의 부적절성이 지적되고 있는 현시점에서 매주 다른 본문이지만 동일한 주제라는 하나의 초점을 가지기 때문에 본문의 가장 핵심적인 주제one big theme를 잘 드러냄은 물론, 청중이 기억하기 쉬운 설교를 가능하게 해 준다.[49]

한마디로, 시리즈별 강해설교는 현대 청중의 구미에 맞을 뿐 아니라, 그들의 영적인 식단에도 신선하고 필수적인 영양분을 제공한다는 점에서 매우 큰 장점을 가지고 있는 모범적 설교 방식이다. 이처럼 맛있고 신선하고 유익하고 영양 만점인 식단을 차려 놓고 청중을 기다린다면, 매주 우리의 강단에 어떤 새로운 변화가 기대되겠는가?

지금 미국의 릭 워렌Rick Warren, 빌 하이벨스Bill Hybels, 존 오트버그John Ortberg, 토니 에반스Tony Evans, 앤디 스탠리Andy Stanley나 국내의 대형교회 목회자들50과 같은 설교의 대가들이 즐겨 활용하는 설교 방식이 바로 이 형태다. 이동원 목사는 이 새로운 방식의 설교를 한국 교회의 강단에 유행시킨 주역이라 할 수 있다. 구태의연하고 해묵은 방식의 식단이 아닌, 그의 설교처럼 맛깔스럽고 참신하고 영양이 풍부한 영적 식단으로 매주 마련된다면 침체된 한국 교회 강단의 회복은 결코 요원한 일이 아닐 것이라고 확신한다.

③ 연역적 서론 ⇨ 귀납적 서론

이동원 목사의 설교에서 또 다른 변천 과정을 엿볼 수 있는 대목이 있으니, 바로 그의 설교의 서론 부분이다. 그도 목회 초기에는 자신의 설교가 사람들의 요구나 필요에 따라가는 것이 아니라, 성경 본문의 원리에 따라가야 한다고 생각하던 때가 있었다. 그의 말을 직접 들어 보자.

필자는 설교 초기에 강해설교를 하면서 강조한 것은 사람들의 필요를 따라가지 말고 하나님의 원리를 제시하라는 것이었다. 그러나 지금은 필자의 생각이 바뀌었다. 설교 시에 하나님의 궁극적인 원리를 제시해야 한다는 생각에는 변함이 없지만, 그 원리를 가르치고 거기에 도달하기 위해서는 먼저 사람들의 필요에 민감하여 그들과 고민을 함께 나누고, 같이

동참하면서 설교를 시작해야 한다는 것이다. 청중들이 삶의 현장에서 먼저 시작하는 것이 훨씬 더 효율적이라는 사실을 필자의 목회 현장에서 거듭 발견하여 왔다. 따라서 이러한 목회 현장에서 귀납법적인 설교가 청중들의 필요를 더 채워 주고 그 효과에서도 청중들의 민감한 반응을 유도해 낼 수 있다고 생각하게 되었다.[51]

연역적인deductive 설교는 성경의 원리에서 출발해서 청중의 삶의 자리로 나아가는 방법이다. 반면에, 귀납적인inductive 설교는 청중의 삶의 정황에서 시작해서 성경의 원리로 옮겨 가는 방법이다.

설교자가 설교를 시작하자마자 본문 이야기부터 하면 청중이 듣기 힘들어 한다. 청중의 당면한 관심사는 생생하고 구체적인 삶과 현실에 관한 것들이다. 때문에 인간의 아픔과 고민과 갈등과 문제들과 관련된 내용으로 설교를 시작할 때, 그들의 관심과 공감을 얻을 수 있다. 청중과의 교감의 자리를 마련하지 않은 채 섣불리 본문 이야기부터 시작하려고 해선 안 된다는 것이다. 이동원 목사가 제시한 실례를 소개한다.

"인간은 마땅히 하나님을 사랑해야 합니다"라고 설교를 시작하는 것이 연역적인 방법이다. 이와는 반대로 "12월 21일 267명의 승객이 타고 있는 비행기가 영국의 런던 공항을 떠나서 뉴욕을 향해 가다가 상공에서 기체가 한순간에 공중분해 되고 말았습니다"로 서론을 시작해서 "내일 일을 너희가 알지 못하는도다 너희 생명이 무엇이냐 너희는 잠깐 보이다가 없어지는 안개니라"는 본문(약 4:14)으로 나아가는 것이 바로 귀납적인 방식이다.[52]

설교를 연역적으로 시작하면 청중이 익히 다 알고 있는 진리나 본문이기 때문에 그들의 관심을 집중시키기가 힘들다. 따라서 현실 속 이야기, 질문, 개인적인 체험, 대화, 상상력의 결과, 뉴스, 영화, 드라마, 베스트셀러 등 청중의 주의를 끌 수 있는 구체적인 삶의 현장에서 설교를 시작함이 효과적이다.

필자는 그동안 실시된 이동원 목사의 설교를 전체적으로, 한꺼번에 분석해 보았다. 그 결과 다음과 같은 변천 과정을 확인하게 되었다. 우선 1988-2003년까지 이동원 목사의 설교에서는 거의 모든 서론이 본문으로 시작한다.[53] 이때 이동원 목사가 사용한 서론 전개 방식은 연역적인 방법이다. 당시 그의 설교집 『기적을 창조하는 자가 되라』의 서문에는 다음과 같은 내용이 기록되어 있다.

현실은 우리의 컨텍스트일 뿐 텍스트는 될 수 없기에, 성경의 텍스트에서 먼저 주의 음성을 듣고자 하였습니다. 그리고 성경이 그 시대를 뛰어넘어 오늘 우리의 시대를 향하여 말씀하시는 그 교훈을 붙잡기를 원했습니다.[54]

청중의 현실적 삶과 고민보다는 본문을 통해 하나님의 음성을 듣는 것이 급선무라 생각했고, 인간의 상황보다는 시대를 초월하여 역사하는 말씀의 능력을 들려주는 것이 더 중요하다고 생각했던 것이다. 당시에 그가 즐겨 사용하던 설교의 서론 방식을 몇 부분만 소개한다.

다음은 1983년에 출간된 이동원 목사의 『비유로 말씀하시더라』란 설교집 속에 나오는 세 편의 설교 가운데 설교의 시작 부분들이다.

본문은 "천국은 마치"라는 말로 시작됩니다. 우리는 마태복음 13장을 가리켜서 '천국장'이라고 부릅니다. 다시 말하면 하나님 나라는 어떤 것인가를 설명하고 있는 장입니다.[55]

본문의 비유는 흔히 알곡과 가라지의 비유라고 일컬어져 왔습니다. 천국 비유 중의 한 편입니다. '천국'의 성경적 개념을 이해하는 일에 있어서 가장 큰 방해는, 우리가 천국을 '저 세상'으로만 이해하도록 우리의 생각이 방향지어져 왔다는 사실입니다.[56]

본문의 말씀은 이 지상에서 하나님께서 다스리시는 하나님의 나라는 어떻게 확장되어 가고 있는지, 즉 천국의 성장과 확장의 진리를 보여 줍니다. 쉽게 말해서 겨자씨와 누룩 비유로 일컬어지는 교훈이 본문에 기록되어 있습니다.[57]

모두가 '본문'이란 말로 시작되고 있음이 보이는가? 그런데 1998-2005년까지의 그의 설교 서론에서 필자는 또 다른 변화를 발견했다. 예를 들면, 『창세기 강해 1, 2, 3』, 이 세 권의 설교집에 나오는 서론 가운데 거의 모두가 현실 예화 반, 본문 이야기 반으로 시작되고 있음을 볼 수 있다. 다시 말하면, 설교 초기에는 서론이 늘 본문 이야기로만 시작됐는데, 어느 정도 세월이 지나자 설교의 서론이 현실 이야기 반, 본문 이야기 반, 즉 50 대 50으로 시작되더라는 것이다.

다음은 1998년에 출간된 이동원 목사의 『출애굽의 오후』에 나오는 설교의 서론 부분이다.

1997년 8월 5일 8시 20분, KAL 801기 편에 오른 254명의 승객 중 아무도 자신들이 탄 비행기가 추락할 것을 예상한 사람은 없었을 것입니다. 보도에 의하면, 새벽 0시 30분, 괌에 도착했다는 착륙 보도와 함께 안전벨트를 매라는 지시까지 내려졌다고 합니다. 그러나 약 20분 후에 공중에서 비행기가 산화되어 그 큰 슬픔을 겪어야 할 것을 누가 예상이나 할 수 있었겠습니까?[58]

먼저 우리는 유명한 모세의 구원의 노래가 기록되어 있는 본문 출애굽기 15장을 세 부분으로 나눌 수가 있습니다. 1-13절은 모세의 노래, 13절이 겹치지만 13-18절은 모세의 예언, 19-21절은 미리암의 노래로 구분할 수 있습니다.[59]

우리가 인생을 살다 보면, 모든 일이 기대한 대로 잘 진행이 되고, 인생이 참 살 만한 가치가 있으며, 삶이 하나님의 은총이고 축복인 것처럼 느껴지는 순간이 있습니다. 노래를 부르고 싶고, 춤을 추고 싶은 행복감을 느끼는 순간이 있습니다. 옛날 우리 조상들이 인생에서 이런 행복감을 맛볼 때, 다음과 같은 고백을 하지 않았는가 싶어요. "인생도처 유청산이라." 즉, "삶의 길에 푸르른 산이 있다"는 말입니다.[60]

우리는 앞 장에서 출애굽기 15장 22-27절을 통해 치료하시는 하나님에 대해 살펴보았고, 이 장에서는 출애굽기 16장을 통해 공급하시는 하나님의 은혜에 대해 살펴보고자 합니다. 치료하시는 하나님을 경험해 보려면 일단 어떻게 되어야 합니까? 아파 봐야죠. 병들어 봐야 치료하시는 하나님을 경험할 수 있습니다. 그러면 공급하시는 하나님을 경험하려면 어떻게 해야 할까요? 일단 굶주려 봐야 되겠죠? 그게 16장의 내용이에요.[61]

본문 이야기 반, 현실 이야기 반으로 서론이 시작됨을 볼 수 있다. 다음은 2003년에 출간된 이동원 목사의 설교집, 『기적을 창조하는 자가 되라』에 나오는 설교의 서론 부분이다.

이 본문은 오병이어의 기적 직후에 나타나고 있는 사건을 취급하고 있는 기사입니다. 오병이어의 기적의 현장을 목격했던 군중들의 흥분을 우리는 짐작할 수 있습니다. 제자들의 감격도 능히 상상할 수 있습니다. 요한복음에는 이 사건 직후에 군중들이 예수님을 왕으로 추대하려는 움직임을 보이기 시작했다고 기록합니다.[62]

해마다 연말이 되면 우리 곁을 스쳐 간 많은 얼굴들이 생각납니다. 한때는 우리 곁에서 열심히 신앙생활을 하다가 더 이상 우리 곁에 머물러 있지 않은 얼굴들도 종종 기억하게 합니다. 이런 사람들 가운데 어떤 사람은 정당하게 이해될 수 있는 까닭으로 다른 장소나, 도시나, 교회로 옮겨 간 사람들도 있습니다.[63]

나아만이라고 하는 사람이 여기 등장하는데, 이 사람이 본문의 주인공입니다. 그는 어떤 사람이었습니까? 1절에 이 사람에 관한 이력이 소개되고 있습니다. 우선 그는 아람 왕의 군대 장관이었습니다.[64]

우리가 지나간 날의 역사에서 배우는 사실은, 과거 역사를 통해서는 우리가 아무것도 배우지 않는다는 것입니다. 그래서 지나간 날에 있었던 일이 오늘의 역사 현장에서 다시 반복됩니다. 즉, 역사는 되풀이되는 것입니다.[65]

역시 본문 이야기 반, 현실 이야기 반으로 되어 있음을 잘 알 수 있다.

그러다가 마침내 또 다른 변화가 시도된다. 2009년에 출간된 이동원 목사의 설교집 『인생 여행』에서부터는 거의 모든 서론이 현실의 예화만으로 시작되는 현저한 변화를 볼 수 있다. 그래서 그의 최근 설교를 보면, 모든 설교를 귀납적인 서론으로 시작하고 있음을 확인할 수 있다.

④ 한꺼번에 예화 소개 ⇨ 두 부분으로 나누어서 예화 소개

이 기법은 설교의 시작부터 예화의 일부만 소개함으로 청중에게 궁금증을 유발시킨 후 결론 부분에 가서 예화의 나머지 뒷이야기를 공개하고 끝내는 스타일이다. 이 방식은 이동원 목사의 설교 중 일부분에서만 발견되는 변화다. 예화를 한꺼번에 다 공개해 버리면 청중에게 예화의 남은 뒷부분에 대한 호기심이나 궁금증을 유발시킬 수 없다. 청중의 마음을 설교 끝까지 붙잡아 두려면 긴장suspense과 지연delay의 장치가 적당히 발동되어야 한다. 한번에 이야기를 다 털어놓기보다는 뒷이야기를 남겨 두는 방식을 활용한다면 청중을 계속 긴장으로 몰아가고, 그들의 귀와 신경을 설교 속에 오래 머물러 있게 할 수 있는 장점이 있다. 뿐만 아니라 서두에서 꺼낸 이슈를 결론에서 다시 언급한다면 설교의 시작부터 끝까지를 하나의 중심 주제로 연결해 준다는 점에서 큰 유익을 주기도 한다.[66]

칩 히스Chip Heese는 "사람들의 관심을 끄는 가장 기본적인 방법은 바로 '패턴을 파괴하는 것'"이라고 말했다.[67] 기존에 늘 접해 오던 패턴이 한순간 깨질 때 사람들은 충격을 받거나 관심을 집중하게 된다. 때문에 가끔씩 고정 관념을 깨는 시도가 필요할 때가 있다. 맥스 루케이도Max Lucado는 이런 기법 활용에 천부적인 은사를 발휘한 천재적인 베스트셀러 작가이자 탁월한 설교자다. 따라서 스토리텔러로서의 설교자에게 긴장과 지연이란 것은 늘 가까이 교제하면서 잘 활용해야 할 절친이어야 한다.

수년 전부터 필자도 맥스 루케이도의 방식을 따라서 예화를 두 부분이나 세 부분으로 나누어서 활용하는 새로운 프레임 기법의 설교를 시도하고 있다. 그에 대한 청중의 반응은 최상이다. 마치 한 편의 드라마를 본 것 같은 느낌을 받았다는 반응이다. 필자가 이동원 목사의 설교를 직접 들으면서 느낀 인상도 마찬가지였다. 그와 같은 설교의 대가가 전했다면 그 반응은 더욱 최고조일 수밖에 없지 않겠는가?

그럼 이동원 목사가 이 방식으로 예화를 활용한 구체적인 실례들을 하나씩 살펴보자. 우선 설교의 서론 부분에 소개된 내용이다.

공부를 계속하며 결혼 생활을 시작한 한 주부가 자신의 결혼 생활의 일상을 이렇게 묘사하고 있습니다.

"나는 공부를 하면서 집안 살림과 육아를 전담하였고 그는 직장 일에만 매달려야 했다. 그는 대부분 11시가 넘어서야 집에 들어왔다. 술에 취해 들어오는 날도 적지 않았다. 남편을 직장에 완전히 빼앗긴 느낌이었다.

늘 힘들어하던 그는 휴일에는 쉬어야 한다는 생각이 몹시 강했다. 집안일을 도와주거나 잠시라도 아이들을 돌봐 줘서 아내에게 쉴 수 있는 시간을 줘야겠다는 생각은 꿈에도 못하는 눈치였다. 그로 인해 나는 사실 평일보다 휴일에 마음이 상한 적이 더 많았다.

나는 베스트셀러 한 권을 읽을 여유도 없이 사는데 하루 종일 누워서 재미있는 책을 읽고 있던 남편이 야속해 짜증을 부린 어느 일요일 오후였다. 남편은 갑자기 화를 폭발하면서 "내가 집에 와서 책 하나도 못 읽어?"라고 소리치면서 읽고 있던 책을 갈기갈기 찢어 던져 버리는 것이 아닌가. 쉬면서 재충전하고 싶다는 그의 욕구와 휴일이나마 남편의 보살핌과 도움을 받고 싶었던 나의 욕구가 정면으로 충돌하던 충격적인 기억이다.

서로의 삶에 무관심해지고 각자가 맡은 역할을 수행하는 것으로 남편과 아내의 의무를 다한다고 생각하자 우리 관계는 아무런 윤기도 흐르지 않는 삭막한 관계가 되었다. 별일 아닌 일들에 꼬투리를 잡게 되고, 죄책감과 당황함을 느끼게 되고, 서로에 대한 용서와 관대함은 사라져 갔다.

그렇게 살던 우리 부부에게 특별한 일이 일어나기 시작했다. 마흔을 넘긴 남편이 하나님께 순종하면서 변화하기 시작했고, 동일한 변화가 일년의 시차를 두고 내게도 시작되었다. 이로 인해 우리 부부는 중년의 나이에 주책없이 신혼기를 맞게 되었다. 아니, 연애 때나 신혼 때도 맛보지 못한 깊은 사랑과 연합의 즐거움을 알게 된 것이다."[68]

다음은 설교 마지막 부분에 소개된 위 예화의 나머지 내용이다.

마지막으로 다시 우리들의 거듭난 결혼 이야기로 글을 마치려 합니다. 작가 부부는 이 책을 쓰면서 자신들의 결혼 생활이 이렇게 변했다고 떠들어 놓고 혹시 예전으로 돌아가면 어떻게 될까를 걱정하다가 결국 성령 충만으로 대화의 결론을 맺습니다. 들어 보십시오.

"그렇다. 기도하지 않고 성령 충만하지 않고 어떻게 내가 먼저 섬기고 내가 먼저 용서하고 내가 먼저 사랑한다고 말할 수 있을까? 맨 정신으로는 도저히 그렇게 못한다. (그래서) 알코올 중독자들이 술에 절어 살 듯 우리의 삶이 성령에 취해 살아야 하리라."

그렇습니다. 성령 충만이 해답입니다. 성령 충만이 희망입니다. 성령 충만이 비전입니다. 성령 충만이 행복입니다.[69]

예화의 내용을 처음부터 한꺼번에 모두 공개해 버리면 청중에게 전달될 감동이 반감되고 말 것이지만, 이동원 목사가 활용한 방식대로 예화를 설교의 서론과 결론 부분으로 나눠서 차례로 소개한다면 보다 큰 은혜와 감동을 던져 줄 수 있을 것이다.

또 다른 실례를 소개한다. 다음은 설교의 서론 부분에 소개된 내용이다.

성경은 하나님께서 그의 자녀 된 우리를 양육하시는 방법을 자주 독수리 양육에 비유합니다. 신명기 32장 11절을 보십시오. "마치 독수리가 자기의 보금자리를 어지럽게 하며 자기의 새끼 위에 너풀거리며 그의 날개를 펴서 새끼를 받으며 그의 날개 위에 그것을 업는 것같이" 하신다고 했습니다. 보금자리를 어지럽힌다는 말은 잠자는 아기 독수리를 깨운다는 뜻입니다. 아기 독수리의 어린 시절, 부모 독수리는 아기 독수리를 둥우리에서 먹이고 재우다가 일정한 시간이 지나면 날개 위에 업어 나르기를 시작합니다. 다시 일정한 시간이 지나면 이제 하늘을 나는 훈련을 시작합니다.

보통 독수리의 집 둥우리는 높은 산정 가까운 비탈 언덕에 위치합니다. 어느 날 부모 독수리는 아기 독수리를 깨워 그의 안전의 상징인 둥우리에서 데리고 나와 낭떠러지 비탈길에 섭니다. 그리고 바람이 불기를 기다렸다가 아기 독수리를 날개 위에서 떨어뜨립니다. 아직 한 번도 날아 보지 못한 아기 독수리는 자기가 날 수 있다는 사실조차 인지하지 못한 채 살기 위해 필사적으로 날개를 퍼뜩 거려 봅니다. 한없이 공포 속에 하강하는 아기 독수리가 결정적인 위험에 처하기 전에 부모 독수리는 재빨리 아기 독수리 밑으로 하강하여 날개를 펴서 업고 다시 집으로 상승합니다.

몇 번씩 이런 훈련을 거듭하면서 마침내 아기 독수리는 저 무한한 하늘의 공간이 자기의 세상인 것을 깨닫고 나래를 펴 비상하는 하늘의 왕자와 공주로 자라 갑니다.[70]

다음은 설교 마지막 부분에 소개된 위 예화의 나머지 내용이다.

저는 오늘의 말씀을 독수리 이야기로 시작했습니다. 샌디 워너Sandy Warner라는 기독교 동화작가의 독수리 이야기에서 부모 독수리가 아기 독수리와 작별하는 순간을 묘사한 글로 오늘의 말씀을 마무리하고자 합니다.

"부모 독수리는 자녀 독수리가 부모의 품을 떠날 때가 가까웠다고 느끼면 더 높은 곳으로 올라가 자녀 독수리를 비상시키는 훈련을 한다. 그리고 아기 독수리 곁을 날며 이렇게 말한다.

'넌 이제 혼자 날 수 있어. 다음에 우리는 네가 나는 그 멋진 모습을 저 높은 곳에서 지켜볼 거야. 아빠, 엄마의 도움이 필요하면 우리에게 보내는 특별한 소리와 함께 내 비상 도움을 요청하는 날갯짓을 하면 되는 거야. 아빠, 엄마는 언제라도 너를 도울 준비가 되어 있어. 하지만 너는 곧 너의 아기 독수리를 키우기 위해 우리를 당분간 잊어버리게 될 거야. 그래도 괜찮아. 그것이 자연의 순리이기 때문이지. 다만 먼 훗날 언젠가 우리가 보고 싶으면 넌 저 광야의 골짜기로 내려오면 돼. 거기서 넌 너의 늙은 아빠, 엄마 독수리를 다시 볼 수 있을 거야. 아빠, 엄마는 늙으면 더 이상 이 높은 곳에서 살 수 없거든. 하지만 그때에도 아빠, 엄마 독수리를 다시 볼 수 있을 거야".[71]

예화의 내용을 한꺼번에 다 소개하기보다는 둘로 나누어 설교의 마지막 부분에서 궁금했던 뒷이야기를 해 준다면 청중의 관심과 주목을 훨씬 더 끌 수 있다는 장점이 있다. 예화를 한꺼번에 다 이야기해 버리는 지금까지의 방식과는 차별화된 새로운 전개 방식에 주목해 보라. 누구나 활용하기만 한다면 그 유용성과 효율성을 직접 경험하게 될 것이다. 설교자들이라면 누구나 쉽게 활용할 수 있는 이 방식을 적극 참조해 보기를 바란다.

chapter 4

영향 받은 멘토들

앞에서 간략히 언급한 바 있지만, 이 시대 최고의 설교자인 이동원 목사가 영향 받은 인물들이 누구인지, 그리고 그들에게서 어떤 부분을 영향받은 것인지는 아마도 모든 설교자들의 관심사일 것이다. 이에 관해서는 침례신학대학교출판부에서 발간한 『나의 설교 멘토』[72]란 자료에 나오는 내용을 기초로 해서 13명의 설교 멘토들을 한 명씩 소개하고자 한다.

1) M. R. 디한M. R. De Haan

이동원 목사는 20대 초반이던 1965년 전후에 처음으로 기독교 신앙을 접했다. 하지만 그 당시에는 영어를 배울 욕심으로 선교사들을 따라다녔기 때문에 복음에 대해선 잘 모르던 시절이었다. 그때 영어 교재란 것은 영어성경과 의사 출신 M. R. 디한이 제작한 부교재가 전부였다.

그런데 M. R. 디한이 쓴, 크기가 작은 갈라디아서 강해집 『율법이냐 은혜냐?』는 그에게 복음이 무엇인가에 대해 선명하게 이해하는 데 결정적인 역할을 했다. 그는 M. R. 디한의 책을 읽으면서 특별히 세 부분의 성경 구절을 통해 복음에 대한 확실한 이해를 다지게 된다. 그 첫 구절이

로마서 1장 2-4절이다. 이것은 복음의 핵심이 예수 그리스도임을 가르쳐 준다. 설교의 시작 또한 예수 그리스도임을 확고하게 다지게 해 준 구절이다.

좀 더 구체적으로 말하면, 복음의 핵심은 하나님의 아들 예수 그리스도가 오셔서 우리를 위해 죽으시고 우리를 위해 다시 사신 사건을 말해 준다. 이 부분에 대해서 잘 설명하고 있는 다른 구절이 고린도전서 15장 1-4절이다. 즉, 예수 그리스도가 성경대로 우리를 위해 죽으시고 우리를 위해 다시 사셨다는 것이다. 그런데 "그가 나를 위해 죽으시고, 또 나를 위해 삼 일 만에 다시 살아나신 것이 왜 복음인가?" 하는 질문은 여전히 그에게 풀리지 않는 숙제였다. 그런 그에게 큰 영향을 준 성경 구절이 바로 로마서 4장 25절이다.

"예수는 우리가 범죄한 것 때문에 내줌이 되고 또한 우리를 의롭다 하시기 위하여 살아나셨느니라."

그리스도가 죽으신 것은 우리의 죄 문제를 해결하기 위해서였다. 그런데 복음은 그것으로 그치지 않는다. 그분이 우리를 위해 살아나신 것이다. 그 이유는 우리를 의롭다 하시기 위해서다. 따라서 우리는 죄 용서를 받은 사람일 뿐 아니라 의롭다 하심을 받은 사람이다. 죄인이었던 우리가 이제는 의롭다 하심을 받고 하나님의 인도 가운데 새로운 삶을 살게 된 것이다. 이것이 바로 복음이다.

M. R. 디한의 책을 통해 복음에 대한 눈이 열리기 시작한 그에게 갈라디아서 2장 21절은 그로 하여금 복음의 대로를 걷게 하고, 십자가를 보게 하고, 구원의 확신을 얻게 했다.

"내가 하나님의 은혜를 폐하지 아니하노니 만일 의롭게 되는 것이 율법으로 말미암으면 그리스도께서 헛되이 죽으셨느니라."

이 구절을 대하면서 이동원 목사는 의아한 생각이 들었다. 당시 그에게 있어서 기독교란, 불교나 유교처럼 그저 착한 일을 하다가 천국이 있으면 가는 것이고, 없으면 할 수 없는 정도의 것이었다. 그런데 이 구절은 다른 종교와는 완전히 차별화된 차원을 말하는 것 같았다. 한마디로 율법은 지킬 수 없다는 것이었다. 의롭게 사는 것 자체가 불가능하며, 그것이 가능하다면 그리스도께서 헛되이 죽으셨다는 것이다. 자신이 아무리 의롭게 살려고 해도 그럴 수 없기 때문에 예수 그리스도가 오셔서 대신 죄를 뒤집어쓰고 죽으셨다는 생각까지 미치자 그는 복음에 대한 분명한 이해와 확신을 갖게 된다.

이 구절을 통해 영혼이 뒤흔들린 날이 바로 1965년 9월의 마지막 화요일이었다. 그날부터 비로소 복음에 대한 눈이 열리고 가슴이 뜨거워지기 시작했다. 이날의 사건이 없었더라면 위대한 설교자 이동원 목사의 오늘은 존재하지 않았을 것이다.

2) 아더 핑크Arthur Pink

M. R. 디한의 책에 영향을 받고 흥분에 젖어 있을 무렵, 이동원 목사는 선교사들의 서재에서 아더 핑크의 책을 추천받았다. 그를 통해 영향받은 내용은 두 가지다. 우선 성경 관주의 중요성을 깨닫게 되었다. 성경을 서로 연관 지어 비교하며 읽는 것의 소중함을 깨우친 본문은 출애굽기 17장이다.

아더 핑크는 목마른 이스라엘 백성 때문에 모세가 르비딤에서 하나님을 원망하다가 지팡이로 반석을 쳐서 물을 마신 출애굽기 17장의 사건을 시편 105편 41절과 연관 지었다. 출애굽기 17장만 읽었을 때는 모세가 반석을 지팡이로 쳤을 때 반석에서 물이 조금씩 퐁퐁 솟아나는 광경을 연상했다. 그러나 "반석을 여신즉 물이 흘러나와 마른땅에 강같이 흘렀으니"라는 시편 105편 41절의 말씀을 읽었을 때는 생각이 완전히 달라짐을 경험했다. 반석에서 물이 퐁퐁 솟는 정도가 아니라, 펑펑 솟아서 마른땅을 강같이 뒤덮었다는, 완전히 차원이 다른 이미지였다. 설교 시 성경 관주의 필요성을 그에게 알려 주는 대목이었다.

다음으로 아더 핑크는 이동원 목사로 하여금 하나님의 주권을 강조하고, 철저하게 그리스도에 초점을 맞추는 성경해석자가 되는 데 지대한 영향을 미친 은인이다.

3) 찰스 스펄전Charles Spurgeon

찰스 스펄전은 바로 다음에 소개할 존 번연과 함께 이동원 목사에게 가장 영향을 많이 미친 설교자다. 성경의 이야기들을 풍성한 상상력과 뛰어난 문장력으로 표현함에 있어서 스펄전은 이동원 목사에게 압도적인 영향을 미쳤다.

스펄전은 "내가 밤에 홀로 있을 때면 종종 나의 상상력은 무척이나 강력하여, 천사가 내 곁에 날아오는 것을 거의 보는 듯하며, 내가 말씀을 정신없이 전하고 있을 때면 자갈길을 따라 돌진해 오는 '케루빔'의 발자국 소리를 듣는 듯하다"라고 고백할 정도였다. 그는 자신의 상상력이 자연에서 왔으며, 그 때문에 자연을 자주 대한다고 말했다. 스펄전의 글을 읽으면서 이동원 목사는 똑같은 말이라도 그처럼 전혀 달리 묘사할 수 있음을 배우게 되었다. 하지만 그가 스펄전에게 가장 큰 영향을 받은 것은 그리스도와 구원에 대한 복음적 열정이었다.

스펄전은 복음에 대한 열정이 무척 강한 사람이었다. 그가 동료 설교자들과 후학들에게 충고한 글을 읽어 보라.

> 복음을 설교하십시오. 지옥문이 흔들릴 것입니다. 복음을 설교하십시오. 탕자가 돌아올 것입니다. 모든 피조물에게 복음을 설교하십시오. 이것이 믿는 모든 자에 대한 주의 명령이요, 권능으로 나타날 것입니다.
>
> 나는 후학들에게 이렇게 절규하고 싶습니다. 복음의 능력에 대한 애정을 잃지 마십시오. 복음이 덜 필요하거나 복음이 적용될 수 없는 어떤 종류의 사람이 존재할 수 있다고 믿어서는 결코 안 됩니다. 복음은 전부입니다. 복음은 전부입니다. 복음은 우리의 설교의 전부입니다.[73]

이런 사람의 글을 통해 초청의 능력, 철저한 그리스도 중심의 설교의 영광과 위대함에 대해 도전받지 않을 이가 뉘 있으랴! 그렇다. 이동원 목사로 하여금 풍성한 상상력을 발휘하게 하고, 철저한 복음주의 설교자가 되게 하는 데 가장 큰 영향을 끼친 이가 바로 스펄전이다.

4) 존 번연John Bunyun

스펄전은 자신의 저술을 통해 "나에게 가장 많은 영향을 준 사람은 존 번연이다"라고 여러 차례 고백했고, "나는 『천로역정』이 너덜너덜해질 때까지 읽고 또 읽기를 반복했다"고 강조했다. 실제로 스펄전의 설교를 읽어보면 『천로역정』의 흔적이 상당 부분 묻어남을 알 수 있다.

복음의 진리를 이야기체로 풀어서 설명하는 데 존 번연만큼 탁월한 재치와 통찰력을 가진 이도 없을 것이다. 그와 그가 쓴 『천로역정』은 이동원 목사에게 이야기의 중요성을 깨닫게 해 준 소중한 자산이 되었다. 이동원 목사의 설교에 많은 이야기가 도입되고, 그에게 '이야기꾼storyteller'이란 별명이 하나 더 추가된 것도 바로 존 번연의 영향 때문이다.

5) 김장환 목사

이동원 목사가 10년 가까이 사역을 함께 하면서 가까이서 영향을 받은 사람이 있으니, 그가 바로 김장환 목사다. 그는 이동원 목사에게 있어서 설교의 서론에 가장 많은 영향을 끼친 사람이다. 김장환 목사는 설교의 서론에서 청중의 관심을 포착하고 집중시키는 데 탁월한 재능을 소유했다. 그가 설교를 시작하면 외국인들조차 모두 고개를 들고 눈을 번쩍이며 경청하곤 했다. 아울러 그는 설교에서 예화를 자주 사용했는데, 그것이 청중에게 깊은 감동을 주는 것을 가까이서 지켜보았다.

그의 또 하나의 특징은 암송한 성경 구절의 인용이다. 성경 구절은 그 자체만으로도 능력이 있어서 청중의 가슴을 울리게 했다.

서론에서 청중과의 강한 접촉점을 마련하고, 은혜로운 예화로 사람들의 마음에 감동을 주며, 적절한 성경 구절을 선포함으로써 강력한 설교를 만들어 내는 김장환 목사의 특징이 이동원 목사에게 큰 도전과 영향을 주었음은 물론이다.

6) 김준곤 목사

미국 시카고에서 유학할 당시, 필자는 여러 분의 유명 목회자들을 차로 모시면서 직접 교제할 기회를 가진 적이 있다. 그중 잊을 수 없는 분이 CCC 대표였던 김준곤 목사다. 그분은 다른 이들과는 달리 민족을 사랑하는 철학이 분명한 거목 중 거목이었다. 만나는 누구에게나 민족을 사랑하는 열정을 불 지르는 강력한 은사를 소유했다. 민족 복음화에 대한 그 거대한 비전 제시는 젊은 시절의 이동원 목사의 가슴을 뜨겁게 불살랐다.

비록 큰 목소리로 설교하는 스타일은 아니었지만, 잔잔한 시냇물처럼 조용히 설교하는 가운데 영혼을 뒤흔드는 강력한 능력이 그에게 있음에 이동원 목사는 주목했다. 당시만 해도 부흥사처럼 강한 톤으로 설교하는 사람이 능력 있는 설교자로 인정받던 시절이었다. 때문에 이동원 목사도 큰소리로 강력하게 설교하는 스타일로 나아갈 수 있었을 것이다. 하지만 김준곤 목사의 모습을 지켜보던 그때가 이동원 목사의 설교가 잔잔하면서도 동을 주는 스타일로 궤도 수정을 한 바로 그 순간이었다.[74]

7) 해돈 로빈슨Haddon Robinson

현대적 강해설교의 일인자라고 하면 해돈 로빈슨 박사다. 1975년 여름, 이동원 목사는 댈러스 신학교Dallas Theological Seminary에서 해돈 로빈슨 교수의 강해설교 세미나에 참석하여 강해설교에 대한 구체적인 틀을 얻게 된다.

그로 말미암아 이동원 목사는 서론, 본론, 결론이라는 틀 안에서 성경 말씀을 바르게 주해하고, 본문을 삶 가운데 성실하게 적용하는 일에 도움을 받는다. 특히 그에게서 받은 또 하나의 영향은 주경적exegetical 접근의 중요성이다. 이는 석의를 바탕으로 성경의 내용을 충실하게 주해하려는 태도를 말한다. 로빈슨 박사의 강의를 들으면서 성경을 성경답게 석의하고, 그 석의를 바탕으로 설교를 만드는 것이 얼마나 중요한 것인가를 절실하게 깨달았다. 이동원 목사로 하여금 한국 강단에 강해설교의 씨를 처음으로 뿌리게 만든 상본인이 바로 해돈 로빈슨 박사임을 기억하자.

8) 해럴드 브라이슨Harold Bryson

이동원 목사에게 잊을 수 없는 설교의 변화를 가져오게 한 또 한 사람의 영웅은 해럴드 브라이슨 교수다. 그에게서 설교학 특강을 들은 이동원 목사는 두 가지 면에서 보석 같은 아이디어를 얻게 된다.

우선은 '전환 문장'이라는 것이다. 이것은 서론과 본론을, 본론 안에서는 대지와 대지를 연결하는 문장을 말한다. 전환 문장을 쉽게 설명하기 위해 이동원 목사의 설교 중 하나를 예로 들어 보기로 한다. "하나님의 이름, 아도나이"라는 제목의 설교 내용인데, 서론이 다음과 같은 예화로 시작된다.

미국 하버드 대학의 경제학자로서 존 케네스 갤브레이스 교수라는 분이 있습니다. 그 사람 집에 에밀리 윌슨이라는 가정부가 있었는데, 그녀의 이야기입니다.

한번은 미국 대통령 린든 존슨이 급한 일로 그의 집에 전화를 했는데, 에밀리라는 가정부가 전화를 받게 되었다고 합니다. "여기는 백악관이오. 나는 대통령인데, 급한 일로 통화할 일이 있으니 갤브레이스 교수를 바꿔 주시오." 이때 여인이 대답하기를, "그는 피곤하셔서 지금 낮잠을 주무시고 계십니다. 지금은 바꿔 드릴 수 없습니다." 대통령은 상기된 음성으로 다시 이렇게 말했다고 합니다. "나 대통령이라니까, 당장 깨우시오." 에밀리는 다시 이렇게 대답했다고 합니다. "죄송합니다. 대통령 각하, 그러나 저의 주인은 대통령 각하가 아니라 갤브레이스 교수입니다. 이해해 주십시오." 나중에 대통령이 그 교수를 만나 이렇게 말했다고 합니다. "당신의 가정부에게 내가 그녀를 백악관에서 고용하고 싶다고 전해 주십시오."

우리는 예수를 믿고 그 순간부터 예수님을 향해서 주님, 주인이라고 부르기를 시작합니다. 이것을 구약적인 하나님의 이름으로 표현하면 '아도나이'입니다. 오늘 본문인 시편 16편 2절에서 시편 기자는 "내가 여호와께 아뢰되 주는 나의 주님, 아도나이이시오니 주 밖에는 나의 복이 없다 하였나이다"라고 고백하고 있습니다. 여기 '나의 주님'이라고 번역된 단어가 바로 히브리어로는 '아도나이', 영어로는 대문자 'LORD'로 표기되어 있습니다. 이 단어는 구약에 약 340여 번 등장하는데 본래 이 단어의 어근은 '아돈'입니다. '아도나이'는 '아돈'의 복수형입니다. 그래서 이것은 인간적인 주인과 구별하여 쓰인 단어로서, 인생의 절대적인 하나님을 나타내는 단어입니다. 오늘 우리는 시편 16편을 통해서 이 시편 기자가 어떤 의미에서 여호와를 자기의 주인으로 고백하는지를 알아보고자 합니다.[75]

이렇게 설교를 시작한 후 첫 번째 대지로 전환하며, "여호와 하나님, 그분은 어떤 의미에서 우리의 주인이 되실까요? 첫째, 그는 행복의 주인이십니다."

첫 번째 대지의 설명을 모두 마치고 나면, 다시 두 번째 대지로 전환하며, "'아도나이'로 계시는 하나님, 그분은 어떤 의미에서 우리의 주인이 되실까요? 둘째, 그는 예배의 주인이십니다."

또 두 번째 대지의 설명도 끝나면 다시 세 번째 대지로 전환하며, "'아도나이'의 하나님, 그분은 어떤 의미에서 우리의 주인이 되실까요? 셋째, 그는 평생의 주인이 되십니다."[76]

이동원 목사가 여기서 반복하고 있는 문장은 무엇인가? "그분은 어떤 의미에서 우리의 주인이 되실까요?"이다. 이것이 바로 전환 문장이다. 때때로 설교의 서론에서 본론으로 넘어갈 때나, 대지에서 대지로 넘어갈 때 어색하거나 설교의 논리를 상실하는 가장 중요한 원인이 무엇인지 아는가? 바로 전환 문장이 없기 때문이다. 이동원 목사로 하여금 이렇게 논리정연하고, 문장이 자연스럽게 흘러가도록 갖추게 한 계기도 바로 해럴드 브라이슨 교수에게서 들은 강의에서 비롯되었다.

뿐만 아니라 이동원 목사는 해럴드 브라이슨 교수가 쓴 『청중의 필요를 채우는 설교 작성법』이라는 책으로부터 청중의 필요에 대한 민감성을 배우게 된다. 그 책을 접하기 전까지만 해도 이동원 목사는 강해설교에 충실하려고 애쓰면서 본문에 대한 성실성에 더 많이 집중했던 게 사실이다. 하지만 본문 못지않게 중요한 것이 청중의 삶의 정황임을 절감하게 된다. 그 결과 본문 중심이었던 그의 설교는 적용을 중시하는 삶의 정황을 상당 부분 보완하는 균형을 갖추게 된다. 다 브라이슨 교수에게 받은 영향임을 놓칠 수 없다.

9) 워렌 위어스비|Warren Wiersbe

시카고에 있는 무디 교회|Moody Church를 담임했고, 〈Back to the Bible〉이라는 선교 방송을 진행했던 워렌 위어스비는 미국 목회자들에게 큰 영향력을 미친 설교자였다. 그의 설교의 특징은 첫째, 명쾌한 설교 요약이다. 미국 사람들은 언어유희|word play를 무척 좋아한다. 미국 설교자들의 설교 아웃라인을 보면, 첫 단어를 일치시키거나 단어의 글자 수까지 맞추어서 청중이 기억하기 쉽도록 애쓴 흔적을 많이 발견할 수 있다. 특히 워렌 위어스비는 그런 면에서 타의 추종을 불허하는 은사를 가지고 있다.

이동원 목사가 영어 번역본을 참조하여 활용한 실례를 여기에 소개한다.

마태복음 19장 5절에 보면 "그러므로 사람이 그 부모를 떠나서 아내에게 합하여 그 둘이 한 몸이 될지니라"고 하셨습니다. 한 영어성경 번역에는 아주 인상적인 세 개의 동사 'leave, cleave, weave'가 나란히 쓰여 있습니다. 부모에게서 '떠나아|leave' 합하게 되고, 온전한 '합|cleave'을 이룬 후에 비로소 한 몸으로 '엮어진다/짜여진다|weave'는 것입니다.[77]

여기에 소개된 세 영어 단어는 뒷부분이 모두 '-eave'로 끝이 난다. 앞의 단어만 'l', 'cl', 'w'로 다를 뿐이다. 이처럼 선명하고 명확하게 새겨질 수 있는 단어들을 중심으로 해서 적절한 적용으로 마무리하는 이동원 목사의 탁월함을 보라. 워렌 위어스비의 영향이 크다고 할 수 있을 것이다.

이동원 목사의 "하나님의 이름 '아도나이'"라는 제목의 설교를 하나

더 예로 들어 보자. 거기 나오는 삼대지는 다음과 같다.

> "첫 번째 대지는 '그분은 행복의 주인이십니다', 두 번째 대지는 '그분은 예배의 주인이십니다', 세 번째 대지는 '그분은 평생의 주인이십니다'."[78]

'행복'과 '예배'와 '평생'이란 단어만 바뀌었을 뿐 나머지는 모두가 "그분은 ○○의 주인이십니다"로 일치되고 있음이 보이는가? 이처럼 설교의 개요가 일목요연하고, 한눈에 알아보기 쉽고, 외우기 편하게 작성된 것이 누구의 덕일까? 바로 워렌 위어스비의 덕이다.

워렌 위어스비의 두 번째 특징은 쉽게 정돈된 본문 설명이다. 그의 설교의 특징은 남녀노소, 누구나 알아들을 수 있을 정도로 명쾌하고 쉽다는 것이다. 이동원 목사의 설교가 수준이 높으면서도 누구나 이해하기 쉽게 전달되는 이유도 바로 워렌 위어스비의 영향임을 지울 수 없다.

10) 마틴 로이드 존스 Martyn Lloyd Jones

필자가 속한 아세아연합신학대학교는 지난해 교수와 학생 230여 명이 영국 11개 지역의 교회로 분산되어 전도 사역을 하여 영국을 깜짝 놀라게 한 적이 있다. 5일간의 사역을 마친 후 모든 팀이 로이드 존스가 목회했던 런던의 웨스트민스터 채플 Westminster Chapel에 모여서 전체 집회를 가지기로 했다. 그날 저녁 설교를 맡은 주 강사는 그 교회의 담임목사였다.

하지만 예일 지방에서 오는 기차가 고장이 나 제시간에 도착할 수 없어서 급히 다른 사람이 그 대신 설교해야 했다. 다급한 회의 끝에 설교학

교수인 필자더러 설교하라는 제의가 있었다. 영국인들도 참석한, 영어로 해야 하는 설교인지라 왠지 좀 주눅이 들어서 거절하는 바람에 설교 없이 그냥 기도회로만 마치게 되었다. 지금까지도 필자에겐 아쉬운 순간으로 기억되고 있다. 설교의 왕자인 로이드 존스가 설교했던 강단에서 영어로 설교할 수 있는 일생일대의 기회를 제 발로 차 버린 것이다.

로이드 존스는 한국의 설교자들이 가장 좋아하는 설교자다. 웬만한 사람이면 누구나 그의 산상수훈, 로마서, 에베소서 강해설교집을 읽어 보았을 것이다. '강해설교의 왕자'란 별명을 가지고 있는 그가 이동원 목사에게 어떤 영향을 미쳤을지 궁금할 것이다. 의사 출신다운 본문에 대한 치밀한 분석력은 누구도 따라올 수 없는 그만의 탁월함이었다. 뿐만 아니라 본문의 핵심 사상을 논리정연하게 사고하는 태도 또한 누구도 흉내 낼 수 없었다. 이 모든 것이 이동원 목사에게 지대한 영향을 미쳤음은 당연한 일이리라.

11) 존 스토트John R. W. Stott

런던의 올 소울즈 교회All Souls Church에서 평생을 목회한 존 스토트는 로이드 존스와 쌍벽을 이루던 당대 영국 최고의 강해설교자요, 복음주의 신학자들의 대부였다. 이동원 목사가 그의 책과 사상을 접하면서 가장 공감한 부분은 "존 스토트는 결코 극단으로 치우치지 않는다"는 점이었다. 이는 이동원 목사 자신의 개인적인 기질과도 매우 통하는 부분이기 때문에 그의 책을 대할 때마다 늘 평안한 마음을 가질 수 있었다. 항상 극단의 함정에 빠지지 않고 균형 감각을 유지하는 존 스토트의 지혜가 오늘의 이동원 목사를 만드는 데 한몫했음은 두말할 필요가 없으리라.

12) 찰스 스윈돌Charles Swindoll

『느헤미야서 강해』를 통해 처음 찰스 스윈돌을 만난 이동원 목사는 아더 핑크에게 느꼈던 것처럼 성경이 재미있다는 사실을 다시금 실감했다.

물론 찰스 스윈돌과 아더 핑크는 다소 차이가 있다. 아더 핑크가 성경 본문 이야기에 치중했다면, 잘스 스윈돌은 현대적 삶의 정황과 적용적 분위기, 현대인의 삶의 모습을 매우 풍성하게 다루면서도 여전히 성경의 이야기들을 재미있고 설득력 있게 전달했다. 이런 특징 때문에 스윈돌은 이동원 목사의 설교 변천기와 형성기에 그에게 가장 많은 영향을 끼친 사람이 되었다.

특히 설교의 서론에 있어서 그와의 일치감을 많이 느꼈으며, 많은 영향을 그로부터 받기도 했다. 이동원 목사의 마음을 사로잡은 그의 설교의 서론을 하나 소개한다.

앤드루 잭슨은 미국의 7대 대통령이 되기 전에 테네시 주 민병대의 소장을 맡고 있었습니다. 1812년, 영미 전쟁 당시에 그의 군대는 사기가 떨어질 대로 떨어져 있었습니다. 그의 병사들은 서로 말다툼하고 싸우기까지 했습니다. 그때 장군이 그들을 집합시켰습니다. 그러자 병사들 사이에 긴장이 감돌았습니다. 앤드루 잭슨 장군은 자기 휘하의 장수들에게 이렇게 외쳤습니다. "제군들, 잊지 마시오. 적이 바로 눈앞에 있소!"

정신이 번쩍 들게 하는 이 말은 오늘날의 교회에도 적절한 교훈입니다. 오늘 주님이 우리를 바라보시면서 이렇게 말씀하시지 않을까요? "크리스천들이여, 잊지 마시오. 적이 바로 눈앞에 있소! 사탄이 바로 눈앞에 있소!" 이것이 바로 오늘 본문의 교훈입니다.[79]

이런 방식으로 시작되는 설교의 스타일이 이동원 목사의 마음에 무척 들었나 보다. 스윈돌의 설교 도입부를 읽다 보면 어디서 많이 본 스타일임을 단박에 알 수 있다. 이동원 목사의 설교 도입부에 나오는 스타일과 아주 빼다 박은 복사판임을 알 수 있다. 이와 흡사한 이동원 목사의 설교 서론을 비교해 보자.

우리 시대의 인기 있는 경영 컨설턴트요, 베스트셀러 작가인 켄 블랜차드Kenneth Blanchard가 쓴 저서 중에 『굿바이 허둥지둥』이라는 책이 있습니다. 이 책의 주인공 밥은 '허둥지둥 팀장'이란 별명을 갖고 있습니다. 집에서는 딸의 댄스 경연회가 언제인지, 아내가 무엇에 관심을 갖고 있는지도 모르는 무심한 사람이고, 직장에서는 매사에 의욕을 잃고 지각 잘하고 맡겨진 일들을 마감 시한에 쫓겨서야 간신히 허둥지둥 처리하는 사람입니다.

사장의 경고를 받고 그는 '최고 효율성 책임자Chief Effectiveness Officer'를 만나 수업을 받게 됩니다. 그녀와의 대면을 통해서 허둥지둥 팀장은 자기 인생의 최악의 문제가 우선순위의 문제임을 깨닫습니다. 그는 중요한 일에 대한 의식이 없이 이 일, 저 일에 원칙 없이 매달리는 인생을 살고 있었던 것입니다. 결국 허둥지둥의 라이프 스타일을 탈출하기 위해 그가 배워야 할 가장 중요한 일은 '우선순위priority'를 정할 줄 알아야 한다는 것이었습니다.

그런데 예수님께서는 지금으로부터 2,000년 전 산상수훈의 교훈을 통해서 이미 이 우선순위의 중요성을 가르쳐 주셨습니다. "너희는 먼저 그의 나라와 그의 의를 구하라." 여기 이 말씀에서 사용하신 '먼저proton, first'라는 단어가 바로 우선순위를 강조하는 말씀이지요. 요즘 말로 하면 "First thing first"입니다.[80]

같은 설교자가 빚은 솜씨라 해도 믿을 만큼 비슷한 맛이 풍기는 서론의 전개 방식이다. 찰스 스윈돌을 '미국의 이동원', 이동원을 '한국의 찰스 스윈돌'로 부르는 이유가 여기에 있지 않겠는가! 풍부한 삶의 정황을 다루는 기술이나 성경 본문을 현대적인 이야기 구조 속에서 진부하지 않고 재미있게 엮어 내는 능력이 스윈돌에게서 온 것임을 이동원 목사는 부인하지 않는다.

지금까지 소개한 12명의 설교자는 이동원 목사의 목회 초기 15년 동안에 영향을 준 인물들이다. 그런데 현시대에 그에게 영향을 끼친 설교자 한 사람을 더 소개할까 한다.

13) 존 오트버그John Ortberg

현대 설교자들이 반드시 눈여겨보고 배워야 할 설교자가 있다면 바로 이 사람 존 오트버그다. 그에 관한 유명한 일화가 있다. 1993년, 윌로우 크릭 교회Willow Creek Community Church의 담임인 빌 하이벨스 목사가 호라이즌스 커뮤니티 교회Horizons Community Church의 담임이던 그에게 전화해서 자기 교회의 설교 목사로 초청하고 싶다고 요청한 일이다. 처음엔 단호하게 거절당했지만, 포기하지 않고 집요하게 요청해서 마침내 1년 뒤 설교 목사로 부임하게 만든 사건은 지금도 미국 설교자들 사이에서 회자되고 있는 흥미로운 얘깃거리다.

빌 하이벨스가 구도자들을 대상으로 하는 주일 예배에서 설교를 담당한 반면, 존 오트버그는 믿는 자들을 대상으로 하는 수요일, 목요일의 새로운 공동체 예배에서 주로 설교했다. 10년 정도 사역한 후, 2003년에 존 오트버그는 멘로 파크 장로교회Menlo Park Presbyterian Church의 담임 목사로 사역지를 옮겨 지금까지 섬기고 있다.

그의 설교의 특징이 많은데, 그중 첫째는 주제별 시리즈 설교Preaching in Series다. 그는 책별 연속 설교를 하지 않는다. 주제별 시리즈 설교의 특징은 신선함과 창의성creativity이다. 그의 설교 제목은 기존의 구태의연하고 진부한 제목이 아니다. 지나치게 종교적인 냄새가 나는 제목도 활용하지 않는다. "크리스천 무신론자Christian Atheist"나 "인생을 망치는 법How to Wreck Your Life?" 같은 특이한 제목을 선호한다.

또 그는 "붙어 있음과 열매 맺음Abiding and Abounding"이란 제목으로 요한복음 15장에 나온 포도나무 비유의 본문을 설교한 때가 있었다. 이때 화분에 심긴 큰 나무를 강단 앞부분에 두고 가위로 가지를 자르는 퍼포먼스를 하면서 가지가 나무에 붙어 있지 않는 것이 어떤 의미인지를 보여 줄 정도로, 그는 창의력이 풍성한 설교자다.

그의 설교의 세 번째 특징은 진정성authenticity이다. 그는 과장된 몸짓이나 웅변조의 목소리나 하나님의 목소리로 자신을 꾸미지 않는다. 자신의 실수나 허물을 청중 앞에 노출하기를 감추지 않음으로 청중의 공감을 불러일으키고, 언제나 유머가 풍부한 설교로 청중의 마음에 신뢰를 던져 준다.

또 다른 특징은 적실성relevance이다. 그는 설교가 정보 전달에 그쳐서는 안 된다고 굳게 믿었다. 그는 성경 말씀에 생명을 불어넣어 이 시대를 살고 있는 청중의 삶 속에 되살려 주기를 바란다. 그는 지성은 물론 감성까지 아울러 사람의 전인격에 영향을 주는 방식으로 청중의 마음을 사로잡기를 꾀한다. 뿐만 아니라 그는 유머 감각이 탁월하여 청중의 마음과 가까이 연결함에 일가견이 있다. 그는 또 감동적이고 동시대적인 예화를 통해 청중의 마음과 삶에 다가가고자 한다. 그는 과거에 기록된 성경 본문의 내용을 구체적인 현대의 예를 통해 설명하는 데 탁월한 재능을 가졌다. 그는 정말 이 시대 최고의 스토리텔러임에 틀림없다.[81]

이런 점에서 볼 때 그는 이 책의 주인공인 이동원 목사와 흡사한 점이 많다. 때문에 이동원 목사도 그를 눈여겨보며 자신의 설교를 위한 자극과 도전의 벗으로 생각하는 게 아닌가 싶다. 특히 그는 존 오트버그가 현대적인 색깔을 가장 잘 적용하는 설교자이며, 귀납적 강해설교에 능한 설교자인 점에서 그를 높이 평가하고 있다.

지금까지 이동원 목사의 설교에 이모저모로 영향을 미친 멘토들 13명에 대한 분석을 해 보았다. 이 내용을 통해 우리는 다양한 설교자들에게서 각기 다른 설교의 자양분을 공급받을 수 있다는 결론을 얻게 된다. 자신의 설교에 변화를 가져오고자 꿈꾸는 자들이라면 설교의 대가들로부터 배우기를 즐기라. 결코 손해 보지 않는 투자가 될 것이다.

chapter 5

성경관과 신학적 입장

이동원 목사를 대한민국 최고의 설교자로 인정하지 않는 이는 그리
많지 않을 것이다. 그렇다면 그는 어떤 점에서 이 시대 최고의 설교자로
자리매김하게 되었을까? 사실 최고의 설교자란 그 의미에 있어서 사람마
다 차이가 있다. 성경의 내용은 부실하지만 탁월한 유머 활용력이나 기
막힌 전달의 능력, 청중을 끌어당기는 놀라운 흡인력을 소유한 자를 최
고의 설교자로 생각하는 이도 있다. 하지만 적어도 베스트 설교자라고
했을 때는 설교의 내용과 전달, 설교자의 건전한 신학과 뛰어난 인격 등
이 모두 포함된 의미여야 한다. 아무리 설교를 잘한다 하더라도 그 설교
의 내용이 성경적이지 않거나 신학적으로 모순되고 치우쳐 있다면, 또한
설교를 전하는 설교자의 인격에 문제가 있다면 결코 위대한 설교자라 할
수 없다.
　한 편의 설교 속에는 그 사람의 성경관과 신학적인 지식과 인생 경험
과 인격이 모두 고스란히 녹아 있다고 볼 수 있다. 이동원 목사의 설교는
그가 지닌 성경적이고 신학적이고 인격적인 모든 것들을 반영하는 잣대
가 될 것이다. 그렇다면 우리는 명실공히 대한민국 최고의 설교자라 인
정받는 그의 모든 것을 세밀하게 분석해 볼 필요가 있다. 과연 그가 이

시대의 가장 위대한 설교자 중 한 사람으로 인정받기에 손색이 없는지에 관해서 깐깐하게 테스트해 보아야 한다.

우선 그가 영향 받은 복음과 배우고 닦은 신학적 분위기부터 점검해 보자. 이동원 목사는 젊은 시절에 자유 복음의 대헌장이라 할 수 있는 갈라디아서를 통해 회심을 경험한 바 있다. 그 후 그는 예수 그리스도의 십자가 복음에 깊은 감동을 받았고, 성경 공부를 통해 복음에 대한 확신을 더해 갔다. 그리고 마침내 빌리 그레이엄이 헌신했던 복음주의 학생 선교단체인 YFC의 간사로서 청소년 복음화에 앞장서게 된다. 특히 그는 복음주의 신학교로 널리 알려진 윌리엄 틴데일 대학에서 다시금 복음주의로 무장했다. 이후 극단에 치우지지 않고 복음적인 균형을 유지하는 사우스이스턴 침례교 신학대학원에서 복음 전도와 선교에 대한 사명을 키워 갔다. 또 그는 "성경 무오류의 권위를 수락하는 기초 위에서"82 복음주의 내의 다양한 신학 사조를 접할 수 있는 트리니티 복음주의 신학교 Trinity Evangelical Divinity School에서 균형 잡힌 복음주의 신앙을 확고하게 다지게 된다.

다음은 그의 저서와 설교집들을 통해 그의 성경관과 신학적 입장을 추적해 보고자 한다. 먼저 이동원 목사의 저서인 『청중을 깨우는 강해설교』에 따르면, 그는 자유주의 신학을 단호히 거부하고, 극단적인 의미에서의 사회 복음social gospel을 좋아하지 않으며, 성경의 완전 영감설과 성령의 조명하심을 믿으며, 성경에 절대적 확신을 갖고 있다. 그의 말을 직접 들어 보자.

설교자는 자기가 전하는 메시지에 대한 확신을 반드시 가지고 있어야 합니다. 설교 전달자로서의 능력에 대한 확신이 아니라, 이 메시지가 하나님의 말씀이며 주님께서 맡기신 영광스러운 복음이라는 확신이 꼭 필요합니다.[83]

설교자의 성경관이 중요하다. 성서의 영감에 대해 어느 정도 확신하고 있느냐는 뜻이다. … 성서에 절대적인 확신을 가진 사람일수록 성서를 절대적인 텍스트로 삼고 성서에 근거해서 설교하려고 할 것이다. … 또 설교의 확신의 근거에서도 마찬가지이다. 어떤 사람은 자기의 탁월하고 논리적인 추리력이나 이성을 확신함으로써 자기 설교의 확신의 근거를 찾으려고 한다. 그러나 강해설교를 하는 사람들은 "내가 하나님의 말씀을 전하고 있다"는 확신을 가지고 있다. 성경을 하나님의 말씀으로 묵상하며 성경의 본래 의미에 가깝도록 연구하며, 또 성령의 인도하심을 기대한다. 비록 내가 강단에 서서 이성과 인격을 가진 '나'라는 존재를 통해서 주의 말씀을 선포하고 있지만, 그 말씀이 하나님의 말씀임을 확신한다.[84]

성령의 인도하심이 성경에 대한 그의 절대적인 확신의 근거가 되며, 이는 바로 그의 설교에 대한 확신으로 이어진다. 이것이 이동원 목사가 하나님의 말씀을 설교할 때 늘 단호하고 확고한 신념과 열정으로 가득 차 있는 이유다. 그가 성경을 하나님의 말씀으로 확신하는 것은 "성경을 성경으로" 하는 원리에 기초를 둔 칼빈이나 하나님의 말씀인 성경에 모든 신뢰의 근거를 두고 말씀을 선포하는("성경이 말씀하시기를The Bible says") 빌리 그레이엄에 대한 소개 글에서 더욱 분명해진다.[85] 이동원 목사는 「기독일보」와의 대담에서도 "우리가 세상에 줄 수 있는 유일한 보화요, 최선의 것은 그리스도의 이름"이라며 "그리스도의 이름은 어떤 시대에도 변하지 말아야 할 설교의 초점으로 선포돼야 할 것"이라고 강조한다.[86]

또 그는 점진적 계시론을 받아들이며, 신약의 빛 아래서 구약이 해석되어야 한다는 신념을 갖고 있다.[87] 조직 신학의 필요성을 인식하지만 성경 신학의 감독과 규제 안에 있어야 한다는 생각을 갖고 있다. 또 그는 복음적인 입장에서 출판된 성경 신학 서적들을 자주 접해야 한다고 강조한다.[88]

그의 설교집 속에 깔려 있는 성경관과 신학적 입장도 마저 확인해 보자. 우선 그는 성경을 해석할 때 본문을 철저히 의지하고 본문에만 절대적인 신뢰를 두는 설교자임을 다음의 고백을 통해 확인할 수 있다.

> 저는 성경을 공부하고 다룰 때, 성경 본문 자체가 제시하지 않은 의미를 지나치게 본문 속에 집어넣는 것은 성경 해석상 타당한 것이 아니라고 생각합니다. 세속 역사가 무슨 자료를 보여 주든 그 뚜렷하지 못한 근거와 자료에 의해서 어떤 결론을 내리려고 하는 것은 매우 위험한 것입니다. 그저 성경 본문만 가지고 보는 것이 합당하다고 생각합니다.[89]

이동원 목사는 성경 해석에 도움이 되는 것이라면 무엇이든 활용하는 설교자로 잘 알려져 있다. 역사, 고고학, 권위 있는 문서 등 다양한 경험과 정보를 통해 어떤 설교자보다 더 풍성한 자료와 지식을 동원하여 말씀을 깊이 해석하는 실력가다. 하지만 그것들의 근거가 분명하지 않고 흐릿한 경우에는 언제든 성경 본문만을 절대적인 기준으로 삼는 자세를 철칙으로 삼고 있다. 그뿐 아니라 그는 자신이 철저하게 의지하는 성경 본문의 핵심 내용이 무엇인지를 누구보다 잘 알고 설교하는 사람임을 다음의 내용을 통해 확인해 볼 수 있다.

　　전 가끔 동료 목사님들이나 저를 찾아오는 많은 사람들에게 귀가 따갑도록 이런 질문을 받습니다. 지구촌교회가 축복을 받은 비밀이 뭐냐고 말입니다. 저는 한결같이 한 대답만을 해 왔습니다. 그 뜻을 다 이해하셨는지는 모르겠지만요.

　　그것은 우리가 강조하고자 했던 메시지 때문일 것입니다. 이 말을 오해하시면 안 됩니다. 제 설교 때문에 교회가 부흥했다는 것은 절대로 아닙니다. 제 설교에서 제가 강조하고자 했던 메시지가 있습니다. 그것은 예수 그리스도였습니다. 설교뿐만 아니라 우리 교회의 모든 성경 공부, 우리 교회의 모든 훈련 프로그램, 목회 철학, 우리 교회의 방향 속에서 우리는 끊임없이 우리를 위해 죽으시고 부활하신 예수 그리스도, 우리의 기쁜 소식인 예수 그리스도가 우리 목회의 초점, 우리 교회의 초점이 되도록 계속 강조했습니다. 전 그것 때문에 하나님이 우리를 축복하셨다고 믿습니다. …

　　유학을 떠날 때 복음은 전하겠지만 죽어도 목사는 안 되겠다고 결심한 저였지만, 신학교 졸업반 때 옥중 서신을 공부하다가 신학교 교실 안에서 이런 기도를 했습니다.

　　"하나님, 원하시면 제가 하나님의 영광스러운 교회를 섬기는 목사가 되겠습니다. 하나님이 시키시면 하겠습니다. 그리고 에베소서와 골로새서를 공부하면서 교회의 가장 위대한 비밀이신 예수님에 대해 배웠는데, 제가 목회를 한다면 예수 그리스도께만 초점을 맞추고 예수만을 드러내는 교회를 하겠습니다. 그리고 설교를 통해서도 예수 그리스도만 강조하겠습니다."

저는 그래서 하나님이 저희 교회를 축복하셨다고 믿습니다.[90]

예수 그리스도가 그의 설교의 주제이며, 목회의 유일한 방향임을 잘 제시하고 있지 않은가? 이와 동시에 그는 예수 그리스도의 십자가 역시 그가 의지한 유일한 근거였음을 다음의 설교에서 명확하게 밝히고 있다.

세상은 십자가의 복음을 어리석다고 말하지만 성경은 이것이야말로 참된 하늘의 지혜라고 증거합니다. 사람의 지혜가 죽어야 하늘의 지혜를 경험할 수 있습니다. 하늘의 지혜를 경험해야 부활의 삶을 살 수 있습니다. 저의 지난 목회 40년을 돌아봐도 그렇습니다. 나의 지혜로 하려던 것들은 모두 부끄러운 결과를 낳을 뿐이었지만, 기도 중에 얻은 지혜로 이룬 것들은 하나같이 모두 아름다운 결실을 맺었습니다. 제가 얻은 결론이 무엇인지 아십니까? 십자가야말로 하늘의 지혜요, 기적이라는 것입니다.[91]

그렇다. 이동원 목사의 설교와 목회의 유일한 주제와 근거는 예수 그리스도와 그분의 십자가임이 밝혀졌다. 그는 이처럼 자신이 발견한 성경의 핵심인 예수 그리스도와 십자가를 통해, 쉰들러 리스트가 처절하게 남긴 마지막 한마디처럼, 한 사람이라도 더 구원받기를 간절히 바라는 마음으로 소중한 영혼들에게 복음을 전하고자 애쓰는 철저한 복음주의자다.

지난 2014년 7월의 마지막 날, 여주종합운동장에서 개최된 "블레싱 전도집회"에 5,000명이나 되는 많은 사람들이 운집한 가운데 이동원 목사는 전도설교를 전하며 결신을 시도했다. 믿기 어려운 사실은, 그가 전한 설교에 800여 명이나 되는 소중한 영혼들이 결신을 했다는 것이다. 요즘처럼 잘 모이지 않고 결신이 거의 먹혀들지 않는 시대에 그렇게 많은 수의 사람들이 모인 곳에서 그토록 많은 사람들의 결신이 이뤄졌다 하니 가히 놀라지 않을 수 없다. 다 영혼을 향한 이동원 목사의 열정과 예수 그리스도와 그분의 십자가 복음에 대한 그의 확신에서 비롯된 결과이리라.

콩 심은 데 콩 나고 팥 심은 데 팥 나듯, 건전한 성경관과 신학적 배경을 가진 사람에게서 영양 만점인 말씀의 뷔페가 차려지는 법이다. 음식이 아무리 맛있다 하더라도 영양가가 없거나 몸에 해롭다면 먹지 않음만 못하리라. 그가 아무리 이 시대의 가장 탁월한 설교자이고 천재적인 설교의 자질을 타고났다 하더라도, 성경이 기초가 되어 성경의 핵심인 예수 그리스도와 그분의 십자가 복음과 전도와 선교를 지향하는 건전한 성경관과 신학적 배경이 뒷받침되지 않는다면, 우리는 그의 설교를 결코 위대한 설교로 인정할 수 없을 것이다.

그와 대화를 나누든 함께 차를 마시든 그의 설교를 듣든, 어떻게 하든 간에 설교자 이동원을 샅샅이 해부해 보라. 그러면 성경 무오에 대한 확신과 예수 그리스도와 그분의 십자가 복음에 대한 열정과 영혼을 사랑하는 애정이 툭 튀어나옴을 금세 눈치챌 것이다.[92] 이것이 설교자 이동원이 지니고 있는 그만의 특징이다.

지금까지 이동원 목사가 영향 받고 교육받아 온 신학적 배경과 그의 저서와 설교집 속에 스며들어 있는 성경 사상과 필자가 가까이서 교제한 경험들을 종합적으로 분석해 볼 때, 성경관과 신학적 입장에 있어서 이

동원 목사는 철저하게 하나님의 말씀인 성경에 기초한 성경주의자이자
복음을 강조하는 복음주의자임에 틀림없는 것으로 판단된다.[93]

chapter 6

성경 해석학적 특징

앞에서 살펴본 바와 같이, 설교하는 사람에게 있어서 성경관과 신학적인 입장은 너무도 중요한 사안이다. 그 모든 지식과 사고와 관점이 한 편의 설교 속에 고스란히 반영되기 때문이다. 특별히 그가 가진 성경 해석학적인 입장은 그것들이 발휘되어 압축적으로 농축된 도구다. 이것은 설교의 내용에 바로 직결되는 가장 필수적이고 긴요한 수단이라 할 수 있다.

이제부터 이동원 목사의 설교들 속에 스며들어 있는 그의 해석학적 특징 몇 가지를 구체적인 실례들을 통해 살펴보면서, 그가 왜 우리 시대 최고의 설교자 중 한 사람인지를 확인해 보기로 하자.

1) 충실한 원어 분석

잔칫집에는 항상 맛있고 푸짐한 음식이 차려지기 마련이다. 그런데 그 음식은 어디서 온 것인가? 모두가 재료에서 만들어진 것이다. 고기도 마찬가지다. 결혼식 피로연에서 푹 삶은 돼지고기를 상추에 싸서 쌈장에 찍어먹으면 그보다 맛있는 음식이 없다. 그런데 그 고기가 어디서 왔는가? 돼지라는 짐승에게서 왔다. 돼지를 잡지 않으면 맛있는 보쌈 정식을 시식할 수가 없다. 마찬가지로 설교는 성경 본문에서 출발된다. 본문 없는 설교, 본문이 무시된 설교, 본문을 들러리로 세운 설교는 설교가 아니다. 적어도 강해설교가 되려면 우선 성경 본문에 대한 석의와 관찰에 충실해야 한다. 철저한 본문 분석 없이는 양질의 영적 식단이 차려질 수 없기 때문이다. 본문으로부터 영적인 자양분을 고스란히 추출해 내지 않는 설교자가 어찌 하나님의 말씀을 성도들에게 먹일 수 있겠는가?[94]

설교자는 설교 원고를 작성하기 전에 먼저 철저한 성경 주해자가 되어야 한다. 본문이 의미하는 바가 무엇인지, 본문 저자의 의도와 핵심 메시지가 무엇인지를 잘 파악한 후에 설교 원고를 준비해야 한다. 따라서 성경을 해석하는 자는 먼저 본문의 단어나 동사 같은 문법적인 원어에 대한 연구를 소홀히 해서는 안 된다. 물론 학자가 아님에도 너무 그것에 몰두하여 시간을 낭비하거나 설교 시에 원어를 남발함으로 설교를 망치는 일이 있어선 안 될 것이다. 하지만 본문 이해에 결정적으로 영향을 미치는 단어나 문장은 반드시 정복하고 넘어가야 한다.[95]

누군가로부터 다음과 같은 질문을 받았다고 생각해 보라. "중생한 그리스도인은 죄를 범할 수 있는 것인가, 없는 것인가?" 어떻게 대답할 것인가? 요한일서를 참조해야 한다. 우선 그 본문에는 "하나님께로부터 난 자는 다 범죄하지 않는다"라는 말씀이 거듭 등장한다(요일 3:6, 9; 5:18). 하지만 이런 내용만 있는 것이 아니라, "하나님께로부터 난 자가 죄가 없다고 말하면 스스로 속이는 것이다"라는 말씀도 여럿 들어 있다(요일 1:8-10). 성경 속에 완벽한 모순이 보인다. 어찌 된 일일까? 원어 성경이 아니고서는 해결 방법이 없다.

또 이런 구절도 있다. 에베소서 3장 17절을 보면, "믿음으로 말미암아 그리스도께서 너희 마음에 계시게 하시옵고"라는 사도 바울의 간절한 간구와 소원의 내용이 나온다. 믿는 사람들 마음에 그리스도께서 이미 계시거늘, 어째서 바울은 에베소 교인들 마음에 그리스도께서 계시기를 그토록 간절히 바라고 소원했던 것일까? 이 역시 원어 성경을 참조해야만 시원하게 풀리는 숙제다. 그럼 이 본문에 대한 이동원 목사의 해결책을 첫 번째 실례로 살펴보자.

예수 그리스도가 우리의 마음을 온전히 지배하도록 기도해야 합니다. 그것이 17절 말씀입니다.

"믿음으로 말미암아 그리스도께서 너희 마음에 계시게 하시옵고."

여기서 '계신다'는 단어는 우리가 쉽게 말하는 "그리스도가 내 안에 계신다" 하는 정도의 표현이 아닙니다. 물론 우리는 믿음으로 예수 그리스도를 영접합니다. 그리고 그리스도는 우리 안에 계십니다. 그러나 여기서 '계신다'는 단어는 존재만 한다는 의미가 아닙니다. 헬라어로는 매우 독특한 단어가 쓰였습니다.

일반적으로 '거한다', '계신다'는 뜻의 헬라어에는 두 가지 의미가 있는데 한 단어는 '일시적으로 있다', '손님으로 존재한다', '부분적으로 존재한다'는 의미이고, 또 다른 단어는 '영원히 거한다', '온전히 전체를 다 소유한다', '주인이 되어 거한다'는 의미입니다. 본문에서는 후자의 의미입니다. 주님은 우리 안에 오실 때 손님으로 오기를 원치 않으십니다. 그분은 내 마음의 모든 영역, 내 생각의 모든 영역들을 온전히 지배하는 주인이 되기를 원하십니다.[96]

그렇다. 이동원 목사가 설명한 대로 헬라어에는 '거하다'라는 단어가 두 개 있다. '파로이케오paroikeo'는 '일시적으로 거하다'라는 뜻을 갖고 있고, '카토이케오katoikeo'는 '영구적으로 거하다'라는 뜻을 갖고 있다. 바울은 에베소교인들의 마음에 예수 그리스도께서 주인으로 영구히 거하시도록 기도한 것이다. 원어적 분석 외에는 답을 찾을 길이 없다. 이제 다른 예를 들어 보자.

"너희가 거듭난 것은 썩어질 씨로 된 것이 아니요 썩지 아니할 씨로 된 것이니 살아 있고 항상 있는 하나님의 말씀으로 되었느니라"(벧전 1:23).

여기서 흥미로운 것은 '씨seed'라는 단어입니다. 본래 원문에서의 이 단어는 'spoors' 혹은 'sperma'라는 말로 되어 있습니다. 여기서 비롯된 영어 단어가 'sperm'인데 우리말로 '정충精蟲'이라는 단어입니다. 한 남자가 한 여인을 사랑하여 그녀의 밭에 사랑의 씨를 뿌리면 새 생명이 태어나듯, 우리 인간이 하나님의 사랑을 깨닫고 하나님의 말씀의 씨를 받아들이면 우리는 새롭게 태어나 하나님의 자녀가 되는 것입니다. 인간의 썩을 씨도 생명을 잉태하거늘 썩지 아니할 하나님의 말씀의 씨는 얼마나 놀라운 능력으로 새 생명을 만들 수 있겠습니까?[97]

썩지 아니할 하나님의 말씀인 '씨'에 대한 원어적 의미를 잘 설명하고 있다. 그냥 씨라고 하는 것보다는 남녀 간의 사랑을 통해서 생겨나는 생명의 원천이요, 씨앗인 정충이라는 의미를 밝혀 준다면 청중의 이해에 얼마나 더 깊고 의미심장한 유익을 줄 것인가? 또 다른 실례를 살펴보자.

그러나 이 절망의 한복판에서 예수님은 뭐라고 말씀하십니까?

"예수께서 그 하는 말을 곁에서 들으시고 회당장에게 이르시되 두려워하지 말고 믿기만 하라"(36절).

현재 시제로 기록되어 있습니다. 현재 명령형입니다. "두려워 말고 믿어라!", "계속해서 믿어라!"는 말입니다. 상황 끝입니다. 절망입니다. 그런데도 주님은 아직도 "계속해서 믿어라! 이 순간에도 계속해서 믿음을 저버리지 않는다면, 상상할 수 없었던 기적이 일어날 수 있다"라고 말씀하십니다. 그리고 그 기적은 마침내 일어났습니다.[98]

본문 마가복음 5장은 회당장 야이로의 문제성이 무엇인지를 혈루증 여인이 치료받은 사건을 통해서 잘 드러내고 있다. 예수님은 죽음이 임박한 딸로 인해 시간이 흘러갈수록 예수님에 대한 믿음이 떨어져 가는 야이로의 약점을, 혈루증 여인을 시청각 교재로 사용하셔서, 일깨워 주신다.

원문의 뜻은 우리말로 된 성경과 같이 "두려워하지 말고 믿어라"가 아니라, "처음 믿음에서 떨어지지 말고 지속적인 믿음으로 나를 신뢰하라"는 뜻이다. 만일 원문의 뜻을 제대로 파악하지 못한 채 우리말로 된 성경만으로 설교를 준비했다면 어땠을지 상상해 보라. 성경 원문에 대한 이동원 목사의 실력이 그의 설교 속에서 한껏 빛을 발하고 있는 모습을 본다.

이제 다른 예를 살펴보자.

회심의 결단은 순간적이지만 신앙의 결단은 결코 일회적인 것이 아닙니다. 우리는 예수님을 믿을 때 주님 앞에 왔지만 우리는 오늘도 그분 앞에 계속 나아올 필요가 있습니다. 여기서 "내게 오는 자"라는 표현은 '계속해서 나아오는 자'(현재 분사)입니다. 계속해서 나아와 그분의 양식을 누리는 자는 한순간 그 양식이 바로 나 자신이 된 것을 경험하게 될 것입니다.[99]

보통 우리말로 된 성경은 헬라어 현재 시제의 의미를 제대로 드러내지 못하는 경우가 많은데, 이동원 목사는 '계속적이고 지속적인' 그 의미를 제대로 살림으로써 본문 저자의 정확한 뜻을 잘 전달한다.
그럼 또 다른 예를 찾아보자.

누가복음 2장 51절에 보면, 그분은 나사렛에서 육신의 부모를 향하여 "순종하여 받드시는" 삶을 사셨습니다. 여기서 "순종하여 받드시더라"를 헬라어 원문으로 보면 '현재 중간태 분사'로 표현되어 있습니다. 이는 예수께서 '스스로 계속하여 순종하고 사셨음'을 시사합니다. 주석가 윌리엄 헨드릭슨William Hendrikson은 이 대목을 이렇게 번역하고 있습니다.
"(he) rendered constant obedience to them."
즉, 지속적 순종을 드리셨다는 말입니다. 어쩌다 한번 순종하신 것이 아니라 순종이 그의 삶의 방식, 곧 습관이셨음을 나타내는 대목입니다.[100]

이 역시 계속적인 헬라어 용법을 잘 구분해서 설명하는 실례 중 하나다. '한번 순종하고 마는 것'과 '지속적인 순종'은 너무도 큰 차이가 나는 해석 아니겠는가? 다른 실례를 확인해 보자.

바울 사도는 로마서 5장 5절에서 이렇게 말했습니다.

"소망이 우리를 부끄럽게 하지 아니함은 우리에게 주신 성령으로 말미암아 하나님의 사랑이 우리 마음에 부은 바 됨이니."

그런데 원문에 보면 로마서 5장 5절의 "부은 바 되었다"는 말이 완료 시제로 되어 있습니다. 즉, 과거에 완성되었을 뿐만 아니라 현재에도 그 사건의 의미가 계속된다는 것입니다. 영어로도 "has poured out"이라고 해서 완료 시제를 쓰고 있습니다. 우리에게 부어진 하나님의 사랑이 지금도 계속 역사하고 있다는 의미입니다. 사랑은 움직이는 것이고 자라는 것입니다. 하나님이 우리에게 부어 주신 사랑은 계속 자라 가야 합니다. 성령께서 자라게 하는 그 일을 하십니다.[101]

'완료 시제'는 '과거에 끝난 행동이 현재까지 쭉 계속되는' 의미를 갖고 있다. 이동원 목사는 원문이 의도하는 바대로, 과거에 우리에게 부어진 하나님의 사랑이 그것으로 끝난 것이 아니라 현재까지도 계속되고 있음을 잘 설명하고 있다. 다른 실례를 찾아보자.

환난 속에서 바울이 체험한 하나님은 자비의 아버지요, 위로의 하나님이셨던 것입니다. 여기서 자비라는 말은 복수로 되어 있고, 위로 앞에는 '모든'이라는 단어가 붙어 있습니다. 하나님은 우리가 경험하는 온갖 사건, 상황에서 자비들을 베푸시고 이 모든 일에 위로자가 되신다는 말입니다.[102]

'자비'란 단수와 '자비들'이란 복수는 의미상 상당한 차이가 있는 말이

106

다. 하나님은 은혜가 충만하시듯 자비도 충만하신 분이란 뜻이다. 우리 말과 원어의 맛이 다름을 잘 보여 주고 있다. 비슷한 예를 찾아보자.

인간은 어느 날 갑자기 이 땅에 던져진 존재가 아니라 태어나기 전부터 하나님의 계획 속에 있었습니다. 이 놀라운 인간의 존재를 묵상하면서 시편 기자는 이렇게 고백합니다.

"하나님이여 주의 생각이 내게 어찌 그리 보배로우신지요 그 수가 어찌 그리 많은지요"(시 139:17).

정확하게 번역하면 '주의 생각'이라는 말은 복수가 되어야 합니다. '주의 생각하시는 것들'이 맞습니다. "나를 향해서 주님이 생각하시는 것들이 어찌 그리 보배로우신지요"입니다. 주님은 많은 생각을 하시고 나를 지어 주셨습니다. 나에 대한 많은 생각들이 어느 날 나라는 인생의 결정체로 만들어져 드디어 내가 이 땅에 태어나게 되었다는 것입니다. 우연한 존재가 아닙니다.

또 여기서 '보배롭다'는 말은 더 정확하게는 '소중하다'는 말입니다. 하나님께서 많은 생각 끝에 나라는 소중한 존재를 만드셨습니다. 내가 지금까지 인생을 살면서 성공했다고 느끼든지 실패했다고 느끼든지, 창조주이신 하나님의 관점에서 볼 때 나는 많은 생각 속에 탄생한 매우 소중한 존재입니다.[103]

'주의 생각'이란 단수와 '주의 생각들'이란 복수의 의미는 하늘과 땅차이라 할 수 있다. 우리를 향하신 주님의 생각이 깊고 한없음을 잘 보여주는 내용이 아니겠는가? 이렇게 소중한 복수형의 단어를 우리말처럼 단수형으로 번역해 버리면 본문 저자의 의도가 어찌 제대로 드러나겠는가? 이동원 목사의 설교가 이런 점에서도 타의 추종을 불허함이 보이는가? 또 다른 실례를 들어 보자.

요한일서 1장에서 사도 요한은 우리의 생명 되신 예수님을 소개하며 그분은 태초부터 "아버지와 함께 계시던 분"이라고 소개합니다. 1-2절의 말씀을 보십시오. 여기서 '함께 계시다'는 단어는 정지된 상태에서의 함께함이 아닌not with, 서로를 향하여 움직이고 대화하고 교제하고 계시다pros=toward는 의미로 쓰이고 있습니다.104

이 역시 우리말로 된 성경은 태초에 말씀이신 예수님이 하나님과 '함께 계셨던' 상태에 대해서만 알려 줄 뿐, 두 분이 무엇을 하면서 함께 계신 것인지에 관해서는 전혀 소개하는 바가 없다. 이동원 목사는 '함께'로 잘못 번역된 이 단어의 원어적 의미가 '~을 향하여pros'임을 제대로 밝혀 준다.

예수님은 만세전부터 하나님과 서로 얼굴을 맞대고 대화하고 교제하면서 지금까지 존재해 오고 계신다는 뜻이다. 단어의 깊이와 의미가 이렇게 다를 수가 있을까? 이래서 원어 성경 실력을 키워야 한다는 말이 나오는 것이다. 또 다른 실례를 들어 보자.

본문(마 14:28-33)과 동일한 사건을 기록하고 있는 마가복음 6장 48절에는 마태가 기록하지 않은 한 단어가 강조되고 있는 것을 볼 수 있습니다.

"바람이 거스르므로 제자들의 괴로이 노 젓는 것을 보시고 밤 사경 즈음에 바다 위로 걸어서 저희에게 오사 지나가려고 하시매."

여기서 마가는 '지나가려고 하시매'라는 인상 깊은 단어를 사용합니다. 영어성경에는 'pass by'라고 되어 있습니다. 우리는 배에 탄 베드로와 다른 제자들이 심한 파도로 흔들리는 배 안에서 당황하고 두려워하던 그 순간, 예수님이 그 곁을 '그냥 지나가려고 하셨다'라고 오해해서 읽을 수 있습니다. "지나가려고 하시매"를 원문으로 읽어 보면 '파레르코마이'로 되어 있는데, 이것은 중요한 의도를 가지고 한 사람의 삶의 장에 의도적으로 뛰어 들어와 방문하는 모습을 가리킬 때 사용하는 단어입니다.[105]

예수님이 바다 위를 걸어 풍랑이 일어 두려움에 빠져 있는 제자들 가까이 오셨는데, 그들을 도와주지 않으신 채 지나가려고 하셨다면 이해되지 않는 일일 것이다. 우리말로 된 성경은 예수님의 의도를 도무지 이해할 수 없게 만든다. 하지만 원문으로 그 의미를 정확히 살펴보면, 예수님이 중요한 목적을 가지고 방문하신 내용임을 알 수 있다. 원어가 아니고선 맛볼 수 없는 신비로운 말씀이다. 다른 예를 찾아보자.

3장 22절의 '성실한 마음'이란 희랍어에서 아플로테티aploteti / aploos, 아플루스라는 단어가 사용됩니다. 이 말은 나누어지지 않은 마음, 집중하는 마음, 소위 'single heart'를 의미합니다. 주께서 맡기신 일이라면 잘하느냐, 못하느냐를 떠나서 전력을 다하여 최선을 다할 수 있지 않겠습니까? 그것이 바로 성실입니다.[106]

'성실한 마음'(골 3:22)이란 번역과 '한 곳에 초점을 맞추어 집중하는 마음'이란 번역은 너무도 다른 뉘앙스를 느끼게 한다. '주님만 바라보고 그분께만 집중하며 나아가는 마음'이 바로 본문이 뜻하는 참의미다. 다른 강단과는 차별화된 말씀의 맛을 보여 주기 위해 설교자들이 어떤 원어 실력을 갖춰야 하는지를 보여 주는 좋은 실례라고 할 수 있다. 또 다른 실례를 살펴보자.

먼저, 온유는 분노의 감정을 다스리는 것이라고 생각합니다. 온유를 헬라어로 '프라오테스'라고 하는데, 이 단어는 본래 중동 지방에서 사나운 들짐승이 가축으로 자라 그 성질이 길들여진 상태를 가리키는 말이었습니다. 그러니까 이 단어가 가진 가장 중요한 핵심 의미는 '잘 다스려졌다'는 뜻입니다.[107]

보통 '온유'라고 하면 힘없이 유약한 상태를 떠올리는 사람이 많다. 하지만 성경이 말하는 온유의 참의미는 우리의 기존 지식을 뒤엎어 버린다. 그것은 원래 사자처럼 힘세고 사나운 짐승이 온순하게 길들여진 상태를 뜻하는데, 여기서 이동원 목사는 원문의 의미를 청중에게 정확하게 풀어내어 설명하고 있음을 본다.

필자가 알기에 이동원 목사는 성경 신학을 전공한 적이 없음에도 불구하고 국내 설교자 가운데서 가장 원어에 충실하고 본문 해석에 만전을 기하는 설교자다. 특히 그는 중요하다고 생각되는 명사나 반복되는 동사들에 대해서는 어김없이 원어로 그 정확한 의미를 드러냄에 발군의 실력을 자랑한다. 그가 얼마나 하나님의 말씀인 성경을 성경대로 해석하려는 열의에 가득 찬 설교자인지는 앞의 실례들을 통해 확인한 바 있다. 이동원 목사는 본문의 의미와 깊이에 있어서 우리말로 된 성경과 원문 성경의 맛이 다름을 제대로 보여 준다.

유능한 설교자가 되려면 반드시 원어 분석의 과정을 거쳐야 한다는 사실을 명심하자.

2) 원문에 가까운 역본

성경적인 설교문을 작성하려면 충실한 본문 분석도 중요하지만, 그 이전에 분석할 본문이 성경 원문에 맞게 제대로 번역된 내용인가를 확인하는 작업이 우선되어야 한다. 왜냐하면 원문의 내용을 충실히 살리지 못했거나 그 내용과 전적으로 다른 번역들이 우리말로 된 성경에 적잖게 나타나기 때문이다. 원문과 역본의 차이는 어쩔 수 없이 존재하기 마련이다. 그래서 원문 자체나 주석, 그것이 힘들면 우리말로 된 성경보다 원문에 더 가까운 NASB나 NRSV 같은 영어 역본과 함께 '공동번역개정'이나 '새번역', 그리고 현대인들이 이해하기 쉬운 번역인 '현대어 성경', '우리말 성경', '쉬운 성경', '메시지 성경' 등과 같은 역본을 골고루 참조해야 한다.[108] 개인 묵상을 위해서라면 굳이 원문까지 참조할 필요가 없겠지만, 설교 작성을 위해서라면 원문 참조가 필수적이다.

쉬운 예를 들어 보자. 갈라디아서 4장 19절이다.

"나의 자녀들아 너희 속에 그리스도의 형상을 이루기까지 다시 너희를 위하여 해산하는 수고를 하노니."

새번역에서는 "나의 자녀 여러분, 나는 여러분 속에 그리스도의 형상이 이루어지기까지 다시 해산의 고통을 겪습니다"이다. 하지만 원문에 맞게 번역하면 "너희 속에 그리스도가 형성되기까지until Christ is formed in you"가 되어야 한다. '그리스도의 형상'이 아니라 '그리스도'가 주어다. 의미상 차이가 느껴지는가? 어떤 것의 복사본copy과 원본original의 차이를 알지 못하는 사람은 없으리라. 바울이 우리 믿는 사람 속에 '그리스도의 형상' 정도가 이뤄지길 위해 그렇게 수고했다고 보는가? 아니다. 그는 '그리스도 그분 자체'가 우리 속에 주인으로 형성되고 자리 잡으시도록 해산의 수고를 아끼지 않았던 것이다. 이 얼마나 큰 차이인가?

다음으로 성경 본문의 흐름과 문장의 뜻을 이해하기 쉽게 하기 위해서는 현대어로 된 쉬운 역본들을 참조할 필요가 있음을 알아야 한다. 고린도전서 4장 7-8절을 보자.

"누가 너를 남달리 구별하였느냐 네게 있는 것 중에 받지 아니한 것이 무엇이냐 네가 받았은즉 어찌하여 받지 아니한 것같이 자랑하느냐 너희가 이미 배부르며 이미 풍성하며 우리 없이도 왕이 되었도다."

여기서 "받지 아니한 것같이 자랑하느냐"란 내용이 있는데, 이해하기 어려운 대목이다. 받지 아니하였으면 불평이 나와야지, 어째서 자랑을 한단 말인가? 공동번역개정을 참조해 보자.

"도대체 누가 여러분을 남보다 낫다고 보아 줍니까? 여러분이 가지고 있는 것은 모두 하나님께로부터 받은 것이 아닙니까? 이렇게 다 받은 것인데 왜 받은 것이 아니고 자기의 것인 양 자랑합니까?"

이제는 이해되는가? 하나님께로부터 받은 것이 많음에도 자신이 스스로 노력해서 얻은 것인 양 자랑하는 교만함을 지적하고 있는 내용임을 명쾌하게 알 수 있다. 이처럼 전체의 흐름을 저자의 의도에 맞게 이해하기 쉽도록 번역한 현대의 역본을 참조함이 필수적이다. 따라서 원어 성경이나 원문과 가까운 영어 역본, 그리고 문맥상 흐름을 쉽게 해 놓은 현대의 역본 등을 참조해서 개역한글이나 개역개정보다 원문에 더 가까운 자신만의 번역본private translation을 토대로 설교를 준비하는 것이 절대적으로 필요함을 놓치지 말아야 한다.[109] 원문의 내용을 충실히 살리지 못한 역본으로 석의 작업을 한다면, 그 결과는 불을 보듯 훤하기 때문이다.

원문에 더 가까운 역본 활용으로 정평이 나 있는 이동원 목사의 설교를 쭉 들어 보라. 보다 충실한 역본 소개로 설교의 질을 높이고 있음을 여기저기서 확인할 수 있다. 대표적인 실례들을 하나씩 소개한다.

10절의 "우리는 그의 만드신 바라"를 표준새번역 성경으로 보면 "우리는 하나님의 작품입니다"라고 되어 있습니다. 그렇습니다. 우리는 그분의 새로운 작품입니다. 그리스도 예수 안에서 하나님의 선한 일을 하도록, 새로운 삶을 살도록 만들어진 새로운 작품입니다. 작품은 헬라어로 '포이에마poiema'인데, 여기서 영어 단어 'poem詩'이 나왔습니다. 그러니까 10절 말씀은 "너희는 하나님의 시詩. 너희는 하나님의 노래다"라는 의미를 담고 있는 것입니다. 구원받은 우리, 그리스도를 영접한 우리를 하나님은 새로운 작품으로 간주하며 이렇게 말씀하십니다.

"너는 이제부터 나의 시야! 너는 나의 노래야."[110]

우리말로 된 성경에서는 우리가 "하나님의 피조물"이라고 번역하고 있다. 우리가 하나님이 창조하신 피조물인 것은 맞지만, 어떤 피조물인지에 관해서는 어떤 정보도 알려 주지 않는 번역이다. 쉽게 말해서, 우리가 걸작품으로 만들어진 것인지, 아니면 그렇고 그런 작품으로 만들어진 것인지가 제대로 드러나지 않고 있다는 말이다.

하지만 영어 성경들만 참조해도 모두가 '작품masterpiece'으로 번역되어 있음을 알 수 있다. 그렇다. '하나님이 만드신 피조물'과 '그분이 만드신 최고의 걸작품'이란 내용에 어떤 차이가 있는가? 비교할 수 없는 차이를 보이지 않는가! 우리는 하나님이 지으신 '걸작품'이란 것이 원문의 정확한 뜻이다. 게다가 이 단어의 헬라어인 '포이에마poiema'에서 영어 단어 '시poem'가 유래되었다는 사실을 알게 된다면, 그 말씀의 진미는 더욱 진해지리라 본다. 이동원 목사가 원문의 참뜻을 제대로 파악하여 설교 속에 잘 활용하고 있음을 보라. 이제 또 다른 실례를 들어 보자.

우리가 잘 아는 성경 말씀인 "구하라 그리하면 너희에게 주실 것이요"(마 7:7)는 정확한 번역이 아닙니다. 원전의 뉘앙스를 잘 살려 번역한 찰스 윌리엄스의 번역본에는 이렇게 되어 있습니다. "Keep on asking, keep on seeking, keep on knocking." 다시 말하면 "계속해서 구하십시오. 계속해서 찾으십시오. 계속해서 문을 두드리십시오"라고 말입니다.111

이 구절에는 세 개의 중요한 동사가 나오는데, 모두 현재 직설법 동사다. 헬라어의 현재형 동사는 계속해서 지속되는 행위를 의미하는데, 이동원 목사는 그에 딱 맞는 번역본을 잘 활용하고 있다. 즉, 한두 번 구하고 포기할 것이 아니라, '얻을 때까지 계속해서 구하라'는 뜻을 가진 구절이다. 그냥 구하라는 것과 끊임없이 구하라는 말은 의미가 다르다. 이동원 목사의 또 다른 실례들을 살펴보자.

출애굽기 31장 17절을 보면, 성경은 하나님이 안식을 통해 얻으신 경험을 이렇게 말씀합니다. "… 제 칠 일에 쉬어 평안하였음이니라 …."

이 본문을 영어 성경KJV으로 보면 "On the seventh day he rested, and was refreshed"입니다. 즉, '하나님이 쉬셨다He rested', '그래서 하나님이 새로워지셨다and was refreshed'고 되어 있습니다. 하나님도 안식을 통해서 새로워지셨습니다.

하나님께도 안식이 필요했는데, 우리에게는 얼마나 더 안식이 필요하겠습니까?112

'하나님이 쉬시고 안식하셨다'는 의미가 이해되는가? 사람은 일하다가 피곤해지면 휴식이 필요하지만, 하나님도 그러신다는 것이 쉬 이해되지 않는다. 하지만 그분이 'refresh' 하셨다면 의미가 확 들어온다. 이 단어는 '그냥 앉아서 쉰다'는 것이 아니라 '새로운 활력을 공급받는다'는 것을 의미하기 때문이다. 또 다른 예를 살펴보자.

그래서 마가복음 4장 41절에는, "저희가 심히 두려워하여"라는 표현이 있습니다. 본문을 잘 연구할 때 깨닫게 되는 놀라운 사실은, 제자들이 처음에는 '무서워했다'는 것입니다. 앞에서 쓰인 '무서워하다'는 41절의 '두려워하다'와 다릅니다. 헬라어 원문과 가장 가깝다는 영어 성경 RSVRevised Standard Version를 보면 41절 "저희가 심히 두려워하여"를 이렇게 번역했습니다. "저희가 하나님께 대한 경외감으로 가득 차filled with awe". 여기서 'awe'라는 단어는 우리말의 '어!'와 비슷합니다. 놀라움과 경이로움에 사로잡히는 것을 말합니다. 한순간 그들은 놀라운 경이 속에 들어간 것입니다. 예수님을 훌륭한 인간으로만 생각하다가 그분 안에서 살아 계신 하나님을 발견하게 된 것입니다. "하나님! 아, 파도와 바람을 잠잠케 하시는 분!" 한순간의 깨달음에 그들의 인생은 달라지게 됩니다.[113]

'두려워하다'란 말과 '경외감으로 가득 차다'란 말에는 의미상 엄청난 차이가 있다. "하나님을 두려워했다"보다는 "하나님에 대한 경외감으로 가득 찼다"라는 표현이 본문의 의미를 청중에게 보다 정확하고 이해하기 쉽게 해 주고 있다는 게 느껴지는가? 또 다른 실례를 더 확인해 보자.

> "예수께서 불러다가 이르시되 이방인의 소위 집권자들이 저희를 임의로 주관하고 그 대인들이 저희에게 권세를 부리는 줄을 너희가 알거니와"(막 10:42).
> 여기서 '주관한다'는 말을 표준새번역 개정판에서는 '마구 내리누르고'라고 번역하고, '권세를 부린다'는 말은 '세도를 부린다'는 말로 번역했습니다. 공동번역은 "… 백성을 강제로 지배하고 또 높은 사람들은 백성을 권력으로 내리누른다"고 했습니다.[114]

'주관하다'란 말과 '마구 내리누르고'란 말의 차이가 느껴지는가? 예수님 당시에 집권자들이 이방인들에게 얼마나 참혹하게 행동했는가를 뜻하는 원어적 의미를 그저 '주관하다'로 번역한다면 어떻게 되겠는가? 본문의 진미를 결코 맛볼 수 없을 것이다. 다른 실례를 더 찾아보자.

사도행전 13장 2절에 '주를 섬겨'에서 섬긴다는 말은 본래 '예배한다'

는 말입니다. 표준새번역은 이 부분을 바로잡아 "그들이 주께 예배를 드리며 금식하고 있을 때에"라고 번역했습니다.[115]

'주를 섬기다'와 '예배하다'는 의미가 다르다. 원문에 맞게 번역한 역본을 잘 활용하여 본문의 의미를 저자의 의도에 맞게 새롭게 해석한 것이다. 한 가지 예만 더 살펴보자.

사무엘상 18장 9절을 보십시오.
"그날 후로 사울이 다윗을 주목하였더라."
그런데 여기에는 우리 한글 성경에는 빠져 있는 아주 중요한 단어가 있습니다. 원문대로 표현하자면 "그날 후로 사울이 다윗을 질투하는 눈으로 주목하였더라"고 해야 더 맞습니다. NIV 성경에 보면 "Saul kept a jealous eye on David"라고 되어 있습니다. "사울 왕이 다윗을 질투하는 눈으로 주목했다"는 것입니다. '질투하는 눈'이라는 단어가 강조되어 있다는 것을 알 수 있습니다.[116]

원문에도 가깝고 청중도 쉽게 이해하게 해 주는 역본으로 본문의 의미를 잘 살려 주는 이동원 목사의 탁월한 역본 활용력을 보라. 모든 역본이 완벽하지는 않다. 제대로 번역된 구절이 있는가 하면, 그렇지 못한 구절도 뒤섞여 있다. 때문에 설교자는 반드시 원문과 대조해서 원문에 보다 가까운 번역본의 내용을 설교 중에 잘 활용해서 청중에게 성경적인 설교를 전해야 함을 늘 기억해야 할 것이다.

3) 전후 문맥 파악력

문맥context과 역사적 정황historical background은 성경 해석의 두 기둥과도 같다. 성경을 제대로 해석하기 위해서 성경 본문이 어떻게 서로 연결되고 구성되어 있는지를 찾는 공시적共時的 연구와 본문이 어떤 역사적 배경과 정황에서 기록되었는지를 찾는 통시적通時的 연구를 해야 한다. 설교자라면 누구나 이 두 가지 수단을 씨줄과 날줄로 삼아 본문의 정확한 의미 파악을 위해 최선의 경주를 기울여야 할 것이다.

그러면 먼저 전후 문맥에 대해서 살펴보기로 한다. 원어로 된 성경은 장이나 절의 구분 없이 처음부터 끝까지 엮인 것인데, 독자들이 읽고 이해하기 쉽도록 전문가들이 편의상 장과 절로 단락 지어 놓았다. 그래서 성경을 이해하는 데 편리하게 된 것은 사실이지만, 자칫 전후에 함께 연결되는 자연스러운 문맥을 끊어 버릴 위험성이 다분함을 설교자들이 늘 인식하고 있어야 한다. 문맥은 성경 해석에 있어서 생명과도 같다.[117]

전후 문맥을 파악하지도 않은 채 제멋대로 해석되어 온 유명한 구절이 있다. "내게 능력 주시는 자 안에서 내가 모든 것을 할 수 있느니라." 바로 빌립보서 4장 13절의 말씀이다. 여기서 '만사형통 신학'이라는 괴물이 탄생하게 되었다. 설교자들은 이것이야말로 전후 문맥의 파악이 없는 해석에서 비롯되었음을 놓치지 말아야 할 것이다. 이에 관한 이동원 목사의 설명을 참조해 보자.

빌립보서 4장 13절은 본래의 진정한 의미와는 상관없이 남용되는 경향이 있다. "내게 능력 주시는 자 안에서 내가 모든 것을 할 수 있느니라."

우리가 아무리 가난해도 이 말씀을 주장하고 약속의 말씀을 믿으면 부자가 될 수 있다는 식의 메시지를 선포할 때 그것을 증명하기 위해서 흔히 이 구절을 많이 사용해 왔다. 그러나 빌립보서 4장 13절 전에는 항상 12절이 있다. 그리고 그 전에는 11절이 있고 그 전에는 10절이 있다. 바로 그 전 구절들에서 바울은 자기가 인생을 살면서 배운 가장 중요한 교훈은 자족의 교훈이라고 말하고 있다. 그런즉 내게 능력 주시는 자 안에서 내가 모든 것을 할 수 있다는 것은 자족의 교훈이다. 어떤 삶 속에서도 하나님과의 관계를 통해 승리할 수 있다는 증언이지, 소위 불가능이 없다는 생각을 뒷받침해 주는 구절은 절대 아니다. 그만큼 우리가 문맥을 따라서 성경을 해석할 때 성경의 원저자의 의도를 접근하는 데 도움을 얻을 수 있다.[118]

빌립보서 4장 13절만큼 잘못 해석되는 구절도 많지 않을 것이다. 이것은 '번영 신학prosperity theology'과 '번영 복음prosperity gospel'을 주창하는 이들이 즐겨 인용하는 구절이다.[119] 하지만 13절에 대한 해석은 이동원 목사가 설명한 바대로, 바로 그 앞 구절들인 10-12절에 철저하게 근거해서 이뤄져야 한다. 모두가 한 가지 맥락에서 연결된 구절들이기 때문이다.

이동원 목사는 설교자들이 본문의 전후 문맥에 얼마나 신경 써야 할 것인지를 잘 보여 주고 있다. 총신대학교 신학대학원에서 신약학을 가르치는 심상법 교수는 이동원 목사의 주해의 장점을 '문맥을 고려하여 사건의 흐름과 논지의 흐름을 파악하여 강해하는 점'으로 손꼽는다.[120] 그러면 이동원 목사의 설교 속에 발휘된 전후 문맥 활용의 대표적 실례들을 더 찾아보자.

본문은 '그때에'라는 말로 시작합니다. 이는 어떤 때를 말하는 것일까요? 본문인 마태복음 18장에 선행하는 17장을 보면 예수님의 제자 베드로가 매우 특별하게 취급되는 상황이 나옵니다. 변화산상의 신비한 체험 현장에서 베드로는 주도적으로 예수님과 대화했고, 17장 말미에서도 세금 문제를 가지고 예수님과 대화했습니다. 이런 모습을 지켜보던 제자들이 '그때에' 예수님께 나아와 질문한 것입니다.

"그때에 제자들이 예수께 나아와 이르되 천국에서는 누가 크니이까"(마 18:1).

이런 질문의 밑바닥에는 천국에서도 여전히 주께서 베드로의 존재를 크게 인정하실지 그 생각을 확인하고 싶어 하는 마음이 깔려 있습니다. 제자들의 너무나 인간적인 의도가 엿보이는 대목입니다. 그럼에도 불구하고 예수께서는 오히려 제자들에게 천국의 가치를 가르치는 기회로 삼고자 하셨습니다. 그래서 한 어린아이를 불러 앞에 세우시고 "너희가 어린아이와 같이 되지 아니하면 천국에 들어갈 수 없다"고 말씀하십니다.[121]

본문 맨 처음에 나오는 '그때에'라는 단어의 정황이 파악되지 않고서는 제대로 이해할 수 없기에, 이동원 목사는 바로 앞 장인 마태복음 17장에 어떤 사건이 있었는지를 잘 들추고 있다. 또 다른 실례를 살펴보자.

에스더 2장 1절을 보면 '그 후에'라는 단어로 시작합니다. 1장의 사건이 일어난 '그 후에'라는 뜻입니다. 상당한 세월이 흘렀다는 것을 알 수 있습니다. '그 후에'라는 단순한 단어로 처리하고 있지만 '그 후에'라는 말에서 '4년'이라는 세월이 흘렀음을 유추할 수 있습니다. 왜냐하면 2장 16절을 읽어 보면 "아하수에로 왕의 칠 년 시월 곧 데벳 월에 에스더가 이끌려 왕궁에 들어가서 왕의 앞에 나아가니"라고 했습니다. 즉, 에스더가 왕비가 된 때가 아하수에로 치세 7년임을 알 수 있습니다. 그런데 와스디가 폐비 된 것은 1장 3절을 보면 "(아하수에로가) 위에 있은 지 삼 년에"라고 했습니다. 그러니까 아하수에로 왕 3년에 와스디 폐비 사건이 일어납니다. 그리고 에스더가 새 왕비로 간택된 것이 7년째니까 세월이 얼마나 흘러갔습니까? 4년이 흘러간 것입니다.[122]

'그 후에'라는 단어가 '어떤 사건과 정황 후에'인지를 구체적으로 설명해줘야 설교자로서 자격이 있을 것이다. 이동원 목사의 설명처럼 반드시 이전의 문맥을 상세하게 살펴서 청중에게 소개해야 제대로 된 설교가 가능하다. 또 다른 실례를 살펴보자.

"그 후에 아하수에로 왕이 아각 사람 함므다다의 아들 하만의 지위를 높이 올려 모든 함께 있는 대신 위에 두니"(에 3:1).

총리쯤 되는 높은 자리로 하만을 등용했습니다. 그런데 특별한 이유 제시 없이 그렇게 했습니다. 재미있는 것은 3장 1절 바로 직전, 곧 2장 마지막 부분에 어떤 사건이 나옵니까? 2장 마지막 부분에 모르드개가 아하수에로 왕을 죽이려고 음모를 꾸미던 사람들의 일을 고발해서 왕을 살렸습니다. 그런데 주목할 만한 것은 이렇게 공을 세웠음에도 불구하고 모르드개는 일체 포상이 없었습니다. 그리고 느닷없이 3장 1절에 하만이 출세하는 장면이 나타납니다. 모르드개가 출세해야 마땅한데 모르드개가 아무런 상급도 받지 못하고 전혀 엉뚱한 하만이 출세하는 장면이 나옵니다.

이런 세상을 바라보던 모르드개는 어떤 생각을 했을까요? '세상 참 불공평하다.' 그리고 이런 불공평한 세상에서 하늘을 원망하고 하나님도 원망하고 부조리한 세상을 얼마든지 원망할 수 있습니다.

이것이 스토리의 전부가 아닙니다. 아직 연극은 끝나지 않았습니다. 마지막을 봐야 합니다. 7절과 10절입니다.[123]

여기에도 '그 후에'라는 말이 나온다. 이럴 경우 반드시 3장 이전의 2장의 상황을 설명해 줘야 하는데, 이동원 목사는 이를 구체적으로 청중에게 알려 주고 있다. 설교자로서 기본에 해당하는 작업이리라. 한 가지 실례를 더 확인해 보자.

에스더서 5장을 들어가기 전에 4장 16절을 다시 한 번 보겠습니다.

"당신은 가서 수산에 있는 유다인을 다 모으고 나를 위하여 금식하되 밤낮 삼일을 먹지도 말고 마시지도 마소서 나도 나의 시녀로 더불어 이렇게 금식한 후에 규례를 어기고 왕에게 나아가리니 죽으면 죽으리이다."

어쩌면 페르시아 제국에 흩어진 자기 동족 이스라엘 민족이 다 멸절될 수도 있었던 위기, 이 위기를 앞에 두고 에스더는 엎드려 기도했습니다. 기도 형태 가운데 가장 강렬한 기도가 있다면 금식 기도입니다. 식사를 않고 에스더는 자기 민족을 위해 기도합니다. 사흘 동안 금식 기도를 했습니다.

그러면 금식 기도 후에 에스더는 무엇을 했을까요? 이것이 바로 에스더 5장이 다루고 있는 내용입니다. 기도 후에 우리가 해야 할 일이 무엇일까요?[124]

에스더서 5장을 다루기 위해 그 전초 작업인 4장의 상황을 청중에게 먼저 알려 주는 이동원 목사의 성경해석 방법을 주목해 보라. 이 시대 최고의 설교자는 전달만 잘한다고 되는 것이 아니란 사실을 잘 보여 주는 대목이 아닐 수 없다.

4) 역사·문화적 배경

본문의 전후 문맥에 이어서 역사적 배경에 관해서 살펴보자. 성경은 제한된 짧은 기간 동안 한 지역에서 한 사람의 저자에 의해서 기록된 한 권의 책이 아니다. 수천 년에 걸쳐 40명 이상의 저자에 의해 각기 다른 문화와 역사적 배경 가운데서 기록된 66권의 책으로 구성되어 있다. 따라서 이 성경을 제대로 이해하고 해석하려면 각 권마다 그 나름대로의 특수한 역사와 관습과 문화적 배경을 살펴야 한다. 그렇지 않으면 성경 해석이 엉망이 될 수밖에 없다.

설교자는 우선 성경 본문을 당시의 문화적 배경과 관습과 고고학 등을 참조해서 살펴봐야 하며, 그런 다음 전혀 다른 현시대에 그것을 어떻게 전달하여 설명하고 적용할 것인가를 가늠해야 한다.[125] 이런 문제에 대해서 신학교에서의 가르침과 지식 습득이 턱없이 부족한 현실이다. 때문에 신학을 전공하고 설교자가 되었어도 본인이 설교하고자 하는 본문의 특수한 정황에 대한 충분한 파악 없이 설교하는 이들이 적지 않다. 그런 점에서도 이동원 목사의 성경 해석은 돋보인다고 할 수 있다. 왜냐하면 그의 설교 내용들은 그저 단순한 자기 생각이나 문자적 해석 혹은 영해에서 나온 것들이 아니라, 각기 본문에 맞는 특수한 상황들에 철저히 기초해서 나온 결과물들이기 때문이다.

『청중을 깨우는 강해설교』에서 그는 다음과 같이 말한다.

> 설교자는 현대라고 하는 시대적 상황과 설교라고 하는 성서적 상황을 동시에 가지고 있다. 이 두 가지 상황이 마주치면서 설교는 그 위기를 만들어 낸다. 설교자가 만나는 청중이 가지고 있는 현대와 설교자가 천착해 있는 성서는 그 어느 것도 포기할 수 없는 동시적인 것이다. 바로 여기에서 설교자는 설교의 위기를 만나게 된다. 설교자는 이 두 가지 상황에 민감하지 않으면 안 된다.126

그의 말마따나 오늘의 설교자는 청중이 이해하기 쉽도록 본문의 상황과 오늘의 상황을 잘 연결시켜 주는 다리 역할을 해야 한다.127 그 작업을 해주지 못하고서야 어찌 설교자라 할 수 있겠는가?

댈러스 신학교에서 설교를 가르치고 있는 라메쉬 리처드Ramesh Richard는 "성경은 하나님이 만드신 것이다. 설교는 하나님이 만드신 것을 가지고 우리가 만들어 내는 작품이다"라고 말했다. 그렇다. 하나님은 설교자들에게 설교의 재료로 성경을 주셨지, 설교 한 편을 던져 주시진 않는다. 하나님이 주신 성경을 기초로 해서 영양이 풍부하고 먹기 쉽고 맛있는 식단을 차리는 것은 설교자의 사명이다. 이 사명을 소홀히 해서 영의 양식을 제대로 준비하지 못한다면 어떤 일이 일어나겠는가?

시편 126편 6절은 왜 "울며 씨를 뿌리러 나가는 자"라고 언급한 것인지, 고린도후서 2장 16절은 왜 "이 사람에게는 사망으로부터 사망에 이르는 냄새요 저 사람에게는 생명으로부터 생명에 이르는 냄새라"고 했는지, 전도서 11장 1절은 왜 "네 떡을 물 위에 던져라"고 했는지, 로마서 12장 20절은 왜 "네가 숯불을 그 머리에 쌓아 놓으리라"고 했는지, 성경 실력을 갖추지 못한 설교자는 자신의 양 떼를 온전히 이해시킬 수가 없다.[128] 이 모든 문제들은 본문 당시의 배경을 정확하게 알지 못하고서는 결코 해결될 수 없는 사안들이다.

요한계시록 3장 14-22절에 나오는 라오디게아 교회에 관한 본문을 실례로 들어 보자. 이 본문에 대한 기존의 설교들을 살펴보면 과거에 행해진 거의 대부분의 설교들이 엉터리로 작성된 내용임을 알 수 있다. 왜냐하면 당시 라오디게아 지역의 문화적인 배경에 대한 기본 지식 없이 설교문을 작성했기 때문이다.

요한계시록에 나오는 일곱 교회를 향한 메시지는 당시에 그 교회가 속한 지역들의 특징적인 문화와 역사적인 배경을 기초로 해서 주님이 주신 말씀이다. 따라서 그에 관한 이해 없이 본문을 해석하는 것은 불가능하다.

라오디게아 교회에 관한 본문을 해석함에 있어서 가장 어려운 대목은 3장 15-16절이다.

"내가 네 행위를 아노니 네가 차지도 아니하고 뜨겁지도 아니하도다 네가 차든지 뜨겁든지 하기를 원하노라 네가 이같이 미지근하여 뜨겁지도 아니하고 차지도 아니하니 내 입에서 너를 토하여 버리리라."

이 구절에서 '뜨겁다'와 '차다'와 '미지근하다'를 어떻게 해석할 것인지가 본문을 푸는 관건이다. 이 중에서 특히 '차다'를 어떻게 긍정적으로 볼 것인지가 가장 어려운 난제다. 그러다 보니 이것과 관련하여 문제 있는 해석들이 등장했다.[129] 영적으로 미지근한 사람보다는 차가운 사람이 그리스도께 돌아오면 더 화끈하게 믿는다는 '와장창 중창식의 신앙'에 관한 옹호론적 해석 말이다. 이것은 당시 라오디게아 지역의 특성을 잘 몰라서 나온 무지의 결과다.

이런 점에서도 이동원 목사의 문화·역사적인 배경 지식의 활용에 대한 탁월함은 타의 추종을 불허한다. 이런 능력이 그를 강해설교의 일인자로 자리매김하는 데 있어서 지대한 영향을 미쳤음은 당연한 일이리라.

그러면 라오디게아 교회에 대한 이동원 목사의 설교 내용이 궁금하지 않은가? 이제 구체적으로 살펴보자. 핵심 부분만을 아래에 참조한다.

먼저 3장 15절에서 16절 말씀을 보십시다.

"내가 네 행위를 아노니 네가 차지도 아니하고 뜨겁지도 아니하도다 네가 차든지 뜨겁든지 하기를 원하노라 네가 이같이 미지근하여 뜨겁지도 아니하고 차지도 아니하니 내 입에서 너를 토하여 버리리라."

당시 라오디게아에는 인근의 유명한 온천 지대인 히에라볼리에서 온천수를 끌어와 썼는데, 온천수가 먼 거리를 흘러 들어오는 동안 미지근해졌다고 합니다. 주님께서는 바로 그런 미지근한 온천수를 빗대어 라오디게아 성도들의 영적상태를 질책하신 것입니다. 미지근한 온천수가 제대로 된 효과를 발휘할 수 있을까요? 아마 원래의 가치가 크게 떨어졌을 것입니다.[130]

본래 이 라오디게아, 히에라볼리 일대는 온천 지대로 유명합니다. 지금도 여전합니다. 그러나 좋은 온천수가 수도관을 지나오는 동안 덥지도 않고 차지도 않게 되어 가치가 크게 떨어진 것처럼, 우리도 세상이라는 수도관을 날마다 지나오면서 세속에 물들어 덥지도, 차지도 않은 믿음을 가지게 되어 주님이 쓰시기 어려운 사람이 되어 버린 것은 아닐까요?[131]

본 설교에서 이동원 목사가 주석 참조나 현지 방문(성지 순례)을 통해 습득한 고고학적 지식을 충분히 발휘함으로 본문이 말하는 '뜨거운 것'의 의미를 제대로 파악하고 있음을 확인할 수 있다.

물론 심상법 교수의 지적대로, 여기서 '차다'의 배경이 되는 골로새에 대한 언급이 빠져 있는 점은 옥에 티로 남는다.[132] 당시 물이 좋지 않았던 라오디게아는 배수관을 만들어서 인근에 뜨거운 온천수로 유명한 히에라볼리뿐 아니라 차가운 생수로 유명한 골로새로부터도 물을 공급받았다.

이는 영적으로 뜨겁고 차갑고 미지근한 것을 말하는 것이 아니다. 뜨거운 것은 뜨거운 것대로, 차가운 것은 차가운 것대로 유용하고 도움이 되는useful, effective, fruitful 것이었다. 문제는 미지근하게 되는lukewarm=unuseful, ineffective, unfruitful 것이다.[133] 왜냐하면 뜨거운 히에라볼리의 온천수든 차가운 골로새의 생수든, 시간이 흘러 그것들이 배수관을 타고 라오디게아에 이를 때가 되면 미지근해져서 마시는 사람으로 하여금 구토증을 유발하게 만들었기 때문이다. 따라서 본문이 주는 메시지는, 이동원 목사가 잘 지적한 대로, 지금 라오디게아 교인들이 주님이 기대하시는 교회로서의 효력을 전혀 발휘하지 못하는, 쓸모없는 상황이 되었다는 것이다.[134] 이것이 정확한 의미다.

내친 김에 라오디게아 교회에 관한 이동원 목사의 설교 내용 중 한 대목만 더 소개한다. 아래의 내용을 참조하라.

17절 말씀을 다시 보십시오. "네가 말하기를 나는 부자라 부요하여 부족한 것이 없다 하나 네 곤고한 것과 가련한 것과 가난한 것과 눈먼 것과 벌거벗은 것을 알지 못하도다."

아이러니컬한 것은, 당시 이 도시는 돈이 많아 금융업이 성행했고, 양모 사업으로 좋은 옷감을 생산했으며, 이름난 안약도 많이 생산하고 있었습니다. 그들은 외적으로는 가난함을, 벌거벗음을, 그리고 보지 못함을 걱정할 필요가 없었습니다. 그런데 내적으로 그들은 주님 보시기에 가난했고, 헐벗고 눈먼 상태에 있었습니다.

주님께서는 은행에 쌓아 둔 금이 아니라 시련을 극복한 믿음으로 부요해지라고 권하십니다. 이 지역에서 나는 유명한 양모가 아닌, 흰옷, 즉 마음의 거룩함으로 옷을 입어야 한다고 권하십니다. 이 지역 특산품인 안약이 아니라 성령의 통찰력으로써 자신의 영적 실상을 볼 수 있어야 한다고 말씀하십니다.[135]

본문은 라오디게아 교인들의 자가 진단과 그에 대한 주님의 진단 내용을 소개하고 있다. 그들 스스로가 부족함이 없는 부자라고 자랑하지만, 주님은 그들이 자부했던 바로 그 세 가지에 대해서 치명적인 결함을 지적하신다. 그것은 '가난한 것'과 '눈먼 것'과 '벌거벗은 것'들이다. 왜 주님은 이 세 가지 내용을 짚으셨을까? 앞에 언급된 이동원 목사의 설명에서처럼 당시 라오디게아 지역은 이 세 가지로 유명했기 때문이다. 그런데 주님은 그들이 자랑하고 자신하는 그 세 가지에 있어서 영적으로 심각한 문제가 있음을 드러내신 것이다.

라오디게아 교회에 관한 설교에서 골로새에 대한 언급이 빠진 점이 좀 아쉬움으로 남긴 하지만, 다른 모든 내용들은 참으로 탁월한 강해설교의 전형적 모델이라고 칭찬하고 싶다. 평소 자신의 저서와 강의들을 통해 거듭 강조해 온 "텍스트와 컨텍스트 간의 끊임없는 긴장과 대화"[136]의 실례들을 이동원 목사의 설교 속에서 얼마든지 발견할 수 있다. 그가 성경을 성경대로 해석하고자 얼마나 최선을 다하는지를 엿볼 수 있지 않은가?

다음은 그에 대한 대표적인 것들만 간추린 예들이다.

> 이 사건이 일어난 때는 명절 기간이었습니다.
> "그 후에 유대인의 명절이 되어 예수께서 예루살렘에 올라가시니라"(요 5:1).
> 학자들은 이 사건이 일어난 시기가 3-4월이라면 이 명절은 부림절이거나 유월절이었을 것이라고 추정합니다. 여하튼 이런 큰 명절이 되면 유대인들은 흩어져 살던 곳에서 예루살렘으로 모여듭니다. 그리고 문자 그대로 예루살렘 도성은 한 주간 동안 거대한 축제의 불야성을 이룹니다. 풍성한 음식과 음악, 춤의 향연이 있고 그리웠던 사람들과의 만남이 한바탕 펼쳐집니다.[137]

본문에 기록된 대로 그저 '유대인의 명절'이라고 하면 듣는 청중에겐 감이 잘 오지 않는다. 이후에 나오는 이동원 목사의 설명을 보라. 우리 식으로 하면 설이나 추석에 해당될 만큼 대단히 중요한 명절이었고, 사람들도 엄청 많이 모여들었을 것으로 짐작해 볼 수 있지 않겠는가? 그런 상황에서 예수님이 예루살렘에 올라가신 것이다. 당시의 배경에 대한 부연 설명이 얼마나 필요한지를 엿볼 수 있는 대목이다. 다른 실례를 소개한다.

물론 당시 일반적인 집의 지붕은 오늘 우리가 일반적으로 볼 수 있는 완벽한 현대 건축물의 지붕이 아니었습니다. 평행으로 놓인 목재 위에 막대기를 엇갈려 놓고 그 위에 갈대나 나뭇가지, 엉겅퀴 등을 놓고 약간의 흙을 덮은 정도의 지붕이었습니다.[138]

마가복음 2장을 보면 4명의 친구들이 중풍병자를 예수님께 데려왔는데, 사람들이 집 안에 가득 차서 지붕을 뜯어 구멍을 내고 위에서 상을 달아 내린 사건이 나온다. 당시 이스라엘 가옥의 형태를 잘 알지 못하는 사람이 이 구절을 읽었다면, 지붕을 뜯어서 중풍병자가 누운 상을 내렸다는 말을 도무지 이해할 수 없을 것이다. 따라서 당시에 이스라엘 백성이 거주하던 집의 구조를 잘 파악한 이동원 목사의 보충 설명은 청중의 이해를 쉽게 해 주고도 남음이 있다. 다른 실례를 살펴보자.

고고학자들은 당시 애굽에는 이미 궁 안에 훌륭한 목욕 시설이 있었음을 증언합니다. 그런데 갑자기 바로의 공주가 나일 강에서 목욕하고픈 충동을 느껴 시녀를 거느리고 강가에 나온 것입니다. 우연이었을까요? 또 하필이면 갈대상자가 공주의 눈에 띄었습니다. 우연이었을까요? 상자를 열어 보니 히브리 노예의 아기였습니다. 재수 없다고 갖다 버리라고 할 수도 있었습니다. 그런데 아기는 공주를 보자마자 울어 댑니다. 한 성경 주석가는 "바로 이 순간 아기의 울음소리는 공주의 가슴에 잠자던 모성애

의 본능을 흔들어 깨웠다"고 말합니다.139

바로 시절에 애굽의 궁 안에 이미 목욕 시설이 있었다는 사실은 필자도 이동원 목사의 설교를 통해 처음 들어 본 일급 정보다. 궁에 욕탕이 있음에도 바로의 공주가 목욕하러 나일 강으로 나왔다는 사실은, 그것이 하나님의 주권적인 역사와 섭리가 아닐 수 없음을 잘 보여 준다. 다른 실례를 또 소개한다.

이스라엘에서는 농부들이 파종하는 시기가 일반적으로 10월입니다. 그리고 파종 직후인 10, 11월에 비가 옵니다. 우기가 시작되는 것입니다. 이 '이른 비'는 흙을 부드럽게 하고 파종된 씨의 발아를 돕습니다. 그리고 이듬해 3, 4월경에 '늦은 비'가 오는데, 이것은 수확을 돕는 비라고 할 수 있습니다. 문제는 11월부터 3월 사이에는 할 일이 별로 없다는 것입니다. 가만히 기다리는 수밖에 없습니다. 그런데 이 시기에 술 마시고 도박하고 이웃과 싸우다가 패가망신하는 농부들이 있습니다. 우리나라 농촌에서도 이런 현상을 종종 볼 수 있습니다.140

이스라엘의 파종 시기와 비가 오는 시기에 대한 정보를 총동원해서 청중의 본문 이해에 조금이나마 도움이 되고자 최선을 다하는 이동원 목사의 솜씨를 보라. 다른 실례를 찾아보자.

"또 누구든지 너로 억지로 오 리五里를 가게 하거든 그 사람과 십 리十里를 동행하고"(마 5:41).

우리가 그 당시의 재미있는 문화적 상황을 이해하면, 본문의 말씀이 훨씬 더 생생하게 이해될 것입니다. 당시 로마의 지배 아래 있었던 유대에는 다음과 같은 법규가 있었다고 합니다. 즉, 만약 로마의 군인이 지나가다가 민간인 한 사람을 붙들고 "이 짐을 나르시오"라고 하면, 그는 그 짐을 지고 반드시 1마일을 동행하도록 되어 있었던 것입니다.

유대 시민들이 이러한 요청을 받을 때 얼마나 비위에 거슬렸겠습니까? 그러나 목숨을 부지하려면 법대로 따라야 했습니다. 그래서 짐을 지고 1마일을 같이 갑니다. 1마일만 가고 그 이상은 안 갑니다. 법으로 규정된 것은 1마일까지이므로 그 이상을 가느냐, 안 가느냐 하는 것은 완전히 자유에 속한 것입니다. 2마일을 동행하는 일, 그것은 안 해도 되는 일입니다. 그러나 당신은 그 자유를 포기하고 기꺼이 함께 가 줄 수 있겠는가 하는 것입니다.[141]

어째서 오 리와 십 리에 대한 말이 언급되어 있는지, 당시의 문화적 배경에 대해 보다 생생하게 이해할 수 있다. 다른 실례를 살펴보자.

여러분, 아브라함은 절대로 갈대아 우르가 나빠서 떠난 것이 아닙니다. 요즘 고고학이 발달되면서 갈대아 우르라는 메소포타미아 지역에 대한 고고학적인 발견이 많이 이루어지고 있습니다. 2-3층의 벽돌집이 발견되는가 하면, 그 옛날에도 무려 25만 명이 살았던 문명이 발달된 도시였다고 합니다. 그래서 아브라함에게는 그 지역을 떠나는 것이 더 어려웠을 것입니다. 그러나 그는 하나님과 하나님의 말씀을 믿었습니다. 믿음으로 출발한 것입니다. 사전 지식 없이 말입니다.[142]

아브라함의 고향인 갈대아 우르의 문명이 얼마나 발달된 것인지가 고고학에 의해 발견되고 있다. 이는 아브라함이 고향을 떠나기가 얼마나 힘든 일이었는지를 짐작케 해 준다. 이 고고학적 발견을 소개하면서 아브라함이 참믿음의 사람이었음을 역설함이 얼마나 설득력 있는 일인지 생각해 보라. 또 다른 예를 소개한다.

고린도후서 5장 10절 말씀을 보겠습니다.

"이는 우리가 다 반드시 그리스도의 심판대 앞에 나타나게 되어 각각 선악 간에 그 몸으로 행한 것을 따라 받으려 함이라."

그리스도의 심판대 앞에 나타난다고 쓰여 있습니다. 심판대라는 말을 희랍어로는 베마*bema*라고 합니다. 제가 성지순례 팀을 인솔하고 고린도에 갔는데, 거기에 경기장이 있었습니다. 경기장에 자그마한 박물관이 있었는데, 그 안에 고고학 발굴을 통해서 얻은 돌들을 전시해 놓았습니다. 그 돌 중의 하나를 보니까 앉을 수 있는 의자처럼 평평한 곳에 희랍어로 베마라고 썼습니다. 경주가 다 끝나면 심판관 앞에 서는데 그때 심판관이 앉는 자리가 베마입니다. 심판관 앞에 서는 사람은 심판을 받습니다. 그런데 그 심판은 멸망시키는 심판이 아닙니다. 무슨 심판입니까? 1등, 2등, 3등을 가리고 상급을 주기 위한 심판입니다.

예수님을 믿어도 열심히 믿은 사람이 있고 적당히 믿은 사람이 있고 아주 게으르게 믿은 사람이 있는데, 그들이 주님 앞에 서는 날 똑같이 대접받으면 불공평하지 않겠습니까? 경기하는 자들이 피눈물을 흘리면서 연습하고 훈련받는 이유는 경기장에서 자기의 달려갈 길을 다 마치고 싸울 싸움을 다 싸우고 베마의 심판대 앞에 서서 면류관을 쓰기 위해서, 월

계관을 쓰기 위해서가 아닙니까?[143]

이동원 목사는 성지 순례의 경험이 아주 많은 설교자다. 그는 성경에 나오는 지역을 직접 방문하여 당시의 관습이나 문화에 관한 상세한 지식과 본문의 사건이나 내용을 오늘의 현장에 생생하게 살려 내는 기막힌 재주가 있다. 한 편의 설교를 하기 위해 설교자들이 갖춰야 할 것들이 얼마나 많은지를 여실히 보여 주는 대목이다. 또 다른 실례를 찾아보자.

요즈음 우리네가 처한 삶의 모습이 바로 이런 사면초가의 상황이 아닙니까? 세계적인 금융 위기의 끝은 보이지 않고 남북 긴장의 상황, 내수 침체와 물가고, 실업률의 증가와 취업난, 자살률의 증가 등. 주전 588-587년경 예레미야 선지자가 살던 시대가 또한 그랬습니다. 당시 그의 조국 유다의 운명은 결정적으로 기울어 가고 있었고, 수도 예루살렘은 바벨론 군대에 포위되었으며, 설상가상으로 선지자 자신은 조국의 운명을 예언하다가 왕실 감옥에 갇힌 바 된 것입니다.[144]

예레미야 시대의 힘겹고 소망 없던 시절의 상황을 오늘 우리의 형편과 대비해서 너무도 잘 그려 주고 있다. 이런 식으로 짧게라도 본문의 배경에 대해 언급해 줘야 설교를 듣는 청중에 대한 기본적 예의라 할 수 있지 않겠는가! 다른 실례를 더 찾아보자.

지팡이와 막대기는 그 역할이 좀 다릅니다. 지팡이는 양들이 수렁에 빠지거나 하면 구부러져 있는 지팡이의 끝으로 수렁에 빠진 양들을 건져 올립니다. 그리고 막대기는 옛날 유대 광야에는 특별히 개들이 많았는데, 이러한 들개 같은 짐승들이 양들을 공격할 때, 이들을 쫓아내는 데 사용합니다. 막대기와 지팡이로 보호하고 건져 내는 것입니다. 그래서 주의 지팡이와 막대기가 함께 있기 때문에 두려워하지 않는 것입니다.[145]

양은 피상적으로 보면 아주 깨끗한 동물처럼 보입니다. 그러나 실제로 양을 가까이해 보면 양은 쉽게 더럽혀집니다. 그리고 어떤 양들은 지독한 냄새가 납니다. 그런데 성경은 이렇게 말합니다. "우리는 다 양 같아서." 사람은 다 자기가 풍기는 냄새가 있습니다. 그중에는 악취도 있습니다. 우리는 모두 더럽혀지는 존재이기 때문에 그렇습니다. 그런데 팔레스타인의 양들은 특별히 여름철에 더럽힘을 많이 탑니다. 여름철은 파리와 벌레들이 활개 치는 계절인데, 특별히 팔레스타인의 파리들은 지독해서 그것 때문에 피부 질환을 앓고 몸살을 앓습니다. 여름은 이러한 피부병의 계절이고 상처 받는 계절입니다.

이렇게 상처 받고 고통스러워하며 더럽힘을 탄 양 떼들을 위해서 목자들은 언제나 약병 하나를 가지고 다닙니다. 올리브기름 중에서 특수한 기름으로 만든 약용 기름인데 양들이 더럽혀지거나, 괴롭고 아파하는 모습을 보면 그 기름으로 문질러 마사지를 해 줍니다. 너무 심하게 상처 받은 양은 아예 기름통 속에 다 집어넣습니다. 그러고 나면 회복이 훨씬 빨라진다고 합니다. 그런데 시편 23편 5절에 보면 우리의 목자 되신 여호와 하나님이 기름을 우리 머리 위에 부어 주신다고 고백하고 있습니다.[146]

시편 23편에 나오는 '지팡이'와 '막대기'가 구체적으로 어떤 역할을 하는지에 대해서 목자의 경험이 없는 대부분의 청중은 잘 알지 못한다. 뿐만 아니라 5절의 '기름'이란 말이 왜 언급되어 있는지에 관한 선지식도 없다. 이에 대한 확실한 지식이나 정보 없이 본문으로 설교를 준비한다는 것은 마치 재료 없이 요리를 준비하는 것과 같다고 볼 수 있다. 설교자들이여, 부디 한 편의 설교를 위해 본문의 배경에 대한 실력만큼은 충분히 갖추길 바란다. 다른 예를 확인해 보자.

하란의 밧단아람이라는 도시엔 외삼촌 라반이 살고 있었는데, 브엘세바에서 그곳까지는 약 600km 길입니다. 굉장히 먼 거리입니다. 교통이 발달하지 않았던 당시에 600km 길은 결코 쉬운 길이 아니었을 것입니다.[147]

브엘세바에서 밧단아람까지 얼마나 먼 거리인지 본문만 봐서는 제대로 감이 안 온다. 그런데 그곳까지의 거리가 600km라고 하면 누구라도 단박에 감 잡을 수 있다. 교통이 발달된 지금도 그만한 거리는 짧은 길이 아닌데, 낙타나 도보가 유일한 수단이었던 당시엔 정말 멀고도 힘겨운 길이었으리라. 이렇게 선명하고 명쾌한 설교를 들어야 설교 들을 맛이 나지 않겠는가? 계속 살펴보자.

본문 5절에 보면 이 여인이 이날 주께 드린 향유의 가치를 300데나리온이라고 기록합니다. 예수님 당시 평범한 팔레스타인의 노동자의 하루 품삯이 1데나리온이었던 것을 감안하면, 이 여인이 주께 드린 향유의 가치는 쉽게 말하면 당시 평균 노동자들의 1년 품삯에 해당하는 것이었다고 할 만합니다.[148]

여인이 예수께 부어 드린 향유 한 병의 가치가 얼마인지 알아야 그분을 향한 그녀의 사랑이 얼마나 깊은지를 잘 알 수 있을 것이다. 이동원 목사는 이를 놓치지 않고 현대적 가치를 동원하여 쉽게 설명해 주고 있다. 설교를 준비하는 이들이 결코 소홀히 여겨서는 안 될 부분임을 명심해야 한다. 비슷한 예를 더 살펴보자.

'달란트' 하면 매우 작은 화폐 단위로 느껴지는데, 당시로는 어마어마하게 큰 액수였습니다. 당시 금 한 달란트면 약 20년 생계비에 해당되었습니다. 그러니까 다섯 달란트면 자그마치 100년을 살아갈 수 있는 액수가 아닙니까?[149]

한 달란트 받은 사람이 한 달란트 그대로 갖고 와서 주인에게 책망과 저주를 받았다는 달란트 비유를 우리는 너무도 잘 알고 있다. 어째서 그는 주인을 위해 일하지 않고 놀다가 원금 그대로 주인에게 가져왔을까? 주인이 사람을 차별한다고 생각했기 때문이다. 그런 점에서 그를 동정하고픈 독자들이 있음을 안다. 하지만 이동원 목사의 설명대로 당시의 한 달란트는 결코 적지 않은 액수였음을 알 필요가 있다. 다른 실례를 소개한다.

둘째는 주님의 능력을 철저하게 신뢰할 줄 알아야 합니다. 8절을 보십시오.
"명하시되 여행을 위하여 지팡이 외에는 양식이나 주머니나 전대의 돈이나 아무것도 가지지 말며."

무엇만 가지고 가라고 하셨습니까? 지팡이 하나입니다. 계속해서 9절입니다.

"신만 신고 두 벌 옷도 입지 말라 하시고."

두 가지만 가지고 가라고 했습니다. 지팡이와 신발뿐입니다. 팔레스타인의 지형을 알면 쉽게 이해가 되는 말입니다. 예루살렘은 무려 해발 750미터나 되는 높은 언덕 위에 건설된 도시입니다. 예루살렘에서 버스를 타고 30분만 내려가면 사해 바다에 도착합니다. 그런데 이 사해 바다는 어떤 곳입니까? 해발 398미터에 위치한, 세계에서 가장 낮은 지역입니다. 이 낮은 지역과 고지인 예루살렘 사이에는 사막이 있습니다. 이 지역 사람들은 이런 곳을 왔다 갔다 하며 오르내립니다. 매우 위험한 지형입니다. 그러니 다니려면 무엇이 필요하겠습니까? 지팡이와 신발이 필요합니다. 그건 최소한의 준비입니다. 그리고 "나머지는 걱정하지 말아라", "나머지는 어떻게 합니까?", "나를 믿어라. 나를 의지해라. 네가 정말 내가 기뻐하는 일을 한다면 내가 그대로 놓아두겠니?" 이런 말씀입니다.[150]

예루살렘과 사해의 위치와 지형에 대한 상세한 설명 없이 본문의 상황을 제대로 이해하는 것은 불가능하다. 본문에 대한 상세한 정보를 청중에게 어김없이 제공함으로써 본문 이해에 유익을 주고 있는 이동원 목사의 탁월한 실력을 감상해 보라. 하나만 더 살펴보자.

버가모라는 도시는 사탄의 위권좌, throne가 있는 곳, 곧 사탄이 사는 곳으로 묘사되고 있습니다. 현재 베르가마Bergama로 불리는 이곳은 어디서든 350미터 높이의 산 정상에 이른바 아크로폴리스가 형성되어 있고, 산

꼭대기에 제우스 신전을 위시하여 디오니소스 신전, 아테네 신전 터가 유적으로 남아 있는 것을 볼 수가 있습니다. 특히 아테네 신전 터는 동시에 로마 황제 아우구스투스를 숭배하기 위한 신전 터로도 사용된 흔적이 그대로 남아 있습니다.

버가모의 옛 이름은 페르가몬Pergamon, 라틴어로는 페르가뭄[Pergamum]이라고 함 왕국으로 이 지역에는 주전 5세기부터 알로스 왕조가 성립해 있었습니다. 아탈로스 왕조는 주전 197년부터 138년까지 에우메네스 2세Eumenes 2와 그의 동생 아탈로스 2세Attalos 2, 주전 160-138가 통치하던 시기에 로마 제국과 협력하며 황금시대를 누렸습니다. 그러나 페르가몬 왕국은 로마 제국의 영향으로 이교의 신들과 모라 황제를 우상으로 숭배했습니다.

페르가몬 왕국이 이처럼 우상 숭배가 성행하게 된 데에는 또 다른 이유도 있었습니다. 페르가몬 왕국은 이미 주전 4세기 초부터 수많은 사람들이 질병 치유를 위해 찾는 곳이기도 했습니다. 그 이유는 의학의 신으로 불렸던 아스클레피우스Asclepius를 숭배하는 신전이자 세계 최초의 병원인 아스클레피움이 세워지는 등 의학이 발달한 곳이었기 때문입니다. 고대의 가장 유명한 의사로 손꼽히는 갈레노스Galenos, 129-199도 바로 이곳에서 태어났습니다. 그런데 병 치료를 위해 몰려든 사람들이 치료의 신들의 도움을 받기 위해 우상을 숭배함으로써 페르가몬 왕국은 우상 숭배가 넘쳐 나는 곳이 되고 만 것입니다.[151]

버가모가 어떤 곳인지에 대해서 이 정도로 자세하고 풍부하게 설명할 설교자가 과연 몇이나 되겠는가?

이만큼 소개하면, 이동원 목사가 본문을 얼마나 상세하게 파악하여 청중에게 전달하고 있는지에 대해서 모두가 인정하리라고 본다. 이는 모든 설교자들이 갖춰야 할 필수 자산임을 반드시 기억하고 넘어가자.

5) 차별화된 본문 해석력

이동원 목사는 심리학, 교육학, 선교학을 전공한, 박학다식한 지성인 설교자다. 하지만 그는 성경 신학을 전공한 경험이 없는 사람이다. 그럼에도 불구하고 그의 성경 해석의 실력과 깊이는 이미 앞의 다양한 실례들을 통해서 살펴본 바 있다. 특히 그는 남달리 차별화된 깊이 있는 본문 해석에도 발군의 실력을 발휘하고 있음을 확인할 수 있다.

이동원 목사의 설교집을 펼쳐 보거나 그의 설교를 직접 들어 보라. 그의 본문에 대한 해박한 지식과 남다른 설교 내용들에 누구나 놀라게 될 것이다. 그만큼 그가 성경 해석에 관한 특출한 실력을 겸비했다는 증거다. 성경 신학의 비전공자에게서는 기대하기 힘든 해석의 깊이와 능력이다.

장로회신학대학교 신학대학원에서 설교학을 가르치다가 지금은 주안장로교회에서 목회를 하고 있는 주승중 목사의 이야기를 들어 보자.

솔직히 설교학자인 필자도 그의 설교를 대할 때마다 은혜를 받고 감탄을 한 적이 한두 번이 아니다. 그는 보통 평범한 설교자들이 미처 발견하지 못했던 사건들의 이면을 해석하고 분석하는 날카로운 관점을 갖고 있고, 또는 너무나 평범한 일상이라 그냥 지나쳐 버릴 수도 있는 이야기나 사건들조차 새롭게 조명하고, 그것을 하나님의 말씀의 빛에 비추어 오늘 우리를 향한 하나님의 음성을 듣게 하는 데 있어서 탁월한 능력을 지니고 있다.

그리고 그런 면에서 설교학을 가르치고 있는 필자도 부럽기조차 하다.[152]

전문가조차 찬사를 금치 못할 정도로 대단한 이동원 목사의 내공에 그저 놀랄 따름이다. 이제 그의 차별화된 본문 해석의 실례들을 하나씩 살펴보자.

본문 8절 이하에 보면, 일단 아브라함이 서로 떠나자는 제안을 했습니다.

"아브람이 롯에게 이르되 우리는 한 골육이라 나나 너나 내 목자나 네 목자나 서로 다투게 말자 네 앞에 온 땅이 있지 아니하냐 나를 떠나라 네가 좌 하면 나는 우 하고 네가 우 하면 나는 좌 하리라."

이 문맥을 살펴보면, 이것은 완전한 단절이나 결별이 아니라 갈등을 줄이고 생산적인 관계를 회복하기 위한 방안이었으리라 생각됩니다.

창세기 14장을 보면, 롯이 전쟁 포로가 됩니다. 아브라함을 떠난 롯은 더 좋은 땅을 가졌습니다. 그런데 그렇게 좋은 땅을 챙겨 간 조카 롯이 전쟁 포로가 되었다는 소식을 들었을 때, 아브라함이 가만히 있지 않습니다. 어떻게 합니까? 조카 롯을 구출합니다. 이것을 보아서도 완전한 관계의 단절은 아닙니다. 그리스도인들에게 있어서 완전한 단절이란 상상할 수 없습니다.[153]

이동원 목사는 아브라함과 조카 롯이 함께 거하기 힘든 까닭에 헤어지는데, 이것은 완전한 단절이나 결별이 아님을 타당한 이유를 들어 설명하고 있다. 다른 예를 살펴보자.

그런데 이 대목에서 기독교 교리에 민감한 사람들은 아직 이 (간음한) 여인이 회개한 증거도 없는데 어떻게 예수님이 용서를 선언하실 수 있느냐고 말할지도 모릅니다. 타당한 질문입니다. 회개는 언제나 용서의 조건입니다. 그러나 회개의 모습은 실로 다양합니다. 이 여인이 사람들이 다 떠나간 뒤에 도망가지 않고 예수님 앞에 엎드려 있는 것이 바로 회개의 모습이요, 엎드림의 자리가 이 여인의 회개의 자리였다고 믿습니다. 예수님의 지적을 받고 자취를 감춘 많은 사람은 양심의 가책은 느꼈으나 자신들의 인생을 돌이킬 생각은 하지 않았던 것입니다.[154]

회개의 모습이 없었음에도 용서를 받은 간음한 여인에 대한 의문들이 있는데, 이동원 목사는 이에 대한 설득력 있는 해석을 선보인다. 다른 예를 살펴보자.

더 중요한 것은, 본문에 직접적으로 나타난 것은 아니지만 본문이 암시하고 있는 매우 중요한 아브라함의 행동의 배경입니다.

"그러므로 아브람의 가축의 목자와 롯의 가축의 목자가 서로 다투고 또 가나안 사람과 브리스 사람도 그 땅에 거하였는지라"(창 13:7).

7절 하반부 말씀을 보십시오. "또 가나안 사람과 브리스 사람도 그 땅에 거하였는지라." 왜 이 말을 기록했겠습니까? 왜 이것이 여기에 기록되어 있다고 생각하십니까?

하나님을 믿는 사람들끼리 다투고 있을 때 거기에 가나안 사람과 브리스 사람도 있었다는 것입니다. 다시 말해, 믿지 않는 사람들이 거기에 있어 보고 있었다는 말입니다. 이것이 아브라함이 사건을 주도적으로 해결하는 열쇠를 제공하는 것입니다.

여러분, 그리스도인들이 다투고 갈등할 때, 불신자들이 우리를 지켜보고 있다는 것을 한 번만이라도 생각했으면 좋겠습니다. 불신자들의 눈이 오늘 교회를 향하고 있습니다. 교인들이 어떻게 살아가고 있는지를 보고 있습니다. 내가, 교회가 부끄러움의 대상으로서는 쓰임 받을 수 없습니다.[155]

아브라함의 목자와 롯의 목자가 싸우는 모습을 보여 주면서 가나안 사람과 브리스 사람도 그 땅에 거하였다고 한 이유에 대해서 잘 설명함으로써, 오늘의 그리스도인들에게 효과적으로 잘 적용시키고 있다. 다른 예를 들어 보자.

우리가 만일 본문을 피상적으로만 관찰한다면 이 아브라함의 기도는 결국 소돔과 고모라 사람들을 살려 달라는 인간적 기도라고 생각될지 모릅니다. 그러나 좀 더 깊이 성찰한다면 이 아브라함의 기도는 단순히 인간의 필요에 초점을 맞춘 기도가 아니라 하나님의 필요에 초점을 맞춘 기도임을 발견할 수 있습니다. 결론부터 말씀드리면 아브라함은 조카 롯이 살고 있던 그 도시, 그 민족 가운데 하나님의 의義, 그리고 하나님의 자비가 부어지도록 기도하고 있는 것입니다.

우리 민족을 위한 우리의 기도가 응답받으려면 "이 민족 잘살게 해 주시고 통일되게 해 주소서" 하는 정도의 기도 가지고는 안 됩니다. 그렇다면 주께서 기뻐하시는 기도는 어떤 기도일까요?

"이 민족 가운데 하나님의 공의를 이루어 주옵소서. 그리고 오늘 이 땅 가운데, 이 민족 가운데 하나님의 긍휼을, 그리고 자비를 부어 주시옵소서."

이런 기도가 필요합니다. 이것은 하나님의 필요를 위한 기도입니다.[156]

아브라함의 기도를 보통 '인간의 필요'로 이해하는 경우가 많은데, 이동원 목사가 이를 하나님의 공의를 바라는 '하나님의 필요'로 해석한 것은 정말 탁월한 해석이라 볼 수 있다. 또 다른 예를 찾아보자.

많은 사람들이 생각하기를 욥기의 가장 중요한 주제는 고통이라고 할 것입니다. 그러나 욥기의 주제는 결코 고통이나 고난이 아닙니다.

그러면 욥기의 중요한 주제는 무엇입니까? … 많은 사람들이 욥기를 접근할 때 고통의 문제에서만 접근하려고 합니다. 물론 욥기는 고통의 의미와 이유를 다루고 있습니다. 그러나 한층 더 깊이 들어가 보면 주께서 욥기를 우리에게 허락하신 가장 중요한 이유는 다른 데 있음을 알 수 있습니다.

"왜 하나님을 섬겨야 하는가?" 이것이 욥기의 주제입니다. "우리가 하나님을 경외하고 섬겨야 할 보다 중요한 이유는 무엇인가?"가 욥기를 앞에 둔 우리의 물음이어야 합니다.[157]

보통 욥기의 주제를 고통이나 고난으로 보는 경우가 많다. 하지만 이동원 목사는 그것을 우리가 하나님을 섬겨야 하는 이유로 설명하고 있다. 이 또한 남달리 차별화된 깊이 있는 해석으로 볼 수 있다. 다른 예를 들어 보자.

고통 당하는 사람들이 욥기를 많이 읽는다고 합니다. 그런데 욥기의 가장 중요한 교훈은 무엇입니까? 사람들은 욥기의 내용을 이렇게 이해합니다.

"지독한 고난을 당한 욥이 이 고통을 잘 견뎌 냈더니 하나님께서 갑절로 복을 내리셨다. 고통 당하기 전보다 재산도 배로 늘고 자식도 많아지고 오래도록 장수했다."

그런데 이것이 과연 축복일까요? 나의 사랑하는 자녀가 죽어 다시 자녀를 낳고 오래오래 사는 일, 이것이 과연 축복일까요? 욥기의 결론은 42장 5절 말씀입니다. 욥이 하나님 앞에 엎드리어 회개하며 이런 고백을 합니다.

"내가 주께 대하여 귀로 듣기만 하였사오나 이제는 눈으로 주를 뵈옵나이다."

쉽게 말해서 이런 것입니다.

"하나님, 제가 전에는 하나님에 대해 귀동냥만 했습니다. 목사님을 통해서, 설교자를 통해서, 성경공부 인도자를 통해서 하나님은 이런 분이더라는 말만 들었어요. 그러나 하나님! 지금 저는 하나님에 대해 귀로 듣는 것이 아니라 눈으로 뵙고 있어요."

욥은 고통 속에서 살아 계신 하나님을 실제적으로 경험했습니다. 그렇습니다. 고통은 하나님을 만날 수 있는 계기입니다.[158]

이동원 목사는 욥기의 교훈을 고통 중에도 믿음으로 잘 견뎠더니 갑절의 축복을 받았다는 것이 아니라, 고난을 통해 살아 계신 하나님을 제대로 경험한 것으로 소개한다. 탁월한 해석이 아닐 수 없다. 또 다른 예를 살펴보자.

본문 3절을 함께 보겠습니다.

"가서 너희를 위하여 거처를 예비하면 내가 다시 와서 너희를 내게로 영접하여 나 있는 곳에 너희도 있게 하리라"(요 14:3).

무슨 말입니까? 쉽게 말하면 천국에서 일어날 가장 중요한 사건은 우리가 예수님과 다시 만난다는 것이고, 예수님이 거기서 그 영원한 거처를 준비하고 우리를 기다리신다는 것입니다. 사실 우리가 누군가를 위하여 파티를 준비하면 파티의 주인공보다도 파티를 준비한 이들이 더 흥분하며 그 순간을 기다리지 않습니까? 성경은 계속적으로 인생이 하나님을 만나기를 원함보다 하나님이 인생을 만나기를 더 소원하신다고 가르칩니다. 그러므로 결국 우리 인생들의 하나님과의 만남은 하나님의 원하심의 결과라고 할 수 있는 것입니다.[159]

이 역시 인간의 관점이 아닌 하나님의 관점에 의한 탁월한 해석 중 하나다. 여기에 나타난 이동원 목사의 해석의 내용은 오늘 설교자 자신들의 관점을 재점검하게 만드는 소중한 자산으로 평가할 수 있다. 다른 예를 찾아보자.

에스더서의 가장 중요한 주인공은 하나님 자신이십니다. 한 번도 에스더서에 나오지 않는 그분. 그래서 어떤 성경학자는 에스더서의 숨겨진 주인공이라고 합니다. 그러나 하나님은 에스더서의 페이지마다 넘쳐 납니다. 우리는 에스더서의 페이지마다 놀라운 그분의 계획을 볼 수 있습니다. 그리고 그분의 놀라운 섭리를 확인할 수가 있습니다. 그분의 놀라운 간섭을 볼 수가 있습니다.

이름이 한 번도 나와 있지 않지만 에스더서의 장마다, 단락마다, 페이지마다 우리는 하나님을 만나게 될 것입니다. 그 이름은 나오지 않고 그 얼굴을 숨기고 계시지만, 우리는 그 음성을 에스더서를 통해서 듣게 될 것입니다.160

비록 '하나님'이란 단어가 하나도 나오지 않는 에스더서지만, 이동원 목사는 하나님의 놀라운 섭리가 페이지마다 나타남을 잘 드러내고 있다. 아울러 하나님이 에스더서에서 가장 중요한 인물이심을 제시하고 있다. 하나만 더 확인해 보자.

그런데 그 다음 13절에서 여호와께서 아브라함에게 이르시되 사라가 왜 웃느냐고 말씀하십니다. 하나님은 속으로 웃는 것도 다 들으십니다. 그러면서 "여호와께 능치 못한 일이 있겠느냐"(14절)고 하나님이 말씀하시니 "사라가 두려워서 승인치 아니하여 가로되 내가 웃지 아니하였나이다"(15절)라고 대답했습니다. 그런데 하나님이 뭐라고 하셨습니까? "아니라 네가 웃었느니라"(15절). 유명한 웃음 논쟁입니다. 사라에게도 냉소적인 의심이 섞여 있었습니다.

그럼에도 불구하고 히브리서 11장의 위대한 영웅들의 반열에 사라를 세웁니다. "믿음으로 사라 자신도"(히 11:11). 제가 만약 히브리서 11장의 저자라면 그렇게 기록하지 않았을 것입니다. "사라가 처음에는 하나님이 웃긴다고 막 웃고 의심하다가 마침내 믿음으로." 이렇게 기록했을 것

같습니다. 하나님은 중간 과정을 다 생략하고 마침내 믿은 것을 중요하게 여기셨습니다. 중요한 것은 결과적으로 믿는 것입니다.[161]

히브리서 저자가 하나님의 약속을 불신하고 비웃음으로 일관한 사라를 믿음의 사람이라고 기록한 이유에 대해서 차별화되게 설명하는 이동원 목사의 흥미로운 해석을 주목해 보라. 남다른 해석의 깊이와 수준이 그로 하여금 최고의 설교자가 되게 한 주된 이유 중 하나였음은 주지의 사실이다. 우리 설교자가 말씀을 보다 깊이 파헤치는 일에 주력해야 함을 잘 보여 주는 대목이 아닐 수 없다.

6) 구속사와 연결시키는 대비력

구약과 신약은 '구속'이라는 큰 물줄기를 타고 도도히 흘러가는 하나님의 말씀이다. 따라서 성경은 '구속'과 '구속이란 드라마의 중심인 예수 그리스도'라는 크고 넓은 문맥으로 해석되어야 한다.[162] 일반적으로 '구속사'란 하나님이 그분의 뜻을 따라 모든 것을 계획하셨으며, 특히 예수 그리스도 안에서 세상을 구원하실 것을 계시하시고 섭리하시고 간섭하신다는 신학적인 입장이다.

설교자들은 이렇게 소중한 구속사를 언제나 의식하면서 성경 해석에 임해야 한다. 그렇다고 모든 본문마다 예수 그리스도를 집어넣으란 말은 아니다. 성경 전체의 큰 흐름과 맥락을 잘 파악하여 통일성 있게 성경을 해석해야 한다.

앞에서도 살펴본 바 있지만, 이동원 목사는 예수 그리스도와 그분의 십자가를 자신의 목회와 설교의 중심으로 삼고 있다. 따라서 그의 설교 속에서 구속사와 관련된 내용들이 적지 않음을 발견할 수 있다. 그 실례들을 하나씩 확인해 보자.

> 4절에 보면, 사흘을 걸려 이제 산을 향해 나아갑니다. 그 사흘은 틀림없이 십자가의 길이었을 것입니다. 고난의 길이었을 것입니다. 그들이 오르고 있었던 모리아 산은 바로 갈보리 산의 모습을 여러분과 저에게 보여 주고 있지 않습니까?
>
> 사랑하는 독자 이삭을 내어 주어야만 했던 아버지의 마음은 사랑하는 독생자 예수 그리스도를 내어 주시던 하나님 아버지의 마음이 아니었겠습니까? 등에 나무를 지고 자기가 죽어야 할 산정을 오르고 있었던 이삭의 모습 속에서 우리는 예수 그리스도의 모습을 볼 수 있지 않습니까?
>
> 사랑하는 여러분, 우리는 부모의 희생을 기억할 수 있어야 합니다. 아니, 부모의 희생의 배후에서 사랑하는 독생자 예수 그리스도를 우리를 위해 희생하신 하나님 아버지의 희생을 기억할 수 있기를 바랍니다.[163]

이동원 목사는 아브라함이 모리아 산에서 이삭을 바친 사건을 예수 그리스도의 십자가 사건과 연결시키고 있다. 당시 아브라함 자신이 이 사실을 인지하고 있었다고는 볼 수 없지만, 세월이 엄청 지나 예수 그리스도의 십자가 사건조차 2,000년이 지난 현시점에서 두 가지 사건을 연결해서 설교 속에 활용함은 탁월한 대비라고 볼 수 있다. 다른 예를 들어 보자.

아브라함이 시험에 패스했습니다. 그리고 "아브라함이 눈을 들어 살펴본즉 한 숫양이 뒤에 있는데 뿔이 수풀에 걸렸는지라 아브라함이 가서 그 숫양을 가져다가 아들을 대신하여 번제로 드렸더라"(13절). 아브라함은 준비된 어린양을 드림으로써 아들의 생명을 다시 얻을 수가 있었습니다.

사랑하는 여러분, 바로 이 사건이 장차 역사 속에 일어날 보다 위대한 한 사건에 대한 그림자에 불과하다는 것을 아십니까? 이삭을 번제로 드리려 했던 모리아 산, 이 모리아 산은 성지 순례를 가면 사람들이 자주 찾는 옛날 예루살렘 성전이 있었던, 지금은 오마르라는 이슬람 성전이 서 있는 언덕 위였다고 생각됩니다. 이 성전 위에 올라가서 보면 그 바로 앞에서 또 하나의 산을 발견할 수 있습니다. 바로 이 산이 골고다 혹은 갈보리라 불리는 산입니다.

하나님은 이 산에서 더 중요한 어린양을 준비하셨습니다. 그가 누구입니까? 예수님이십니다.

"하나님이 세상을 이처럼 사랑하사 독생자를 주셨으니"(요 3:16).[164]

그런데 모리아 산의 바로 그 제단에 어린양을 준비하신 하나님이 지금으로부터 2,000년 전 당신을 위해서 또 하나의 제물을 준비하셨습니다. 그것은 갈보리라는 제단입니다. 예루살렘 밖 골고다 언덕, 갈보리라고 불리는 그곳에서 하나님은 자신의 아들 예수 그리스도를 제물로 십자가에 못 박으셨습니다.[165]

위의 두 실례는 동일한 내용으로, 이삭이 희생 제물로 올라간 모리아 산과 그로부터 멀지 않은 곳에 위치했던 골고다 산을 연결시킨 아주 탁월한 대비라고 볼 수 있다. 모두가 본문을 구속사적으로 적용시키려고 한 특별한 설교 방식이다. 계속 살펴보자.

악한 마귀가 영적 청년들을 넘어뜨리기 위해 사용하는 미끼들이 있습니다. 그 미끼들이란 첫째, 육신의 정욕, 둘째, 안목의 정욕, 셋째, 이생의 자랑입니다.

악마는 태초의 동산에서 처음 사람 아담을 유혹하기 위해서 이 세 가지 미끼들을 어떻게 사용했습니까? 아담과 하와가 선악을 알게 하는 나무의 열매를 보니 '먹음직하고'(육신의 정욕), '보암직하고'(안목의 정욕), 또한 '지혜롭게 할 만해'(이생의 자랑) 보였습니다. 그로 말미암아 하나님처럼 되고 싶은 유혹을 느낀 것입니다.

공생애를 시작하기 전에 광야에서 금식하시던 예수님에게 악마가 동일한 미끼들을 들고 찾아왔습니다. "돌에 명하여 떡 덩이가 되게 하라"(육신의 정욕), "내게 절하면 세상 모든 영광을 주겠다"(안목의 정욕), 그리고 "높은 성전 꼭대기에서 뛰어내려 보라. 천사가 네 발을 들어 올리면 하나님처럼 유명해질 수 있다"(이생의 자랑)라고 유혹했습니다. 하지만 예수님은 이 모든 유혹들을 물리치셨습니다.[166]

이 또한 사탄이 세 가지의 내용으로 첫 번째 아담을 유혹했던 구약의 사건을 동일한 세 가지의 내용으로 두 번째 아담인 예수 그리스도를 유혹한 신약의 사건에 연결시킨 절묘한 대비 중 하나다. 구속사와 관련된 실례를 더 찾아보자.

하나님이 만약 인류를 향해 진노하신다면 끝장일 수밖에 없는 것을 불쌍히 여기시고 예수께서는 자신의 몸으로 인류의 죄를 담당하셨습니다. 우리가 받아야 할 저주, 우리가 받아야 할 심판을 그 몸으로 대신 짊어지시고 보배로운 피를 흘려 돌아가신 예수 그리스도. 그러나 그분은 장사한 지 사흘 만에 부활하시사 그 앞에 나오는 모든 사람들을 용서하고 용납하고 그들에게 새로운 삶을 주신다고 약속하십니다.

이 하나님의 의義와 긍휼이 완벽하게 조화된 그리스도를 보십시오. 저는 오늘 우리 민족에게 희망이 있다면 다시 우리가 십자가의 복음 앞에 서는 것이라 생각합니다. 갈보리 언덕 십자가에 서는 것입니다. 그리고 하나님의 의와 긍휼의 화신化身이었던 예수 그리스도 앞에 엎드려 그분을 이 민족의 구세주로, 그리고 이 땅의 삶의 주인으로 받아들이고 그분 앞에 회개하는 것입니다.

"하나님, 하나님의 피할 수 없는 저주, 임박한 하나님의 심판이라는 그 현실을 바라봄에도 불구하고 하나님의 은혜와 긍휼을 구합니다. 주 예수님을 통해서 우리에게 긍휼을 베풀어 주셨던 주님, 한번 더 이 땅에 주님의 자비를 내려 주시옵소서."

이것이 십자가의 복음입니다.[167]

우리 민족의 희망은 오직 하나님의 은혜와 그 결정판인 예수 그리스도의 십자가밖에 없음을 결론짓고 있다. 좀 더 확인해 보자.

여기서 가장 중요한 단어는 '하나님이'입니다.
"내가 한 일이 아니라 하나님이 하신 일입니다. 당신들이 나를 팔아넘겠지만, 나를 죽이려고 시도했지만 이 모든 일은 당신들이 한 것이 아닙니다. 하나님이 하신 것입니다. 바로 오늘 가족들을 도울 수 있도록, 그래서 하나님의 백성을 보존할 수 있도록 하나님이 섭리하신 것입니다."

섭리사관의 관점이라고 말할 수 있습니다. 좀 더 신학적인 용어를 빌리면, 요셉은 구속사적 관점에서 바라보았던 사람입니다. 구속사의 관점이란 하나님이 이스라엘 백성을 구원하고 보존하셔서 그 백성을 통해서 하나님의 구원의 역사를 펼치고자 이 모든 일을 진행하셨다고 보는 것입니다.[168]

'하나님'이란 단어에 주목하여, 요셉이 세상 사람들이 바라보는 가치관이나 관점이 아니라 하나님의 관점에서 자신이 노예로 팔려 온 사건을 해석하는 섭리사관과 구속사관을 가졌음을 잘 들춰내고 있다. 물론 그런 사관으로 성경을 볼 줄 아는 설교자이기에 그런 관점으로 본문을 해석할 수 있음도 놓치지 말아야 할 것이다. 하나만 더 살펴보자.

하나님은 때를 따라서 영웅을 준비하십니다. 특별히 하나님의 백성들이 시련과 역경을 당할 때, 그때는 믿음의 영웅이 필요한 때라고 할 수가 있습니다.

팔레스타인 땅에 기근이 들었을 때, 그 기근에서 도저히 살아갈 수가 없었던 야곱의 자손들을 구하기 위해서 하나님은 요셉이라는 사람을 준비하셨습니다. 요셉은 하나님이 준비하신 그 시대의 영웅이었다고 할 수 있습니다.

또 이집트에서 노예가 되었던 이스라엘 백성들의 해방을 위해서 하나님은 모세라는 영웅을 준비하셨습니다.

흩어진 이스라엘 백성들, 포로의 삶을 살던 이스라엘 백성들을 위해서 하나님은 에스겔이라든지 다니엘, 다니엘의 세 친구(사드락, 메삭, 아벳느고)와 같은 영웅들을 준비하셨습니다.

또 포로 되었던 이스라엘 백성들의 회복과 복귀를 위해서 하나님은 스룹바벨이라든지 느헤미야, 에스라와 같은 영웅들을 준비하신 것을 볼 수가 있습니다.

페르시아가 전 세계를 지배하던 시대에, 흩어져 살고 있던 이스라엘 백성들이 페르시아의 핍박 속에서 보존되어 하나님의 역사를 수행하는 그런 언약의 백성이 될 수 있도록 하나님은 에스더라는 한 여인을 준비하셨습니다.

구속사의 흐름 가운데서 주께서는 이런 믿음의 영웅들을 준비하셔서 그 시대를 치유하고 또 그 시대 속에 하나님의 뜻을 이루어 가는 모습을 볼 수 있습니다. 믿음의 영웅의 반열 속에 하나님은 이따금 여자도 세워 주십니다. 그러나 이 여인을 쓰시기 위해서 하나님은 그 시대에 필요했던 역사적 상황을 준비시켜 주시고, 또 에스더라는 한 여인을 무대 위에 올려놓기 위해서 필요한 여러 사람들을 동시에 준비하고 있는 모습을 볼 수가 있습니다.[169]

요한복음 5장 39절에서 예수님은 다음과 같이 말씀하셨다. "너희가 성경에서 영생을 얻는 줄 생각하고 성경을 연구하거니와 이 성경이 곧 내게 대하여 증언하는 것이니라." 또 고린도전서 2장 2절에서 바울은 다음과 같이 말했다. "내가 너희 중에서 예수 그리스도와 그가 십자가에 못

박히신 것 외에는 아무것도 알지 아니하기로 작정하였음이라."

이처럼 성경 속에 나오는 모든 사건과 인물들은 다 구속사와 관련되어 있다. 설교자라면 예수 그리스도와 십자가를 떠난 이야기나 설교는 의미가 없음을 늘 인식하고 설교 준비에 만전을 기해야 할 것이다.

7) 세심하고 예리한 본문 관찰력

필자가 과거에 미국 칼빈 신학교Calvin Theological Seminary에서 신약 석사 과정을 밟고 있을 때였다. 당시 와이머Geoffrey Weimar라는 젊은 신약 교수의 과목을 듣고 있었는데, 어느 날 수업 시간에 그가 이런 질문을 했다. "예수님이 재림하실 때 무엇같이 오신다고 했나요?" 모두가 한결같이 "도둑같이like a thief"라고 대답했다. 그랬더니 그가 다시 물었다. "예수님이 여러분에게도 도둑같이 오심을 믿나요?" 모두가 "그렇다Yes"고 대답했더니, "확실하냐?Are you sure?"고 또 물었다. "그렇다Yes"고 했더니, "모두 틀렸다wrong"고 했다.

도무지 이해되지 않았다. 재림 때 예수님이 도둑같이 오시는 것은 기본상식인데 왜 저러나 싶었다. 그러고 있는데 데살로니가전서 5장 2절을 읽으라고 했다. "주의 날이 밤에 도둑같이 이를 줄을 너희 자신이 자세히 알기 때문이라." 분명 우리가 아는 상식 그대로의 내용인데 왜 저러나 의아해 하고 있는데, 이번엔 5장 4절을 읽으라고 했다. "형제들아 너희는 어둠에 있지 아니하매 그날이 도둑같이 너희에게 임하지 못하리니."

아니, 이럴 수가! 데살로니가전서를 수도 없이 읽었는데, 이런 내용을 읽은 기억이 전혀 없었다. 우리는 어둠에 있지 아니하기 때문에 주의 날

이 도둑같이 임하지 못한다는 내용이었다. 난생처음 접하는 내용임에 틀림없었다.

그는 충격 속에 빠져 있는 우리에게 4절의 의미를 해석해 주었다. 예수님이 재림하실 때는 누구에게나 도둑같이 오심으로 아무도 그 날과 시를 알 수 없는 게 사실이지만, 그날을 맞게 되는 모습과 자세에는 어둠의 자녀들인 불신자들과 빛의 자녀들인 성도들 간에 엄청난 차이가 나타날 것이라는 의미다. 쉽게 말해서, 예수님이 재림하시는 날에 미리 예기치 않고 복음을 받아들이지 않았던 불신자들은 마치 도둑맞은 자의 모습처럼 황당하고 두려운 모습을 보일 것이요, 늘 그분의 재림을 고대하고 준비하던 성도들은 도둑맞고 난 이후의 사람들의 모습처럼 황당해 하거나 놀라지 않을 것이라는 말이다.

이런 일을 통해 필자는 성경 구절에 대한 관찰력에 문제가 있음을 스스로 깨닫게 되었다. 그렇다. 모든 설교자들은 본문에 대한 세심한 관찰력을 갖고 있어야 한다. 본문이 보여 주는 성경의 진미를 맛보기 위해 현미경적인 관찰력으로 연구하는 자세를 가져야 한다. 이동원 목사는 이런 세심한 관찰력으로 본문 속에 파묻혀 있는 보화를 캐냄에 정평이 나 있는 설교자다. 이제 그가 본문에서 캐낸 보화들을 하나씩 눈으로 확인해 보자.

성경은 막달라 마리아를 소개한 다음 이렇게 증언합니다.

"헤롯의 청지기 구사의 아내 요안나와 수산나와 다른 여러 여자가 함께하여"(3절).

여기서 우리가 주목할 단어가 있습니다. 1절과 3절에 반복적으로 사용된 '함께하여'라는 단어입니다. 막달라 마리아를 포함한 여인들이 제자들의 공동체에 '함께하여' 삶을 나누고 있는 모습을 보게 됩니다. 그들은 예수님을 만난 후 개인적으로 조용히 혼자 주님을 섬긴 것이 아니라 공동체에 참여하고 있음을 보여 줍니다.[170]

이동원 목사가 주목할 단어로 소개한 것이 '함께하여'다. 이 단어를 통해 우리는 예수님을 따라다니던 제자들 공동체에 여자들도 동행했음을 유추해 볼 수 있다. 이동원 목사가 본문 해석에 영향을 줄 만한 중요한 명사나 동사나 전치사 등에 얼마나 유의해서 관찰하고 있는지를 잘 알 수 있는 대목이다. 그처럼 모든 설교자들이 놓쳐선 안 될 단어들을 주의해서 관찰하는 습관을 길러 나간다면 의외의 수확을 많이 거둘 수 있으리라 본다. 또 다른 실례를 살펴보자.

아브라함의 말 중에서 주목할 단어가 하나 있습니다. '우리가'라는 단어입니다. 지금 종들하고 헤어져 아들만 데리고 올라가면서, 가서 제사를 드리고 우리가 돌아오리라고 말했습니다. 아브라함과 함께 올라간 이삭이 돌아온다는 말입니다. 아들을 지금 제물로 바치러 가는 그 위기 속에서도 아브라함의 마음 밑바탕에는 아들과 함께 돌아오리라는 믿음이 있었습니다.[171]

아브라함이 이삭을 바치러 모리아 산에 올라갈 때 자기 아들이 살아서 돌아올 것이라는 믿음을 가지고 올라갔음을 히브리서 11장 19절을 통해 알 수 있다. 이전 번역인 개역한글 성경의 창세기 22장 본문에서는 그

증빙 구절을 찾을 수 없다. 하지만 새로 번역된 개역개정의 본문에서는 그에 관한 분명한 근거를 찾을 수 있다. 이전 번역에 없던 '우리가'를 원문대로 새롭게 살렸기 때문이다. 창세기 22장 5절이다. "'우리가' 너희에게로 돌아오리라." 즉, 아브라함이 산에 올라갈 때 아들이 다시 살아 돌아오리라는 믿음을 가졌음을 이 단어를 통해 확인할 수 있다. 이럴 때 '우리가'라는 주어 하나가 본문의 문제를 푸는 데 얼마나 소중한 키워드 역할을 하는지 모른다. 다른 실례를 찾아보자.

가인은 가장 좋은 것, 처음 난 것으로 구별하여 드리지 않았다는 것입니다. 4절에 보면 아벨이 하나님께 드린 양의 제물에는 특수한 수식어가 붙어 있다는 것을 알 수 있습니다.

"아벨은 자기도 양의 첫 새끼와 그 기름으로 드렸더니." 아무 양이나 드린 것이 아니라 첫 새끼를 드렸다고 했습니다. 이 '첫'이라는 단어가 매우 중요합니다. 레위기에서 제사 제도를 연구해 보아도 알 수 있듯이 '첫 번째'라는 것에는 아주 중요한 의미가 있습니다. '첫 열매, 첫 번째 땅의 소산'은 하나님의 것이니 하나님께 드리라고 합니다. 물론 첫 번째 것만 하나님의 것은 아닙니다. 우리의 모든 것은 하나님의 것인데, 그중 제일 깨끗한 것, 제일 좋은 것을 하나님께 드림으로써 내가 가진 모든 것이 하나님의 것이라고 고백하는 신앙고백적인 행위를 나타내는 것입니다. 그래서 하나님께서는 구약의 제사에서 항상 첫째 것을 요구하셨습니다.[172]

하나님이 가인의 제물은 받지 않으시고 아벨의 제물만 받으신 이유에 대해 설왕설래가 있어 왔다. 과거에는 아벨이 예수 그리스도와 관련

있는 피의 제사를 드렸기 때문인 것으로 해석했으나, 요즘은 그렇게 해석하지 않는 추세다. 물론 본문의 제사는 추수감사제minkah에 해당하므로 피의 제사sacrifice와는 전혀 상관이 없다.

이동원 목사는 아벨의 제물에 언급된 '첫'이라는 단어에 주목하여 아벨과 가인의 제사의 차이가 무엇인지를 정확하게 간파했다. 그 결과 바치는 제물의 열매를 통해 그것을 준비한 자의 믿음이란 씨앗을 유추해낸 것이다. 이처럼 단어 하나를 유의해서 잘 관찰하면 본문의 난제를 해결하는 놀라운 수확을 맛볼 수 있다. 또 다른 예를 찾아보자.

본문 12절에서 가장 중요하게 강조된 단어는 '온전하게 한다'는 말입니다. 그것이 본문의 키워드입니다. 온전해지는 도움을 입고 있는 사람들이 해야 할 일이 봉사라는 것입니다. 영적 성숙의 은혜를 경험하지 못한 사람들이 먼저 봉사의 장에 뛰어들면 그는 자신도 힘들고 이웃에게도 짐이 될 경우가 비일비재합니다. 여기서 '온전해진다'는 말은 본래 '뼈를 맞춘다'는 뜻을 갖습니다. 탈골된 사람이 있다고 합시다. 그가 어떻게 몸을 제대로 움직여 봉사 활동을 할 수 있겠습니까? 먼저 뼈를 맞추고 치유되는 일이 선결 문제가 아니겠습니까?[173]

키워드가 무엇인지를 가려내고, 원어까지 분석하면서 쉬운 예를 들어 본문을 설명하는 이동원 목사의 실력은 가히 수준급이라고 여겨진다. 조금 더 살펴보자.

사랑, 평화, 기쁨, 이런 주제들을 생각할 때 떠오르는 성경 구절이 있습니까? 그렇습니다. 성령의 열매를 언급하고 있는 갈라디아서 5장 22-23절입니다. 사랑과 희락과 화평과 오래 참음과 자비와 양선과 충성과 온유와 절제, 이것을 우리는 보통 성령의 아홉 가지 열매라고 말합니다. 그러나 갈라디아서 5장 22절에 나오는 '성령의 열매'란 말은 복수가 아니라 단수입니다. 즉, 이 열매들은 한 인격에서 나오는 아홉 가지 단면이라는 말입니다.[174]

성령의 열매는 모두가 아홉 가지로 복수의 부속물들이다. 그렇다면 열매는 복수형의 단어가 되어야 정상이다. 하지만 이동원 목사는 그것이 복수형이 아니라 단수형임을 파악하면서 복수의 열매들이 한 인격에서 비롯되었다는 결론을 얻게 된다. 본문에 대한 세심한 관찰력이 얼마나 중요한지를 다시 한 번 확인하게 된다. 다른 예를 찾아보자.

두 가지 결정적인 사실이 이 여인에게 치유를 가져다주었습니다. 이 여인에게 치료의 새로운 전기를 맞게 한 이 사건을 본문은 이렇게 보도합니다.
"예수의 소문을 듣고 무리 가운데 섞여 뒤로 와서 그의 옷에 손을 대니"(27절).
여기 매우 중요한 동사 두 개가 나옵니다. '듣고'와 '손을 대다'입니다. 이것이 여인에게 치료를 가져온 전기가 됩니다. '듣고 만졌습니다', '듣고 손을 댔다'는 것입니다.
복음서를 보면, 사람들이 예수님을 만났을 때 구원을 받습니다. 치료를 경험합니다. 인생이 새로워집니다. 그런 사건을 보도하는 대목마다 두 단어가 어김없이 등장하는데, 그것은 '듣고'라는 단어와 '믿고'라는 단어입니다. 일례로, 많은 사람들이 잘 아는 요한복음 5장 24절 말씀에 보면, "내가 진실로 진실로 너희에게 이르노니 내 말을 듣고 또 나 보내신 이를 믿는 자는 영생을 얻었고 심판에 이르지 아니하나니 사망에서 생명으로 옮겼느니라"고 나와 있습니다. 즉 두 가지, 듣고 믿었기 때문입니다. 위대한 역사는 들음에서 시작됩니다.

본문에 나타난 여인은 무엇을 들었습니까? 27절에 보면 예수님의 소문을 들었다고 했습니다. 이것이 여인의 운명을 바꾸는 전기가 됩니다. 예수님의 소문을 듣는 자마다 바뀔 것입니다. 운명이 달라질 것입니다. 왜 그렇습니까? 예수님이 복음이기 때문입니다. 예수님이 구원이시고, 예수님이 생명이시기 때문입니다. 이것이 기독교 복음의 핵심입니다.[175]

단어 몇 개에 주목하니 이만큼 맛있고 풍부하고 다채로운 식단이 차려진다. 본문 전체를 큰 틀에서 파악한 후 중요한 단어를 세심하게 관찰하여 식단을 꾸민다면 영양가 그득한 음식을 장만할 수 있다. 흡사한 예를 하나만 더 살펴보자.

여기 먼저 부르심을 받아 포도원 일꾼 된 자들에게는 한 가지 공통점이 있습니다. 마태복음 20장 3절을 보십시오. "또 제삼 시에 나가 보니 장터에 놀고 섰는 사람들이 또 있는지라." 7절을 읽어 보십시오. "가로되 너희는 어찌하여 종일토록 놀고 여기 섰느뇨." 어떤 단어가 반복됩니까? '놀고' 있었다는 것입니다. 그들은 본래 부르심을 받기 전 인생을 낭비하며 무의미하게 놀고 있었던 것입니다. 예수님은 그런 그들을 부르시어 구원하셨습니다. 이것이 은혜 아닙니까?[176]

이동원 목사의 눈에는 한 단어도 허투루 보이는 게 없다. '놀다'라는 단어에 주목하여 인생을 낭비하던 사람들이 주님을 위해 멋지게 쓰임 받는 모습을 잘도 엮어 내고 있음을 보라.

본문의 핵심 주제나 메시지를 내포하는 반복적 키워드를 찾아내어 활용하는 이동원 목사의 남다른 주특기가 그의 설교집 곳곳에서 발견되어 다 소개하지 못할 지경에 이르렀다. 그의 설교는 우리가 성경을 해석할 때 본문을 어떤 식으로 분석하고 정리할 것인지를 보여 주는 좋은 샘플들이다. 이제부터 설교자들은 본문에 반복적으로 언급되는 단어들이나 핵심 키워드를 찾는 일에 결코 소홀함이 없어야겠다.

8) 성경에 관한 탁월한 정보와 지식

지금까지 살펴본 일곱 가지 성경 해석의 특징들 외에 마지막으로 한 가지 더 추가해야 할 내용이 있다. 그것은 성경에 대한 해박한 정보와 지식이다. 이것은 설교의 내용을 풍성하게 해 줌은 물론, 청중의 흥미와 관심을 끌 수 있는 중요한 수단이라고 할 수 있다.

위대한 설교자가 되는 일은 결코 쉽지가 않다. 시인이나 소설가나 수필가들을 보라. 그들은 한 편의 작품을 쓰기 위해서 값비싼 돈을 지불하여 세계 곳곳을 여행 다니며 지식과 견문을 넓혀 나간다. 그 모든 정보와 경험들이 쌓이고 쌓여 한 편의 작품이 되는 것이다. 독자들에 대한 기본 예의를 지키려면 소중한 대가를 지불해야만 한다는 말이다. 그런데 그들

작가들보다 더 막중한 사명을 가진 설교자들의 형편은 어떠한가? 천하보다 소중한 영혼들을 책임지고 말씀을 먹이는 이들이 양 떼를 위해 투자하거나 애쓰는 바가 턱없이 부족하다고 판단된다. 말씀을 전하는 설교자로 나선 이상 많은 것을 투자해서 성경에 대한 지식을 넓혀야 한다. 남들이 알지 못하는 새로운 정보를 소유하고 있어야 한다.

이동원 목사는 이런 점에서도 차별화된 실력의 소유자다. 성경에 대한 그의 해박한 정보와 지식을 그의 설교를 통해 직접 확인해 보자. 다음의 실례들은 모두가 비슷한 패턴으로 활용된 구체적인 정보와 지식들이다.

오십시오! 주님께로 오십시오! 이 "오소서"라는 말이 성경에 천구백 번이나 기록되어 있습니다.[177]

복음서에서 예수님의 교훈의 6분의 1은 돈과 관련된 것이라고 말한 신학자도 있습니다. 특별히 예수님의 비유를 읽어 보면, 예수님의 비유 가운데서 3분의 1은 돈과 관련되어 있습니다. 유명한 달란트 비유, 포도원 품꾼의 비유, 무자비한 종의 비유, 어리석은 부자 이야기 등에서 예수님께서는 이런 말씀을 하셨습니다. "지극히 작은 것에 충성된 자는 큰 것에도 충성되고"(눅 16:10). 여기서 지극히 작은 것은 돈의 관리를 뜻하는 것입니다.[178]

복음서에는 예수님의 많은 비유가 기록되고 있습니다. 대략 38개의 비유가 기록되고 있는데 그중 16개가 재물에 대한 비유라는 것을 아십니까? 거의 예수님의 설교의 절반이 돈 이야기라는 사실입니다. 달란트 이야기, 데나리온 이야기, 청지기, 과수원지기, 품꾼, 부자 이야기 등은 다 물질과 관련된 이야기들이 아닙니까? 신약 성경에만 평균 10구절에 한 번씩 물질에 관한 이야기가 나오고, 복음서에만 288구절이 물질에 관한 이야기입니다. 그리고 성경 전체를 보면 무려 2,300구절 이상이 돈과 재정에 관한 구절입니다. 성경은 돈에 대한 관심을 피해가지 않습니다.[179]

하나님은 여호와의 이름, 즉 야훼가 영원한 이름이요, 대대로 기억해야 할 이름이라고 말씀하셨습니다. 이 야훼 혹은 여호와는 구약에만 무려 6,823번 등장합니다. 그러니까 가장 보편적으로 성경에 많이 등장하는 이름이 바로 여호와인 것입니다.[180]

"왕이 가로되 사울의 집에 남은 사람이 없느냐 내가 그 사람에게 하나님의 은총을 베풀고자 하노라."
여기서 다윗이 '나의 은총을' 베풀겠다고 하지 않고 '하나님의 은총'을 베풀겠다고 했음을 주목하십시오. '은총'이라는 말은 히브리어로 '헤세드'라는 단어입니다. 이 단어는 구약 성경에 250회나 나타납니다. '헤세드'란 하나님의 성실성에 근거한 사랑을 말합니다. 상대가 저주를 받아 마땅한 대상임에도 불구하고 그를 불쌍히 여겨 그를 저주하는 대신에 오히려 선대하고 친절을 베풀어 주는 것, 그것이 바로 헤세드입니다.[181]

'꽃'이라는 단어는 성경에 모두 37회 가량 등장합니다. 반면에 '열매'라는 단어는 자그마치 200회 이상이나 등장합니다. 또 의미상으로 보아도 꽃은 성경에서 순간적이고 허무한 인생의 일시적 가치만을 비유하고 있음

에 반하여, 열매는 궁극적이며 영원한 생의 가치를 교훈할 때 쓰이고 있습니다.[182]

위의 모든 실례들은 '중요한 단어'('오소서')와 '돈'과 '비유'와 '여호와의 이름'과 '헤세드'와 '꽃'이라는 단어들이 성경에 사용된 정확한 횟수에 관한 정보와 지식들이다. 대수롭지 않은 내용들같이 여겨질 수도 있겠으나, 이 모든 것들이 성경에 대한 차별화된 지식과 청중들의 관심과 호기심을 자극하는 좋은 도구로 사용됨을 놓쳐선 안 될 것이다. 다른 실례들을 더 소개한다.

겨자씨는 눈에도 띌까 말까 한 아주 작은 것입니다. 생물학자들의 연구에 의하면 팔레스타인에 있는 겨자씨의 직경은 1mm라고 합니다. 얼마나 작은지 모릅니다. 그리고 무게는 1mg정도밖에 되지 않는다고 합니다. 이렇게 작은 겨자씨, 눈에도 보일까 말까 한 이 겨자씨가 자라면 평균 키가 1.5m까지 자란다고 합니다. 어떤 종자는 3m 이상 자라는 것도 있다고 합니다. 눈에 띌까 말까 한 작은 겨자씨가 자라 가지를 펼치고 새들이 날아와 안식처로 삼을 수 있게 되는 것은 바로 그 안에 생명력이 있기 때문입니다.

이 비유를 통해 주님은 무엇을 설명하시려는 걸까요? 저는 겨자씨의 생명력을 복음의 생명력에 비유하기 위해 이 비유를 사용하셨다고 생각합니다.[183]

이스라엘에 겨자씨보다 더 작은 씨들이 존재하지만 예수님이 하필이면 겨자씨를 비유로 사용하신 이유는 그만큼 확장력이 큰 씨가 없었기 때문이다. 눈에 겨우 보일 정도의 겨자씨지만 제대로 자라기만 하면 새들이 깃들 정도의 큰 나무가 되는 특성을 갖고 있기에 그 파급력과 생명력의 의미를 사용하고자 하신 것이다. 이동원 목사의 설교 속에 소개된 것처럼, 겨자씨의 특성을 잘 알아야 겨자씨 비유를 제대로 해석하거나 설교할 수 있음을 기억하자. 다른 예를 찾아보자.

갈릴리라는 바다는 사방이 산으로 둘러싸여 있습니다. 그리고 앞에 헬몬 산이 보입니다. 높이가 무려 2,760미터나 되는 꽤 높은 산입니다. 그리고 항상 눈이 덮여 있습니다. 헬몬 산의 물은 좁은 협곡을 타고 내려와 바다로 들어갑니다. 그런데 이 갈릴리 바다는 아열대성 기후의 영향을 받아서 상당히 덥습니다. 이 찬물이 헬몬 산에서부터 내려오면 아열대성의 더운 갈릴리 바다의 표면 물과 부딪히면서 예고하지 않았던 갑작스런 풍랑을 일으키게 되는 것입니다.

저는 갈릴리 바다야말로 우리 인생에 대한 적절한 상징이라고 생각합니다.184

이동원 목사는 갈릴리 바다나 헬몬 산에 대한 배경을 잘 설명하고 있다. 특히 헬몬 산의 높이가 얼마가 되는지에 대해서와 그 이후에 나타난 그의 구체적 설명을 참조해 보라. 그렇게 높고 눈 덮인 산의 협곡을 타고 눈 녹은 물이 내려와 바다로 들어가는데, 이 찬물이 더운 갈릴리 바다의 표면 물과 만나면서 갑작스러운 풍랑을 일으키는 모습을 한번 상상해 보라. 이 얼마나 본문의 의미를 입체적으로 잘 드러내는 설명인가? 책 속에서 침묵하고 있는 본문의 상황을 오늘의 청중 앞에 현장감 있게 살려주는 일에 이보다 더 탁월한 기술을 가진 이를 본 적이 있던가? 그의 또 다른 예를 더 확인해 보자.

'군대'라는 말은 헬라어로 '레기온'입니다. '레기온'이라는 말은 로마에서 6천 명의 군사로 구성된 사단을 가리킬 때 쓰는 군대 용어였습니다. 그래서 어떤 학자들은 아마도 6천이나 되는 귀신들이 이 사람 안에 살면서 그를 지배하고 있었는지 모른다고 주장합니다. 또 어떤 사람은 6천이 아니라 2천이라고 주장합니다. 나중에 돼지 떼로 들어가서 죽게 된 숫자가 2천 마리였기 때문입니다. 그러나 숫자가 얼마인가는 중요하지 않습니다. 다만 다수의 악령들이 그를 지배하고 있었다는 것입니다. 이 사람은 영혼이 갈기갈기 찢겨 나간 채로 다른 힘의 지배를 받고 있었습니다.[185]

본문에 나오는 귀신 들린 한 사람이 엄청나게 많은 악령들에 의해 지배받고 있었다는 말은, '레기온'이 로마에서 얼마큼 많은 군사들로 구성되었는지에 관해서 알지 못한다면 결코 단정할 수 없는 사실이다. 군대 귀신이니까 많다는 정도야 짐작하겠지만, 수천을 헤아릴 정도로 많은 수인 것은 알 수가 없으리라. 하나만 더 살펴보자.

성경학자들은 에베소서와 골로새서를 가리켜서 '쌍둥이 서신Twin Epistle'이라고 합니다. 에베소서를 읽다가 그 뜻을 잘 깨닫지 못하겠거든 골로새서를 읽으십시오. 역으로 골로새서를 읽다가 그 뜻을 잘 모르겠으면 에베소서를 읽으면 됩니다. 그러면 서로 보완되어 그 뜻이 자명하게 드러나도록 되어 있습니다.

바울은 에베소서에서 '비밀'이라는 단어를 많이 씁니다. 골로새서에서도 '비밀'이라는 말을 아주 많이 쓰고 있습니다. 바울은 골로새서 1장 26절에서 "이 비밀은 만세와 만대로부터 옴으로 감취었던 것인데 이제는 그의 성도들에게 나타났다"고 말합니다. 27절을 보면, 하나님이 성도들을 통해서 이방인들에게, 예수 안 믿는 사람들에게 이 비밀의 영광을 알게 하실 것이라고 말합니다.[186]

대부분의 설교자들은 에베소서와 골로새서가 그렇게 쏙 빼닮은 서신이라는 사실에 대해서 잘 모를 것이다. 특히 두 서신에서 공통적으로 반복되는 키워드가 '비밀'이라는 사실에 대해서는 더 알지 못할 것이다. 이런 선지식과 정보들이 한 편의 설교를 얼마나 풍성하고 감칠맛 나게 하는지 이동원 목사의 설교를 통해 계속해서 경험해 보기 바란다.

그럼 어떻게 해야 이동원 목사처럼 성경에 관한 다양한 지식과 정보들을 확보할 수 있을까? 비결은 독서에 있다. 이동원 목사의 풍부한 독서력이 오늘의 그를 있게 한 중요한 원인임을 반드시 기억하자. 그런데 기억만 하고 끝내면 되겠는가? 설교자라면 오늘부터 책을 읽자. 책도 그냥 책이 아니라 성경 해석에 도움이 되는 책을 읽자. 설교에 도움 되는 책이라면 닥치는 대로 두루두루 섭렵하는 것이 재산임을 꼭 명심하고 살자.

지금까지 이동원 목사의 저서와 설교집 등을 통해서 그가 가진 성경 해석학적인 특징을 자세히 살펴보았다. 설교 원고 작성도, 청중에의 적용도, 효과적인 전달도 중요하지만, 저자의 의도와 핵심 메시지를 파악하기 위한 본문과의 치열한 씨름과 충실한 해석에의 의지가 없이는 설교라고 할 수 없다. 그렇다. 아무리 설교에 유능한 자라도 하나님의 말씀인 성경 본문에 대한 실력이 부족하다면 최고의 설교자로 인정받을 수 없다. 그런 점에서 이동원 목사는 위대한 설교자가 넘어야 할 첫 번째 관문을 너끈히 통과했다고 평가할 수 있다. 이제 다음 관문으로 넘어가 보자.

chapter 7

설교학적 특징

짐승을 잡아 가죽을 벗기고 내장과 배설물들을 다 없애고 뼈에서 살점을 발라냈으면, 그 다음 작업은 적절하게 굽고 양념을 치고 요리하는 일이다. 지금까지 이동원 목사의 성경 해석학적인 특징을 살펴보았다. 그렇게 해서 본문에서 핵심 메시지를 추출해 낸 다음 필요한 작업은 무엇일까? 바로 원고 작성이다. 이동원 목사는 어떤 과정을 거쳐서 한 편의 설교라는 맛깔스러운 식단을 차리고 있는지, 그 비법이 자못 궁금하다. 이제부터는 그가 본문이란 고기를 가지고 어떻게 삶고 지지고 굽고 양념을 치고 요리하는가에 대해서 구체적으로 살펴볼 것이다.

1) 통일성 있는 간결한 개요

　우리가 집을 짓고 건축하려고 할 때 무엇보다 우선시되어야 할 일은 뼈대를 세우는 일이다. 뼈대 없이 벽돌을 쌓고 내부 인테리어 공사를 할 수는 없는 법이다. 설교에서는 이 작업을 개요outline라고 한다. 제목과 함께 삼대지로 할 것인가, 원 포인트로 할 것인가, 아니면 기승전결로 흘러가는 내러티브 식으로 할 것인가를 결정해야 한다.

이동원 목사의 설교 뼈대는 거의 삼대지 형식으로 이루어진다. 요즘 새설교학new homiletics에서는 삼대지에 대해서 강하게 비판한다. 삼대지는 본문 저자의 의도를 해치는 경우가 많고, 너무 복잡해서 청중이 기억하기 힘들다는 이유에서다. 하지만 이동원 목사가 자주 활용하는 삼대지는 새설교학이 바람직하지 못하다고 비판하는 문제의 그 삼대지 형식이 아님에 유의해야 한다. 최근 설교학자들이 부정적으로 평가하는 삼대지란 무엇일까? 그것은 한 본문에서 추출된, 서로 연결되지 않는 각기 다른 세 주제를 말한다. 이렇게 되면 통일성도 부족하고 일목요연하지도 못하여 복잡하기 이를 데 없는 개요가 된다. 그런 설교는 비성경적이고 비효과적인unbiblical & ineffective 설교로 귀결되기 마련이다.

때문에 최근의 설교학은 성경적이면서 효과적인biblical & effective 설교를 위해서 하나의 큰 주제one big theme로 흘러가는 원 포인트 방식의 설교를 권장한다.[187] 그렇다고 세 개의 대지 사용이 무조건 배제되어야 한다는 말은 아니다. 본문의 핵심 메시지나 주제가 하나임에도 본문에도 나오지 않는 몇 개의 대지를 덧붙여 항상 세 개의 대지로 맞추어 설교하려는 시도는 분명 본문을 해치는 행위가 된다는 의미다. 하지만 설교에 활용되는 세 개의 대지가 본문의 핵심이 되는 하나의 큰 메시지나 주제를 지지해 주는 보조 도구들이라면 문제 될 수 없다. 이동원 목사가 즐겨 사용하는 삼대지는 주로 이런 방식의 삼대지이므로 비판의 대상이 될 수 없다.

그러면 설교의 개요를 어떻게 작성해야 할 것인가? 어떻게 하면 가장 논리적이고 효율적인 개요가 될 것인가? 설교는 우선 간결하고, 통일성과 짜임새가 있어야 청중이 기억하기 쉽다. 때문에 설교자는 대지를 작성함에 있어서 갖춰야 할 다음의 여섯 가지 요건을 반드시 고려해야 한다.

첫째, 대지는 본문에서 나와야 한다. 둘째, 대지는 하나의 사상을 담고 있어야 한다. 셋째, 대지는 상호 연관성과 통일성이 있어야 한다. 넷째, 대지는 논리적이고 간결해야 한다. 다섯째, 대지는 일목요연해야 한다. 여섯째, 대지는 점진 확장성이 있어야 한다.[188] 이것은 이동원 목사의 저서『청중을 깨우는 강해설교』에 나오는 내용이기도 하다.[189]

그러면 과연 이동원 목사의 설교 개요가 그가 가르치는 이론대로 작성되고 있는지를 하나씩 확인해 보자.『당신은 예수님의 VIP』라는 설교집에 나오는 이동원 목사의 첫 번째 설교의 개요를 참조해 보자.

인생을 운명적으로 바꿀 수 있는 가장 중요한 세 가지 질문은(요 3:1-7)?

첫째, 누가 거듭나야 하는가(요 3:1, 10)?

둘째, 왜 거듭나야 하는가(요 3:3)?

셋째, 어떻게 거듭날 수 있는가(요 3:5)?[190]

본문은 니고데모가 예수님을 만나서 거듭남에 대한 말씀을 듣는 내용으로 되어 있다. 그렇다면 우선 위의 세 가지 대지가 모두 본문에 근거해서 나온 것인지 살펴보자.

본문은 1절과 10절에서 조폭이나 사기꾼, 창녀와 같은 사람만 거듭나야 하는 것이 아니라, 유대인 지도자 중 한 사람인 니고데모처럼 종교적 기둥 같은 사람도 거듭나야 함을 말하고 있다. 때문에 "누가 거듭나야 하는가?"라는 첫째 대지는 지극히 성경적이라고 볼 수 있다. 또 사람이 거듭나야만 하나님의 나라를 볼 수 있다는 3절 말씀으로 볼 때, 둘째 대지

역시 성경적이라고 볼 수 있다. 사람이 다른 것이 아닌 물과 성령으로 나야 하나님 나라에 들어갈 수 있다는 5절 말씀으로 볼 때, 셋째 대지 또한 본문에서 나온 것임을 알 수 있다.

다음으로 세 가지 대지가 모두 '거듭남'에 대해서 다루고 있기 때문에 하나의 사상을 담고 있음을 알 수 있다. 또 모두 '거듭남'이란 주제로 상호 연결되어 있으며 통일성을 갖추고 있음도 확인할 수 있다. 그리고 짜임새 있고 간결하며 일목요연하다. 뿐만 아니라 '누가', '어떻게', '왜' 거듭나야 하는지, 새로운 질문이 점진적으로 제기되는 양상을 볼 수 있다.

하나만 더 살펴보자. 다음은 이동원 목사의 『청중을 깨우는 강해설교』에 나오는 설교 개요의 실례 중 하나다.

> 고통의 어둔 밤에서 배우는 교훈은 무엇입니까(룻 1:1-6)?
>
> 첫째, 성도에게도 고통의 밤은 찾아온다는 교훈입니다(룻 1:1-2).
>
> 둘째, 고통으로부터의 도피는 더 큰 고통을 초래한다는 교훈입니다(룻 1:3-5).
>
> 셋째, 어떤 큰 고통도 인생의 마지막은 아니라는 교훈입니다(룻 1:3-5).[191]

그가 작성한 세 가지 대지 모두가 본문에서 나온 것임을 알 수 있다. 또 고통과 관련하여 얻는 유익한 교훈에 관한 한 가지 사상으로 집약되어 있음을 본다. 고통이란 주제로 서로 연결되어 있으며, 상호 보완해 주는 통일성을 갖고 있고, 짜임새가 있고 간결하며 일목요연하다. 마지막으로 '성도에게도 고통의 밤은 찾아온다는 교훈'에서 '고통으로부터의 도피는 더 큰 고통을 초래한다는 교훈'으로, 또 거기서 '어떤 큰 고통도 인생의 마지막은 아니라는 교훈'으로 점차 확장되어 나가는 형태를 확인할 수 있다.

삼대지 설교를 즐겨 하는 설교자들은 지금껏 살펴본 이동원 목사의 설교 개요 작성방식의 특징과 실제들을 주목해서 참조할 필요가 있다고 생각한다.

2) 개요를 짜임새 있게 하는 전환 문장

앞에서 살펴본 일목요연한 개요를 더욱 짜임새 있게 해 주는 기막힌 도구가 하나 있다. 바로 '전환 문장'transition sentence 혹은 '전환 질문'transition question이다. 이것은 건축에 있어서 벽돌과 벽돌 사이를 이어 주는 시멘트 같은 역할을 한다고 볼 수 있다. 시멘트로 메우지 않으면 벽돌끼리 견고하게 달라붙어서 하나로 연결되는 건물이 완성될 수 없다.

과거에 이동원 목사는 두란노에서 목회자들을 대상으로 설교 세미나를 하면서 참석한 이들 각자의 교회 주보에 실린 설교 요약본을 가져오게 한 적이 있다. 그것을 분석한 결과 평균 70%의 설교 요약에 문제가 있음을 발견했다고 한다. 이유인즉슨, 대지와 대지 사이에 논리적인 연결이나 진전이 없었다는 것이다.[192]

청중은 이렇게 서로 연결되지도 않고, 복잡하고 자연스럽지 못한 논리로 전개되는 설교를 따라갈 수 없다. 설교자가 헤매는 사이에 청중도 헤매다가 곁길로 새고 만다. 이런 문제를 해결하기 위해서 설교자는 반드시 설교의 문장이나 대지가 자연스럽고 논리적으로 흘러가게 해야 한다. 이를 위한 필수적인 수단이 바로 '전환 문장'이다. 그러면 전환 문장이란 도대체 무엇일까? 효과적인 설교는 한 부분에서 그 다음 부분으로 분명하면서도 무리 없이, 자연스럽게 넘어간다.[193] 그러나 이러한 움직임은 자동적으로 일어나지 않는다. 뭔가 작업을 해 줘야 한다. 이것은 기계에 윤활유를 쳐주는 작업과도 같다. 그 역할을 하는 것이 바로 전환 문장이다.

해럴드 브라이슨Harold T. Bryson과 제임스 테일러James C. Talyor는 이처럼 "한 주제에서 다른 주제로 갑작스럽지 않게 넘어가는 것을 전이transition"라고 정의했다.[194] 결국 전환 문장을 한마디로 하면, 소주제를 가진 한 대지에서 다른 소주제를 가진 다음 대지로 넘어가기 위해 활용되는 단어나 구나 문장이나 질문을 말한다.

전환 문장은 불명확한 전환이 되지 않기 위해서, 통일성과 연관성을 놓치지 않기 위해서 반드시 필요한 설교의 도구다.[195] 앞에서도 소개한 바 있지만, 이동원 목사는 명쾌한 전환 문장이나 전환 질문 활용에서도 설교자들의 주목을 끌 만한 재능을 발휘한다. 그 실례를 두 종류만 살펴보자.

우선 고린도후서 9장 6-15절을 본문으로 하는, "먼저 드리십시오"라는 제목의 그의 설교를 참조한다.

대개 훌륭한 예술가의 이름을 떠올리면, 한 가지에만 열중했지, 다른 인생의 영역에는 무관심하고 균형을 잃어버린 사람의 이미지를 상상하게 됩니다. 그러나 예외적인 경우도 있습니다. 오스트리아가 낳은 20세기의 가장 탁월한 바이올리니스트요, 작곡가인 프리츠 크라이슬러가 그 대표적인 예가 아닐까 생각합니다.

　본래 의학을 공부했던 그는 미술에도 남다른 조예를 갖고 있었다고 합니다. 그가 음악을 공부한 동기조차도 흥미롭습니다. 그 동기는 더 많은 사람들에게 봉사하기 위해서였다고 합니다.

　또한 그는 스스로 부자가 될 수 있는 기회를 거절했던 음악가로도 유명합니다. 그것은 돈에 대해 가지고 있던 그의 독특한 가치관에서 비롯되었습니다. 그는 비싼 출연료 받기를 거부했고, 비싼 음식 대접 받기도 거부했다고 합니다. 그리고 여유분의 돈은 교회나 사회사업 기관에 아낌없이 헌금하면서 자기 자신을 위해 쓰는 것을 언제나 최소화하려고 애썼다고 합니다. 그는 그 이유에 대해서 돈은 신이 자기에게 잠시 맡겨 준 공적인 것이지, 자기만의 것이 아니기 때문이라고 말했습니다.

　우리가 처음 예수를 믿기로 했을 때, 그 기대 가운데는 명백하게 우리가 이제부터 '받을 것'에 대한 기대가 있습니다. 구원을 받고, 축복을 받고, 사랑을 받고, 인정을 받고, 은혜를 받을 것에 대한 기대가 발생합니다. 그러나 성경은 우리가 받을 것을 기대하기에 앞서서 드리는 것을 배워야 한다고 가르칩니다. 우리가 받는 자가 되기 전에 먼저 드리는 자가 되어야 한다는 것입니다.

　바울이 고린도 교회에 보내는 편지의 일부를 살펴보겠습니다. 고린도 교인들은 하나님께 많은 영적 은사들을 받았습니다. 그러나 그들은 그것들로 덕을 세우지 못하고 있었습니다. 바울은 받은 은사들을 자랑하면서도 신앙생활의 기본인 드리는 것을 아직 배우지 못한 고린도 교인들에게 또 하나의 역설의 진리를 가르치고 있습니다.[196]

이렇게 설교의 도입부를 시작한 후 첫 번째 대지로 전환하며, "그렇다면 왜 드리는 것이 중요합니까? 첫째로, 하나님의 모본 때문입니다"라고 말한다. 첫 번째 대지의 설명이 끝나면 다시 두 번째 대지로 전환하며, "왜 드리는 것이 중요합니까? 둘째로, 하나님의 사랑 때문입니다"라고 말한다. 두 번째 대지의 설명도 끝나면 다시 세 번째 대지로 전환하며, "왜 드리는 것이 중요합니까? 셋째로, 하나님의 사역 때문입니다"라고 말한다.

여기서 이동원 목사가 반복하는 질문은 무엇인가? "왜 드리는 것이 중요합니까?" 바로 이것을 '전환 문장' 혹은 '전환 질문'이라고 한다. 이 한 문장 없이는 전후의 문맥이 자연스럽게 연결될 수 없기 때문이다.

다음으로 누가복음 2장 46-49절과 마태복음 18장 19-20절을 본문으로 하는, "예배, 끊임없는 바라봄"이라는 제목의 이동원 목사의 설교를 참조해 보자.

요즈음 인터넷에 떠돌아다니는 유머 가운데 "웨이터의 만행"이라는 제목의 이야기가 있습니다. 어느 죄수가 감옥살이를 하는 동안 너무 심심해서 감방에 돌아다니는 개미를 잡아 훈련을 시켰습니다. '차려 동작'을 가르친 것입니다. 드디어 3년 만에 개미는 이 사람이 "차려!" 하면 아주 멋진 폼으로 차려 자세를 취하게 되었다고 합니다. 그리고 이 훈련된 개미를 가지고 출소했습니다. 애인을 만나자마자 그는 감옥에서 훈련시킨 개미의 묘기를 보여 주었습니다. 물론 개미의 차려 동작이었습니다. 애인은 너무 재미있어 하며 정말 수고했다고 축하해 주었다고 합니다. 애인의 격려에 고무된 그는 애인과 함께 어느 식당에 들어가자마자 다시 그 묘기를 식당 웨이터에게 보여 주고 싶었습니다. 그래서 개미를 식탁 위에 올려놓고 "어이, 웨이터, 이 개미 좀 봐!" 하는데 말이 떨어지기가 무섭게 웨이터는 "손님, 죄송합니다" 하더니 잽싸게 엄지손가락으로 개미를 눌러 죽였다고 합니다. 이것이 웨이터의 만행의 전모입니다.

오늘날 교회 안에도 이런 웨이터의 만행이 기승을 부리고 있다는 것을 아십니까? 무슨 말인지 생각하고 대답해 보십시오. 군인들의 제식 훈련에서 차려 자세는 모든 동작의 기본 동작, 기본자세라고 할 수 있습니다. 이 기본 동작인 차려 자세가 흔들리면 다른 모든 자세가 흔들리게 됩니다. 그렇다면 신앙생활의 기본 동작은 무엇이라고 생각합니까? 성도의 기본 동작은 예배 자세입니다. 예배 자세가 흔들리고 예배에서 은혜를 받지 못하면 우리네 신앙생활 전반이 흔들리는 것입니다.

그럼에도 불구하고 우리 시대의 편의주의적 발상, 자기중심적 사고는 예배의 기본 동작을 아예 취하지도 못하도록 만들어 예배의 영성을 죽이는 만행을 초래했습니다. 주일 성수의 전통은 이미 흔들려 버린 지 오래입니다. 그나마 주일에 한 번 드리는 공예배조차 제대로 시간을 지키지 않고 5-10분 늦게 나와 적당히 40-50분 때우다가 축도 전에 교회당을 빠져나가면서, 그래도 예배는 드렸다고 자위하는 성도들이 얼마나 많아졌습니까? 이것이 예배를 죽이는 오늘날 성도의 만행이라면 너무 지나친 표현일까요?[197]

이렇게 설교를 시작한 후 첫 번째 대지로 전환하며, "그러면 주님이 보여 주신 모습에서 오늘을 사는 우리가 배워야 할 예배의 교훈은 무엇일까요? 첫째, 아버지의 집에 대한 거룩한 갈망을 안고 매 주일 예배의 장으로 나아가는 거룩한 습관을 가져야 하는 것입니다."

첫 번째 대지의 설명이 끝나면 다시 두 번째 대지로 전환하며, "도대체 왜 우리는 하나님을 예배해야 할까요? 예배의 목적은 무엇입니까? 둘째, 함께 예배의 한복판에 영으로 임재하시는 그분 앞으로 나아가 그분의 임재를 경험하는 것입니다."

두 번째 대지의 설명도 끝나면 다시 세 번째 대지로 전환하며, "예배가 주는 가장 큰 축복은 무엇입니까? 셋째, 예배할 때마다 변화되고 예배할 때마다 성숙하고 예배할 때마다 거룩해지는 것입니다."

여기서 이동원 목사가 대지 앞에서 던지는 질문은 무엇인가? 앞서 소개한 실례에서는 동일한 전환 질문이 거듭 반복되어 주어지지만, 여기서는 각기 다른 전환 질문이 활용되고 있다는 점에서 그 차이가 있다. 이동원 목사가 사용하는 또 다른 형태의 전환 질문이다. 그 세 가지 질문은 다음과 같다. "주님이 보여 주신 모습에서 오늘을 사는 우리가 배워야 할 예배의 교훈은 무엇일까요?", "도대체 왜 우리는 하나님을 예배해야 할까요?", "예배가 주는 가장 큰 축복은 무엇입니까?" 이들이 바로 '전환 문장' 혹은 '전환 질문'에 해당하는 것들이다. 만일 이것이 활용되지 않고 세 가지 대지가 주어진다면, 설교 전체의 개요는 짜임새도 없고 논리도 통하지 않고 전후 대지들의 연결점도 어색하여 청중이 도무지 이해할 수 없는 설교문이 전달될 수밖에 없으리라.

자신의 설교가 뭔가 부자연스럽거나 논리가 없어 보이거나 설득력이 부족하게 느껴진다면 이동원 목사의 전환 질문을 반드시 눈여겨 관찰해야 할 것이다.

3) 유사 주제와 반대 주제를 통한 선명한 주제 부각

존 맥아더는 다음과 같이 말한다.

저의 목회에 대한 현실적 목표는 언제나 가능한 많이 성경 본문에 대한 올바른 의미를 발견하여 회중에게 명쾌하게 전달하는 것입니다. 목사는 강단에 설 때, 그곳에서 살아 계신 하나님의 말씀을 명료함과 정교함으로 전달해야 하며 … 하나님의 말씀에 대한 분명한 이해는 확신을 낳으며, 이 확신은 우리의 삶을 형성하고 신성한 진리를 향한 깊은 사랑으로 우리를 이끕니다.[198]

목회는 목회자 자신을 위한 사업이 결코 아니다. 목회는 하나님을 대신하여 양 무리를 치는 사역이다. 그렇다면 존 맥아더의 이야기대로, 이 사역에서 강조해야 할 핵심은 하나님의 뜻이어야 한다. 자신이 맡은 청중에게 그분의 뜻을 선명하게 제시하지 못한다면 제대로 된 목회를 이끌 수 없을 것이다. 특히 설교야말로 하나님의 말씀을 통해 그분의 뜻을 제대로 전달하는 가장 중요한 도구라고 할 수 있다. 성경 본문마다 하나님이 강조하시는 핵심 주제가 있는데, 그것을 양 떼에게 잘 부각시켜 주는 일은 설교자가 존재하는 이유와 목적이 될 것이다.

어떻게 하면 그분의 뜻을 가장 명확하게 양 떼에게 전할 수 있을까? 여러 가지 방법이 있지만 가장 이상적인 방식은 성경 본문에 나오는 핵심 주제를 바로 전하지 말고, 유사 주제와 반대 개념을 활용하는 것이다. 유사 주제는 핵심 주제를 강조하는 데 도움을 주는 역할을 하고, 반대 주

제는 핵심 주제의 필요성을 부각시키는 역할을 한다.199

예를 들어 보자. 핵심 주제가 '평화'라고 가정해 볼 때 유사 주제는 '사랑', '안정', '평온함', '행복' 등이고, 반대 주제는 '전쟁', '갈등', '고통', '불행' 등이다. 유사 주제들을 언급함으로써 평화란 주제를 더욱 강화시켜 주고, 반대 개념을 통해서 평화가 얼마나 필요한가를 깨우쳐 주는 것이다. 따라서 유사 주제와 반대 주제는 핵심 주제의 중요성과 필요성을 부각시키는 양날의 칼이라고 할 수 있다. 이 두 가지가 함께 발휘되면 설교에 막강한 에너지가 공급되어 엄청난 위력을 발휘하게 된다.

소설이나 드라마나 영화 속에는 주인공만 등장하지 않는다. 반드시 주인공을 돕는 조연들supporting actors이 있는가 하면, 주인공을 괴롭히는 라이벌이나 대적자antagonist가 존재하기 마련이다. 그들의 행동이 악하면 악할수록 주인공의 존재는 더욱 위대하게 빛나는 것이다. 다윗이 부각되기 전에 골리앗이란 존재가 사울 왕보다 더 주목받는 인물로 급부상한 것과 마찬가지다. 골리앗의 명성이 높아질수록 그를 물리칠 다윗의 위대함은 그 진가를 더욱 발휘하게 될 것이기 때문이다.

설교도 마찬가지다. 중요 단어나 핵심 주제만 언급하거나 강조해서는 청중에게 어필할 수 없다. 반드시 유사 주제와 반대 주제를 적절하게 곁들여야 핵심 주제를 높이 띄울 수 있다.

우리가 잘 아는 명연설가 중 마틴 루터 킹Martin Luther King Jr., 존 F. 케네디John Fitzgerald Kennedy, 간디Mohandas Karamchand Gandhi가 남긴 유명한 연설문들을 분석해 보라. 모두가 앞에서 살펴본 세 가지 주제들을 적절하게 활용한 명문장들임을 확인할 수 있을 것이다.200

설교자 중에서 이 방식을 아주 잘 활용하는 이가 있으니, 그가 바로 이동원 목사다. 이동원 목사의 설교 중 한 실례를 들어 설명해 보겠다. 다음은 요한복음 1장 14-18절을 본문으로 하여 "성육신의 기적"이란 제목으로 설교한, 설교집201 속에 나온 내용을 필자가 분석한 결과다.

핵심 주제 은혜(29)	
유사 주제	**반대 주제**
진리(18), 사랑(14), 자유(9), 구원(6), 용서(5), 쉼(1), 정의(1), 공의(1), 낮아짐(1)	율법(16), 정죄(10), 죄(9), 종(5), 속박(2), 노예(2), 얽어맴(1), 도둑(1), 죗값(1), 두려움(1)

위의 도표에서 보듯이, 본문의 핵심 주제는 '은혜'인데, 이것이 설교 속에 29번 언급되어 있다. 그리고 유사 주제인 '진리'가 18번, '사랑'이 14번, '자유'가 9번, '구원'이 6번, '용서'가 5번, '쉼', '정의', '공의', '낮아짐'이 각각 1번씩 언급되어 있다. 반대 주제인 '율법'이 16번, '정죄'가 10번, '죄'가 9번, '종'이 5번, '속박'과 '노예'가 2번, '얽어맴', '도둑', '죗값', '두려움'이 각각 1번씩 언급되어 있다.

유사 주제가 모두 56번, 반대 주제가 모두 48번이나 활용되어 있다. 모두가 핵심 주제인 '은혜'를 빛나게 하기 위한 두 날개의 역할을 하고 있다. 진리, 사랑, 자유, 구원, 용서란 유사 주제를 많이 사용함으로써 은혜란 핵심 주제를 크게 강화시키고 있고, 은혜와는 대조되는 율법, 정죄, 죄, 종, 속박, 노예란 반대 주제를 반복해 사용함으로써 은혜의 중요성과 필요성을 부각시키고 있음을 주목하라.

4) 시선을 확 사로잡는 서론

노스웨스턴 대학Northwestern University의 총장을 역임했던 해럴드 하우 Harold Howe 박사는 이렇게 말했다.

"처음부터 순식간에 사람들의 주의를 사로잡을 수 있는 무언가를 만들어 내야 합니다."202

글을 쓰든 연설을 하든 드라마를 찍든 영화를 만들든, 시작부터 독자나 청중이나 시청자들의 시선을 확 끌어당기는 문구를 사용하지 않으면 안 된다. 시작이 모든 것을 결정하기 때문이다. 따라서 다음과 같은 이야기로 시작하는 것이 좋다.

"1942년 어느 날, 문득 눈을 떠 보니 나는 병원 침대에 누워 있었습니다."

"어제 저녁 밤 늦게 어두운 골목길을 들어서는데 갑자기….."

"작년 7월 새벽, 나는 경부고속도로를 화살처럼 빠른 속도로 달리고 있었습니다."

신문 기사를 쓰듯 육하원칙에 따라서, 구체적이고 생생한 세부 묘사와 더불어 액션과 감정 언어의 묘사를 곁들이면 사람들에게 주는 인상이 더욱 더 강렬해진다. 책이나 드라마나 영화를 통해 얻은 실례들도 좋고, 자신이 직접 경험한 예들은 더욱 감칠맛을 낼 것이다.

다음은 필라델피아에 있는 펜 육상 클럽에서 하월 핼리Howell Halley가 했던 말의 도입부다. 그가 듣는 사람들의 호기심을 얼마나 강하게 자극시키고 있는지 관찰해 보자.

지금으로부터 82년 전, 불멸의 작품이 될 운명을 타고난 얇은 소설이 런던에서 출간되었습니다. 사람들은 그 소설을 "세상에서 가장 위대한 단편"이라 불렀죠. 그 책이 처음 출간되었을 때, 사람들은 친구를 만나면 "그 책 읽었어?"라는 말로 인사를 대신했고, 대답은 으레 "당연하지"였습니다.

그 책이 출판되던 날, 하루 만에 1,000여 권이 팔려 나갔습니다. 2주일 만에 주문량은 1만 5,000권으로 늘었습니다. 이후로도 인쇄기는 끊임없이 돌아갔고 지상의 모든 언어로 번역되었습니다. 몇 해 전에는 J. P. 모건이 그 책의 초판 원본을 엄청난 액수에 구입하기도 했습니다.

대체, 그 책의 제목이 뭘까요?

그것은 바로 찰스 디킨스의 『크리스마스 캐럴』입니다.203

청중으로 하여금 호기심을 자아내기에 부족함이 없는 기막힌 서론의 실례다. 로마의 웅변가 퀸틸리아누스Quintilianus는 다음과 같이 말했다.

부적절한 서론은 흠집이 있는 얼굴과 같다. 당신은 그것을 한번 쳐다보고는 다시는 보려고 아니할 것이다.204

설교의 서론도 마찬가지다. 서론은 설교의 얼굴이요, 설교의 맛보기다. 서론에 실패하면 설교 전체를 망칠 수 있다. 때문에 전략을 짜서 설교의 시작을 잘 해야 한다. 오늘날의 청중은 설교의 시작부터 익히 알고 있는 본문 이야기가 등장하는 것을 대부분 싫어한다. 그러므로 본문 이야기와 흡사하거나 아주 대조적인 현실의 예화로 출발하는 것이 좋다. 청중에게 기대감을 주거나, 흥미를 유발시키거나, 생각하게 만들거나, 공감대를 형성할 만한 예화를 사용하는 것이 좋다. 실례로, 책에 나오는 이야기나 뉴스, 예화, 유머, 인용구, 통계, 시와 같은 소재들을 활용함이 유용할 것이다.[205]

이동원 목사의 설교는 서론의 특별함으로 또한 화제가 되고 있다. 설교의 변천사를 통해서 이미 살펴본 바 있지만, 10여 년 전부터 그의 설교는 본문과 잘 연결되는 현실의 예화로 출발하는 귀납적 서론이 주를 이룬다. 청중의 반응을 고려한 변화다. 그렇다고 인기 위주로 타협한 설교라느니, 비성경적인 설교라느니, 강해설교가 아니라느니 하는 무분별한 비판은 무지의 소치다. 본문의 내용으로 출발하지 않는다고 그렇게 말하는 것은 옳은 판단이 아님을 알아야 한다. 왜냐하면 본문으로부터 출발하는 설교에 식상한 청중으로 하여금 본문과 보다 친숙해지고 본문을 보다 쉽고 흥미롭게 이해시키기 위하여 현실의 예화로 시작하는 것이기 때문이다. 다시 말해서, 본문을 더욱 살려 주고, 본문을 훨씬 권위 있게 만들고, 본문을 보다 잘 드러내기 위한 수단으로 현실의 예화를 사용하는 것이다.

이제 이동원 목사가 즐겨 사용하는 설교 서론의 실례들을 하나씩 살펴보자. 그가 활용하는 서론은 대개 다음에 소개하는 형태들로 구성되어 있다.

예화 구약학자인 브루스 워키Bruce Waltke 교수는 그가 쓴 책에서 이런 이야기를 하고 있습니다. 그의 딸이 어렸을 때 어린 딸과 함께 숲 속을 거닐다가 막 태어나고 있는 나비를 목격하게 되었다고 합니다. 작은 누에고치가 꿈틀거리며 돌고 있는데 나비의 한쪽 날개가 이미 나와 있었습니다. 갑자기 딸이 소리를 쳤다고 합니다. "아빠, 나비가 나와요. 그런데 너무 힘든 모양이에요. 아빠, 도와주면 안 돼요?" 순간적으로 브루스 워키 교수는 도와주고 싶은 충동을 느꼈다고 합니다. 하지만 그 순간 고치는 작은 덩어리가 되어 부서져 버렸고 나비는 죽어버렸다고 합니다. 그날 브루스 워키 교수는 생명이 존재하기 위해서는 고통이 필요하다는 소중한 교훈을 얻었다고 적고 있습니다.

설명 실로 고통은 삶의 한 부분이며 이것은 우리가 그리스도인이 되었다고 해서 면제되지 않습니다. 오히려 그리스도인이 되었기 때문에 직면해야 하는 새로운 고통과 고난이 있습니다.

본문 성경은 실제로 우리가 그리스도인으로서 경험해야 하는 고난을 예언하며 준비시키고 있습니다. 그러나 성경이 우리들이 만나야 하는 고난을 가르칠 때 결코 고난만을 예고하고 있지는 않습니다. 성경은 고난과 함께 고난을 극복하는 처방으로서의 위로를 동시에 약속합니다.

이것은 고린도후서 1장에서 말하는 교훈이기도 합니다. 고린도후서 1장 3-7절에 가장 많이 출현하는 단어가 두 개 있습니다. 고난과 위로입니다. 성도의 신앙여정에서도 고난은 피할 수 없는 것이지만, 우리 성도들은 고난에 직면할 때 동시에 하늘의 위로를 기대할 수 있습니다. 이것은 고린도 교회를 향해 이 편지를 쓰고 있는 바울 사도 자신의 경험이기도

했습니다.206

본문 고린도후서 1장 3-7절은 고난과 함께 그것을 극복하는 대안으로서의 위로를 약속하는 내용이다. 여기서 이동원 목사는 본문 이야기로부터 설교를 시작하지 않고, 고난과 관련해서 브루스 워키 교수가 직접 목격한 나비의 부화 장면을 소개하고 있다. 처음 듣는 새롭고 흥미로운 이야기로 청중의 시선과 관심을 한껏 집중시킨 후, 그 사건이 주는 영적인 의미를 설명하고 나서, 동일한 주제로 연결되는 본문 속 고난 이야기로 들어간다. 이것이 바로 귀납적 서론이다.

이번엔 위의 서론과는 다른 형태의 서론을 소개하고자 한다. 다음의 내용을 살펴보라.

예화 1 어느 목사님이 자기 교회에 출석하다가 지금은 출석을 하지 않고 있는 교우에게 권면의 편지를 보냈는데, 그에 대한 답장을 받았다고 합니다. 그 답신은 사실상 또 하나의 질문이었는데, 이런 내용이었다고 합니다. "목사님, 진정한 신앙생활을 위해 꼭 예배에 출석해야 하고 교회 봉사를 해야 할까요? 저는 요즘 저 혼자만의 하나님과의 관계 유지를 통해 믿음의 삶이 가능한가를 실험하고 있는 중입니다. 정말 교회 없는 신앙생활은 불가능할까요?" 목사님이 다시 답장을 썼습니다. "불가능한 것은 아닙니다. 그러나 이런 경우를 상상해 보십시오. 군대에서 훈련이나 소집에 불응한 군인이 정상일까요? 세금을 내지 않고 투표하지 않는 시민을 정상적이라고 할 수 있을까요? 베이스캠프 없이 등정하는 등산가가 정상일까요? 병원이 없이 치료를 구하는 환자가 정상일까요? 학교나 스승이 없는 학생이 정상일까요? 벌집이 없이 날아다니는 벌이 정상일까요? 팀을 생각하지 않는 축구 선수가 정상일까요?" 어떻습니까? 오늘 우리의 교회 생활은 정상이신지요?

예화 2 본래 아인슈타인은 교회에 대해 부정적인 견해를 갖고 있던 분이었다고 합니다. 그러나 조국 독일이 나치의 학정 아래 신음하고 있을 때 희망을 접지않고 주일마다 교회에 모여 조국의 회복을 위해 기도하는 작은 교회 공동체의 진지함을 지켜본 어느 날 그는 회중 앞에서 눈물을 흘리며 "내가 교회를 오해했습니다"라고 고백했다고 합니다.

설명 성경은 우리가 예수를 믿고 영접하는 순간 하나님의 자녀가 된다고 가르칩니다. 정상적인 자녀는 가정이라는 울타리 안에서 부모를 섬기고, 형제자매와 교제하고, 가정에서의 봉사의 경험을 통해 정상적인 인간으로 자라 가는 것입니다. 신앙생활도 마찬가지입니다. 우리는 영적인 집인 교회 안에서 하나님을 섬기며, 형제자매와 교제하고, 교회 봉사의 경험을 통해서 정상적인 신앙인으로 자라가는 것입니다.

그러나 교회에서 봉사를 하다 상처 받은 경험이 있었던 분들은 교회 자체를 거부하지는 않더라도 봉사를 기피하는 영적 알레르기성 질환 증세를 갖고 있는 분이 계십니다. 그렇다면 어떻게 상처를 넘어선 유쾌한 봉사가 가능할까요?

본문 본문 에베소서는 바울 사도가 교회론을 전개하고 있는 서신서라고 할 수 있습니다.[207]

이 서론은 덜 구체적인 예화와 보다 구체적인 예화를 연이어 소개한 후 영적 설명을 곁들이고 나서 본문으로 들어가는 방식이다. 위에 소개한 두 서론의 실례는 본문과 비슷한 예화들로 출발한다. 하지만 다음의 서론은 그와는 반대로, 본문과 대조되는 현실의 예화로 시작하는 실례다.

예화 여러분 가운데는 여자의 일생을 쓴 프랑스 작가 모파상1850-1893을 알고 있는 분들이 많을 것입니다. 모파상은 본래 신학교에 들어갔지만 퇴학당했습니다. 그는 신앙과 결별하기로 하고 자신이 주인이 된 인생을 살겠다고 결심합니다. 그 후 그는 문학에 뜻을 두고 정진하여 10년 만에 유명 작가가 되고 돈을 많이 벌게 되었습니다. 1800년대 말에 그는 지중해에 요트를 가지고 있었고 노르망디에 대저택을, 파리에는 호화 아파트를 갖고 쉴 새 없이 애인을 바꾸며 살았습니다. 비평가들은 그에게 찬사를 보냈고 대중들은 그를 흠모했으며 그의 은행에는 넉넉히 쓸 수 있는 돈이 항상 있었지만, 그는 안질병과 불면증에 시달리기 시작합니다.

1892년 1월 1일, 새해가 밝았지만 인생의 의미를 잃은 그는 종이칼로 자신의 목을 찔러 자살을 시도합니다. 간신히 목숨을 구했지만 정신이 이미 온전하지 않은 그는 정신 병동에서 몇 달을 알 수 없는 소리로 허공을 향해 절규하다가 겨우 43세의 나이에 세상을 떠납니다. 그의 무덤 묘비에는 그가 말년에 자주 외친 삶의 독백이 기록되어 있습니다.

'나는 모든 것을 소유하고자 했지만 결국 아무것도 갖지 못했다.'

설명 그는 부자의 꿈을 이룬 것 같았으나 실상은 가장 처절하게 가난한 인생을 산 것입니다.

본문 한편 예수님은 1세기에 소아시아 서머나 교회의 성도들에게 편지하시면서 "너희들은 가난한 것 같지만 실상은 부요한 자들"이라고 말씀하셨습니다. 모파상과 정반대의 인생을 산 사람들이 서머나 성도들이었고, 그런 이들의 공동체가 바로 서머나 교회였습니다.[208]

이 서론에서 이동원 목사는 본문에 등장하는 서머나 교회의 성도들과는 아주 대조적인 현실의 예화인 모파상의 이야기로 시작한다. 부한 것 같았으나 실상은 가난했기에 자살로 생의 종지부를 찍은 비극의 주인공에 대한 예화로 시작해서, 그와는 전혀 다른 본문의 이야기로 들어간다. 이 역시 청중의 관심을 집중시킬 수 있는 좋은 서론 기법이라고 할 수 있다.

이번엔 이동원 목사의 서론 중 좀 특이한 실례를 소개할까 한다. 다음의 서론을 유의해서 관찰해 보라.

퀴즈 여러분께 잠깐 퀴즈를 내 볼까요?

첫 번째 퀴즈입니다. 한국 최초의 교회의 이름은? 예, 1884년, 황해도 장연군 대구면 송천리에 세워진 '소래교회'입니다. 날이 좋은 날 백령도 섬에서 보면 바다 건너편으로 눈에 들어오는 곳이기도 합니다. 본래는 초가집이었지만 부흥되면서 후일 기와집으로 새로 짓게 됩니다.

두 번째 퀴즈입니다. 유럽 최초의 교회는? 예, 빌립보 교회입니다.

배경 설명 빌립보Philippi는 마케도니아 지방에 속해 있고 국가로는 그리스에 속합니다. 사도행전 16장에 보면 바울 사도가 2차 전도여행 중 아시아(튀르키예) 방향을 향해 가며 전도하다가 문이 닫히면서 밤중에 마케도

니아인의 환상이 나타나 "와서 우리를 도우라"는 외침을 듣고 드로아Troas
의 아수스Assos 항구를 떠나 마케도니아의 첫 성 빌립보에 도착하게 됩니
다. 안식일에 바울 사도가 강가에 나갔다가 소아시아에서 온 자주 장사
루디아를 만나 전도를 하고 루디아의 집에 들어가 그의 가솔에게 침례를
주고, 그녀의 집에서 모임을 계속합니다. 이 루디아의 집에서 모인 목장
교회가 바로 빌립보 교회이며 유럽 최초의 교회였던 것입니다.

그 후 주후 61-62년경 바울이 전도하다가 로마 가이사의 재판을 받기
위해 로마의 감옥에 갇혔을 때 빌립보 교회는 에바브로디도(빌 2:25-30)라
는 성도를 보내어 선교 헌금을 전달하게 됩니다. 바울은 감사와 함께 그
가 전해들은 소식에 근거하여 빌립보 교회에 대한 그의 기대를 편지로 답
장합니다. 그것이 바로 로마의 옥중에서 기록된 빌립보서입니다.

본문 자, 그러면 빌립보 교회를 향한 바울의 권면에서 배우는 건강한
교회의 모습은 무엇일까요?[209]

서론을 퀴즈로 시작한다. 두 개의 퀴즈를 내면서 두 번째 퀴즈의 답이
본문과 관련된 해답이 되도록 구성했다. 이동원 목사는 퀴즈를 제시한
후에 답을 생각할 틈을 주고 나서 해답을 밝히고, 또 그에 대한 배경 설
명을 한 후 새로운 질문을 통해 본문으로 들어가는 색다른 방식을 취하
고 있다.

마지막으로 유머로 시작하는 서론을 소개한다.

유머 이런 크리스천 유머가 있습니다. 어떤 형제가 과거에 자기와 교

제하던 자매가 결혼하게 되었다는 소식을 듣고 진심으로 축복해 주고 싶었습니다. 그래서 전문을 보냈다고 합니다. "진심으로 결혼을 축복합니다. 요일 4:18." 요한일서 4장 18절은 이런 내용입니다. "사랑 안에 두려움이 없고 온전한 사랑이 두려움을 내쫓나니 두려움에는 형벌이 있음이라 두려워하는 자는 사랑 안에서 온전히 이루지 못하였느니라." 진심으로 이제는 과거에 대한 두려움을 잊어버리고 새롭게 만난 남편과의 사랑을 온전히 이루는 가정을 만들라는 뜻이었고, 생각하고 또 생각해서 성경 구절을 첨부하여 보낸 것입니다. 그런데 우체국의 실수로 '요일 4:18'이 '일'자를 뺀 '요 4:18'이 되어 결혼 전날 신부에게 전달되었다고 합니다. 신부가 전문을 받아 보니까 "진심으로 결혼을 축복합니다. 요 4:18"이라고 되어 있어서 얼른 성경을 열어 보았습니다. "너에게 남편 다섯이 있었고 지금 있는 자도 네 남편이 아니니 네 말이 참되도다."

본문 잘 아시는 대로 이 말씀은 사마리아 땅 수가 성 우물가에서 만난 여인에게 예수님이 하신 말씀이었습니다. 문자 그대로 이 여인은 남편을 다섯 번이나 바꾸면서 행복을 찾았지만 거기에 행복은 없었습니다.[210]

자, 내가 어떤 교회에 출석하는 청중이라고 생각하고, 매 주일마다 도입부분이 이런 식으로 시작되는 설교를 듣는다고 한번 상상해 보라. 그 설교 시간에 딴생각을 하거나 졸 수 있겠는가? 다음 주 설교가 기대되고 기다려지지 않겠는가? 비록 양심이 무딘 사람이라 할지라도, 이런 설교의 서론들을 듣고 정신을 딴 데 팔 사람은 없을 것이다.

그렇다. 서론에서 청중의 시선을 사로잡지 못하면 그 설교는 실패로 끝나고 만다. 시작이 중요하다. 아니, 시작이 반이다. 기막힌 설교의 출발, 귀를 쫑긋하고 듣지 않을 수 없게 만드는 설교의 시작, 딴눈을 팔 수 없게 만드는 설교의 서론을 배우려면 이동원 목사의 설교 도입부를 눈여겨보고 그대로 흉내 내라. 설교가 달라지고, 청중의 시선이 바뀌고, 강단에 생동감이 새롭게 흘러넘치는 놀라운 기적을 맛보게 될 것이다.

5) 오랜 여운을 남기는 결론

조금 전까지는 비행기로 치면 이륙take-off에 해당되는 부분을 살펴본 셈이다. 비행기가 아무리 이륙을 잘해서 목적지까지 잘 날아가더라도 착륙landing이 잘못되면 제대로 된 비행이라고 할 수 없다. 지난해에 일어난 아시아나 여객기의 샌프란시스코 공항에서의 착륙 사고를 보더라도 잘 알 수 있는 일이다.

시작이 반이라고 했듯이 설교의 서론은 설교의 반에 해당된다. 그러나 설교가 제대로 완성되려면 설교의 결론 또한 무시할 수 없다. 설교의 완성은 결론의 몫이기 때문이다. 시작은 좋았으나, 결론이 흐지부지하거나 효과적이지 못해서 망치는 설교들이 적지 않다.

데이비스H. Grady Davis의 이야기를 귀담아 들어 보자.

결론은 청중이 설교의 주제를 한눈에 볼 수 있는 순간이다. 그것은 설교의 핵심 이슈가 가장 선명하고도 날카롭게 드러나며, 그것이 삶에서 어떻게 해결되어야 할지가 가장 적실하게 드러나는 순간이다. 결론은 설교의 목적이 무엇이든 그것이 성취되는 마지막 찬스이다. 따라서 이 순간은 전체 설교에 있어 가장 중요한 부분을 이룬다. 설교자는 그냥 그치는 것이 아니라 결론을 지어야 하며, 말을 토닥토닥 끊는 것이 아니라 완결을 지어야 한다.[211]

설교의 시작부터 결론 바로 직전까지 설교를 잘 진행했더라도 마지막 결론 부분에서 핵심을 분명히 짚어 주고 주제를 선명하게 요약, 정리해 주지 않으면 안 된다는 말이다.

결론에 활용되는 구체적인 요소들은 핵심 메시지 요약, 질문, 예화, 시, 결단 요청, 찬양, 헌신, 축원 등으로 나타난다.[212]

그런데 여기서 꼭 살펴봐야 할 중요한 사안이 하나 있다. 청중의 적극적인 설교에의 참여와 체험을 강조하는 새설교학자들 가운데 특히 크래독Fred B. Craddock은 설교의 결론과 적용을 청중의 손에 넘기자고 주장한다. 하지만 이런 주장에 대해서는 성경 본문의 절대 진리를 인식함에 있어서 치명적인 문제를 야기 시킬 위험성이 있다고 비판하는 견해가 적지 않다. 그들은 성경을 하나님의 말씀으로 확신하는 설교자라면 반드시 그 말씀의 권위에 기초하여 청중에게 확실하게 결론을 내려야 하며, 본문에 근거하여 청중의 삶에 가장 적실한 적용을 분명하고 확실하게 선포해야 한다고 힘주어 강조한다.[213] 본문의 핵심 주제나 메시지를 직접적으로 언급하지 말고 청중에게 맡기자는 크래독의 주장은 위험하기 이를 데 없는 발상으로 보인다. 본문마다 저자가 의도하는 분명한 의미들이 있고, 그것들을 청중에게 감출 권한이 설교자들에게 전혀 없음은 틀림없는 사실이다. 그런데 어째서 성경의 전문가가 아닌 청중에게 결론을 명백하게 밝히는 것을 주저해야 한단 말인가?[214]

이런 점에서 이동원 목사의 결론 방식은 새설교학자들의 그것과는 큰 차이를 보인다. 이동원 목사는 설교의 서론에서나 결론에서 본문의 의도와 주제를 명확히 밝히는 편이기 때문이다. 한종호 목사와의 인터뷰에서 그는 이 문제와 관련한 자신의 입장을 다음과 같이 밝힌다.

요즘 포스트모던의 영향을 받은 분들이 설교의 결론을 내리지 말고 '신비'의 차원으로 남겨 두는 일부 경향이 있는데 저는 생각이 좀 다릅니다. 설교에는 분명한 목적이 있어야 한다고 봅니다. 그 부분을 정 목사님이 비판을 하셨는데, 강박적이라는 것이지요. 그분이 봤을 때 그럴 수 있습니다. 복음서와 사도행전의 설교를 보면 "회개하라, 복음을 믿어라, 죄 사함을 받아라, 하나님 나라가 가까이 왔다"라는 메시지가 분명한데 이 부분을 약화시키지 않았나 생각합니다. 저는 이런 메시지가 없으면 그건 한 편의 에세이지 설교는 아니라고 봅니다.215

맞는 말이다. 이동원 목사의 경우 본문의 메시지를 결론 부분에서 분명하게 언급하는 방식을 사용한다. 여기서 주의해야 할 점이 있다. 본문의 의도나 의미가 청중에게 명확하게 전해져야 한다는 점에서는 이동원 목사의 생각이나 새설교학자들의 생각이나 차이가 없다는 점이다. 그런데 한 가지, 설교자가 본문의 메시지를 청중에게 직접 알리지 않고 청중 스스로가 해결하게 하는 방식을 취하자는 점에서 새설교학자들의 생각은 이동원 목사의 생각과 다르다.

포스트모던 시대에 적절한 설교란, 이동원 목사의 비판대로 결론 부분을 신비의 차원으로 남겨 두는 것이 아니라, 설교자가 그것을 직접적으로 말하지 않고 청중 스스로 결론을 맺도록 맡기는 것이다. 이것을 '개방결론Openended 방식'이라고 하는데, 이 시대의 청중에겐 그 방식이 훨씬 더 효과적으로 어필할 수 있다. 왜냐하면 우리 주님도 청중이 스스로 결론을 이끌어 내도록 하는 개방결론 기법을 자주 활용하셨기 때문이다. 이에 대해『화술의 달인 예수』의 저자 제드 메디파인드Jedd Medefind는 다음과 같이 말한다.

> 예수는 모든 사람들을 기꺼이 받아들일 자세는 되어 있었지만 그의 주장과 질문과 행동은 마지막 결정을 청중이 하도록 했다. 예수는 어중간하게 중립에 서있는 사람을 용납하지 않았다. 그 자신이 위대한 질문이 되었다. 마지막으로, 예수의 질문은 청중이 스스로 결정할 수 있도록 여지를 남긴다. 진리에 대한 그의 열정에도 불구하고 예수의 커뮤니케이션은 조작적이지도, 강압적이지도 않았다. 질문을 하거나 하지 않거나 예수는 청중이 결론을 도출할 수 있도록 여지를 남겨 두었다. … 결론은 요한 스스로가 내려야 했다.[216]

설교 내내 청중을 따분함과 지겨움 속으로 몰아넣은 설교자가 마지막 결론에서까지 권위적으로 강요하거나 본문의 의도를 다 알려 준다면 어떻게 되겠는가? 역효과를 가져올 게 뻔한 일이다. 오늘날 강단의 위기의 주된 이유 중 하나는 그런 식의 결론 방식에서 비롯된 것이다.

그런데 본문의 메시지를 설교자 자신이 직접 밝힌다는 것만 제외하면, 이동원 목사는 청중에게 권위적이고 강압적으로 강요하는 형태를 띠지 않는다는 점에서 새설교학자들과 같은 길을 걷고 있다고 말할 수 있다. 그는 설교하는 내내 청중으로 하여금 흥미와 감동을 자아내게 하면서, 슬쩍 권유하거나 소망하거나 질문하거나 촉구하거나 확신하거나 필요성을 유발하거나 기도하는 방식을 전개해 나간다. 그는 설교의 서론뿐 아니라 결론에 있어서도 포스트모던 시대의 청중에게 잘 어필하는 새롭고 특출한 방식의 설교 전개로 정평이 나 있는 사람이다.

설교자가 권위적인 결론을 강요하지 않음에도 청중으로 하여금 자동적으로 본문이 의도하는 명확한 결론을 내리게끔 만들 수 있다면 그보다 더 좋은 방법은 없으리라. 권위적 도전과 선포가 잘 먹혀들지 않는 포스트모던 시대에 이런 감동적인 설교의 전개 방식은 효과적인 전달에 매우 유익할 것이라 판단된다. 그럼 이동원 목사의 설교의 결론 부분을 하나씩 세밀하게 분석해 보자.

필자는 『당신은 예수님의 VIP』[217]라는 이동원 목사의 저서 속에 나오는 20편의 설교의 결론 부분을 세밀하게 분석해 본 적이 있다. 그 결과를 여기에 소개해 본다.

유형	내용	횟수
권유형	• 거듭남의 새벽을 맞이하고 싶지 않습니까? • 이 축제에 참여하지 않겠습니까? • 용서의 주인이신 예수님 앞으로 나아오지 않겠습니까? • 주님의 VIP가 되어 주시지 않겠습니까?	4
소원형	• 당신의 친구를 데리고 예수님 앞으로 나오기를 바랍니다. • 영혼을 위해 예수님을 감동시키는 사람이 되기를 바랍니다.	2

질문형	• 이제 그처럼 소중한 VIP를 우리 마음에 품기로 작정하십니까? • 복음의 이야기를 들려줄 당신의 VIP는 어디에 있습니까? • 오늘 우리는 어떤 감사를 드리고 있습니까?	3
촉구형	• 당신과 내가 주님의 존귀한 VIP가 되어야 할 시간입니다. • 지금이 변화의 기회입니다.	2
확신형	• 이 기도가 당신을 예수님의 VIP로 변화시킬 것입니다. • 오늘 당신은 천국의 시민이 될 것입니다. • 그 순간이 우리의 존재가 치유되는 새 아침이 될 것입니다. • 이제 그 소명을 위해 우리가 눈을 떠야 할 시간입니다.	4
필요형	• 치유의 말씀을 들을 수 있는 기회를 제공해야 합니다. • 이젠 이웃을 구원하는 인생을 살아야 합니다. • 이 예배 중에 당신은 살아 계신 주님을 만날 것입니다.	3
기도형	• 감사를, 자녀들이 배우는 축복을 누리기를 기도해 봅니다. • 주님의 VIP, 그것이 당신이기를 기도합니다.	2

이동원 목사의 설교의 결론에 권위적이거나 강압적으로 강요하는 내용이 보이는가? 전혀 없음을 확인할 수 있다. 청중과 함께하고, 청중을 배려하며, 청중을 향한 소원을 가지며, 청중에게 촉구하며, 청중을 위해 기도하는 그의 설교의 매듭 방식에 어찌 설교자 자신이 의도하는 자발적인 변화와 순종이 청중에게 나타나지 않을 수 있단 말인가? 설교자들이여, 설교의 달인인 이동원 목사의 결론 비법도 꼭 주목해서 살펴보자.

6) 풍부한 상상력

앤드루 블랙우드Andrew Blackwood는 대부분의 성경적인 설교자들이 강해야 할 곳에서 취약점을 보이고 있는데, 특히 상상에 호소하는 부분에서 더욱 그러하다고 말했다.[218] 정확한 지적이다. 늘 틀에 박힌 진부한 논리와 설명에서 벗어나지 못한 채 청중을 졸게 만드는 설교자들이 오늘의 강단을 좀먹게 하고 있다. 이에 대한 대안은 설교자들로 하여금 그들 속에 내재되어 있는 상상력을 맘껏 발휘하게 하는 것이다.

월터 부르그만Walter Brueggemann 또한 강단의 새로운 변화를 위해서는 설교자가 극적이며dramatic, 예술적이며artistic, 풍부한 상상력을 불러일으키는imaginative 언어를 사용해야 한다고 주장한다.[219]

상상력은 캔버스 위에 한 폭의 그림을 그리는 것과 같다. 단순히 소리를 들려주는 것과 보여 주는 것은 다르다. 따라서 제대로 된 설교는 청중으로 하여금 하나님의 말씀을 귀가 아니라 눈으로 보게 만드는 것이다. 최고의 설교자는 종이 위에 기록된 과거의 말씀을 오늘을 살아가는 청중이 가장 이해하기 쉽고 선명하게 볼 수 있도록 살려 주는 역할을 해야 한다.

필자와 이동원 목사의 만남과 교제는 지금으로부터 약 4년 전 어느 주일, 오전 예배를 마친 후 지구촌교회 담임목사실에서부터 시작되었다. 우리의 대화가 무르익던 중 이동원 목사는 벽에 걸린 초상화와 사진을 가리키면서 누군지 알겠느냐고 물었다. 오른쪽에 위치한 사진은 찰스 스펄전의 사진임을 단번에 알아봤는데, 왼쪽에 있는 초상화의 주인공은 누군지 알 수 없었다. 모르겠다고 하자 그가 바로 『천로역정』의 저자인 존 번연이라고 했다.

이동원 목사에게 결정적으로 영향을 준 두 인물이다. 이동원 목사는 찰스 스펄전에게서 십자가와 복음에 대한 순수한 열정을 배웠고, 존 번연에게서는 문학적 상상력을 배웠다고 한다. 재미있는 사실은 찰스 스펄전 역시 어린 시절부터 자신이 흠모해 왔던 존 번연의『천로역정』을 100번이나 읽을 정도로 청교도 사상과 문학적 표현과 상상력에 깊이 심취했다고 한다. 이동원 목사 역시 사역 초기에 존 번연의 책에 줄을 쳐 가며 읽고 또 읽으면서 상상력을 키웠다고 한다.[220] 그가 '스토리텔러storyteller'란 별명을 갖게 된 것도 알고 보면 다 존 번연의 영향 때문이다.

그와 인터뷰한 내용을 직접 들어 보자.

제 사무실 안에 들어가면 두 사람이 있어요. 찰스 스펄전과 존 번연입니다. 처음 예수 믿고 나서 찰스 스펄전의 설교를 통해 설교를 배웠고, 그리고 존 번연의 상상력,『천로역정』을 읽으면서 지금 '천로역정 세미나'를 여기서 하고 있습니다만, 그분의 문학적인 상상력이 제가 설교를 이야기식 설교로 발전시키는 데 큰 영향을 주었다고 생각합니다.[221]

그렇다. 우리 모두는 서로 영향을 받기도 하고 끼치기도 하면서 배워 나간다. 어떤 이에게 영향을 받느냐에 따라 그 사람의 삶이 달라진다. 설교자라면 누구나 위대한 설교자들로부터 배워야 한다. 이동원 목사가 이 시대 최고의 설교자가 되는 데 영향을 끼친 인물들이라면 우리 역시 그들에게 관심을 가져야 하지 않을까?

침례교신학대학에서 설교학을 가르치는 문상기 교수는 이렇게 말한다.

그의 폭넓은 독서는 동시에 그의 저술 세계를 열어 가게 한다. … 저술의 일차적인 원료가 독서라고 한다면, 그만의 독창적인 창의력으로 스토리를 꾸며 내는 것은 그의 풍부한 상상력에서 오는 것이 아닐까 생각해 본다. 그렇다면 그의 저술의 원천은 끊임없는 독서와 함께 그의 신앙을 포함한 내면의 세계가 한없는 상상의 창공에서 아름다운 빛깔로 채색되어 금싸라기 같은 글로 표현되는 것으로 보인다.[222]

문상기 교수 역시 이동원 목사의 장점 중 하나가 상상력임을 인정하고 있다. 누가 뭐래도 이동원 목사의 설교가 가진 장점 중 하나는 풍부한 상상력이다. 이것이 오늘의 이동원 목사를 있게 한 중요한 이유 중 하나로 자리 잡고 있다.

그러면 그의 탁월한 상상력이 설교 속에서 어떻게 발휘되고 있는지 그 흔적들을 하나씩 찾아보자.

우리 모두는 어린 시절 동네 어느 구석진 마당이나 아니면 동네 학교 마당에 한 구획을 정하고 방과 후 친구들과 어울려 해가 저물 때까지 공놀이, 자치기, 줄넘기, 땅 뺏기, 숨바꼭질 등을 하고 놀던 추억을 가지고 있습니다. 이런 우리의 놀이는 보통 우리 친구들 중 한 부모님의 출현으로 그 막을 내리는 일이 일상이었습니다. "해가 졌다. 그만들 놀고 집으로 가거라." 저는 지금도 이런 일이 벌어지면 "에이 씨" 하고 놀이의 중단을 항의하며 늘 못마땅하게 생각하던 한 친구의 모습이 추억의 영상에 떠오릅니다. 나중에 알고 보니까 그 친구는 사회복지시설(고아원)이 집이었던 친구였습니다. 지금 생각하면 자기를 따뜻하게 맞이할 아빠나 엄마가 없는 그 친구의 귀가는 별로 신바람 나는 일이 아니었을 것입니다.

그런데 제가 예수님 믿고 성경을 읽기 시작한 어느 날부터 저에게는 또 하나의 상상의 영상이 새겨지기 시작했습니다. 어느 날 인생의 놀이터에서 해 저무는 줄 모르고 놀이에 분주한 우리에게 저 하늘에 계신 분이 "그만 놀고 집으로 오너라" 하고 부르실 순간이 온다는 자각이었습니다. 그때 가장 중요한 질문은 우리에게 돌아갈 영원한 집이 준비되어 있느냐는 것입니다.[223]

어릴 적 친구들과 함께 놀던 놀이들과 그중 한 친구의 모습을 떠올리며, 하늘에 계신 아버지께서 우리를 부르시는 순간을 상상하며 전개해 나가고 있는 이동원 목사의 실력을 보라. 다른 실례를 찾아보자.

그럼에도 지붕을 뜯는 것은 여전히 모험적인 행동이었습니다. 지붕을 뜯는 동안 흙 부스러기가 집안에 있는 사람들에게 떨어졌을 것이고, 사람들은 깜짝 놀라서 "도대체 누가 이런 무식한 작태를 벌인 거냐"라고 소리쳤을 것입니다. 지붕을 뜯는 과정에서 남들의 비난과 항의를 감수해야 했습니다. 친구가 고침을 받은 후 이들은 상당한 액수의 지붕 값을 보상 차원에서 지급해야 했을 것입니다.[224]

네 명의 친구들이 침대에 누워 있는 환자를 지붕 위에서 방 안으로 내리기 위해 지붕을 뜯은 이야기와 그때 집안에 있던 사람들 사이에서 어떤 일이 벌어졌을 지를 상상해 보라. 이동원 목사는 탁월한 상상력으로 당시의 상황을 청중에게 현장감 있게 되살려 놓았다. 다른 예를 살펴보자.

"동틀 때에 천사가 롯을 재촉하여 가로되"(15절). 그러니까 밤새도록 재촉한 거예요. 저녁에 갑자기 이상한 손님들이 찾아와서 심판이 임한다고 전한 것 자체가 불쾌했을 것입니다. 저녁에 자려고 하는데 갑자기 문 두드리고 들어와서 "잠깐 실례합시다. 중요한 메시지를 전하러 왔습니다. 이 도시가 멸망할 것입니다. 어서 떠나십시오" 했으니 얼마나 기분이 나빴겠습니까?

그러나 그 이튿날, 막 불비가 쏟아져 내리는 도시의 광경을 보았을 때, 그들은 이 무례한 천사들의 강권에 대해서 얼마나 감사했을까요? 여러분 중에 지금 억지로 교회에 끌려다니시는 분이 있다면 나중에 천당에 가서 너무너무 감사할 거예요. 만약 강권하기를 스톱한 사람이 있어 하나님 나라에 이르지 못한 사람들이 있다면, 지옥의 영원한 불꽃 가운데서 소리치는 그들의 음성을 들어야 할지 모릅니다. "마지막 심판이 있다고 그때 왜 나를 좀 더 강권하지 않았나요? 김 집사님, 정 권사님, 왜 나를 강권하지 않았나요? 여보, 왜 나를 좀 더 강권하지 않았소?" 하고 말입니다. 강권이 필요합니다. 사실 롯도 제대로 응답하지 않았습니다. 어떻게 응답했습니까? "그러나 롯이 지체하매"(16절). 바로 응답을 하지 못하고 지체했습니다.**225**

불비가 임했을 소돔 성의 당시 상황을 상상력을 동원하여 리얼하게 묘사하면서, 천국에 가지 못하고 지옥의 영원한 불꽃 가운데서 소리칠, 복음을 거부한 자들에게 임할 하나님의 심판을 잘 그려 주고 있다. 또 다른 예를 소개한다.

여러분, 예수님이 이 땅에 오시지 않은 세상을 상상할 수 있습니까? 예수에 대해 쓰인 그 많은 시가 없는 세상을 상상해 보십시오. 예수 그리스도를 위해 작곡하고 작사된 그 많은 노래와 찬양이 없는 세상을 여러분은 상상할 수 있습니까? 아니, 예수님에 의해 영향 받은 수많은 서구 문명의 놀라운 발자취들 혹은 철학적인 발자취들, 혹은 예수 때문에 이 땅에 제공될 수 있었던 가치관이 전혀 존재하지 않았던 세상을 여러분은 상상할 수 있습니까? 교회가 역사 속에서 잘못한 것도 많이 있습니다. 그러나 여러분, 예수에 의해 변화된 사람들이 하나도 없는 세상을 가정하거나 상상해 볼 수 있습니까? 저는 여전히 예수 그리스도는 하나님이 이 땅에 주신 가장 위대한 분이라고 믿습니다.[226]

상상력을 동원해서 청중에게 생각하게 만들면서 같은 문장을 여러 번 반복하는 이동원 목사의 어법에 주목해 보라. 비슷한 실례를 소개한다.

이제 눈을 감고 그림을 그리십시오. 보잘것없는 겨자씨 하나 같은 열매를 통해서 태어난 나, 첫울음을 울며 이 땅에 태어났던 그 순간 엄마의 품에서 시작되었던 나의 작은 시작을 한번 생각해 보십시오. 나는 인생을 살았습니다. 많은 시간이 흘렀습니다. 나는 이제 어떤 인생의 나무가 되었습니까? 내 나무는 어떤 열매를 맺었습니까? 뿌리 깊은 나무, 흔들리지 않는 나무, 푸르고 울창한 나무, 그늘이 있는 나무, 이 아름다운 열매를 내 이웃들에게 나누며 푸르고 아름다운 그늘을 주면서 내가 살아온 인생의 풍성한 체험과 나를 다스려 주신 예수님의 놀라운 사연을 이웃들에게 남길 수 있습니까?[227]

자신의 상상력 발휘로도 모자라 설교를 듣는 청중의 상상력까지 자극시키는 이동원 목사의 어법을 눈여겨볼 필요가 있다. 이제 다른 실례로 넘어가자.

여러분은 어떤 죽음을 준비하십니까? 제가 만약 사랑하는 아내 사라를 잃고 그 곁에서 울고 있는 아브라함 곁에 다가설 수 있다면, 또 제가 노래를 잘한다면, 아브라함 곁에서 이런 노래를 불러 주고 싶습니다. "울고 있나요. 당신은 울고 있나요. 아, 그러나 당신은 행복한 사람. 아직도 남은 별을 찾을 수 있는 그렇게 아름다운 두 눈이 있으니." 어디서 많이 듣던 가사 같지 않습니까?

아브라함에게는 두 개의 눈이 있었다고 생각합니다. 사랑하는 아내가 찾아간 천국, 그리고 거기서 함께 거하며 영원을 누릴 수 있는 천국을 바라볼 수 있는 눈이 아브라함에게 있었습니다. 동시에 남은 세월을 살아야 할 자신의 현실을 바라볼 수 있던 눈이 있었습니다. 이런 소망의 눈과 현실의 눈이 죽음을 준비하는 사람들에게 얼마나 필요한지요.[228]

사라를 잃고 외로움에 빠져 있었을 아브라함의 처량한 모습과 천국에 있는 아내를 위해 아브라함이 가졌을 눈에 대해 놀라운 상상력을 발휘하고 있음이 보이는가? 하나만 더 살펴보자.

아마도 이 시는 다윗의 어린 시절, 그가 목동이었을 때 지어졌을 가능성이 큽니다. 그는 아마 하루 일을 마치고 양 떼들을 쉬게 한 다음, 풀밭에 누워 깊어 가는 밤하늘의 달과 별들을 바라보았을 것입니다. 새삼스럽게 하늘에 가득한 창조주 하나님의 영광이 가슴 가득히 밀려왔습니다. 하늘과 땅도 담을 수 없는 하나님의 영광을 찬미하지 않을 수 없었습니다. 그래서 그는 지금의 기타와 비슷한 악기인 깃딧을 들고 연주를 시작했을 것입니다.229

어릴 적 우리네 동요 가사처럼, 깊어 가는 가을밤에 풀밭에 누워 밤하늘의 달과 별들을 바라보며 시를 짓고 악기를 연주하고 있는 다윗의 모습을 이동원 목사는 뛰어난 상상력으로 잘 살려 내고 있다.

착각은 자유라고 했던가? 상상력도 마찬가지다. 원하는 대로 끌어다 먹고 맘껏 마시게 하는 자가 임자다. 설교자들이여, 상상력의 날개를 장착하여 21세기의 설교 세계로 원 없이, 끝없이 날아다니고 싶지 않은가? 고인물이 아니라 늘 흘러가는 신선한 생수를 맛보여 주기 위해서 상상력의 두레박을 사용하여 새롭고 감칠맛 나는 스토리들을 길어 올려야 한다는 사실을 결코 놓치지 말아야 한다.

7) 감각적 이미지와 오감

우리가 살고 있는 시대는 TV나 영화나 전자 매체가 고도로 발달한 시대로서, 인간의 오감에 호소하는 감각적 호소 활용이 필수적인 상황이다. 따라서 설교자는 청중에게 하나님의 말씀을 보고see, 듣고hear, 만지고touch, 맛보고taste, 냄새 맡도록smell 하기 위해서 오감 활용을 필수적 도구로 삼아야 한다.

다간E. C. Dargan은 역사의 위대한 설교자들 중 실제로 "스펄전보다 탁월한 사람은 없었고, 그보다 더 감각적 호소력을 갖춘 설교자도 없었다"며 스펄전에 대해 찬사를 보냈다.[230] 스펄전은 "주의하여 보라, 바라보라, 주시하라, 사모하라, 보라, 관찰하라, 경청하라, 만져라, 맛보라" 등 직접적 감각에의 호소들을 아주 강력하게, 자주 사용한 설교자였다.[231]

지난해에 영국을 방문했던 필자는 최고의 관심사였던 스펄전의 메트로폴리탄 태버너클Metropolitan Tabernacle 교회를 찾아 사진을 찍으며, 이런 상념에 깊이 잠겨 본 적이 있다. '아, 내가 타임머신을 타고 과거로 돌아갈 수 있어서, 이 크고 웅장한 교회에서 호소력 있는 목소리를 쩌렁쩌렁 울리며 설교하는 스펄전의 모습을 한 번만이라도 볼 수 있다면 얼마나 좋겠는가!'

우리는 그를 가리켜 '설교의 황태자'라고 한다. 그가 38년간 설교했던 메트로폴리탄 태버너클 교회에는 주일이 되면 많게는 2만 명이 넘는 성도들이 그의 설교를 들으러 왔다고 하니, 21세기를 살아가는 요즘 시대에도 상상하기 어려운 일이 아니던가! 도대체 그 무엇이 스펄전으로 하여금 그토록 위대한 부흥의 기적을 일구게 했으며, 그가 어떤 설교를 했기에 사람들은 그를 역사상 가장 위대한 설교자 중 한 사람으로 추앙하고 있는 것일까?

스펄전에게 남달리 구별되는 특별한 재주가 있었으니, 그것은 바로 청중의 마음을 터치하고 그들의 감성을 예민하게 자극하는, 그만이 갖고 있는 전매특허인 효과적인 전달력이다. 이것을 '감각적 호소sense appeal'라고 하는데, 그의 천부적인 호소력, 특히 오감 활용은 타의 추종을 불허할 정도로 그 효과가 대단했다고 한다.[232] 그 실례를 들어 보자.

그러나 여기를 보십시오. 십자가에 달려 있는 저분이 보이나요? 고요히 떨어지는 그의 고통스러운 머리를 바라봅니까? 그의 볼 위로 뚝뚝 떨어져 내리는 핏방울의 원인인 저 가시관을 바라봅니까? 꿰뚫려 갈라진 그의 두 손과 잔인한 두 못으로 거의 쪼개진 체중을 지탱하고 있는 그의 신성한 발을 봅니까? 당신은 십자가에 못 박힌 그를 상상해 주시하여 보십니까? 그의 피 흘린 손과 발이 풀어낸 응혈을 보고 계십니까? 그를 보십시오.233

시각적이고 감각적인 호소력이 대단하지 않은가! 웨스트민스터 신학교 실천신학 교수인 애덤스J. E. Adams는 스펄전의 설교 특징은 바로 감각적 호소라고 주장하면서, 이것은 설교자들에게 꼭 필요한 특징이라고 강조했다.234 그런데 우리는 스펄전이 이 시대에 환생한 사람이라고 할 정도로 호소력 있는, 감성적 전달에 천재적인 설교자를 아주 가까이서 만나 볼 수 있다.

지난 4월 17일, 미국 미드웨스턴 침례신학교에서는 학교 채플실을 새로 지어 한 외국인의 이름을 그 채플실 이름으로 명명하는 헌정 예배를 성대히 드린 적이 있다. 그 이름은 'THE DANIEL LEE CHAPEL'이다. 바로 이동원 목사의 이름이다. 침례교도였던 스펄전 목사의 기념관이 있는 이 신학교에서는 같은 침례교 목사인 이동원 목사를 '한국의 스펄전'이라고 칭찬하면서, 그의 이름을 신학교 채플실에 영구히 새겨 넣고 채플 시간에 그 주인공의 설교를 듣게 한 것이다. 스펄전의 영예를 고스란히 간직하고 있는 자존심 센 미국 신학교로부터 그런 평가를 받고 기념된다는 게 어디 쉬운 일이던가! 그의 탁월한 설교 능력을 인정하지 않고서는 결코 있을 수 없는 일이다. 이동원 목사 개인적으로도 대단한 명예와 영광이겠지만, 같은 한국 사람으로서도 가슴 뿌듯한 일이 아닐 수 없다.

그렇다. 스펄전의 설교를 들어 본 적은 없지만, 이동원 목사의 설교를 듣다 보면 마치 스펄전이 살아서 설교하고 있는 듯한 감동 속에 빠져들 때가 많다. 그만큼 그가 사람의 마음을 세심하게 터치하는 감미롭고 호소력 있는 설교에 탁월하기 때문이다.

이동원 목사는 인터뷰에서 다음과 같이 말했다.

찰스 스펄전의 설교를 읽어 보면 가슴이 뛰고 피가 튀고, 갈보리 언덕이 보이고, 또 손에서 핏방울이 떨어지는 주님의 모습이 보입니다. 그것은 그만큼 그가 상상력에 호소하고, 그림을 그려 주고, 설교를 통해서 사람들을 열정에 서 있게 하는 그런 화법들을 사용하기 때문입니다.[235]

이동원 목사의 설교를 들어 보라. 그 속에 스펄전의 상상력과 호소력이 고스란히 묻어 있음을 어렵지 않게 확인할 수 있다. 선명하고 뚜렷한 어휘, 사실적이고 세밀한 표현, 그림으로 보여 주는 듯한 생생하고 생동감 있는 묘사, 청중의 가슴을 애태우게 만드는 호소력 있는 언어와 어구 등은 이동원 목사만이 가진 전매특허다.[236] 그렇다. 이 모든 것은 천부적인 재능에다 끊임없는 노력과 훈련을 통해서 이루어진 결과다.

설교자라면 누구나 이동원 목사처럼 위대한 말씀 선포를 위해 지속적으로 갈고닦고 배워야 한다. 특히 오감 활용 기법은 청중에게 가장 크게 어필할 수 있는 설교의 재능이다. 이동원 목사는 스펄전처럼 성경의 핵심인 복음을 어떻게 하면 청중에게 효과적으로 전할 것인가를 부단히 연구하고 노력했다. 이제 이동원 목사가 어떻게 청중의 마음을 들었다, 놨다 하는지를, 그의 호소력 만점의 설교를 통해 직접 짚어 보자.

로마 군병이 채찍을 들고 한 걸음 다가섰습니다. 무거운 가죽끈으로 된 채찍을 들고 한 걸음 다가섰습니다. 그것은 무거운 가죽끈으로 된 채찍으로 그 끝에는 각각 두 개씩 둥그런 쇠 납덩어리들이 달려 있었습니다. 그 무거운 채찍으로 예수님의 등과 다리를 사정없이 거듭 내리쳤습니다. 처음에는 가죽끈들이 피부만을 찢어 놓습니다. 그러나 계속 내리침에 따라 가죽끈들이 피하 조직을 찢고 파고들자 모세관과 혈관에서 피가 줄줄 흘러나오고, 드디어 근육 속에 있는 혈관에서 피가 뿜어져 나오기 시작했습니다. 채찍질과 함께 예수님의 상처는 넓고 깊어졌습니다. 마지막에는 그분의 등살 가죽이 마치 걸레처럼 너덜너덜해지고, 등 전체는 알아볼 수 없을 정도로 찢어지고 피로 범벅이 된 살덩이가 되었습니다.[237]

예수님이 로마 군인들에게 채찍을 맞아서 살이 찢기고 피가 흐르는 장면을 이보다 더 생생하게 묘사할 수 있을까? 피범벅이 되어 온몸이 만신창이가 된 예수님의 장면을 전해들은 청중의 마음은 어떠했을지 상상해 보라. 몸서리쳐질 정도로 시각적으로 리얼하게 표현된 주님의 십자가 수난 사건은, 틀림없이 청중을 최절정의 아픔과 감동으로 몰입시켰을 것이다. 또 다른 예를 보자.

예수님의 육체적 수난은 겟세마네 동산에서 시작됩니다. 이 초반의 고통에서 특별히 생리학적으로 흥미 있는 한 가지는 예수께서 피 같은 땀을 흘리셨다는 것입니다. 매우 흥미롭게도 복음서의 기자들 중에서 오직 의사인 누가만이 이 사실을 기록했습니다. 그는 "예수께서 힘쓰고 애써 더욱 간절히 기도하시니 땀이 땅에 떨어지는 핏방울같이 되더라"(눅 22:44)고 기록했습니다.

피와 땀을 흘리며 기도하신 후 이 동산에서 체포된 예수께서는 산헤드린 공회와 대제사장 가야바 앞으로 끌려갔는데, 여기서 처음으로 외상을 당하십니다. 대제사장 가야바의 질문에 아무 대답 없이 잠잠히 계신다는 이유 하나로 사환 중 하나가 예수님의 뺨을 때렸습니다. 그러고 나서 성전 경비대원들이 그분을 조롱하고 비웃고 침 뱉고 얼굴을 구타하기 시작했습니다.

채찍을 위한 준비가 되었습니다. 죄수의 옷이 벗겨지고 두 손은 머리 위에 있는 기둥에 묶여졌습니다. 여기서 로마 군병들이 채찍질하는데, 유대법을 따라 40번이 아닌 39번을 때리도록 했습니다. 로마 군병이 채찍을 들고 한 걸음 다가섰습니다.[238]

여기서도 생생한 묘사를 통해 십자가에서 수난 당하시는 예수님의 모습을 청중 앞에 리얼하게 재현시키는 이동원 목사의 재주가 으뜸임을 확인할 수 있다. 시청각 자료의 활용 없이 오직 설교만으로 골고다 언덕의 예수님의 수난의 현장으로 청중을 너끈히 몰아가는, 이 시각적이고 청각적인 그의 호소력 있는 설교를 들어 보라. 가슴이 벅차오르고 눈시울이 적셔지고 울음이 왈칵 터져 나올 수밖에 없도록 만드는 이 놀라운 설교의 비법은 우리 모든 설교자들이 반드시 지녀야 할 무기와도 같다. 또 다른 예를 들어 보자.

예수께서 십자가에 못 박혔습니다. 점차 힘이 빠져 손목에 박혀 있는 못이 몸무게를 지탱하자 무서운 아픔이 예수님의 손가락과 발가락, 뇌로 전달됩니다. 손목에 박혀 있는 못들은 중추에 압박을 가하기 시작했습니다. 고통을 피하기 위해 몸을 위로 밀어 올리자, 몸무게 전체가 다리에 박힌 못에 지워졌습니다. 바로 이때 또 다른 현상이 일어났습니다. 팔들이 피로해지자 그 경련이 근육 전체에 급속하게 퍼졌는데, 그것은 깊고 사정없이 쑤셔 대는 아픔이었습니다. 이 경련 때문에 그분은 몸을 위로 밀어 올리지 못하셨습니다.

그리고 팔에 몸무게가 실리게 되자 가슴 근육이 마비되고 늑간 근육도 제구실을 못하게 되었습니다. 공기를 흡입할 수는 있지만 내쉴 수는 없었습니다. 짧은 호흡이라도 얻기 위해 예수님은 몸을 위로 밀어 올리고자 안간힘을 쓰셨습니다. 드디어 이산화탄소가 허파와 혈류에 채워지자 근육의 경련이 부분적으로 가라앉았습니다. 발작적으로 그분은 숨을 내쉬기 위해 몸을 위로 밀어 올리고 산소를 들이마셨습니다.[239]

인류가 감당해야 할 죄의 값을 대신 치르기 위해 처절한 고통과 아픔 속에 숨을 몰아쉬고 몸을 부들부들 떠셨던 예수님의 수난 장면을 이보다 더 생생하게 그릴 수가 있을까? 다른 예를 살펴보자.

예수님은 마침내 십자가에 매달렸습니다. 성금요일 아침 9시쯤에 매달리셨을 것입니다. 양손과 양발에 못을 박히시고, 머리에 가시 면류관을 쓰시고, 그 몸이 감당할 수 없는 격렬한 고통과 신음을 토해 내던 그 절정의 시간, 아마 낮 12시쯤 되었을 때 캄캄한 어둠이 온 세상을 덮었습니다.

그리고 온 세계는 잠시 동안 침묵했습니다. 이 세계를 덮고 있었던 어둠의 장막과 깊은 침묵, 이것은 아버지의 침묵이었고, 아버지의 고통이 아니었겠습니까?[240]

자신도 모르게 깊은 신음을 내뱉을 수밖에 없으셨던 주님의 견딜 수 없는 고통과 고뇌의 모습이 눈앞에 어른거리는 듯한, 이 엄청난 사실적 표현들을 보라. 그 묘사가 얼마나 리얼하고 상세한가? 다른 예들을 더 살펴보자.

옷이 벗겨집니다. 홍포가 입혀지고 가시 면류관이 씌워집니다. 채찍질이 가해지기 시작합니다. 옛사람은 말하기를, 그때 예수님을 때린 그 채찍은 한 번의 채찍질에 모든 등뼈의 살이 묻어나는 채찍이었다고 합니다. 수욕과 침 뱉음을 당하며 쓰러지고 거꾸러지면서 감당하기 힘든 무거운 십자가를 걸머지고 골고다의 언덕을 나서기 시작합니다. 사람들은 지금도 그 길을 슬픔의 길이라고 부릅니다.[241]

교회당 아래에서 샘물이 퐁퐁퐁 솟고 아름다운 꽃이 교회 주변을 둘러싸고 있는 환상이 보였습니다. 그런데 샘물이 솟다가 강이 되고 또 바다가 되더니 바다에서 갑자기 사람들의 머리가 하나씩 막 올라왔습니다. 그리곤 엄청난 인파가 몰려드는 거예요. 한참 후에 그들이 예배를 드리고 나서 얼굴이 변하는 것이었습니다. 그리고 수없이 많은 사람들이 찬양을 하면서 막 밀려 바다로 나가는데 갑자기 세계가 보였습니다. 나도 모르게 꿈속에서 "아멘" 했습니다. "아멘" 해 놓고 깜짝 놀라 깨 보니 꿈이었습니다.[242]

시각적인 묘사에 청각적인 묘사가 한데 어우러져 꿈속의 장면이 이 설교를 듣는 청중의 얼굴에 생생하게 떠오르지 않았을까? 대단한 언어 감각이 아닐 수 없다.

겨울잠을 깨고 다시 기지개를 켜는 새싹들의 아름다움이 봄의 아름다움이라면, 여름은 푸르른 신록으로 자연을 단장하고 우리를 우거진 녹음으로 초대하는 아름다움의 매력을 갖지 않습니까? 낙엽이 떨어져 쌓인 가을 거리에서 우리는 사색의 깊은 아름다움을 느낄 수 있으며, 겨울은 온 대지를 순백의 눈발로 덮는 아름다움을 자랑하지 않습니까?[243]

시각적인 감각의 호소가 탁월하게 발휘되어, 마치 한 폭의 수채화나 풍경화를 보여 주듯 생생한 장면을 청중에게 묘사하고 있는 이동원 목사의 솜씨를 보라. 좀 더 살펴보자.

부활하신 예수님이 다가오셨습니다. 그리고 어떻게 하십니까? 나그네의 모습으로 곁에 서서 성경 말씀을 들려주기 시작하셨습니다. 주님의 말씀을 듣는 순간 두 제자의 마음이 뜨거워졌습니다. 그리고 말씀을 듣는 순간 소망이 생겼습니다. 놀라운 희망이 용솟음쳤습니다. 두 제자는 그 순간 눈이 열리고 부활하신 주님을 보게 되었습니다.[244]

오감 중에 보고, 듣고, 느끼게 하는 세 가지 감각을 자극하는 내용이 잘 묘사되어 있음을 본다. 또 다른 예를 살펴보자.

우리와 함께 계시며, 우리의 상처를 어루만지시고, 우리에게 말씀하시는, 그분의 음성이 들리지 않습니까?**245**

터치touch와 들음hear이 조화를 이루어 듣는 이로 하여금 생생하게 와 닿게 만드는 이동원 목사의 탁월한 표현 기법을 보라.
다른 예를 찾아보자.

피곤으로 지친 내 곁에 어느 날 소리 없이 다가와 어깨를 두드리며 "힘내!" 하고 속삭이는 이웃들의 눈동자 속에서 우리를 향해 미소 짓는 그의 사랑의 섬김이 느껴지지 않습니까? 그래도 확신이 없다면 십자가 앞에 오래 머물러 보십시오. 십자가를 깊이 관찰해 보십시오. **246**

"소리 없이 다가와 어깨를 두드리며", "우리를 향해 미소 짓는 그의 사랑의 섬김이 느껴지지 않습니까?" 이 얼마나 청중의 감성을 자극시키는 문장들인가? 이들이 바로 차별화된 표현들이요, 이동원 목사를 위대한 설교자로 만드는 소중한 요소들이 아니겠는가! 하나만 더 살펴보자.

그러나 이 소금이 제대로의 맛을 내기 위해서는 음식에 들어가서 그 자신이 녹아지지 않으면 안 됩니다. 그런데 녹지 않으려는 그리스도인들이 있습니다. 그들은 자기 자신은 절대로 녹아지지 않으려고 애를 씁니다. 자기 이름, 자기 견해, 자기주장, 자기 생각 속에 꽁꽁 묶여 있습니다. 그러나 소금은 음식 속에 들어가서 푹 녹아 버립니다. 그리고 단맛, 쓴맛, 신맛 등 온갖 유형의 맛들과 어울려서 독특한 새로운 맛을 창조해 냅니다. **247**

이동원 목사는 '소금'을 가지고 미각적 이미지로도 활용하고 있음을 본다.

지금까지 구체적인 실례로 살펴보았듯이, 그는 추상적이고 흐릿한 언어를 피하고 청중의 오감을 자극하는, 살아 꿈틀대는 문장을 자신의 설교 속에 적극 활용하고 있다. 이것이 오늘의 이동원 목사를 세우는 데 가장 지대한 영향을 미쳤다고 볼 수 있다.

8) 현대적 감각에 맞는 언어 구사력

우리 어릴 땐 떡 하나도 먹기 어려운 힘든 시절을 살았는데, 요즘 아이들은 아예 떡을 먹지 않는다. 그보다는 오히려 빵이나 피자 같은 것들을 더 좋아한다. 그래서 상점들은 어린 고객들의 입맛에 맞추기 위해 최선을 다한다. 시대가 달라졌기 때문이다. 변하지 않으면 살아남을 수 없음을 누구보다 잘 알고 있는 것이다. 그렇다. 변화를 추구하지 않으면 남들에게 뒤질 수밖에 없고, 구시대의 유물로 낙인찍혀 뒤편으로 물러나게 된다.

설교자 역시 하나님의 말씀을 효과적으로 전달하기 위해 반드시 자기 시대의 언어를 사용해야 한다. 예수님도 예외가 아니셨다. 그분은 하늘의 진리를 땅의 언어로만 전하셨다. 그분이 들려준 많은 이야기와 비유들은 당시 청중이 이해하기에 조금도 어려움이 없는 친숙하고 쉬운 내용들이었다.[248] 하나님의 아들이자 말씀이셨던 그분조차 자기 시대의 언어를 활용하셨다면, 오늘날 우리같이 무능한 설교자는 어떻게 해야겠는가?

이런 점에서도 이동원 목사는 돋보이는 설교자다. 그의 언어 구사력은 타의 추종을 불허할 정도로 탁월하다. 특히 그는 이 시대의 사람들에게 가장 잘 맞아떨어지는 언어 감각적인 표현과 구사력으로 청중의 마음을 사로잡는 재주를 갖고 있다. 비록 목회 현장에서 은퇴한 지 5년이란 세월이 지났고, 칠순에 다다른 연세지만, 그는 아직도 이 시대를 사는 사람이라면 남녀노소 누구에게나 공감이 가는 설교를 계속해서 선보이고 있다. 결코 쉽지 않은 일이다. 그 비결은 무엇일까? 그의 인터뷰에서 그 이유를 찾아볼 수 있다.

> 저는 소설류든 비소설류든 상관없이 그 달의 베스트셀러들은 한 달도 빼놓지 않고 읽는 습관을 지난 20년 이상 계속했습니다. 그것이 저로 하여금 현대인들을 이해하게 만들고, 또 현대적 예화나 현대적 언어 감각을 유지하는 일에 퍽 도움이 된 것 같습니다.[249]

이동원 목사의 놀라운 언어 감각의 비결은 곧이어 소개될 풍부한 독서력에 있음이 밝혀졌다. 소설이나 비소설이나 베스트셀러 등은 현 시대를 살아가는 독자들에게 가장 많이 사랑받는 책들이다. 그만큼 그들의 구미를 당길 만한 내용과 글솜씨와 언어 기법이 들어 있단 말이다. 그런 책들을 참고해서 현대인들의 기호와 색깔과 분위기를 읽을 수 있어야 제대로 의사소통을 할 수 있다.

이동원 목사는 자신의 수사학적인 언어의 은사 중 일부는 천부적으로 주어졌음을 부인하지 않지만, 위대한 설교자들의 설교 기법을 흉내 내고 방대한 독서를 통해 꾸준히 노력해 온 사실도 진솔하게 고백한다.

지구촌교회에서 수석 부목사를 담당했던 동안교회 김형준 담임목사는 이동원 목사의 설교를 다음과 같이 평가한다.

이동원 목사님은 언어 구사력이 뛰어납니다. 현대적 감각의 언어로 설교를 하지요. 설교를 그대로 옮겨 놓으면 정리할 필요 없이 그대로 책이 될 정도로 정확한 단어와 고급스러운 문장을 구사합니다. 언어는 고급스럽지만 이해하기 쉽다는 장점이 있습니다. 일반인들도 이동원 목사님의 설교를 좋아하지만 신학생들에게 특히 인기가 높습니다. 성경의 언어를 생활 언어로 변화시키는 데 귀재입니다. 지적인 면을 감성으로 연결시키는 독특한 실력이 있습니다.250

이동원 목사의 설교에 발휘되는 언어 구사력에서의 장점을 잘 표현하고 있다.

오늘날 우리 설교자들은 성경이나 신학을 아는 데 몰두할 뿐 그것이 전달되어야 할 청중을 이해하는 데는 큰 관심이 없을 때가 많다. 강단에서의 실패가 바로 그로부터 시작됨을 알아야 한다. 성경 본문 외에 그것을 전해야 하는 청중을 결코 무시해서는 안 된다. 그러기 위해선 그들의 아픔과 갈등과 고민은 물론이요, 그들의 바람과 소원과 욕구를 간파할 수 있어야 한다. 그래서 하나님의 말씀이 그들의 언어로 잘 포장되어 선포될 때 위대한 역사를 경험할 수 있게 된다.

이제 이동원 목사가 어떤 언어를 구사해 왔는지를 구체적으로 살펴보면서 우리 자신의 설교와 한번 비교해 보자. 먼저 세 가지의 실례를 소개한다.

마침내 요셉과 마리아는 예루살렘 시내로 돌아가기로 작정합니다. 이번에는 시내 골목골목을 뒤지며 12살 소년이 있음직한 곳을 뒤졌습니다. 오락실, 게임방, PC방, 볼링장을 다 뒤졌지만 여전히 그분은 보이지 않습니다.[251]

하나님의 나라는 얼마나 작게 시작됩니까? 기독교 역사를 생각해 보십시오. 얼마나 작게 시작되었습니까? 베들레헴에서 구유에 놓인 아기가 탄생했을 때 신문 기자들이 온 것도 아니고 TV에 방영된 것도 아닙니다. 아무도 관심을 갖지 않았습니다.[252]

이 겨자씨와 누룩의 교훈 속에 담겨 있는 이야기는 바로 예수님의 이야기입니다. 예수님은 어떻게 시작하셨습니까? 예수님이 탄생하신 그날 예수님의 탄생을 알린 신문 기사의 보도가 있었습니까? 만왕의 왕 하나님의 아들 예수 그리스도께서 이 세상에 오셨지만 그분의 탄생을 알리는 TV의 보도가 있었습니까? 물론 그 당시에 TV도 없었을 것입니다.[253]

12세 소년이었던 예수님과 베들레헴 구유에 놓인 그분에 관한 이야기를 현대를 사는 성도들이 잘 이해할 수 있는 용어들인 '오락실', '게임방', 'PC방', '볼링장', '신문 기자들', 'TV에 방영', 'TV의 보도' 등으로 설명하고 있음을 보라. 비슷한 실례들을 더 확인해 보자.

심리학자들의 증언을 빌리지 않더라도 모든 것이 해체되고 조각나는 포스트모던 시대를 살아가는 닫힌 마음의 현대인은 스킨십에 목마른 고독한 영혼입니다. 누가 이런 영혼을 만져 줄 수 있단 말입니까? 성경에 나타난 예수님은 아무도 만지기를 꺼려하는 사람들을 찾아가 먼저 손을 내미시는 분입니다.[254]

데가볼리의 젊은이, 예루살렘의 틴에이저, 그리고 갈릴리의 지성인들이 지나가는 나사렛 예수를 만나자마자, 그 예수를 통해서 삶의 변화를 받았습니다.[255]

우리에게 이 꿈이 있다면 우리는 일어날 것입니다. 그리고 우리는 역사를 창조할 것입니다. 이 꿈에 사는 사람들을 하나님의 나라의 영적 가족, 하나님의 나라의 로열패밀리라고 합니다. 하나님의 가족 된 아들, 딸로서 왕자와 공주로서 프라이드를 갖고 좌절의 자리를 박차고 일어나시길 바랍니다. 새로운 꿈을 꾸시기 바랍니다. 주님과 함께 새로운 역사를 창조하시길 주님의 이름으로 축복합니다.[256]

이 청년이 살아온 인생의 스냅 사진들을 떠올리다가 갑자기 그는 이 청년의 정체를 발견합니다.[257]

드디어, 그의 지상 순례의 여정이 마무리되는 순간이었습니다. 그리고 하늘의 내비게이션은 마지막 안내를 하게 됩니다. "목적지에 도착하셨습니다"라고 말입니다.[258]

위에 나타난 '스킨십', '틴에이저', '로열패밀리', '인생의 스냅 사진들',

'하늘의 내비게이션'이란 단어들을 보라. 모두가 현대인들에게 친근한 용어들 아니던가! 이런 언어들이 설교 속에 활용될 때 청중의 관심과 주목을 훨씬 더 잘 끌 수 있음을 명심하자. 다른 실례들을 또 찾아보자.

바로 이 순간 2절을 보니 왕의 신하들이 왕의 마음을 기막히게 알아차리고 어떤 요청을 했습니까?

"왕은 왕을 위하여 아리따운 처녀들을 구하게 하시되."

그래서 드디어 페르시아 전국에 걸쳐 '뷰티 콘테스트'beauty contest가 벌어집니다. 새 왕비를 간택하기 위한 절차가 시작됩니다. 왕은 내심 와스디를 다시 왕비 자리에 앉히고 싶었는지도 모릅니다. 아마도 이것은 대신들의 격렬한 반대를 샀을 것이라고 생각합니다.259

'뷰티 콘테스트' 역시 현대인들에게 익숙한 용어가 아니던가! 수천 년 전이란 먼 시간 전에 페르시아라고 하는, 우리와는 아주 낯선 공간에서 일어난 사건을 현대적인 용어를 사용해서 오늘의 현장에 되살려 주는 이동원 목사의 감각을 설교자라면 누구나 배워야 할 것이다. 다른 실례를 살펴보자.

오늘 우리 시대의 문화는 문자 그대로 반항의 문화라고 해도 지나치지 않습니다. 반항의 모습은 가정에서도, 직장에서도, 학원에서도, 거리에서도, 관공서에서도, 심지어 교회에서도 더 이상 낯설지 않습니다. 그러나 정당한 반항이 가지는 의미 있는 가치에도 불구하고 성경은 일관성 있게 순종의 문화를 가르치고 있다는 것을 아십니까? 오늘날 순종은 가장 인기 없는 교훈이고 학교에서 가르치기를 포기한 구시대의 가치로 취급되지만, 그것은 우리의 주 되신 예수님이 삶으로 몸소 보여 주셨고, 그 제자들이 오늘도 여전히 붙잡고 살아야 한다고 가르치신 가치입니다. 물론 그렇게 살다가는 바보처럼 남의 말만 따라간다고 똑똑한 이웃들에게 '왕따' 당할 수밖에 없다고 항의할 분들이 적지 않을 것입니다. 그런데 '왕따'의 참 의미를 아시나요? '왕따'는 '왕을 따르는 사람들'이라고 합니다. 그렇습니다. 세상의 여론과 상관없이 성경은 이 세상을 본받지 말고 왕 되신 주님의 순종의 습관을 따르라고 가르칩니다.[260]

현대인들에게 '왕따'란 용어는 아주 친숙한 말이다. 그런데 그 용어를 성경적인 의미로 유머러스하게 승화시켜 활용하는 이동원 목사의 솜씨를 보라. 일반적으로 친숙하게 사용되는 언어를 가지고 신앙적인 교훈을 남기는 그의 뛰어난 현대적인 감각을 다시 한 번 엿볼 수 있다. 다른 실례들을 더 찾아보자.

멈추고 싶을 때 멈추어 가며 동시에 더 행복한 미래의 삶을 설계하는 영혼의 자유를 누려야 합니다. 인터넷을 서핑하다가 밀라노 한마음교회 성도 이현주 님이 쓰신 "잠시 쉼표가 주는 여유"라는 묵상의 글을 접한 일이 있습니다.[261]

언젠가 제가 컴퓨터 웹서핑을 하다가 〈가장 아름다운 만남〉이란 시를 읽은 적이 있는데 이런 내용이었습니다.[262]

여기서도 현대인들, 그것도 젊은이들이 즐겨 사용하는 '인터넷 서핑', '컴퓨터 웹서핑'이란 용어를 거침없이 사용하는 이동원 목사의 장점이 돋보인다. 이제 비슷한 종류의 실례들을 한꺼번에 살펴보자.

하박국서 1장을 보면 '어찌하여'라는 단어가 거듭 반복되고 있습니다. "하나님, 어찌하여 이런 악한 현실에 눈감고 계십니까? 하나님, 어찌하여 저 무신론 제국 바벨로니아가 일어나는 것을 그대로 보고만 계십니까?" 요즘 우리 식으로 말하면 "우째 이런 일이…?" 하는 것이 바로 하박국서 1장의 내용입니다.[263]

종종 교회에 나오는 사람들 중에는 '007 크리스천'이 되는 것을 기쁨으로 생각하는 사람이 있습니다. 예수 믿는 것을 숨기겠다는 것입니다. 제가 한번은 어떤 회사의 간부 한 분을 만났는데, 그분을 만나자마자 그분 회사에 우리 교인이 다닌다는 것이 생각났습니다. "아무개 아십니까?" "아, 알죠." "우리 교회에 나오시는 분입니다." 그랬더니 이분이 갑자기 정색을 하면서 "그분도 그리스도인입니까?"라고 되묻더군요. 제가 얼마나 부끄러웠는지 모릅니다. 아주 땅으로 기어들어가고 싶었습니다.[264]

여기서 유대 민족이라고 하지 않고 '한 민족'이라고 했습니다. 그 민족이 왕의 말을 복종하지 않는다고 간교한 말로 왕을 꼬셨습니다.[265]

하만이 유대인을 싹쓸이하기 위한 날짜를 정했습니다.[266]

하나님도 너무하다고 느끼신 것 같습니다. 그래서 어느 날 하나님께서 야곱의 삶 속에 도전을 시작하십니다. 본문의 상황이 바로 그것입니다. 오늘 본문 속에 개입하시는 하나님의 모습을 다른 말로 하자면, "야곱, 너 이제는 손 좀 봐야겠어" 하는 것입니다.267

야곱은 지금까지 하나님을 알면서도 하나님을 모르는 사람처럼 행동하고 살아왔습니다. 그렇게 살아오면서 야곱의 마음속에 항상 이런 생각이 있었을 거예요. '내가 이러다 언젠가 한번은 되게 맞아 죽지.' 그리고 그날 급소를 맞아 쓰러지는 순간 그 말이 쏟아져 나왔을 거예요. "오, 마이 갓! 하나님이시로구나. 아, 나도 이제 끝났구나. 이제 급소 얻어맞고 쓰러져 병신 되는구나. 내 인생도 끝났구나." 그런데 이것이 굉장히 중요한 순간입니다.268

"우째 이런 일이", "기어 들어가고 싶었다", "꼬셨다", "싹쓸이하다", "손 좀 봐야겠어", "되게 맞아 죽지", "병신 되는구나" 같은 말들은 저속어에 가까운 용어들이다. 사실은 저속어보다는 사람들이 친근하게 사용하는 '시장 언어'에 가까운 말들로 봐야 한다. 수준 높고 고상한 말들을 사용하는 것만이 능사가 아니다. 가끔씩 이런 용어들을 사용하면 설교자와 청중의 관계를 더욱 가깝게 만들어 주는 효과가 있음을 설교자들은 기억할 필요가 있다.

지금까지 이동원 목사의 빼어난 현대적 감각의 묘사들을 그의 여러 설교들을 통해서 살펴봤다. 청중에게 어떻게 하면 하나님의 말씀을 보다 효과적으로 전할 것인가에 대해 그가 얼마나 신경 쓰고 있는지를 확인할 수 있을 것이다. 이 시대 최고의 설교자가 되는 것은 결코 쉬운 일이 아니다.

최선을 다해 청중의 입장에서 늘 생각하고 신경 쓰지 않고서는 결코 그들의 마음을 사로잡을 수가 없다. 현대인들에게는 현대적인 감각으로 접근함이 최선의 방책임을 기억하자.

9) 기막히고 의미심장한 표현력

스펄전은 기막힌 표현력으로도 유명한 설교자였다. 특히 그의 창세기 22장 설교만 해도 여러 개의 탁월한 표현들이 나타난다. 이 문장들이 너무나도 뛰어나기에 홍정길, 이동원 같은 유명한 설교자 외에 다수의 설교자들이 그의 표현들을 인용한 모습을 볼 수 있다. 이동원 목사 역시 스펄전의 영향을 받아 결코 범상치 않은 표현력을 발휘하고 있는데, 이를 하나씩 확인해 보자. 예를 들어 보면, 이동원 목사는 자신의 창세기 설교에서 다음과 같은 문장을 소개하고 있다.

유명한 설교자 찰스 스펄전은 이렇게 말했습니다. "아브라함이 자기 아들을 태울 번제에 쓸 나무를 패고 있었을 때, 그는 나무를 쪼갠 것이 아니라 자신의 심장을 쪼개고 있었다"라고 말입니다.[269]

사랑하는 독자 이삭을 내어 주어야만 했던 아버지의 마음은 사랑하는 독생자 예수 그리스도를 내어 주시던 하나님 아버지의 마음이 아니었겠습니까? 등에 나무를 지고 자기가 죽어야 할 산정을 오르고 있었던 이삭의 모습 속에서 우리는 예수 그리스도의 모습을 볼 수 있지 않습니까?[270]

사랑하는 아들을 제 손으로 죽여야 하는 아비로서의 찢어지는 마음을 이보다 더 현장감 있게 표현할 문장이 또 있을까? 정말 기막힌 표현이 아닐 수 없다. 다른 예를 살펴보자.

창세기는 이렇게 끝납니다. "요셉이 … 애굽에서 입관하였더라"(창 50:26). 그러나 그 관이 요셉의 꿈을 닫을 수는 없었습니다.

드디어 관 속에서도 그 꿈은 부활하기 시작합니다. 그리고 이스라엘 민족은 드디어 출애굽의 드라마에 도전합니다. 드디어 그들은 시온의 땅으로 돌아옵니다. 새 역사가 이루어지기 시작합니다.

관이 닫을 수 없는 비전, 그 비전을 가지고 우리 인생의 미래에 도전하는 저와 여러분이 되시기를 주의 이름으로 축복합니다.[271]

"관이 요셉의 꿈을 닫을 수는 없다", "관 속에서도 그 꿈은 부활하기 시작한다", "관이 닫을 수 없는 비전." 어떻게 이렇게 놀랍고 기막힌 표현을 할 수가 있는지, 그저 감탄사가 절로 나온다. 같은 말이라도 맛과 질에서 그 차이가 느껴지지 않는가? 그렇다. 말이라고 다 급이 같은 것은 아니다. 뛰어난 설교자가 되려면 이동원 목사처럼 다른 이와는 차별되고, 레벨이 다른 말을 사용해야 함을 꼭 기억하자. 이제 또 다른 실례들을 계속해서 확인해 보자.

"천지는 없어질지언정 내 말은 없어지지 아니하리라"(마 24:35)는 말

씀에 믿음의 닻을 내리는 사람만이 견고한 믿음의 항해를 계속할 수 있습니다.[272]

확실히 야곱의 황혼은 새벽보다 아름다웠습니다.[273]

기도하는 순간 강물 같은 평안이 제 영혼의 저수지에 흘러넘쳤습니다.[274]

"주인을 따르겠는가? 종을 따르겠는가?"라는 물음 앞에 그가 "물론 주인입니다"라고 대답한 그날 이후, 그의 삶은 이런 헤아리기 어려운 보석의 빛깔들을 지니기 시작한 것이다.

육신의 아버지를 떠나 하늘에 계신 아버지를 찾아 떠난 영혼의 오디세이―그의 생의 자욱마다 그는 그 아버지를 향하여 "나의 하나님, 나의 전부이시여My God and my all"라고 울먹이며 걸어갔다.[275]

"믿음의 닻", "야곱의 황혼", "제 영혼의 저수지", "영혼의 오디세이" 등은 모두가 현대인들이 좋아할 만한 표현들이 아니겠는가? 이동원 목사가 지닌 시적이고 아름다운 언어 묘사의 진수를 볼 수 있다. 또 다른 실례를 들어 보자.

바다에는 환희가 있습니다. 그것은 바로 인생의 환희의 상징일 수도 있습니다. 그러나 바다에는 환희를 삼키는 깊고 검푸른 고독이 있습니다. 그것은 바로 인생의 고독일 수 있습니다. 바다를 떠다니는 일엽편주의 선척의 모습을 보십시오. 고독한 인생의 애수를 느낄 수가 있지 않습니까? 그런가 하면 바다에는 삶을 위협하는 파도의 넘실댐이 있습니다. 우리는 바다를 통해서 인생의 죽음을 느낍니다.[276]

"환희를 삼키는 깊고 검푸른 고독", "일엽편주의 선척", "파도의 넘실 댐" 바다에서 느껴지는 이미지들을 화려한 언어적 수사를 통해서 얼마나 멋들어지게 표현하고 있는지 모른다. 사람들이 왜 이동원 목사를 '언어의 마술사'라고 하는지를 제대로 보여 주는 표현들이다. 아래에 제시된 다양한 실례들을 통해 설교자들은 차원이 다른 표현력 사용에 큰 도전을 받아야 할 것이다. 이제 하나씩 감상하고 음미해 보라.

그런 그에게 예수님이 질문을 하신 것입니다. "네가 정녕 낫고자 하느냐"라고 말입니다. … 이 질문의 효과가 무엇입니까? 희망의 점화였을 것입니다.

우리의 만남은 어떤 만남일까요? 혹시 생선 같은 만남, 꽃송이 같은 만남, 건전지 같은 만남, 지우개 같은 만남은 아닌지 돌아보십시오. 저는 오늘 손수건 같은 만남을 경험한 야곱의 이야기를 살펴보고자 합니다.[277]

고난의 산불조차 이들에게는 오히려 생명을 꽃피우는 기회요 축복이었던 것입니다.[278]

두려움 속에 떨던 하박국, 그러나 기도가 계속되면서 기도의 색깔이 달라지고 내용이 달라졌습니다. 두려움이 눈 녹듯 사라지기 시작했습니

다. 그리고 적극적이고 새로운 기도의 모습이 살아나기 시작합니다.279

내 인생에 찾아온 슬픔의 시간들을 원망하기보다 회개하고 기도하고 기다렸더니, 하나님께서는 춤추는 새 아침을 주셨고, 슬픔의 베옷을 벗기시고 대신 기쁨으로 띠 띠우셨습니다.280

슬픔의 저녁이 찾아올 때, 우리는 기다릴 줄 아는 인내를 지녀야 합니다. 함부로 원망과 절망을 토하기보다 주 앞에 엎드리어 기도할 줄 아는 사람들, 자신의 과오를 살피며 회개할 줄 아는 사람들, 그들에게서 하나님은 마침내 밤의 커튼을 거두어 가십니다. 밝아 오는 새 아침이여! 영광의 새 아침이여!281

(예수 그리스도) 그분은 진실로 어제의 약속이요, 오늘의 힘이요, 내일의 소망입니다.282

인생의 유년기가 꿈으로 가득 찬 동화 속의 왕자와 공주의 계절 곧 봄의 계절이라면, 사춘기와 청년기는 열정과 갈등을 함께 겪는 치열한 여름의 계절이라고 할 만합니다.283

누구에게나 인생의 우기가 있습니다. 비가 내리는 끈적끈적한 시간, 아무것도 할 수 없을 것 같은 시간! 그러나 그때에라도 우리는 부정적인 삶의 태도에 빠지지 말고, 주께서 우리를 위해 준비하신 우기 건너편의 비전을 바라볼 수 있어야 합니다. 그래서 이 기다림의 시간을 창조의 시

간으로 선용할 줄 알아야 합니다.[284]

왜 우주는 계절마다 그 옷을 번거롭게 갈아입도록 지어졌을까요? 봄철에 만물이 부활의 새 옷을 갈아입는 이유는 무엇 때문인지요? 여름의 푸르른 신록이 우거진 녹음을 만드는 이유는 무엇이며, 가을의 단풍과 낙엽이 우리를 쓸쓸하게 하는 이유는 무엇 때문인지요? 겨울의 백설이 온 누리를 덮어 순백의 세계를 만드는 비밀은 무엇을 위한 것인지요? 왜 아침에 동에서 뜨는 해는 저녁이면 서쪽으로 지면서 그 찬란한 석양의 슬픔을 남기도록 지어졌을까요? 뜨거웠던 여름의 폭염은 어느 사이 식어 가고 가을의 눈부신 조락을 준비하고 있는 이유는 무엇 때문일까요?[285]

이동원 목사의 감칠맛 나는 표현력의 진수들을 여기에 일부분 담아 봤다. 명예의 전당에서 유명한 이들의 자취를 찾아볼 수 있듯이, 이곳에서 그가 남긴 최고의 표현들을 한꺼번에 감상해 볼 수 있다. 바야흐로 무엇what을 전하느냐보다는, 그것을 어떻게how 표현하고 전달하는지가 중시되는 시대가 되었다. 그런 변화무쌍한 시대에 설교자들은 이동원 목사의 표현력이 발휘된 실례들을 다시 한 번 참조해 보고, 자신의 설교에도 변화를 경험하게 되기를 바란다.

10) 풍부한 독서력

스펄전과 이동원 목사는 닮은 점이 많지만, 두 사람 사이에 공통점이 또 하나 있다. 그것은 책과 관련이 있다. 스펄전은 책을 너무 사랑해서 다른 이들에게 책을 빌려주는 것을 지독히 싫어했다고 한다.[286] 이동원 목사 역시 후배들이 책을 빌리러 오면 절대 빌려주지 않고 사서 보라고 할 정도로 박했다고 한다. 그러나 그냥 보내지 않고 반드시 책을 사서 읽으라며 책값을 줘서 보냈다고 한다.[287]

스펄전의 독서 영역은 실로 방대해서 모든 문학과 전기, 신학, 과학, 역사, 미술, 시 등 전 분야에 걸쳐서 책을 읽었다고 한다. 이동원 목사 역시 시, 소설, 신문, 잡지, 미술, 신학 서적, 간증 서적, 베스트셀러 등 광범위한 독서로 유명하다. 그중에서도 특히 설교 내용과 관련된 서적들을 많이 탐독했다는 사실을 다음에 나오는 그의 인터뷰를 통해서 확인 할 수 있다.

수십 년간 설교를 해 왔지만, 설교 준비만큼은 철저히 합니다. 시리즈 설교를 즐겨 하는데요. 한 편의 설교를 하기 석 달 전부터 그 내용에 관한 책들을 사서 독서를 합니다. 최소한 열 권의 책을 읽습니다.[288]

이동원 목사에게 있어서 책은 그의 멘토와도 같다. 그는 적어도 일주일에 한 번은 서점에 나가 책을 고른다. 그곳에서 좋은 책을 만나는 것을 큰 즐거움으로 여기며, 또 그렇게 골라 온 책을 커피를 마시면서 읽어 나가는 것을 더없는 행복으로 생각한다. 이 독서력이 그의 풍성한 상상력과 어휘력의 원천이며, 특히 강단에서 끝도 없이 소개되는 새롭고 차별화된 예화의 근원이다. 언제나 그의 한 손에는 성경, 한 손에는 책이 들려 있다. 책을 떠나서는 위대한 설교가 불가능하다. 독서는 마른 샘에 생수가 콸콸 솟구쳐 나오게 만드는 원천이다.

오늘 강단을 메마르게 하고 청중을 졸리게 만드는 근본적인 이유도 알고 보면 설교자들이 책을 읽지 않는 데서 비롯된다. 책에는 진귀한 보배들이 다 들어 있다. 청중에게 값진 교훈을 던지고 깊은 감동을 주고, 그들로 하여금 정신을 바짝 차리고 설교에 귀 기울이게 만드는 온갖 놀라운 조화가 책 속에 다 들어 있다.

이제 이동원 목사의 평소 독서력이 그의 설교에 어떻게 영향을 미쳐 왔는지에 관해 제대로 확인해 보자. 특히 그가 읽은 동화나 소설, 시, 미술, 베스트셀러, 신앙 서적이 그의 설교 속에 어떤 식으로 활용되고 있는지를 구체적으로 하나씩 살펴보기로 한다.

① 동화

동화童話란 어린이를 독자층으로 하는 문학의 한 장르다. 영국의『이솝우화』, 이탈리아의『피노키오』, 독일의『헨젤과 그레텔』, 우리나라의『콩쥐 팥쥐』등 수많은 동화들이 있다. 이들은 아무리 오랜 세월이 흘러도 계속 살아남아 아이들에게 사랑을 받고 있는 동심 어린 이야기들이다. 이동원 목사는 전 세계인들로부터 한결같이 사랑을 받아 온 동화를 자신의 설교 속에 백분 활용한다. 한 가지만 예로 살펴보자.

요즈음 전 세계적으로 읽히는 동화 하나를 소개할까 합니다. 호주의 자연주의 작가인 나다니엘 레첸메이어Nathaniel Lachenmeyer가 쓰고 로버트 잉펜Robert Ingpen이 그림을 그린『부러진 부리』라는 꼬마 참새 이야기입니다.

공원 나무에서 살면서 빵 부스러기를 주워 먹던 참새가 어느 날 부리가 부러졌습니다. 갑자기 찾아온 그의 불행을 아무도 동정해 주지 않습니다. 그는 참새들 세계에서도 왕따를 당하여 춥고 배고프고 외로운 존재가 되었습니다. 먹지 못해 야위고 씻지도 못해 지저분한 그를 동료들은 더러운 새로 취급해 버릴 뿐이었습니다.

그러던 어느 날 뜻밖에도 그에게 손을 내밀어 빵을 먹이는 손길이 나타났습니다. 집을 나와 떠돌아다니던 노숙자 아저씨였습니다. "너와 난 같은 처지인 모양이지" 하고 웃으면서 그가 내미는 빵을 먹으며 오랜만에 참새는 행복을 느낍니다. 빵을 먹었기 때문이 아니라, 사랑을 먹었기 때문입니다. 아저씨와 꼬마 참새는 그날 저녁 처음으로 자신들만의 집(목장교회)을 만듭니다.

아저씨는 공원의 벤치 위에서 무릎을 세우고 몸을 웅크립니다. 꼬마 참새는 아저씨의 덥수룩한 머리 위에 둥지를 틀었습니다. 아저씨가 꼬마 참새의 깃털을 쓸어 주며 "안녕, 잘 자야 해. 내일을 위하여" 하고 속삭입니다. 꼬마 참새도 부드럽지만 힘차게 "짹" 하고 대답합니다. 그날 밤 아저씨는 가족들의 환영을 받으며 집으로 돌아오는 꿈을, 참새는 부러진 부리가 다시 반듯해지고 이웃들과 어울리는 꿈을 꾸었습니다. 민족이 치유되고 변화되는 꿈을 꾼 것입니다.**289**

아이들뿐 아니라 남녀노소가 모두 동화나 이야기를 좋아한다. 청중의 주목을 끌기에 동화만한 것이 없음을 본다. 설교자들이 이것을 설교에 잘 활용하기만 한다면 위의 예에서 보듯 감동적인 교훈과 메시지를 던질 수 있을 것이다.

② 시

이동원 목사가 자신의 설교에서 가장 많이 활용하는 예화 중 하나는 시다. 시는 짧고 간결한 문장으로 이루어져 있지만, 함축적이며 의미심장한 내용을 포함하고 있다. 김소월의 「진달래꽃」, 박목월의 「나그네」, 윤동주의 「서시」 등은 너무도 잘 알려진 유명 시다. "나 보기가 역겨워 가실 때에는 말없이 고이 보내 드리오리다", "강나루 건너서 밀밭 길을 구름에 달 가듯이 가는 나그네", "죽는 날까지 하늘을 우러러 한 점 부끄럼 없기를, 잎새에 이는 바람에도 나는 괴로워했다."

제목만 말해도 우리 입에서 자동적으로 읊조려지는 우리네 선조 시인들이 남긴 최고의 명시들이다. 그저 듣기만 해도 가슴이 훈훈하고 감동에 사로잡힐 만한 보배들이다. 영감이 뛰어나지 않은 사람은 시를 쓸 수가 없다. 그래서 시 속에 나오는 한 단어, 한 문장마다 깊은 의미들이 스며들어 있는 것이다. 이렇게 만들어진 시들 중 성경의 진리나 교훈과 연결되는 것들을 설교 속에 활용하는 것은 너무도 탁월한 전략이라고 할 수 있다.

이동원 목사는 명시들을 설교에 잘 활용하는 설교자로서도 발군의 재능을 발휘하고 있다. 그 흔적들을 하나씩 찾아보자.

존 던John Donne이라는 유명한 시인의 시 가운데 보면, "인간은 각기 떨어진 외로운 섬이 아니다. 인간은 대륙의 한 부분이다"라는 말이 있습니다. 이것은 인간이 더불어 함께 살 수밖에 없는 사회적 존재임을 가리키는 말입니다.290

236

이동원 목사는 존 던이라는 유명한 시인의 시를 활용하는데, 그 유명세에 걸맞게 청중에게 무게감 있게 어필할 수 있을 것이다. 아울러 그가 존 던의 시 가운데 전체가 아니라 일부분만을 인용하여 설교에 활용하고 있음에 주목하라. 시의 모든 내용을 활용할 필요가 없음을 보여 준다. 다른 실례를 찾아보자.

많은 사람들이 애송하는 김소월의 시 가운데 「초혼」이라는 시가 있습니다.

산산이 부서진 이름이여!
허공 중에 헤어진 이름이여!
불러도 주인 없는 이름이여!
부르다가 내가 죽을 이름이여!

우리 모두에게는 부르다가 죽어야 할 이름, 죽은 후까지 붙들어야 할 이름이 필요합니다. 그 이름이 예수 그리스도입니까? 그 이름을 붙들고 평생을 살기 바랍니다.291

김소월의 시 「초혼」이란 제목은 몰라도 "부르다가 내가 죽을 이름이여"라는 한 대목의 글귀만큼은 모르는 이가 없을 것이다. 이것을 예수 그리스도에게 적용시켜 설교 속에 활용하는 이동원 목사의 솜씨를 보라. 다른 실례를 살펴보자.

남은 우리의 인생길을 바라보며 제가 좋아하는 시인 로버트 프로스트의 「눈 내리는 저녁 호숫가에 걸음을 멈추고」라는 시의 마지막 부분을 소개합니다.

숲은 아름답고 어둡고 깊다.
하지만 내겐 지켜야 할 약속이 있어.
잠들기 전 몇 마일을 걸어야 한다.
하지만 아직도 내게는 지킬 약속이 있다.

남아 있는 그 걸음이 죽음을 준비하는 영광스럽고 당당한 걸음이기를 간절히 바랍니다.[292]

이 내용처럼, 맘에 드는 마지막 부분만을 인용하여 활용하는 경우도 있다. 다른 실례들을 더 찾아보자.

시인 김춘수의 「꽃」은 바로 이런 인간 사귐이 가져오는 기적의 아름다움을 예찬한 대표적인 시라고 할 수 있습니다.

내가 그의 이름을 불러 주기 전에는
그는 다만 하나의 몸짓에 불과했다.
내가 그의 이름을 불러 주었을 때에는
그는 나에게로 와서 꽃이 되었다.
내가 그의 이름을 불러 준 것처럼

나의 이 빛깔과 향기에 알맞은

누가 나의 이름을 불러다오.

그에게로 가서 나도 그의 꽃이 되고 싶다.

너는 나에게 나는 너에게

잊혀지지 않는 하나의 눈짓이 되고 싶다.[293]

김춘수 시인의 「꽃」이란 제목의 시 또한 많이 알려져 있는 내용이다. 이동원 목사가 익히 알려져 있는 시인들의 유명한 시들을 즐겨 사용함을 거듭 확인해 보라. 다른 예를 살펴보자.

시인 로버트 브라우닝은 이런 시를 썼습니다.

나와 함께 나이를 먹자.

가장 좋은 것은 아직 나타나지 않았나니

인생의 끝 그것은 처음을 위하여 만들어졌나니

하나님을 신뢰하라.

전체를 보라.

두려워하지 말라.[294]

로버트 브라우닝Robert Brouning의 이 시는 내용 자체가 신앙적이고 성경적이다. 그리고 "가장 좋은 것은 아직 나타나지 않았나니"란 말은 영어의 "The best is yet to come!"으로, 아주 유명한 문장이다. 이런 유명 시인의 신앙적인 소중한 시들을 활용함이 설교에 어떤 유익을 가져다줄지를 한번 상상해 보라. 다른 실례들을 더 찾아보자.

송명희 시인은 공산품 제조기처럼 다들 똑같이 살아야 공평한 것이 아니라, 천국에서 우리가 각자 받을 영광이 다르다고 고백합니다. 그래서 그녀는 이런 시를 남기기도 했습니다.

웃는 게 다 기쁨이 아니며
우는 게 다 슬픔이 아니다.
하나님은 슬픔으로도 기쁨을 만드시며
하나님은 죽음을 생명으로 바꾸신다.[295]

뇌성마비 처녀로 우리에게 잘 알려진 신앙인, 송명희 시인의 시도 이동원 목사의 설교 속에 곧잘 활용되고 있다. 남달리 질곡으로 점철된 삶을 살아왔지만 누구보다 하나님을 더 깊이 체험할 수 있었던 그녀의 감동적인 시들은 복음송가의 가사로도 널리 불릴 정도로 특별한 은혜를 가져다준다. 그런 유익한 것들을 설교 속에 활용해 보라. 누구나 놀라운 변화를 실제로 경험하게 될 것이다. 또 다른 예를 살펴보자.

시인 도종환은 그의 시 「당신은 누구입니까」에서 이런 인간의 보편적인 갈망을 이렇게 표현하고 있습니다.

당신은 창 안에서 먼지 자욱한 세상을 바라보고 있습니다.
우리는 바람 부는 일터에서 흙먼지를 맞으며 있습니다.

당신은 늘 당신의 일자리를 잃지 않고 있지만

우리는 쫓기며 다니다 길을 잃을 때가 많습니다.

당신은 조용히 있을 줄 알아 때 묻지 않고 있지만

우리는 으레껏 때를 묻히며 지냅니다.

당신은 혼자 깊이깊이 기도하며 밤을 새우기도 하지만

우리들은 사람들과 섞이어 소리치다 주기도문도 잊을 때가 많습니다.

당신도 우리 위해 글을 쓰고 우리도 우리들 삶을 글로 씁니다.

우리를 위해 글을 쓴다는 당신은 정녕 누구입니까?296

어두운 바깥에 앉아 있지 않아도 됩니다.

하지만 별을 보기 원한다면

어둠이 필요합니다.

비록 별은

어둠을 필요로 하지도 요구하지도 않지만….

이 시를 바꾸어 보겠습니다.

인생을 살면서 꼭 버림 받으심을 체험할 필요는 없습니다.

하지만 어두운 밤을 지난 새벽

주의 품에 안기는 은혜를 맛보아 알기 원한다면

버림 받으심의 체험이 필요합니다.

비록 우리 스스로 그 버림 받음의 상처를 요구한 것도

그 고통을 즐거워할 수도 없지만 말입니다.297

이동원 목사는 남이 써 놓은 시를 소개한 후 성경 본문에 맞게 변경시켜서 활용하기도 한다. 마지막으로 하나만 더 소개한다. 이동원 목사는 자신이 직접 쓴 시도 설교 속에 활용한다. 그 예를 확인해 보자.

제가 쓴 시를 소개하고 싶습니다.

「눈물」
눈물은 슬픔이다.
안으로 다 삭이지 못하는 그 한스러움을
밖으로 표출하는 고통의 하소연이다.
눈물은 뼈아픈 괴롬이 만들어 내는 시냇물이다.
눈물은 감동이다.
삶의 뒤안길에서 조우하는 서프라이즈
그 경이를 가눌 길 없는 헐떡이는 숨결들이 만나
내 눈 호수를 적시는 가녀린 생명의 파도이다.

눈물은 기도이다.
하늘을 올려다볼 수밖에 없는 눌린 가슴들
두 눈 두 손에 절절한 기원의 제물을 담아
눈의 창을 열어 울며 올리는 통곡의 제사이다.

삶의 짐이 버거운 친구들아
말이 없어도 하늘에 계신 이가 알아들으시는 심연

말을 대신하는 흐느낌으로 흘러내리는 고귀한 액체

그 신성한 물을 담을

따뜻한 그릇을 준비할 때이다.[298]

시인 이동원의 모습을 잘 보여 준다. 문학 소년이라고 할 수 있는 그는 시까지 창작하여 자신의 설교에 활용하는 타고난 재능의 소유자다.

③ 소설

동화와 함께 전 세계인들로부터 사랑을 독차지하는 또 한 가지가 있다. 바로 소설이다. 단편 소설이든 장편 소설이든, 소설을 좋아하는 독자들이 꽤 많다. 그만큼 소설은 대중성이 크다. 사실 소설이나 희곡이나 영문학 등은 모두 성경과 밀접한 관계를 갖고 있다. 때문에 설교에 소설을 활용하여 기독교의 진리와 연결시키는 것만큼 탁월한 선택은 없다. 이동원 목사의 설교 속에 소설이 종종 소개되는 이유도 여기에 있다. 그럼 몇 가지 그의 실례들을 살펴보자.

러시아 작가 도스토옙스키Dostoevskii가 쓴 작품 가운데 『죄와 벌』이란 유명한 책이 있습니다. 죄와 벌이란 개념은 기독교의 아주 중요한 원리인 율법의 원리를 잘 나타내 주고 있습니다. 율법에 의하면, 죄를 범하면 반드시 벌을 받아야 합니다.

그러나 다행스러운 것은 기독교가 율법의 원리만 가지고 있는 것이 아니라는 것입니다. 만약 하나님이 율법으로만 우리를 다루셨다면 하나님 앞에 설 사람은 아무도 없을 것입니다.[299]

소설『죄와 벌』이 주는 원리를 넘어서는 성경의 원리와 비교해서 차별화 시키는데, 이것이 유용한 도구로 활용되고 있음을 보라. 다른 예를 찾아보자.

크리스마스가 되면 자주 이야기되는 것 가운데 오 헨리O. Henry가 쓴 『현자의 선물The Gift of the Magi』이란 단편의 이야기가 있습니다. 우리가 잘 아는 이야기입니다마는 내용은 이렇습니다.

크리스마스가 가까워져서 남편이 아내에게 선물을 주고 싶은데 아내의 머리가 너무 예쁜 머리입니다. 그래서 아내의 머리에 어울리는 빗을 하나 사기로 했습니다. 또 아내는 어떤 선물을 마련합니까? 남편에게 있어 괜찮은 유일한 재산이 시계인데 시곗줄이 다 낡아 형편없습니다. 그래서 시곗줄을 하나 사기로 마음먹었습니다. 그런데 돈이 없습니다. 남편은 아내의 머리빗을 사려고 시계를 팔았고, 아내는 남편의 시곗줄을 사 주려고 머리를 잘라 팔았습니다. 그리고 막상 교환을 하려고 선물을 내놓고 보니까 한 사람은 머리털을 잘라 팔았고, 한 사람은 시계를 팔았습니다. 부둥켜안고 기뻐하는 이 부부의 모습.

감동은 값에 있는 것이 아닙니다. 마음에 있는 것입니다. 마음을 터치하는 서비스, 이것이 참 중요한 것입니다.[300]

오 헨리의 이 단편 소설은 우리에게 평생 잊을 수 없는 감동적인 부부의 사랑을 새기게 한다. 기독교인의 정신인 심금을 울리는 마음의 터치에 대해서 말씀을 전하고자 할 때 이 소설보다 더 좋은 예화는 찾기 힘들 것이다.

④ 미술

세계적으로 유명한 거장들의 미술 작품 역시 설교자들로부터 가장 사랑받는 도구 중 하나다. 이동원 목사의 설교 속에 거장들이 그린 그림의 예화가 자주 활용됨을 볼 수 있다. 우명자 사모가 화가인 이유가 크다고 본다.301 이동원 목사의 설교 속에 사용된 실례들을 하나씩 살펴보자.

유명한 화가 카라바조는 도마가 실제로 예수님의 옆구리에 손가락을 넣는 것으로 그렸지만, 그것은 성경의 기록과는 다릅니다. 가장 성경적인 화가였던 거장 렘브란트는 오히려 도마와 제자들이 놀라는 모습만 그렸습니다. 후자의 그림이 성경에 더 가깝다고 할 수 있습니다.302

유명한 거장들이 그린 같은 사건의 두 그림을 대조시키면서 성경적인 그림이 무엇인지를 청중에게 소개하고 있다. 이것을 말로만 전하기보다는 그림을 직접 보여 주거나 그림에 대해서 이야기하면서 소개함이 훨씬 더 효과적일 것이다.

바티칸 시스티나 성당 천장에 그린 미켈란젤로의 〈아담의 창조〉라는 그림을 기억합니까? 4년간 천장을 올려다보면서 이 그림을 그리면서 그는 때로 지치기도 했고, 때로 모든 것을 포기하고 싶었습니다. 그는 그 무렵 무력감에 빠져 자기 일지에 "나는 화가가 아니다"라는 글을 남기기도 했습니다.

그러던 어느 날 저녁, 자신이 그린 그림을 올려다보다가 한순간 예배자의 마음이 되어 마루에 누운 채 하나님을 찬양하다가 다시 천장을 올려다보았습니다. 그때 갑자기 자기가 그린 하나님의 손길이 아담의 손길을 터치하는 것을 느꼈습니다. 그리고 그는 아담의 얼굴에서 하나님의 생명을 받고 있는 자신의 얼굴을 바라보게 되었습니다. 그는 이렇게 소리쳤습니다.

"아! 당신은 거기 계셨군요. 당신은 살아 계시는 나의 주님이십니다."

그는 다시 일어나서 작가의 길을 갔습니다. 아니, 소명의 길을 갔습니다.

미켈란젤로를 만나 주신 살아 계신 주님, 망가졌던 여자 막달라 마리아를 만나 주신 주님이 우리를 만나 주시고 진정으로 치유해 주시기를 기도하십시다. 이 기도가 당신을 VIP로 변화시킬 것입니다.[303]

위의 내용을 참조해 보면, 하나님의 진리를 드러내는 일에는 성경뿐 아니라 하나님이 창조하신 모든 자연 만물, 그리고 믿음의 자녀들이 그린 예술 작품 등이 유용하게 활용될 수 있음을 깨닫는다. 천상의 진리를 밝히는 일에 도움이 된다면 뭐든 사용하여 청중의 이해를 돕는 이동원 목사의 폭넓은 활용력에 주목하라. 하나만 더 살펴보자.

윌리엄 홀맨 헌트Willaim Holman Hunt가 그린 유명한 성화 〈세상의 빛The Light of the world〉을 기억하실 것입니다. 이 그림의 원화는 지금도 옥스퍼드 대학 케블 칼리지 채플 정문에 보관되어 있습니다. 이 그림을 잘 보면 가시관 쓰신 예수님이 어떤 집의 문을 두드리고 계십니다. 문 주변에 넝쿨이 있는 것으로 보아 오랫동안 닫혀 있던 문인 것을 알 수 있지만, 그럼에도 불구하고 빛 되신 예수님은 등불을 들고 이 집의 문을 인내를 가지고 두드리고 계십니다. 그런데 자세히 보면 이 문에는 문고리가 없습니다. 이 문은 안에서만 열릴 수가 있는 문이었습니다. 스스로 자기 집의 문을 열어야 한다는 진리를 작가는 전달하고 있는 것입니다.

이제 각자의 마음 문을 여십시오. 가정의 문도 여십시오. 그리고 부활과 영광의 주님을 초청하십시오. 헌트의 그림을 잘 보면 문을 두드리는 예수님은 가시관만 쓰신 것이 아닙니다. 그분이 승리와 영광의 주님이신 것을 상징하기 위해 그 머리 주변에 원형의 광선이 빛나며 에워싸고 있습니다. 이제 우리를 위해 죽으시고 다시 사신 그 영광의 주, 생명의 주님을 가정에 모셔 들입시다. 그 순간 우리 가정에 영광의 천국이 임할 것입니다. 안식의 천국이 임할 것입니다.[304]

신앙인 작가들이 자신들의 작품을 통해 전달하고자 한 성경의 진리를 설교자가 잘 포착하여 본문과 연결해서 설교에 활용한다면, 감칠맛 나는 영적 식단을 차릴 수 있음을 보여 준다. 오늘날 설교자들의 어려움이 있다면 청중의 대다수가 성경의 내용들을 거의 다 알고 있다는 점이다. 청중은 이미 알고 있는 내용에 대한 설교자들의 언급에 식상해 있다. 따라서 설교자는 본문의 내용이란 재료에 뭔가 새롭고 신선하고 맛깔스러운 양념을 쳐서 요리해야 한다. 그중 하나가 여기서 소개하는 미술 작품이다.

⑤ 베스트셀러

베스트셀러는 현대를 살아가는 사람들의 기호나 관심사, 시대적 흐름을 대변해 주는 잣대다. 이것들을 잘 읽을 수 있는 자들이 시대를 앞서가는 리더가 될 수 있다. 하나님의 백성을 목양하는 설교자들은 그 누구보다 시대의 리더들임에 틀림없다. 그들은 영원히 변함없는 진리의 말씀을 전하는 막중한 사명을 가진 영적 리더들이다. 문제는 그들이 전하는 성경 말씀은 시대에 관계없이 조금도 변하지 않는 것이지만, 그것을 전해야 하는 대상인 청중은 시대마다 각기 다른 환경 속에 사는 이들이란 점이다.

언제나 한결같은 진리의 말씀을 항시 변하는 청중에게 효과적으로 전하기 위해 그들이 늘 가까이서 즐겨 읽고 대하는 베스트셀러를 활용하는 이동원 목사의 활용 방법을 실례들을 통해 살펴보자.

인기 절정의 여배우로서 안락한 삶에 안주하지 않고 월드 비전의 홍보 대사로 지난 10년 이상 소말리아, 인도, 르완다, 방글라데시의 빈민촌을 누비며 나눔과 봉사를 실천한 김혜자 권사님은 그녀의 자서전적인 베스트셀러 『꽃으로도 때리지 말라』에서 이렇게 절규합니다. "슬픔의 유일한 치료제는 나눔이며, 이 사랑의 나눔이야말로 그 어떤 전쟁과 죽음보다 더 강하다는 걸 나는 믿습니다."[305]

이동원 목사는 2004년에 발행되어 베스트셀러로 많은 독자들의 사랑을 받은 김혜자 권사의 저서에 나오는 소중한 내용을 인용하여, 자신이 전하고자 하는 진리를 전달하고 있다. 다른 실례를 보자.

세계적인 기독교작가 필립 얀시의 베스트셀러 『놀라운 하나님의 은혜 What's So Amazing About Grace』(IVP)란 책을 아마 읽으신 분이 많이 계시리라 생각합니다. 이 책의 4장에서 그는 한때 영국에서 열렸던 비교종교학 회의를 소개하고 있습니다.

여러 종교를 비교하는 학회가 열렸는데, 그때 이러한 질문이 제기되었습니다. "기독교 신앙이 가진 독특성이 무엇인가?" 이때 누군가가 이런 대답을 했다고 합니다. "아무래도 기독교 신앙의 독특성은 성육신 사건에 있지 않겠느냐. 하나님이 인간의 육신을 입고 이 땅에 오신 성육신이야말로 기독교 교리요, 신앙의 독특성이다"라고 말입니다. 그때 어떤 분이 "다른 종교 문헌에도 신이 인간의 몸을 입었다는 이야기가 있습니다"라고 말했습니다.

그리고 또 누군가가 "아무래도 기독교 신앙의 독특성은 부활 사상에 있지 않겠느냐"고 했습니다. 부활이 기독교 신앙과 교리의 독특한 사상임에는 틀림이 없습니다. 부활 신앙에서 우리 교회, 우리 믿음이 세워져 갑니다. 그러나 누군가 또 말하기를, "그런데 다른 종교에도 죽은 사람이 다시 돌아왔다는, 사자의 환생 같은 이야기들이 적지 않게 있습니다"라고 했습니다.

바로 그때 유명한 C. S. 루이스 교수가 이런 대답을 했다고 합니다. "기독교 신앙의 독특성이야 은혜에 있죠." 그때 모두가 이 말에 동의했다고 합니다. 받을 자격이 전혀 없는 사람들에게 일방적으로 베풀어지는 하나님의 사랑과 호의, 그것이 은혜입니다. 본문에 나타난 사건은 죄와 벌의 사건이 아니라 죄와 은혜의 사건이라고 할 수 있습니다.306

필립 얀시Philip Yancey의 책들은 거의 모두가 베스트셀러로 사랑받고 있다. 그중에서 위에 소개한 그의 저서 『놀라운 하나님의 은혜』는 많은 기독교인들이 애독했던 책이다. 청중에게 널리 사랑받은 저서의 내용들을 설교 속에 잘 활용한다면 그들의 관심을 사로잡을 것은 물론, 성경의 진리를 효과적으로 전달하는 데도 큰 유익이 있으리라 본다.

⑥ 신앙 서적

신앙 서적 역시 설교의 예화로 더없이 소중한 도구가 될 수 있다. 옛 성인들의 고전이나 현대인들의 간증 서적이나 모두가 기독교의 소중한 진리와 교훈을 드러내며 깊은 감동을 주는 위대한 재료들이다. 이동원 목사가 활용한 실례를 소개한다.

성 어거스틴Augustine이 『참회록Confessions』에서 밝힌 그의 고백을 들어 보겠습니다.

그는 청년 시절 친구들과 어울려 이웃집 배나무에서 열매를 몽땅 따는 도둑질을 했습니다. 하지만 정작 먹은 것은 몇 개밖에 안 되고 나머지는 모두 버리거나 돼지에게 던져 주었습니다. 그렇게 할 것을, 왜 도둑질을 했는가에 대한 이유를 그는 '죄의 쾌감' 때문이었다고 밝힙니다.

"나는 나 자신을 파괴하는 것을 사랑했고, 내 안에 죄악을 즐기는 본성이 있어서 그것이 나를 죄의 노예로 만들었다."

그렇다면 과연 이런 노예의 상태로부터의 자유, 즉 죄로부터의 자유가 가능할까요? 이것은 사도 바울의 질문이기도 했습니다.[307]

팔다리가 없이 몸통만으로 살아가는 호주 청년, 닉 부이치치Nick Vujicic는 그의 책 『닉 부이치치의 허그Hug』에서 그의 부모님이 자신을 낳고 깊은 회의와 절망을 느꼈던 이야기를 들려줍니다. 그러나 그럼에도 불구하고 그는 지금 숨 막히도록 멋진 삶을 살고 있습니다. 자신이 정말로 축복받은 사람임을 고백합니다.

남들에게 기대어 살 수밖에 없었던 그가 그런 멋진 인생을 살게 된 기적의 비밀은 무엇일까요? 도움을 받는 대신에 도움을 주면서 살기로 작정했기 때문입니다. 섬김을 받는 대신에 섬기는 삶을 살기로 작정했기 때문입니다.

닉 부이치치는 말합니다. "사람들을 위해 얼마나 많은 일을 할 수 있느냐에 대해 염려하지 마십시오. 그냥 당신의 손을 내밀면 됩니다. 나눌 것이 없거나 스스로 도울 힘이 없다고 생각하지 않는 것, 그것이 바로 한계가 없는 삶에의 도전입니다."

이런 생각 덕분에 그는 세상을 바꾸는 리더가 될 수 있었습니다.308

이처럼 신앙 서적 역시 우리의 설교를 매우 감동적인 내용으로 만들 수 있는 좋은 자산이 된다는 사실을 기억하자.

11) 대중성 있는 영화와 드라마

설교는 허공을 향해 외치는 혼자만의 독백monologue이 아니다. 인격체인 대중을 대상으로 메시지를 전달하는 상호 간 의사소통communication이다. 청중은 설교가 전달되는 목표와 대상에 해당하는 매우 소중한 존재다. 따라서 설교자들은 이들에게 잘 어필할 수 있는 전달 방식이 무엇인지를 늘 연구해야 한다.

이동원 목사가 즐겨 사용하는 도구 중에 영화와 드라마가 있다. 이것들이 어떻게 그의 설교 속에 활용되고 있는지를 하나씩 살펴보자.

① 영화

"이 세상 모든 영화는 성공의 지침서다. 이 세상 모든 영화는 인생의 교과서다. 그리고 … 이 세상 모든 영화에는 예수님이 함께하신다."[309]

이것은 『예수와 함께 영화를 보다』의 저자인 최윤규 씨가 쓴 글이다.

'성공의 지침서'요, '인생의 교과서'라고 할 만큼 소중한 영화, 그 속에는 하나님이 우리에게 주시는 삶의 지혜와 보고들이 숨어 있다고 볼 수 있다. 〈바람과 함께 사라지다〉, 〈닥터 지바고〉, 〈사운드 오브 뮤직〉, 〈사랑과 영혼〉 같은 일반 영화나 〈십계〉, 〈벤허〉 같은 기독교 영화는 아직도 우리의 가슴 속에 깊은 감동으로 남아 있다. 이 영화를 설교에 활용한다면 꽤 짭짤한 묘미를 불러올 수 있을 것이다.

이동원 목사의 설교 속에는 유독 영화 이야기가 많이 등장한다. 그 이유는 영화는 대중에게 친밀하게 다가설 수 있는 공감대가 높은 작품들이기 때문이다.[310] 그는 대중들에게 감동을 주었던 명화들을 통해 청중에게 친밀하게 다가서고 함께 호흡하기를 즐겨 한다. 그가 영화에 관해 언급한 내용을 소개한다.

최근 극장가에는 기현상이 벌어지고 있습니다. 할리우드 영화가 아니면 흥행이 안 된다던 신화를 깨고 한국 영화가 할리우드 영화를 압도하고 있는 것입니다. 그 이유를 분석하는 전문가들의 견해는 다양하지만 공통적으로 최근 히트하고 있는 한국 영화 대부분이 바닥 정서, 우리 안에 잠재되어 있던 정서적 갈망을 자극하고 있기 때문이라는 지적은 한결같습니다. 〈친구〉나 〈신라의 달밤〉같이 작품성만 따지고 보면 신통하지 않은 영화들이 그렇게 많은 관객을 동원할 수 있었던 것은 대중에게 어필하는 정서적 공감대가 있었기 때문이라는 것입니다.[311]

그렇다. 영화 가운데서도 특히 공전의 히트를 친 작품들은 이미 관람한 사람들이 많아서 설교 시에 살짝 언급만 해도 청중의 관심을 집중시킬 수 있는 장점이 있다. 따라서 청중과 하나가 될 수 있고, 그들에게 깊은 감동과 자극을 줄 수 있는 영화를 설교에 잘 활용하는 일은 매우 유익한 일이라고 할 수 있다. 그럼 이제부터 이동원 목사가 영화를 설교의 예화로 활용한 내용들을 구체적으로 하나씩 살펴보자.

멜 깁슨의 문제의 영화 〈그리스도의 수난The Passion of the Christ〉이 드디어 2004년 4월 2일 금요일 이 땅에서도 일제히 개봉되었습니다. 멜 깁슨은 가톨릭 교인이지만, 약 13년 전 약물 중독으로 방황하다가 성경을 읽고 예수의 십자가 고난의 이유를 깨달으면서, 35세 되던 해에 거듭남을 체험한 복음적인 그리스도인이 되었습니다. 예수님을 자신의 구주로 만나고 믿기 시작한 그날부터 그의 꿈은 주님을 증거하기 위한 순도 100%의 복음 영화를 만드는 것이었다고 합니다. 그러다가 〈브레이브 하트〉로 아카데미 제작상과 감독상을 받은 후에는 자신의 꿈을 이루기 위한 예수 영화를 만들기로 결심합니다….

영화 개봉 첫날, 2,360만 달러의 흥행 실적을 올려 투자한 모든 제작비를 환수하는 기적이 일어났습니다. 그러나 잘 아시는 대로 이 예수 수난 영화는 처음부터 수난에 직면했습니다. 가장 격렬한 수난은 유대인 단체들이 이 영화가 반유대인 정서를 자극한다고 영화 상영 반대 시위를 벌인 것입니다. 시사회에 참석한 한 유대인 출신 기자가 영화 감상 후 멜 깁슨을 붙들고 물었습니다. "멜 깁슨, 대답하시오. 당신은 정말 우리 유대인들이 예수를 죽인 장본인이라고 생각하시오? 당신의 견해를 직접 듣고 싶소." 멜 깁슨이 이렇게 대답했다고 합니다. "대답하지요. 당신 유대인들이 죽인 것이 아닙니다. 내가 그분을 죽였습니다. 저의 죄가 그분을 돌아가시게 했고, 저의 죄 때문에 그분이 이런 수난을 받으셔야 했습니다. 이것이 이 영화의 주제입니다."

이 영화의 첫 장면은 이사야 53장 5절 말씀으로 시작됩니다.

"그가 찔림은 우리의 허물을 인함이요 그가 상함은 우리의 죄악을 인함이라 그가 징계를 받음으로 우리가 평화를 누리고 그가 채찍에 맞음으로 우리가 나음을 입었도다."[312]

관람하던 강도가 회개하는 등 지구촌 곳곳에서 놀라운 회개와 회심의 역사를 많이 일으킨 영화가 바로 멜 깁슨Mel Gibson 감독의 유명한 〈패션 오브 크라이스트〉다. 특히 예수 그리스도의 수난을 너무도 사실적으로 묘사한 장면으로 유명한 명화 중 명화다. 이 장면을 화면으로 직접 보여 주면서 설교에 활용한다면 아주 큰 감동을 끼칠 수 있을 것이다. 다른 실례를 소개한다.

필립 얀시는 그리스도인들의 이런 선행을 명화 〈포레스트 검프〉의 주인공에 비유하여 설명합니다. 아이큐 75의 우직한 저능아, 검프. 아무것도 의미 있는 일을 하지 못할 것이라고 판단받은 그가 어느 날 한 여인의 사랑을 받고 앞을 향해 달리기 시작합니다. 길에서도, 운동장에서도, 전쟁터에서도 그는 달립니다. 그에게는 영웅이 되고 싶은 충동도, 메달을 받고 싶은 충동도 없었습니다. 그는 오직 제니 때문에, 사랑 때문에 달린 것입니다.

우리들 그리스도인들의 공동체가 모일 때마다 하나님의 은혜를 묵상하고 간증하고 찬양하고 경배하는 이유는 그 은혜, 그 사랑의 감동이 우리를 지배할 때 비로소 우리가 다시 선한 일을 위해 달려가는 자가 될 수 있기 때문입니다. 우리는 주저앉을 때마다 조건 없는 참사랑을 알게 해 준 그분의 음성, 그리고 그의 사랑을 경험한 동료들의 소리를 듣고 일어납니다. "포레스트, 런, 런, 런(달려, 달려, 달려야 해)."313

이동원 목사는 〈포레스트 검프〉란 영화에 나오는 주인공의 모습을 통해 우리 성도들의 모습을 반추해 준다. 활용된 영화가 대중에게 어필한 만큼 설교에서도 그만큼의 감동을 줄 것이다. 다른 실례를 찾아보자.

최근에 율법의 역할을 드라마틱하게 보여 준 영화가 있습니다. 프랑스 작가 빅토르 위고Victor Hugo의 작품을 극화한 뮤지컬 〈레미제라블Les Miserables〉입니다.

주인공 장발장을 끈질기게 추적하는 자베르 경감을 율법의 관점에서 보면 성경적인 은혜가 무엇인지 알 수 있습니다. 자베르는 법의 수호자로서 법을 통한 정의의 실현에 철두철미한 인물입니다. 그러나 그의 마음속에는 쉼도, 평화도 없습니다. 그는 끊임없이 장발장을 정죄하고 끈질기게 추적합니다. 자베르는 정죄하는 자입니다.

반면에 배고픈 조카를 먹이기 위해 빵을 훔쳤던 도둑 장발장은 은혜를 입은 자가 되었습니다. 장발장은 빵을 훔친 죄로 3년 형을 선고받고 홀로 남은 조카가 걱정되어 탈옥을 시도했다가, 그만 19년 형을 받고 13년 만에야 출옥할 수 있었습니다. 하지만 조카는 이미 세상을 떠난 뒤였습니다. 오갈 데 없는 처지가 된 장발장은 자신에게 먹을 것과 잠자리를 제공해 준 미리엘 신부의 은촛대를 훔쳐 달아나다가 경찰에게 붙잡혀 다시 신부에게 끌려오기에 이릅니다. 그러나 신부는 자신이 장발장에게 은촛대를 선물로 주었다며 그를 감싸 주었습니다. 장발장이 죄를 짓지 않았다고 말해 준 것입니다. 미리엘 신부는 장발장에게 은촛대를 다시 내어 주며 이렇게 말했습니다.

"내가 그대의 영혼을 사서 하나님께 드렸습니다."

장발장은 태어나서 처음으로 은혜를 경험했습니다. 그때부터 그의 인생은 180도 달라졌습니다. 다른 사람이 가진 것을 훔치는 사람이 아니라 자신이 받은 은혜를 나눠 주는 사람으로 바뀐 것입니다.

그렇습니다. 은혜가 그의 죄를 깨끗게 했고 그를 구원한 것입니다. 바로 이 은혜를 우리에게 선물로 주시기 위해 2,000년 전에 이 땅에 오신 분이 바로 예수 그리스도이십니다.[314]

프랑스의 대문호 빅토르 위고의 장편 소설인 〈레미제라블〉은 2012년에 영화로도 개봉되어 관람객들의 영혼을 울리며 흥행몰이에 성공한 작품이다. 이 영화의 주인공은 누가복음 15장에 나오는 돌아온 탕자와 같고, 그를 집요하게 추적했던 자베르 경감은 큰아들과 흡사하다. 이동원 목사는 장발장에게 한없는 자비를 베풂으로 그의 인생에 놀라운 변화를 가져오게 했던 미리엘 신부를 예수 그리스도와 대비하여 잘 설명하고 있다. 또 다른 실례를 살펴보자.

2011년 제83회 미국 아카데미 시상식에서 각본상, 감독상, 남우주연상, 작품상까지 총 4관왕을 기록한 〈킹스 스피치The King's Speech〉는 사람과 사람이 교제하는 가운데 치유와 성숙을 경험하는 교제의 기적을 보여주는 아름다운 명작이라고 할 만합니다.

제2차 세계대전이 발발하기 직전에 왕위에 오른 영국의 조지 6세는 심하게 말을 더듬는 장애가 있었습니다. 즉위하기 전까지 앨버트Albert라는 본명으로 살았던 조지 6세는 어린 시절 유모로부터 학대를 받고 왼손잡이라고 아버지에게 심한 질책을 받은 것이 원인이 되어 말을 더듬는 장애를 갖게 되었다고 합니다.

영화는 대영제국박람회 개막식에서 앨버트 왕자가 라디오 연설을 시도하지만 비참하게 실패하고 마는 장면에서부터 시작합니다. 그의 아내 엘리자베스가 저명한 의사들과 접촉하며 여러 가지 노력을 기울였지만 아무 소용이 없었습니다. 대국민 연설이 불가능할 정도로 그의 상태는 심각했습니다.

이때 호주에서 온 연극배우 출신의 괴짜 언어치료사 라이오넬 로그Lionel Logue를 만나게 됩니다. 로그는 상대가 왕자인 것을 알면서도 서로 이름을 부르는 평등한 친구가 될 것과 마음을 열고 함께 시간을 보내야 한다는 조건을 내겁니다.

우여곡절 끝에 앨버트 왕자가 마침내 로그에게 마음을 열고 내면을 드러내 보이기 시작했습니다. 로그는 왕자에게 욕하고 싶으면 참지 말고 욕을 하라고 조언합니다. 신기하게도 앨버트 왕자는 욕하는 동안만큼은 말을 더듬지 않았습니다. 노래하고 싶으면 노래하고 춤을 추고 싶으면 춤추라고 말해 주었습니다. 로그는 왕자의 친구가 되어 함께 뒹굴며 노래하고 소리 지르고 춤추었습니다. 그 과정에서 앨버트 왕자는 과거의 아픈 기억들을 끄집어내며 눈물을 흘렸습니다.

왕이 된 앨버트는 히틀러의 독일에 맞서 선전 포고를 하게 되는데, 마침내 위엄 있고 자신감 있게 연설을 마치게 됩니다. 그 뒤에는 물론 로그의 숨은 조력이 있었습니다. 로그는 연설을 시작하는 왕에게 "내가 당신 앞에 있을 테니 내게 이야기하듯 연설을 하라"고 말해 주었습니다. 그리고 마치 오케스트라를 지휘하듯 손짓으로 조지 6세를 격려해 주었습니다. 그 덕분에 왕은 무사히 연설을 마칠 수 있었습니다.

영화를 감상하는 동안 제 인생의 치료사가 되어 주신 예수님과 예수님 안에서 만난 수많은 사람들의 얼굴이 떠올랐습니다.[315]

이동원 목사는 왕이 된 앨버트의 언어치료사가 되어 그의 병을 고쳐 준 라이오넬 로그를 예수님과 대비시켜 청중에게 깊은 감동을 던져 주고 있다. 하나만 더 확인해 보자.

'용서' 하면 우리 시대의 명화 〈글래디에이터〉 중에서 검투사 막시무스와 더불어 또 한 명의 주인공이었던 황제의 아들 코모두스가 절규한 대사가 생각납니다. 황제 아버지의 사랑과 인정을 갈구했지만 그것을 얻지 못한 황제의 아들, 아버지를 용서하지 못한 아들 코모두스의 절규 말입니다.

"아버지는 저에게 언제나 네 가지 덕목을 가르치셨습니다. 지혜, 정의, 용기, 절제를 가르치셨습니다. 저는 아버지를 기쁘게 하기 위해서라면 이 모든 것을 지키고 싶었고 신이라도 되고 싶었습니다. 그러나 아버지는 제가 정말로 필요로 했던 사랑을, 그리고 인정을 주시지는 않았습니다. 아버지가 저를 안고 따뜻한 말 한마디만 주셨더라도 그 말은 저에게 태양과 같았을 것입니다. 그러나 아버지는… 아버지는….”

이렇게 절규하며 그는 조용히 아버지 마르쿠스 아우렐리우스 황제의 목을 조르기 시작합니다. 용서하지 못한 아버지와 용서받지 못한 아들의 상처가 빚어낸 비극적 드라마의 한 장면입니다. 물론 이 장면은 역사적 사실과 달랐다는 비평이 많았습니다만, 그러나 용서하지 못하는 가정에서 연출되는 비극은 오늘도 여전히 계속되고 있음을 누가 무엇으로 부정할 수 있겠습니까?[316]

검투사에 관한 역사적 이야기인 〈글래디에이터〉는 필자의 기억 속에도 여전히 깊은 감동으로 남아 있는 영화 중 하나다. 이동원 목사가 용서받지 못한 아들의 상처로 말미암아 발생된 가족사의 비극을 자신의 설교 속에 효과적으로 활용하고 있음에 주목하라. 이처럼 특징적인 장면들을 직접 시청각적으로 청중에게 보여 주면서 설교에 활용한다면 더 큰 감동을 줄 수 있을 것이다.

② 드라마

드라마는 영화보다 청중에게 훨씬 더 가까이 열려 있다. 실제로 가정에서 드라마를 보는 시청자들이 꽤 많다. TV를 켜기만 하면 누구나 언제든지 볼 수 있기 때문이다. 이는 이동원 목사의 설교 속에 가끔씩 인기 드라마나 사극에 관한 언급이 주어지는 이유이기도 하다. 두 가지 대표적인 실례들을 소개한다.

첫째는 내가 억울하게 당했다는 생각입니다. 그래서 그는 복수를 선택합니다. 그러나 복수의 결과는 언제나 자신의 파멸입니다. 드라마 〈선덕여왕〉의 비담도 그랬고, 〈아이리스〉의 현준도 그랬습니다. 헤롯도 마찬가지입니다.317

주말 사극 〈선덕여왕〉과 〈아이리스〉에 나오는 주인공들을 본문에 나오는 헤롯과 연결시켜 자신의 설교에 적절하게 활용하는 이동원 목사의 빼어난 실력을 보라.

당시 언론은 한국 록의 역사 속에서 임재범만큼 출중한 보컬리스트는 없었다고, 그 풍부한 음역과 창법, 혼신을 다한 창법으로 헤비메탈의 신화적 존재가 되었다고 홍보했습니다. 그러던 그가 갑자기 무대에서 사라집니다. 확인되지도, 증명되지도 않은 대마초, 성폭행 같은 소문들을 남기면서 우리의 시야에서 사라집니다. 우리는 그를 잊고 있었고, 많은 사람들은 가수로서 그의 생명은 끝났다고 말했습니다.
그런데 작년 어느 날 한 인기 드라마 주제가에서 우리는 낯익은 그의 음성을 다시 듣게 됩니다.
"가슴을 데인 것처럼, 눈물에 베인 것처럼. 내가 사는 것인지, 세상이 나를 버린 것인지. 하루가 일 년처럼 길구나. 그 아침은 언제나 올까?"
드라마 〈추노〉의 주제가입니다. 이 드라마의 주인공 대길이의 마음에 자신의 마음을 담아서 그가 노래했던 것입니다. 그리고 얼마 전 MBC 〈나는 가수다〉 무대를 통해 국민 곁으로 돌아온 것입니다. 이걸 모르는 사람은 대한민국 국민이라 할 수 없습니다.[318]

〈추노〉역시 시청자들로부터 사랑을 많이 받은 사극이었다. 당시 〈추노〉의 주인공 대길이의 신들린 듯한 열정적인 연기는 지금도 필자의 눈에 선명하게 각인되어 있다. 이동원 목사는 이 인기 드라마 〈추노〉의 주제가를 언급하면서 역시 인기 프로그램인 MBC 〈나는 가수다〉 무대에서 혼신의 창법으로 오랜만에 재등장한 가수 임재범을 소개하고 있다. 국민적 관심의 대상이요, 깊은 감동을 던져 주었던 TV 속 인기 프로그램들을 사용하여 설교에 활용하는 이동원 목사의 재능이 대단하지 않은가! 모든 설교자들이 눈여겨보고 배워야 할 대목이 아닐 수 없다.

12) 이해를 쉽게 하는 적절한 예증

필자는 설교를 돕는 보조 도구를 예증과 예화로 구분하여 사용한다. '예증'과 '예화'의 차이점은 무엇일까? '예증'이 설교자가 전하고자 하는 내용을 청중이 쉽게 이해하도록 도와주는 역할을 하는 것이라면, '예화'는 그뿐 아니라 큰 감동과 은혜도 함께 가져다주는 역할을 하는 것이란 점에서 차이가 있다. 이동원 목사는 자신의 설교 속에 예증과 예화를 많이 사용하기로 유명하다. 우선 예증의 실례들부터 하나씩 살펴보자.

우리 교회에 자주 방문하시는 버지니아 리버티 신학교의 김창엽 박사님은 87세의 노장이신데, 아직도 신학교에서 다른 교수들과 마찬가지로 주간 모든 강의를 담당하시고 주말에는 미주와 세계 각처에 집회를 다니십니다. 그분의 건강의 비밀 중에 하나가 음식을 30번씩 씹어서 삼키는 일입니다. 그러니까 못 잡수실 음식이 없고 모든 음식이 얼마나 맛이 있는지 모르시겠다고 하십니다.

예로부터 영성 수련가들은 성경 묵상을 소의 되새김질에 비유하였습니다. 말씀을 씹고 또 씹고 묵상하는 중에 말씀이 내 것이 되고 그 말씀이 하나님의 말씀으로 내게 들려오는 것입니다. 영성 신학자 유진 피터슨Eugene Peterson은 『이 책을 먹으라』는 책에서, 자신의 집에서 키우는 사냥개가 어느 날 사슴 뼈다귀를 발견하고 그 뼈다귀가 하얗게 드러날 때까지 물어뜯고 또 뜯고 다시 그 뼈다귀를 음미하며 핥아먹는 장면을 보다가 갑자기 히브리어 성경의 한 단어를 연상했다고 합니다. 그 단어는 '하가hagah'였는데, 시편 1편에 주야로 율법을 묵상한다고 했을 때 바로 그 단어가 사용되고 있습니다. 그런데 그와 동일한 단어가 이사야 31장 4절에서도 사용되고 있습니다. "큰 사자나 젊은 사자가 자기의 먹이를 움키고 으르렁거릴 때에"라고 할 때 '으르렁거린다'는 단어가 바로 '하가'인 것입니다. 사랑하는 여러분, 언젠가 하나님의 말씀이 너무 재미있어서 으르렁거리며 이 말씀을 묵상하고 그 진리에 빠져들며 하나님의 거룩한 음성을 들은 적이 계신지요?319

이동원 목사는 성경 묵상을 소의 되새김질에 비유한 영성 수련가들의 이야기와 사냥개가 뼈다귀를 음미하며 핥아먹는 장면에 비유한 유진 피터슨의 이야기를 소개함으로, 청중에게 원어적 의미가 무엇인지를 보다 확실하게 이해시키고 있다. 다른 실례를 찾아보자.

1800년대 독일에서 목사의 아들로 태어난 하인리히 슐리만Heinrich Schliemann이라는 소년이 7세 때 아버지가 성탄절 선물로 준 『어린이를 위한 세계사』라는 책에서 호머의 대서사시 「일리아드」와 「오디세이」를 읽고 트로이라는 도시가 실제로 존재하는 도시일 것이라는 믿음을 갖습니다. 41세에 본격적으로 고고학자의 인생을 시작한 그는 51세 되던 해인 1871년, 드디어 고대 트로이의 유적을 발견할 뿐 아니라 유적 발굴의 과정에서 어마어마한 보화들을 발견하고 세기의 부자가 됩니다. 믿음으로 꿈꾸던 보화들을 눈으로 확인하던 순간 얼마나 탄성을 발하며 감격했을 것인가를 상상해 보십시오. 그런데 한 독일의 기자가 그가 부자가 된 것을 축하했을 때 그는 이런 대답을 했다고 합니다. "나는 언제나 부자였습니다. 내가 트로이에 대한 꿈과 믿음을 갖기 시작한 때부터 나는 이미 부자였으니까요."

그런데 에베소서 1장 3-6절에서 바울 사도가 같은 이야기를 하고 있는 것입니다. 땅의 보화와 비교할 수 없는 하늘에 속한 영적인 축복들에 대한 비전과 믿음이 있기에 우리는 찬미하며 살아야 한다는 것입니다.[320]

『어린이를 위한 세계사』란 책을 통해서 꿈과 믿음을 가지고 있었던 트로이를 유적 발굴을 통해 실제로 발견한 하인리히 슐리만의 실화를 통해 에베소서 1장 3-6절의 상황을 동일한 의미로 활용하는 이동원 목사의 솜씨를 감상해 보라. 또 다른 실례를 살펴보자.

대영제국의 국립미술관에 가면 이런 그림 하나가 걸려 있습니다. 전쟁 중에 통신이 두절된 상태에서 한 무명의 통신병이 아군 본부에 메시지를 보낼 방도를 찾지 못해, 결국은 양손에 끊어진 선을 쥐고 메시지를 보낸 다음 그 자리에 쓰러져 죽은 내용을 담은 그림입니다. 그 병사의 죽음이 끊어진 선을 연결시켜 통신을 가능하게 했던 것입니다.

예수께서 십자가에 죽으실 때, 그분은 한 손에 아버지의 손을 쥐고 다른 한 손에 내 손을 쥐고 계셨습니다. 즉, 죄로 말미암아 단절되었던 하나님과 나 사이를 연결시키기 위해서 그리스도께서 친히 죄의 대가를 치르신 것입니다. 그분의 죽으심으로 인하여 우리는 하나님을 아바 아버지라고 부를 수 있는 놀라운 축복을 받게 되었습니다. 그것이 본문인 에베소서 2장 14절 이하에서 사도 바울이 우리에게 던져 주고 있는 메시지입니다.[321]

죄 때문에 끊어진 하나님과 우리 사이를 연결시키기 위해서 예수 그리스도가 돌아가셨다는 사실을 대영제국의 미술관에 전시된 그림을 가지고 쉽게 설명하고 있다. 그림의 내용은 한 통신원이 두절된 통신을 살려내고자 양손에 전선을 움켜쥐고 메시지를 전달한 후 감전되어 죽었다는 이야기다. 예증 하나가 영적 진리를 이해하는 데 큰 도움을 준다는 사실을 확인할 수 있다. 새로운 실례를 더 살펴보자.

예수님의 기적은 그냥 기적miracle이 아니요, 표적sign이었다는 것입니다. 사인 간판은 간판 그 자체를 나타내려는 것이 아니라 간판이 지시하는 내용을 선전하기 위한 것에 불과합니다. 그런데 당시의 사람들은 그것을 보지 못하고 기적만 보고 있었던 것입니다.[322]

영어의 '사인sign'이 무슨 의미인지를 설명함으로써 가나 혼인잔치에서 물을 포도주로 만들어 주신 '표적semeion: sign'의 의미가 무엇인지에 대한 이해를 쉽게 해 준다. 더 확인해 보자.

제가 제 아들의 요구를 들어줄 수밖에 없을 때는 언제나 이런 상황입니다. "아빠, 나 이거 사 줘요. 믿어요, 아빠! 그렇죠. 꼭 사 줄 거죠." 나는 도무지 이 아들의 신뢰를 배신할 용기가 없습니다.

우리가 하나님을 신뢰할 때 하나님은 이제 우리의 신뢰가, 그분을 향한 우리의 신뢰가 옳았다는 것을 증명해 주시기 위해서 이 역사의 무대 위에, 우리 삶의 현장 속에 들어오십니다. 이것이 가나안 정복의 역사입니다. 그렇습니다![323]

이동원 목사는 심지어 자신과 아들 사이에 일어난 이야기들을 소개하면서 성경의 진리를 쉽게 설명하는 일을 즐기고 있다. 남의 이야기가 아니라 자신의 이야기이므로 더욱 청중에게 신뢰와 친근감을 심어 준다. 다른 실례를 더 살펴보자.

모택동으로 인해 중국에 문화 혁명이 일어나자 선교사들이 추방 명령을 받아 모두 중국을 떠나야 했습니다. 마지막으로 떠나던 선교사 한 분이 제자 훈련을 받고 중국 교회의 훌륭한 지도자로 자란 중국 목사님과 차를 마시면서 물었습니다. "앞으로 많은 환란과 핍박이 몰려올 텐데 견딜 수 있겠소? 신앙을 지킬 수 있겠소?" 그랬더니 그 중국 목사님이 가만히 차를 바라보면서 말을 잇더랍니다. "선교사님, 차가 뜨겁죠?" 그러면서 차 티백을 들었습니다. "이 티백이 뜨거운 물속에 들어갔다고 해서 그 맛을 잃었나요? 아마도 뜨거운 물속에서 진짜 맛을 낼 수 있을 것입니다. 두고 보십시오. 저는 이 신앙이 진실이라는 것을 이 환난 속에서 주님 앞에 입증해 보이겠습니다."

참된 신앙은 역경을 이깁니다. 역경을 견딜 수가 있습니다. 그러나 돌밭 같은 마음은 역경 가운데 신앙을 부인합니다. 혹시 여러분은 돌밭 같은 마음을 가진 피상적 그리스도인은 아닙니까?324

마시던 차를 통해서 참된 신앙은 역경 속에서 더욱 빛난다는 사실을 너무도 잘 설명하고 있음을 보라. 이런 예증들을 많이 활용할 때 청중은 설교에 쉽게 빠져들 수 있다. 하나만 더 살펴보자.

저는 머리가 아플 때 아스피린을 먹습니다. 그러나 저는 실상 아스피린의 의학적인 성분이나 화학 작용에 대해서 전혀 아는 바가 없습니다. 그렇지만 제가 이 아스피린에 관해서 모든 것을 다 알아야만 이 약을 먹을 수가 있다는 논리가 통합니까? 벽에 붙어 있는 전기 스위치를 올리면 왜 전깃불이 들어오는지 그 이유를 충분히 설명할 수 있는 공학적인 두뇌가 제게는 없습니다. 그러나 이 이치를 다 알아야만 스위치를 올릴 수 있는 것은 아니지 않습니까? 아스피린은 두통에 참 좋은 약이고, 저 스위치를 올리면 전깃불이 들어온다는 앎, 그것으로 족합니다.

예수를 믿으면 구원을 얻는다는 그 사실로 족합니다. 내가 예수 그리스도와 이 구원에 관한 성경의 모든 지식을 다 알지 못한다 할지라도, 예수 그리스도를 믿으면 구원을 얻을 수가 있다는 기초적인 지식에 "아멘"

할 수가 있다면 그것으로 족합니다. 그리고 구원은 이루어집니다.[325]

예수 그리스도와 구원에 관한 모든 지식을 다 알지 못해도 예수 그리스도 그분만 믿으면 구원을 얻을 수 있다는 사실을 쉽게 설명하기 위해서 어떤 예증들이 활용되었는가 보라. 이동원 목사는 아스피린과 전기 스위치, 이 둘을 사용하여 자신이 전하고자 하는 사실에 대한 이해를 돕고 있다. 길게 설명할 필요가 없다. 그저 적절한 예증을 덧붙이기만 하면 청중은 설교자의 메시지를 쉽게 이해하게 된다.

예증의 위력이 얼마나 대단한지를 이동원 목사의 실례들을 통해 제대로 맛보았으리라 생각한다. 그렇다. 앞에 소개한 이동원 목사의 실례들을 통해서 알 수 있듯이, 세상에는 진리의 말씀에 대한 이해에 도움이 되는 내용들이 도처에 널려 있다. 그것들을 찾고 발견하여 적절하게 활용하는 이가 대장 노릇을 하기 마련이다. 설교자들이여, 주변을 둘러보고 하나의 예증이라도 더 발견하여 설교에 적절하게 사용해 보라. 결코 후회하지 않을 것이다.

13) 새롭고 신선한 예화

오늘 우리는 설교의 홍수 시대에 살고 있다. TV나 인터넷, 심지어 휴대전화를 통해서도 다양한 설교자들의 설교를 쉽게 들을 수 있다. 하지만 장마철에 정작 마실 물이 없다고 했던가! 이전 시대와는 비교할 수 없을 정도로 많은 설교들을 접하지만, 청중의 가슴을 울리고 눈물을 자아내게 하는 설교는 갈수록 찾아보기 힘들다.

본문에 충실하고 논리적이고 짜임새 있는 설교를 최고의 설교로 알고 있는 이들이 적지 않다. 하지만 청중은 설교 시간 내내 익히 알고 있는 본문 이야기만 잔뜩 늘어놓는 설교를 따분해 한다. 그들은 가슴은 터치하지 못한 채 머리만 채워 주는 설명 위주의 논리적 설교에 식상해 한다.[326]

본문이 새롭게 와 닿지 못하고, 삶에 지쳐 있고 경제적으로 찌들어 있는 오늘의 청중에게 가장 잘 어필하는 설교는 어떤 설교일까? 그들의 가슴을 적시고 마음을 터치하고 심장에 뜨거운 감동을 주는 설교다. 과연 어떻게 하면 청중에게 강력하게 어필하는 감동적인 설교를 전할 수 있을까? 그 해결책 가운데 하나가 예화다. 설교하는 본문 내용을 훤히 다 알고 있고, 본문 위주의 설명식의 무미건조한 설교를 듣기 힘들어하는 청중에게는 본문의 사건과 연결되는 현실 속 감동적인 예화가 한두 개나 서너 개쯤은 꼭 필요하다.

예화는 지금으로부터 30년 전, 필자가 신학대학원을 다닐 때만 하더라도 설교자들로부터 소홀히 취급되던 요소였다. 하지만 세월이 꽤 지난 지금의 강단에서 예화는 어느 시대보다 그 중요성이 강조되고 있는 현실을 맞고 있다. 과연 이는 바람직한 현상일까, 아니면 우려스러운 현상일까?

우선 예화를 반대하는 이들의 논리가 있다. 성령으로 영감 된 하나님의 거룩한 말씀을 전함에 있어서 인간 세상의 예화를 활용함이 어울리지 않는다는 것이다. 설교는 다름 아닌 하나님의 말씀이다. 그 신적인 말씀을 전달함에 있어서 세속적인 이야기나 세상의 예화를 사용하는 것은 하나님의 말씀과 역사하심에 역행하는 처사가 아니냐는 주장이다. 때문에 설교할 때는 오직 하나님의 말씀인 성경만 전해야지, 인간 세상의 이야기는 절대 가미해서는 안 된다고 생각한다.

일면 일리 있어 보이는 말이다. 하지만 창문 없는 집이 얼마나 답답하게 보이겠는가? 스펄전은 "창문이 없는 건물은 집이라기보다는 감옥이다. 아주 어두워서 아무도 임차하지 않기 때문이다. 마찬가지로 비유 없는 강화는 지루하고 재미가 없다. 그리고 심한 육체의 피곤을 가져온다"327고 말했다. 그렇다. 집에 창문이 적어도 두세 개는 있어야 하는 것처럼, 설교에도 몇 개의 유용한 예화는 필요하다. 그런데 이런 생각도 두 부류로 나뉨을 볼 수 있다.

설교에 예화가 필요함을 인정하긴 하지만, 반드시 성경 속에 나오는 예화여야 한다고 고집하는 이들이 있다. 성령의 감동으로 완성된 계시의 말씀 속에 있는 예화이므로 그것은 괜찮다는 것이다. 예수님은 진리를 전하실 때 예화를 아주 많이 활용하신 분이다. 그분은 예화 활용의 대가셨다. 다른 이도 아닌 말씀 자체이신 예수님과 성령의 감동을 받은 제자들과 선지자들이 친히 사용한 예화라면, 세상의 예화와는 차별화된 것이므로 재활용이 가능하다는 논리다.

그러면 우리는 여기서 예수님을 비롯한 여러 저자들이 활용한 성경 속 예화들이 과연 어떤 것들인지를 따져 볼 필요가 있다. 더도 말고 예수님이 사용하신 예화들을 살펴보자. 씨 뿌리는 비유, 공중의 새, 들의 백합화, 논두렁의 뱀 등이 아니던가. 이들이 어떤 것들인가? 하나님이 진리를 전함에 있어서 도구로 활용하라고 천상에서 내려 주신 거룩하고 신비로운 것들이 결코 아니다. 이것들은 이 땅에 살고 있는 사람이라면 누구나 익히 알고 있고 가까이서 접할 수 있는 세상의 것들이다. 예수님은 그것들을 사용하셔서 영적인 진리를 드러내는 일에 유용한 수단으로 삼으신 것이다. 그러므로 성경 속의 예화들만 고집하는 것은 옳지 않다.

그래서 성경 속 예화뿐 아니라 성경의 저자들이 사용하지 않은 우리 시대의 새로운 예화를 사용함은 충분히 가능하다고 볼 수 있다. 성경 속에 활용된 예화나 우리의 현실 속에 활용하려는 예화 모두가 하나님이 주신 것들이다. 세상의 모든 사물들이 하나님이 주신 것이 아니던가! 하나님의 것을 가지고 하나님의 진리의 말씀을 전하는 거룩한 도구로 선용한다면 왜 문제가 되겠는가?

성경 속에 나오는 예화들은 청중이 이미 너무도 잘 알고 있는 것들이므로 신선함이 떨어지는 게 사실이다.328 그러므로 이 시대의 사람들이 아주 가까이서 알고 있거나 경험하고 있는 현실 속 예화야말로 그들에게 가장 잘 어필할 수 있는 도구가 아니겠는가!

호주 출신의 신학자 마이클 프로스트Michael Frost가 쓴 『일상: 하나님의 신비Eyes Wide Open: Seeing God in the Ordinary』의 서문에 나오는 다음 이야기에 귀기울여 보자.

나는 초자연적 차원과 그 권능을 믿는다. 그러나 우리가 그런 차원만 추구하다보면 잃는 것이 너무 많지 않을까 싶다. 우리의 눈은 더 이상 놀란 듯 활짝 열려 있지 않다. 고흐의 작품 〈해바라기〉에서 하나님을 발견할 수는 없는가? 부서지는 파도 속에서 하나님이 보이지 않는가? 갓 태어난 아기의 해맑은 눈동자 속에 하나님이 보이지 않는가? 장미 한 송이 혹은 영화나 책에 등장하는 인물, 아름다운 노래, 계절의 변화 가운데서는? 친구가 사랑한다고 말할 때 그분의 목소리가 들리지 않는가? 또한 맛있는 음식과 감미로운 대화에서 그분을 맛보지 않는가? 하나님의 나라는 이 세상 도처에서 확장되고 있다. 우리의 눈을 열어 굉장한 사건을 주목하는 만큼 이른바 일상적인 삶 속에서 하나님의 은혜를 맛보기로 하자. 이제 당신은 평범함 속에서 비범함을 발견하는 기쁨을 누릴 수 있어야 한다.[329]

너무도 옳은 이야기다. 하나님이 지으신 하늘과 땅과 바다와 흙과 모래와 꽃들과 들풀들과 나무들은 물론, 영적인 것들에 대해 기록된 시나 소설이나 영화나 드라마나 베스트셀러, 뉴스나 인터넷상에 소개되는 모든 자료들 속에 위대한 설교의 도구들이 숨어 있다. 우리가 날마다 직면하는 평범한 세상의 일상과 사물 속에도 하나님의 경이와 기적과 거룩함이 발견될 수 있음을 새롭게 배울 필요가 있다.

예화 활용에 있어서도 타의 추종을 불허하는 탁월한 설교자가 있으니, 그가 바로 이동원 목사다. 그가 설교 속에 사용하는 예화와 다른 설교자들이 사용하는 예화에 어떤 차이가 있는지 한번 세밀하게 비교해 보라. 여러 면에서 근본적인 차이가 있다.

우선 그가 사용하는 예화는 다른 강단에서는 한 번도 활용되지 않은 예화일 가능성이 많은 것들이다. 사실 이동원 목사가 처음 활용한 이후 비로소 다른 강단에서 소개되는 예화들이 적지 않다. 그에게 '예화의 시발자'나 '예화의 선구자'라는 별명이 붙은 이유도 이 때문이다. 그만큼 그가 남들이 읽지 않는 책들이나 자료들을 많이 참조한다는 말이다. 이동원 목사는 다른 설교자들이 미처 파악하지 못하는 더 깊은 정보나 지식을 뽑어 놓을 때가 많다. 아울러 다른 이들이 전혀 알지 못하는 새로운 예화를 사용하는 데도 일가견이 있다.

옛말에 "듣기 좋은 꽃노래도 한두 번"이라는 말이 있다. 여러 번 들었던 유머나 예화는 감동이 떨어질 수밖에 없다. 때문에 새롭고 신선하고 유별난 예화의 활용이 절실하다. 예화를 선정할 때 필수 조건은 너, 나할 것 없이 다 알고 있는 예화의 사용을 피하는 것이다. 즉, 사람들이 잘알지 못하고 평생 처음 들어 보는 예화를 활용하는 것이다. 이미 한번 듣고 웃어 본 유머에 다시 반응을 보일 사람은 없을 것이다. 예화도 마찬가지다. 적어도 한두 번 접해 본 예화를 다시 들으면 재미나 감동이 반감될수밖에 없다.

예를 들어, 사랑의 원자탄 손양원 목사님의 유명한 '9가지 감사'는 추수감사 주일 설교에 단골 메뉴로 등장하는 예화다. 미국 유학을 준비하던 두 아들이 공산당 청년에게 살해된 후 살인자를 양자로 삼고 장례식설교를 할 때 손 목사님이 하나님께 올렸던 감사의 내용으로, 성도라면누구나 알고 있는 감동적인 예화다. 고전과도 같은 실화이기에 언제 들어도 감동이 새롭다. 하지만 그래도 자꾸 들으면 식상하게 되고 감동의깊이가 떨어지기 마련이다. 이럴 때 손 목사님의 알려지지 않은 새로운예화를 설교 시간에 소개한다면 신선한 메뉴가 될 수 있을 것이다. 수년전에 필자는 추수감사 주일에 이동원 목사의 설교를 직접 들은 적이 있다. 그때 여태껏 한 번도 들어 보지 못한 손 목사님의 일화를 그로부터직접 접하고 놀란 적이 있다. 그 내용이 얼마나 신선하고 감동이 컸던지, 한동안 그 충격이 지속될 정도였다. 그 예화를 여기에 소개해 본다.

수년 전에 여수 애양원교회로 집회를 인도하러 갔다가 손양원 목사님기념 박물관에서 봉투 한 장을 발견했는데, 그 충격으로 오랫동안 그 자리를 뜨지 못했습니다. 두 아들의 장례식을 치르고 나서 다음 주일 드린감사헌금 봉투가 그대로 전시되어 있었습니다. 당시 손양원 목사님의 한 달 봉급이 80원이었는데, 봉투 겉장에 "손양원 감사헌금 1만 원"이라고 쓰여 있었습니다.

마음에 불평이 있습니까? 여수 애양원을 방문해 보길 권합니다. 거기서 감사의 영성을 배우기 바랍니다.[330]

이 예화를 전해들은 필자는 2년 전에 여수 애양원에 들러서 손 목사님의 그 감사헌금 봉투를 휴대 전화로 직접 찍어다가 설교 시간에 프로젝터로 보여 주면서 말씀을 전했다. 그때 청중이 받은 은혜와 반응이 가히 대단했음을 확인할 수 있었다.

그렇다. 누구나 아는 예화보다는 알려지지 않은 숨겨진 일화나 새로운 내용들을 예화로 사용함이 좋다. 그래야 청중의 시선을 끌어당기고 그들에게 감동을 던질 수 있다. 또 다른 예를 들어 보자.

추수감사절은 잘 알려진 대로 1620년 메이플라워Mayflower호를 타고 신대륙 미국에 정착한 영국 청교도들이 이듬해 11월 추수를 마치고 3일간 축제를 연 데서 유래한 것입니다. 최근에 미국 교회에서 "스콴토Squanto를 기억하자"는 운동이 일어나고 있다고 합니다.

청교도들이 매사추세츠 플리머스 항구에 도착하기 10여 년 전에 영국 무역상들이 먼저 이곳에 도착했습니다. 그들은 인디언을 잡아다가 스페인에 노예로 팔아넘겼습니다. 그중에 스콴토라는 청년이 끼어 있었습니다. 스페인의 사제에게 팔려 교회에서 일하게 된 스콴토는 예수님을 믿고 그리스도인이 되었습니다.

그는 매일 세 가지 기도를 드렸습니다. 첫째는 고향에 돌아가게 해 달라는 것이고, 둘째는 자기를 잡아간 백인들을 원망하지 않고 오히려 그들과 협력하여 고향 땅을 스페인처럼 살기 좋은 곳으로 만들 수 있기를 위해 기도했고, 셋째는 자기 평생에 하나님께 감사하는 인생을 살기를 바란다는 내용의 기도였습니다.

스콴토는 고향으로 돌아가기 위해 사제의 허락을 받고 영국인 존 슬랜니John Slaney의 집에서 일하다가 그의 도움으로 드디어 고향 땅으로 돌아오게 되었습니다. 떠난 지 10년 만에 귀향한 것입니다. 하지만 그가 돌아왔을 때에는 전염병이 창궐하여 가족과 친족들이 모두 죽은 뒤였습니다. 그러나 그는 하늘을 원망하지 않고 남은 자들과 함께 마을을 재건하기 시작했습니다.

이듬해 청교도들이 탄 메이플라워호가 미국 땅에 도착했습니다. 스콴토는 마을 사람들을 이끌고 나가 유창한 영어로 청교도들을 환영했고 그들의 정착을 도왔습니다. 청교도들은 정착한 지 일 년이 지난 11월 추수 때에 인디언들을 초청해 함께 식탁에 앉아 칠면조 요리를 먹으며 스콴토에게 감사를 표했습니다. 그 후에 매년 추수 때가 되면 이런 행사를 가지곤 했는데, 이것이 바로 미국의 추수감사절의 시작이었습니다.

청교도들을 이끌었던 브래드퍼드William Bradford 목사는 당시의 상황을 일기에 이렇게 기록했습니다.

"스콴토는 하나님이 우리를 위해 준비해 두신 특별한 존재다. 그는 우리에게 옥수수를 심는 법을 가르쳤고, 낚시하는 방법을 가르쳐 주었으며, 땅을 어떻게 일구어야 하는지 가르쳐 주었다. 그는 죽을 때까지 한순간도 우리 곁을 떠나지 않고 친구가 되어 주었으며, 낯선 땅에서 생존하는 데 필요한 모든 것을 가르쳐 주었다."

스콴토가 열병으로 죽음을 맞이했을 때 그의 입술에서 감사 기도가 흘러나왔다고 합니다.

"오, 하나님. 제 기도를 들어주셔서 감사합니다. 부디 이 땅을 축복하소서."

오늘날의 미국은 스콴토의 믿음과 감사의 기적으로부터 시작되었다고 해도 과언이 아닙니다.

우리도 마찬가지입니다. 우리도 스콴토와 같이, 유일하게 돌아와 감사 인사를 드렸던 한 나병 환자와 같이 주님께 감사 기도를 드렸던 수많은 믿음의 선배들에게 빚을 지고 있는 셈입니다. 이제는 우리가 감사를 드려야 할 때입니다.331

추수감사절과 관련하여 메이플라워호의 이야기나 청교도들이 인디언들의 도움을 받아 농사를 지었다는 내용을 모르는 이는 없을 것이다. 하지만 위에 소개된 스콴토의 이야기는 필자도 난생 처음 접하는 내용이어서, 처음 들을 때의 반응이 아주 새롭고 충격적인 것이었음을 숨길 수 없다. 예화도 이런 예화를 사용해야 청중의 관심을 집중시킬 수 있지 않겠는가? 또 다른 예를 살펴보자.

우리는 진화론을 주창한 찰스 다윈이 무신론자라고 생각할 것입니다. 하지만 그는 본래 사제가 되기 위해 영국 성공회신학교에서 신학을 공부하기도 했습니다. 그는 자신이 결코 무신론자가 아니라고 여러 번 반복해서 말했습니다.

그가 행한 진화론 연구의 기반이 된 것은 열악한 환경에 처한 남미의 토인 부족이었습니다. 그들은 거의 동물과 다를 바 없었습니다. 그들의 지능은 거의 동물과 다를 바 없었습니다. 다윈은 그들이 사람 노릇을 하기 위해서는 오랜 세월이 지난 먼 미래가 되어야 할 거라고 생각했습니다.

그런데 여러 해가 지난 뒤 그곳을 다시 방문한 다윈은 큰 충격을 받았습니다. 그들은 문명인의 수준과 다를 바 없는 변화된 삶을 살고 있었던 것입니다. 무슨 일이 일어났던 것일까요? 선교사들이 그곳에 와서 하나님 말씀을 전한 것입니다. 이것은 다윈의 '적자생존 이론'이나 '자연도태 이론'으로 설명하기 어려운 것이었습니다.

이 사건으로 다윈의 신앙은 큰 변화를 맞게 됩니다. 그가 병상에서 마지막으로 붙든 것이 성경책이었고, 그가 마지막으로 남긴 말은 "거룩하신 하나님, 위대하신 하나님, 나의 구주시여"였습니다.[332]

이 예화는 우리의 예상을 뒤엎는다는 점에서 차별화되고 있다. 설마 진화론을 주창한 자의 입에서 하나님이라는 이야기가 나올 것이라고 누가 상상이나 했으랴! 하지만 그의 마지막은 생전의 모습과는 달랐다는 점에 주목해야 할 것이다. 이런 예화야말로 평생 지워지지 않을 명품 예화로 오래 남는다. 다른 예화를 살펴보자.

유명한, 그러나 매우 불행한 철학자인 니체는 "신은 죽었다"고 외쳤습니다. 말년에 그는 정신병자가 되었습니다. 정신 병원에 입원해 있던 기간에 그가 메모지에 낙서처럼 휘갈긴 글에는 이런 내용이 남겨져 있었다고 합니다. "오, 신이여! 당신은 살아 있소. 그리고 내가 죽었고. - 프레드릭 니체 씀."

니체의 한평생은 자기 안에 있는 하나님 의식과 더불어 싸웠던 생애라고 할 수 있을 겁니다.[333]

니체Friedrich Nietzsche에 대한 한국 설교자들의 감정은 좋지 않다. 대다수가 그를 하나님을 부정하고 무시한 악한 철학자로 이해하고 있다. 그런 그가 정신 병원에서 하나님의 존재를 인정하고 자신을 부인하는 메모를 남겼다는 사실은 너무도 새로울 뿐 아니라 충격적으로 와 닿을 것이다. 이 예화 역시 청중의 가슴속에 깊이 새겨질 내용이 아닐 수 없다. 다른 예화를 찾아보자.

1970년대에 저는 미국 유학을 마치고 귀국하여 한 편의 신앙 시를 번역하여 한국 교회에 소개한 일이 있었습니다. 「모래 위의 발자국」이란 시입니다.

어느 날 밤 꿈을 꾸었네.
주와 함께 바닷가 거니는 꿈을 꾸었네.
하늘을 가로질러 빛이 임한 그 바닷가
모래 위에 두 짝의 발자국을 보았네.
한 짝은 내 것, 또 한 짝은 주님의 것.
거기서 내 인생의 마지막 장면들을 보았네.
마지막 내 발자국이 멈추어진 곳에서
내 삶의 길을 돌이켜 보았을 때
자주 내 삶의 길에

오직 한 짝의 발자국만 보았네.

그때는 내 인생이 가장 비참하고 슬픈 계절이었네.

나는 의아해서 주님께 물었네.

주님, 제가 당신을 따르기로 했을 때

당신은 저와 함께 있겠다고 약속하셨지요.

그러나 보십시오.

제가 주님을 가장 필요로 했을 때

그때 거기에는 오직 한 짝의 발자국밖에는 없었습니다.

주님은 저를 떠나 계셨지요?

주님께서 대답하시었네.

나의 귀하고 소중한 이여,

나는 너를 사랑했고

너를 결코 떠나 있지 않았단다.

네 시련의 때, 고통의 때에도

네가 본 오직 그 한 짝의 발자국

그것은 내 발자국이니라.

그때 내가 너를 등에 업고 걸었노라.

그런데 우리 교회를 가끔씩 출석하시는 교수님께 들은 이야기입니다. 최근에 이 시가 업그레이드되어 나왔다고 합니다. 그 이야기를 들려드리겠습니다.

주인공이 얼마의 시간이 지난 다음 다시 꿈속에서 모래사장에 있는 발자국을 보게 되었습니다. 어렵고 힘든 시간에 발자국은 여전히 한 짝밖에 없었습니다. 예수님의 발자국이었습니다. 그런데 이게 어찌 된 일일까요? 그 발자국은 지그재그로 흩어져 있었습니다. 그래서 그는 예수님께 다시 물었습니다.

"예수님, 저를 업고 걸으시느라 많이 힘드셨겠군요. 죄송해요."

그러자 예수님은 대답하셨습니다.

"그래, 그때는 폭풍우를 지나는 때여서 그랬단다."

"그런데 주님, 보십시오. 이번엔 다시 지그재그로 더 엉망이 된 두 짝의 발자국이 나타났어요. 그건 왜 그런가요?"

"아들아, 기억을 못하는구나. 그때는 우리가 함께 춤을 춰서 발자국 모양이 저렇단다."

이제 예수님은 우리와 더불어 춤추며 가고 싶어 하십니다. 만일 우리가 온전히 말씀의 능력에 자신을 의탁한다면 성령이 오셔서 우리의 모든 결박을 풀고 춤추게 하실 것입니다. 우리 모두가 춤추게 하시는 말씀의 능력, 주 임재의 능력을 경험하게 되기를 기도합니다.[334]

위에서 이동원 목사가 언급한 '교수님께 들은 이야기'는 설교집에는 안 나오지만 실제의 설교에서는 나오는 내용이다. 그는 바로 필자를 두고 한 말이다. 이동원 목사를 처음 만났을 때 필자는 이 업그레이드된 예화를 그에게 귀띔해 준 적이 있다. 그런데 얼마 후 추수감사주일 설교에서 그 내용을 바로 활용하는 모습을 그의 설교를 들으며 직접 목격한 바 있다. 이 시대 최고의 설교자의 설교에 필자가 조그만 보탬이라도 되었다고 생각하니 가슴이 뿌듯했다. 또 다른 예를 하나 더 소개한다.

영적 성숙을 도울 수 있는 사람이나 심지어는 교회가 없어도 성경책 한 권만으로도 인간이 변할 수 있다는 놀라운 사실을 증언하기 위하여 기록된 책이 있다는 것을 아십니까? 바로 다니엘 디포Daniel Defoe가 쓴 『로빈슨 크루소Robinson Crusoe』입니다. 이 책에는 28년에 걸친 로빈슨 크루소의 무인도 생활이 그려져 있습니다. 본래 3부작으로 쓰였는데 1부만 널리 알려져 있습니다. 저자는 이 책을 단순히 소설로서 쓴 것이 아닙니다. 하나님의 말씀의 능력을 증거하는 영적 메시지를 담고자 했습니다. 그런 의미에서 이 책은 평범한 소설이 아닌 기독교 영성의 고전이라고 할 수 있습니다. 영적인 눈으로 이 책을 읽어 보면 이 책은 영적 상징으로 가득 차 있습니다.

로빈슨 크루소가 고향을 떠나 바다로 나가는 것은 영적 방황의 시작을 보여 줍니다. 그가 아프리카의 노예가 되는 것을 통해 죄의 노예로 전락한 비참한 인생을 보여 주고, 그가 탄 배의 파선은 인생의 영적 파산을 상징하는 것입니다. 크루소가 본 아프리카의 길들여지지 않는 사나운 짐승은 우리 내면의 악한 본성을 보여 줍니다.

로빈슨 크루소는 어느 날 파선한 배에서 성경책을 발견해 내고 읽기 시작합니다. 그가 생애 최초로 만난 말씀은 이것이었습니다.

"환난 날에 나를 부르라 내가 너를 건지리니 네가 나를 영화롭게 하리로다"(시 50:15).

그가 성경을 읽어 가며 깨닫게 된 환난은 무인도에 남겨진 상황보다는 죄에 사로잡혀 있는 내면의 영적 환난이었습니다. 그는 말씀을 읽다가 말고 무릎을 꿇고 기도하기 시작합니다.

'다윗의 아들 예수, 높임 받으실 왕자, 구세주여, 나를 회개시켜 주십시오.' 마침내 그는 말씀으로 거듭나게 됩니다. 그가 죄 사함을 확신하고 영적 해방감을 맛보자 무인도는 하나님과 함께하는 낙원이 됩니다. 섬에 표류한 지 12년 동안 사람 하나 볼 수 없었지만, 그는 거듭난 이후 말씀으로 날마다 하나님과 대화하며 행복한 새 삶을 누리게 됩니다. 그는 성경을 통해 노동의 소중함을 깨닫고 씨를 뿌리는 농사를 시작했고, 그가 거두어들이는 풍성한 수확은 그의 영적 성숙의 결과를 상징하는 풍성함이었습니다.

섬 생활 24년째 되던 어느 날 로빈슨 크루소는 식인종의 자취를 발견하게 됩니다. 얼마 후 그는 식인종에게 잡아먹히게 될 뻔한 흑인 청년을 구합니다. 금요일에 구조했기 때문에 프라이데이Friday라는 이름을 지어줍니다. 그는 청년을 위기에서 구했을 뿐만 아니라 성경 말씀을 따라 그에게 복음을 전하여 그리스도인이 되게 합니다. 로빈슨 크루소는 이제 섬의 선교사가 된 것입니다. 28년 2개월 19일 만에 온갖 고생과 모험 끝에 그의 제자 프라이데이와 함께 고향인 영국으로 기적적인 귀향을 하게 됩니다.

말씀으로 거듭나고 말씀 안에 성숙하여 말씀의 열매를 맺고 천국으로 귀향해야 할 우리의 모습 같지 않습니까?[335]

우리가 일반적으로 알고 있는 『로빈슨 크루소』의 내용은 이동원 목사가 소개한 것만큼이나 기독교적이지는 않다. 로빈슨 크루소가 성경에서 처음 찾은 구절의 소개라든가 영적인 의미의 해석 등은 상당히 새롭고 충격적이다.

이동원 목사가 어디서 이런 지식과 정보를 얻는지 자못 궁금해진다. 그의 독서력도 대단하지만, 그가 선정하는 도서의 기준들과 눈높이도 꽤 까다롭고 높을 것 같다는 느낌을 가진다. 독서의 대가들에게서만 볼 수 있는 차별화된 예화의 내용들을 얼마든지 그의 설교 속에서 찾아볼 수 있다. 설교자라면 누구나 도전받을 수밖에 없는 수준 높고 특출한 그의 예화의 보고를 설교집들을 통해 당장 확인해 보라.

14) 자신의 경험담에서 나온 예화

설교자 자신이 직접 보고 듣고 경험한 예화는 그 어떤 때보다 전하는 자 자신이 큰 확신을 갖고 말씀을 선포할 수 있게 해 주고, 또 듣는 청중으로 하여금 더 신뢰를 갖고 경청하게 만드는 장점이 있다.

이동원 목사는 미국에서 유학하면서 목회도 했던 사람이다. 또 한국에서 목회하면서도 전 세계를 다니며 말씀을 전해 왔기 때문에 예화거리들이 무수히 많다. 특히 자신이 직접 보고 듣고 경험한 개인적 예화들이 적지 않다. 책이나 영화나 뉴스들을 통한 예화도 좋지만, 자신이 직접 체험하고 확인한 예화는 더욱 강력하다.[336] 그 실례들을 하나씩 확인해 보자.

지난 9월 저는 노스캐롤라이나에서 집회를 인도한 후 빌리 그레이엄 라이브러리를 방문한 일이 있었습니다. 이 기념관 입구 우편에는 작년 6월에 세상을 떠나간 대전도자의 부인 루스 그레이엄Ruth Graham 여사의 소박한 묘가 자리 잡고 있었습니다. 저는 그 묘 앞에서 형언할 수 없는 감동을 느꼈습니다. 그 묘비에는 자신이 죽기 전 선택했다는 비문이 새겨져 있었는데, 이렇게 영어로 적혀 있었습니다. 'The End of Construction. Thank You for Your Patience'(공사 끝—그동안의 인내에 감사드립니다). 흔히 우리는 길을 가다가 공사 중인 곳에서 이런 안내문을 보게 됩니다. '공사 중—통행에 불편을 드려 죄송합니다.' 그런데 생전에 루스 여사가 드라이브하다가 '공사 끝'이란 안내판을 보더니 너무 기뻐하며 저 글을 내 비문으로 해야겠다는 말을 하셨다는 겁니다. 사실 공사 중인 우리는 성도라 할지라도 우리의 부족함으로 끊임없이 상처를 주고받으며 통행에 불편을 끼치고 있는 것이 아닙니까?[337]

이동원 목사가 직접 빌리 그레이엄 라이브러리를 방문해서 목격한, 그 입구 우편에 자리 잡은 빌리 그레이엄 목사 사모의 무덤에 놓인 묘비명을 소개하고 있음을 보라. 그 내용도 감동적이거니와, 이동원 목사 자신이 그 장소를 방문해서 직접 보고 체험했던 내용이기에 감동의 강도는 더욱 컸으리라. 다음에 소개하는 실례들은 다 이동원 목사 자신이 직접 경험한 예화들이다. 하나씩 짚어 보자.

1970년대 초 미국 신학교에 유학하던 어느 여름, 캐나다 토론토의 피플스 교회를 방문한 적이 있습니다. 당시 그곳은 세계에서 가장 선교를 많이 하는 교회로 소문이 나 있었습니다.

방문했던 주일날 그 교회의 목사님은, 당시의 저로서는 꿈같은 일이었던, 한 교회가 150명이 넘는 장기 선교사를 지원하는 일, 여름 단기선교에 수백 명이 다녀온 일에 감사하는 말씀을 전했습니다. 그날 그 교회의 한구석에서 '주님! 언젠가는 한국 교회에, 제가 목회할 교회에 그런 일이 일어나게 하옵소서'라고 기도한 적이 있습니다.

말할 수 없는 감동으로 그날 캐나다 토론토의 피플스 교회 의자에서 드린 한 한국 신학생의 기도를 들으신 하나님께 감사와 찬양을 올려 드립니다. 이제 한국 교회는 숫자적으로는 적어도 다른 나라들의 교회를 훨씬 능가하는 선교 공동체가 될 수 있었습니다. 한국 교회의 수많은 교회가 선교의 마당에 기꺼이 여름휴가를 드리고 섬기는 교회가 되었습니다.

가끔씩 만원 비행기를 타다 보면 탑승 끝 무렵에 탑승구에서 세 종류의 사람들이 서성거리는 모습을 보게 됩니다. 한 종류는 확인받은 비행기 표를 들고 차를 마시면서 대화하다가 맨 끝자락 시간이라도 여유 있는 표정으로 타는 사람들, 또 한 종류는 비행기 표는 가지고 있는데 좌석 배정을 못 받고(확인받지 못한) 스탠바이stand-by 하면서 불안하게 기다리는 사람들, 또 한 종류는 비행기 표도 없이 혹시나 좌석이 있을까 하여 요행을 바라며 안절부절못하고 서성거리는 사람들입니다. 이때 저는 교회 내에도 천국을 기다리는 사람들 중에서 세 가지 종류가 있다는 사실을 생각하게 되었습니다.

첫째는 구원받고 구원을 확인한 확신 있는 사람들, 둘째는 구원은 받았는데 확신이 없는 사람들, 셋째는 구원도 못 받았고 확신도 없이 구원을 막연히 희망하는 사람들입니다. 당신은 어디에 속하십니까?338

수년 전 저는 성지순례단을 이끌고 바울이 눈을 뜬 역사적 장소인 직가 거리를 찾았습니다. 본래 직가는 바울 당시 동서를 가로지르는 1,600미터의 '곧은 길'이었고, 너비만도 15미터였는데, 지금은 복잡한 시장 거리의 미로처럼 보였습니다. 지금까지 남아 있는 몇 개의 석주와 성문의 잔해로 과거의 아름다운 길을 상상할 수 있을 뿐이었습니다.

그러나 이 길의 끝머리 골목길에 다행스럽게도 유다의 집터를 개조해 만든 '아나니아 기념 교회'(1973년에 세운 프란체스코 교회)가 서 있었습니다. 마당에는 아나니아에게 안수받는 바울의 동상이 있었고, 좁은 지하 통로로 내려가면 10평 남짓한 작은 지하 예배당이 있었습니다. 이곳이 바로 사울이 눈을 떠서 인생의 미션을 받은 역사적 사건을 기념하는 자리였습니다. 그의 미션은 무엇이었습니까?[339]

어제 새벽에 있었던 일입니다. 교회 새벽기도에 오느라고 수지에서 분당으로 들어와 첫 신호등이 빨간 불이기에 신호대기 하고 섰는데 바로 옆에서 차량 하나가 쏜살같이 신호를 무시하고 건너가더라고요. 그 뒤를 좇아갔더니 우리 교회로 들어가시더라고요. 제가 무슨 생각을 했을까요? 저 사람, 우리 교회 제발 안 나왔으면 좋겠다는 생각을 했습니다.

이런 것을 생각해 보십시오. 이런 분이 선거에 출마하여 우리가 그가 교인이라는 사실 하나 때문에 찍었다면 그가 어떤 정치인이 되겠습니까? 신호 위반하는 스타일로 법과 원칙을 거스르는, 나라 망치는 정치하지 않겠습니까? 그동안 적지 않게 우리 한국 교회는 그런 교인들을 정계로 보내는 실패를 반복해 왔습니다.[340]

지난해부터 제 아들 황이가 제게 부탁하는 것 한 가지가 있습니다. 그것은 자전거를 사 달라는 것입니다. 사실은 한 3년 전부터 부탁을 했는데, 제가 안 사줬습니다. 그런데 지난해에 어느 성도 한 분이 쓰시던 자전거를 주셨습니다. 굉장히 감사했습니다. 그러나 처음에 저는 몰랐는데 그 자전거가 여자용이랍니다. 그러면서 황이가 남자 자전거를 사 달라고 합니다. 1년 이상 조르는데 제가 계속 버티고 있었습니다. 그러나 저에게는 계획이 있습니다. 돌아오는 그 아이 생일날 틀림없이 자전거를 사 줄 것입니다. 그래서 지금도 황이는 기다리고 있습니다.

그런데 제가 왜 기다리게 합니까? 두 가지 이유가 있습니다. 무엇이든지 달라고 할 때 즉시 주어 버리면 너무 불로소득의 정신을 가르치는 것 같아서이고, 또한 이유는 기도를 가르치려는 것입니다. 그래서 황이가 계속 기도합니다. 계속 기도하면 하나님이 기도를 응답하신다는 교훈을 하나 더 가르치고 싶어서입니다. 이제 얼마 안 있으면 제 아들의 기도는 응답될 것입니다. 그리고 제 아들은 또 하나님의 놀라운 교훈을 배우게 될 것입니다. 기도하면, 계속 기도하면 반드시 그 기도가 응답한다는 사실을 말입니다.**341**

저는 시내버스 안에서 십 원짜리 동전을 잃어버리면 찾지 않습니다. 그러나 제 아내는 십 원짜리 동전이라도 결코 포기하지 않습니다. 이 끈질긴 여자의 집념, 여자의 애착은 바로 우리를 향한 하나님의 사랑이요, 하나님의 애착이요, 하나님의 집념인 것입니다. 하나님의 환영Welcome인 것입니다.**342**

제가 얼마 전에 이사를 했습니다. 이사하고서 청소를 말끔하게 해 놓았습니다. 완전하지는 못하지만 대충 깨끗하게 치워 놓았습니다. 그리고 이사한 지 사흘 만에 여행을 갔습니다. 그리고 와 보니 문을 열자마자 제일 먼저 저를 환영하는 것은 바퀴벌레들이었습니다.

빈집은 반드시 자기들의 주인을 초청하기 마련입니다. 그리고 예수 그리스도가 주인이 되어 있지 못한 집은 별수 없이 악령의 처소가 될 수밖에 없습니다. 나를 시기와 질투와 더러움과 오염과 파괴와 저주와 질시로 인도하는 악령! 이 보이지 않는 역사의 배후에, 내 인격의 배후에 내 삶을 약탈하고, 내 정신을 황폐하게 만들고, 내 영혼을 파괴하는 귀신들의 활동이 있습니다. 우리는 이 집을 자기들의 집이라고 주장하면서도 예수를 모시지 못하고 있는 사실 앞에서 인간 영혼의 위기를 직시할 수가 있어야 합니다.[343]

남이 경험한 예화를 간접적으로 소개하는 것보다 자신이 직접 경험한 예화를 소개함이 청중의 신뢰도를 더욱 높인다. 이런 점에서 이동원 목사는 어떤 설교자보다 더 유리한 고지를 점령하고 있다고 말할 수 있다. 왜냐하면 집회 인도를 위해 전 세계를 다니며 직접 눈으로 보고 확인하고 만져 본 경험이 어떤 이보다 많기 때문이다. 설교자들은 자기가 보고 듣고 느끼고 만지고 체험한 내용들이 설교에 큰 강점으로 작용한다는 점을 기억하여, 삶에서 더욱 많고 유익한 경험을 쌓으려고 계속 노력하는 자세를 가져야 할 것이다.

15) 궁금증을 유발하는 지연 예화

어떤 이야기를 시작할 때 다음과 같은 식으로 말해 보라.

"여러분, 우리 모두는 문제를 갖고 있습니다. 세상에 문제없는 분이 어디 있겠습니까?"

그러면 아마도 대다수의 청중은 마음을 딴 데로 돌리기 시작할 것이다. 모두가 아는 이야기를 누구나 알게 전했기 때문이다. 너무도 평범한 방식의 전달이 문제의 근본 원인이라는 말이다.

그러나 다음과 같이 시작해 보라.

"우리 모두는 그것을 갖고 있습니다. 우리 중 어떤 이는 다른 이들보다 그것을 더 많이 갖고 있기도 하지요. 또 우리 중 누구는 한꺼번에 아주 큰 사이즈의 패키지로 그것을 받기도 합니다. 지금 제가 뭐에 대해서 이야기하는지 아시나요? 지금 제가 뭐에 대해서 말하려는지 아시겠는지요? 제가 말하고자 하는 것은 바로 이것입니다. '문제', '문제' 말입니다. 여러분 중에 문제없는 사람은 아무도 없으시겠지요."

이런 이야기에 딴생각하거나 한눈팔 사람은 없을 것이다. 청중의 귀를 사로잡고 마음을 집중시키는 방식으로 전했기 때문이다.[344] 그렇다. 대화할 때나 강의할 때 처음부터 답을 제시해 버리는 방식을 취하게 되면 청중 입장에서는 재미가 없다. 때문에 설교자의 편에서는 청중으로 하여금 이야기를 듣는 중에 "지금 이야기하고 있는 사건이 무엇이며, 그 사건의 주인공이 도대체 누구지?"라는 궁금증이 자꾸 유발되도록 만들어야 한다.

이동원 목사가 예화를 활용하는 형태를 보면, 처음부터 주인공이 누구인지를 먼저 제시하지 않고 궁금증을 유발시켰다가 마지막 부분에 가서 공개하는 방식을 취할 때가 많다. 이 역시 귀납적인 방식이다. 예를 들어 보자.

우리 시대 최고의 인기와 재산으로 수많은 사람의 시선을 끄는 한 여인이 있습니다. 이 여인은 가장 열악한 조건에서 인생의 걸음을 시작하여 누구나 부러워할 만한 인기와 관심의 정점에 도달해 있습니다. 2005년, 그녀의 재산은 약 10억 달러 정도로 추산되고 있습니다.

　　그녀는 유엔이 선정한 세계 지도자상을 수상했으며, 「타임」은 20세기를 빛낸 인물 중 한 명으로 평가했고, 「인콰이어러」는 세계를 움직이는 10대 여성 중 한 사람으로 선정했습니다. 또한 「포춘」은 미국 최고의 비즈니스 우먼 2위에, 「월스트리트 저널」은 미국인이 가장 존경하는 인물 3위에 이 여인을 선정했습니다.

　　오늘날 이 여인은 출판계의 미다스로 불리는데, 그녀가 텔레비전에 나와 좋은 책이라고 소개하는 순간 그 책은 순식간에 세계적인 베스트셀러가 되고 있습니다. 한때 이 여인은 「보그」의 패션모델이 되기도 했고, 아카데미 여우조연상 후보가 되기도 했습니다. 하지만 그녀의 인생이 출발부터 그렇게 화려했던 것만은 아닙니다.

　　그녀는 미국의 한 시골에서 사생아로 태어난 아프리카계 흑인 여성이었습니다. 엄마가 미혼모여서 할아버지와 할머니 손에서 부모의 사랑을 모르고 자란 그녀는 어린 시절 친척으로부터 성폭행을 당해 열네 살의 어린 나이에 임신을 하게 됩니다. 이것도 모자라 그녀는 태어난 지 2주 만에 숨을 거둔 아기의 주검을 가슴에 안게 됩니다.

　　그 후 지독한 가난과 인종 차별, 마약과 약물 중독의 위기를 극복하면서 한 지역 방송의 앵커가 되지만, 공중파에서 쉽게 흥분하고 눈물을 보이고 체중 관리를 못해 지나치게 뚱뚱하다는 이유로 방송국에서 쫓겨납니다. 그러다가 마침내 그녀는 1억 4천만 이상의 시청자가 열광하는 토크

쇼의 여왕이 됩니다. 잘 아시는 오프라 윈프리의 이야기입니다.[345]

처음부터 주인공이 오프라 윈프리임을 밝히고 예화를 소개하는 방식을 취했다면 과연 어떻게 되었을까? 아마도 위의 방식으로 소개하는 것과는 집중도 면에서 차이가 있었을 것이다. 다른 예를 살펴보자.

보리스 콘펠드 박사는 러시아에 살던 유대인 의사였습니다. 그는 스탈린도 신이 아닌 인간이었다고 말한 죄목으로 체포되어 강제노동수용소에 던져졌습니다. 의사인 그의 임무는 죄수들이 병원에서 죽지 않고, 일하다 죽도록 하는 것이었습니다. 그는 죄수가 건강하든 아니든, 웬만하면 의료카드에 건강하다고 적어 죄수들을 작업으로 보내라는 압력을 받고 있었습니다. 그의 치료는 기계적, 형식적이 되어 가고 있었고, 점차 자신의 인간성이 파괴되고 있는 것을 느끼며 갈등하게 되었습니다.

그러던 어느 날 그는 동료 죄수에게 전도를 받습니다. 절망의 바닥에서 예수 그리스도를 구주로 영접한 데 이어 그는 깜짝 놀랄 소식을 접합니다. 그 수용소 안에는 일종의 지하교회 공동체가 있었는데, 그리스도인들이 모두 이 의사의 구원을 위해 기도하고 있었으며 오늘 그 기도가 응답되었다는 것입니다.

그는 그날부터 자신이 복음에 빚진 자임을 깨닫고 환자들을 정성을 다해 치료하기 시작합니다. 수인들을 몹시도 괴롭히던 간수 하나가 의무실에 왔는데 순간적으로 그는 약물 주사로 죽일까 하는 유혹을 받지만 이내 기도한 후 마음을 돌이키고 그를 살립니다. 그는 의료품을 낭비하고 환자들에게 관대하다는 경고를 몇 번 받습니다. 다시 한 번 죽을 사람을 살리면 그가 죽을 것이라고 통고를 받습니다.

한번은 장암에 걸린 남자를 만나 치료하게 되었습니다. 그는 또 한번 수용소의 경고를 무시하고 그를 살립니다. 그의 소생이 확실해진 어느 날 치료받던 환자가 이렇게 하면 당신의 생명이 위험한데 왜 이런 일을 하느냐고 묻자, 그는 이렇게 말합니다. "괜찮아요. 당신과 나를 살리기 위해 이미 죽으신 분이 있으니까요", "그가 누구냐?"고 묻는 환자의 귀에 그는 "그의 이름은 예수 그리스도"라고 속삭입니다.

이 사람을 살린 것이 알려지면서 이 의사는 공개 처형을 당했습니다. 그러나 그가 죽던 그 순간, 그에게 살림을 받은 환자는 그가 전해 준 복음의 소식을 상기하고 흐느끼며 예수님을 영접하는 기도를 드리면서 고백합니다. "보리스, 이제는 내 차례입니다. 이제는 내가 그 사랑을, 그 생명을 전하겠습니다." 그의 이름이 알렉산드르 솔제니친(노벨상 수상 작가요, 우리 시대의 예언자적 그리스도인)입니다.[346]

이 내용을 설교로 듣다 보면 죽음으로 그리스도의 사랑을 실천한 의사가 살린 그 환자의 이름이 궁금해지기 마련이다. 하지만 설교자는 그가 누구인지 끝까지 언급하지 않다가, 이 예화를 매듭짓는 대목에 이르러서야 그의 이름을 공개한다. 그런데 그의 이름은 다름 아닌, 우리가 익히 알고 있는 노벨 문학상 수상자인 솔제니친이다. 이런 식의 예화 전개 방식을 접한 청중은 그의 이름을 오래도록 기억하게 된다.

여기서 우리는 기억에 오래 남게 할 목적으로 청중의 궁금증을 유발시키는 지연 기법을 사용하고 있는 이동원 목사의 의도된 설교 전략에 주목할 필요가 있다. 다음의 실례도 확인해 보자.

아마도 이 세상에서 사람들이 자기 입으로 쏟아 놓은 말 가운데 가장 스케일이 큰 위대한 말을 들라면 이런 말이 아닌가 싶습니다. "하나님으로부터 위대한 일을 기대하라. 하나님을 위하여 위대한 일을 시도하라."

이 말을 한 주인공은 1700년대 말기, 세계 교회 특히 영국 교회가 세계 선교의 책임을 잊어버리고 있을 때, 이사야 말씀을 읽고 도전을 받았습니다. 나아가 아직 한 번도 예수 그리스도의 복음을 전해 듣지 못한 온 세계에 복음을 전하는 것이 자신의 소명이라고 느꼈습니다.

그는 우선 인도 대륙을 가슴에 품고 기도하기 시작했습니다. 그리고 인도와 남태평양 아시아의 모든 나라들 가운데 예수의 복음의 영광이 나타나는 꿈을 꾸었습니다. 그러나 그는 철없는 공상가가 아니었습니다. 그는 위대한 비전을 가졌지만 동시에 아주 실제적인 사람이었습니다.

그의 직업은 구두수선공이면서, 교회에서 운영하는 야간 학교의 교사였습니다. 그는 놀라운 열정으로 구두를 만들었고, 학생들도 성실하게 가르쳤습니다. 그런가 하면 『쿡 선장의 마지막 항해』라는 책을 읽으며 알려지지 않은 지구촌의 나라들에 대한 관심을 키웠습니다. 그리고 교실 한쪽 벽에 세계 지도를 만들어 붙여놓고 믿지 않는 나라를 표시하며 자신의 선교 지도를 완성해 가고 있었습니다.

그 가운데서도 특히 인도에 대한 선교의 부담이 점점 커져 갔습니다. 얼마 후 그의 인도선교 비전이 구체화되자 그는 인도 벵골어를 공부하기 시작했습니다. 그리고 마침내 1793년, 그의 나이 32세에 인도로 출항함으로써 근대 세계 선교의 문을 연 선교의 아버지가 되었습니다. 그는 바로 위대한 침례교 선교사 윌리엄 캐리입니다.[347]

이런 식의 예화 전개 방식은 윌리엄 캐리William Carey의 이름을 처음부터 알린 후에 예화를 소개하는 방식과는 비교되지 않을 정도로 청중의 마음을 예화가 끝나는 대목까지 잡아 둘 수 있다는 장점이 있다. 좀 더 살펴보자.

퀴즈를 하나 내겠습니다. 그는 중국의 정치 지도자입니다. 불과 16세 때 프랑스 유학의 행운을 얻었지만, 공산당 운동에 관여하면서 프랑스 경찰의 지명 수배를 받고 모스크바로 도피합니다. 그 후 다시 중국으로 돌아와 20대 초반에 정치교관이 되지만, 장개석에 의해 공산당원으로 숙청당한 후 본격적인 중국 공산당 운동에 투신합니다.

그는 일생을 통해 세 번의 가정적 실패와 세 번의 결정적인 정치적 좌절을 경험합니다. 아무도 그가 다시 재기하리라고 예상 못했지만, 그는 극적인 재기에 성공합니다.

그의 정치철학은 소위 '묘론'이라 일컬어집니다. 흰 고양이든 검은 고양이든 쥐만 잘 잡으면 좋은 고양이라는 것입니다. 이런 실용주의 노선으로 중국식 사회주의 정책을 표방하며 개혁·개방 정책을 펼쳐 오늘의 중국을 일궈 낸 지도자입니다. 그의 별명은 '부도옹', 즉 '오뚝이'입니다. 이 사람이 누구일까요? 그는 바로 등소평입니다.[348]

퀴즈까지 내면서 청중의 궁금증을 유발시켰다가 마지막 대목에서 풀어주는 이동원 목사의 전개 방식에 주목해 보라. 같은 예화라도 누가 어떤 방식으로 전개해 나가느냐에 따라서 그것이 효력을 발휘하느냐, 못하느냐를 결정한다. 그렇다면 오늘 우리는 예화 활용에 있어서 어떤 방식을 취해야겠는가? 한 가지 실례만 더 살펴보자.

제가 어려서부터 아주 잘 아는 사람이 하나 있습니다. 저는 그를 속속들이 잘 압니다. 그가 중학교에 입학할 때 그의 가정이 몰락해 중학교 1학년 때부터 가정교사로 이 집, 저 집을 전전했습니다. 그래도 그는 자기가 꽤 똑똑하다고 생각했고 늘 성공할 것이라고 생각했습니다. 대학 입시에 실패했을 때 그는 인생에서 처음으로 실패라는 경험을 했습니다. 그는 가슴이 찢어질 것 같았습니다. 엎친데 덮친 격으로, 몰락해 가던 그의 집안이 아주 몰락해 그가 가족 전체를 책임지는 자리에 서게 되었습니다. 인생의 짐이 너무나 힘겹고 무겁다고 느껴졌습니다. 미래가 없어 보였습니다. 그는 종종 죽기로 결심하고 때로는 가족 전체와 자살을 기도하기조차 했습니다. 그의 인생에는 아무런 희망도 없었습니다.

그러던 어느 날 누군가가 그를 영어 성경공부 모임에 초청했습니다. 혹시 영어가 인생에 마지막 도움이 될지도 모른다는 생각 때문에 그 모임에 참석했습니다. 그런데 하나님의 말씀을 통해 그는 인생의 주인을 발견하고, 예수 그리스도의 구속의 의미를 깨닫고 복음을 깨닫게 되었습니다. 하나님의 구원이라는 놀라운 사실을 경험하면서 비로소 한 줄기 작은 빛이 그의 인생에 비쳤습니다.

어느 날 그 성경공부 모임에서 그에게 간증을 요청했습니다. 400명쯤 모인 사람들 앞에서 그는 처음으로 소위 간증이라는 것을 했습니다. 그 간증이 끝났을 때 여러 사람들이 그에게 찾아와서 이런 말을 해 주었습니다.

"형제의 간증은 이상하게 놀라운 감동이 있어. 만약 형제가 주께 삶을 드린다면 주님은 놀랍게 형제를 쓰실 것 같소. 왜 전도자로 헌신하지 않소. 형제는 놀랍게 쓰임 받을 가능성이 있소."

여러 사람들이 똑같이 반복하는 그 말 속에서 그날 밤 그의 가슴은 녹아내리고 있었습니다. 쓸모없다고 생각한 인생, 그러나 쓸모 있는 인생으로 놀랍게 주님께 쓰임 받을 수 있습니다. 그날 일은 그의 인생을 바꾸어 놓았습니다. 그날부터 어둠은 사라지고 그의 삶에는 빛이 쏟아져 내리기 시작했습니다.

이 성경공부 모임에서 그 당시 배웠던 찬송 하나가 있습니다. 그것은 새로운 삶을 찾게 된 인생에서 그가 가장 좋아했던 찬송이었습니다. 본래 영어 가사는 이렇습니다.

그분이 살아 계시기 때문에 내 인생의 미래를 만날 수 있네.
그분이 살아 계시기 때문에 모든 공포는 사라졌네.
그분이 내 인생의 미래를 붙들고 있다는 사실을 알기 때문에
그분이 살아 계시기 때문에 인생은 살 만한 가치가 있는 것.

복음은 그의 삶을 바꾸었고, 이 찬송은 그의 인생의 간증이었습니다. 그 간증 때문에 그는 오늘도 이렇게 복음을 전합니다.

"그분은 죽음에서 살아나셨습니다. 그분은 살아 계십니다. 나 이동원의 삶을 바꾸었던 살아 계신 주님은 오늘 당신의 삶도 바꿀 수 있습니다. 그분은 당신에게, 내게 주셨던 기쁨의 삶을 주실 것입니다. 내 연약함에도 불구하고 내 믿음을 지키신 동일하신 부활의 주님이 당신을 지키실 것입니다. 그리고 하나님의 영광을 위하여 우리를 사용하실 것입니다."**349**

어려운 집안 형편과 대학 진학 실패라는 쓴잔을 마신 후 가족과 동반 자살까지 생각했던 이 예화의 주인공이 복음을 전해 듣고 예수 그리스도를 영접한 후 간증을 통해 새로운 인생길에 접어든다. 이쯤 되면 이 사람이 누구인지에 대해 청중은 관심을 가지게 된다. 그런데 그 주인공이 다름 아닌 설교자 자신이었다. 상상해 보라. 이동원 목사 자신의 이야기 말이다. 이 설교를 들은 청중이 받았을 충격과 놀람이 작지 않았을 것이다. 위의 실례들은 귀납적인 예화 전개 방식의 위력을 제대로 보여 주는 보고들이다.

16) 차별화된 다양한 예화

이동원 목사는 예화를 전달할 때도 다른 이들과는 차별화되는 내용을 각기 다른 방식으로 전개해 나가는 데 탁월한 솜씨를 자랑한다. 명품 예화 활용에, 새롭고 유별나고 특별한 예화 활용에, 기상천외한 방식으로의 활용에 달인인 이동원 목사의 또 다른 재능을 지금부터 직접 확인해 보자.

앞서 미국 대통령인 지미 카터의 "나는 거듭난 그리스도인입니다"라는 고백을 소개했습니다. 그런데 1975년 대선 후보인 지미 카터가 공개적으로 이 고백을 한 순간, 또 한 사람이 "그렇습니다. 지미 카터에게 거듭남의 은혜를 주신 바로 그 하나님이 저도 거듭나게 하셨습니다"라고 고백한 사람이 있습니다.

그는 대선 출마자가 아닌, 방금 감옥에서 나온 사람이었습니다. 그는 사실 킹메이커로서 과거 닉슨 대통령을 재선시키는 일에 결정적인 역할을 했습니다. 그리고 닉슨 대통령의 집무실 바로 옆방에서 무소불위의 권력을 휘둘렀습니다. 그는 피도 눈물도 없는 정치계의 무서운 브레인으로 널리 알려지게 되었습니다.

그러나 워터게이트 스캔들이 터졌을 때 이 사건의 책임을 져야 할 7인 중 한 사람으로 체포되어 수감되었습니다. 평소 그를 위해 기도하던 사람들이 감옥에 넣어 준 C. S. 루이스의 『순전한 기독교』를 읽고 그는 차디찬 감옥에서 한밤중에 무릎을 꿇고 예수 그리스도를 자신의 구주와 주님으로 영접했습니다. 감옥에서 나온 이듬해인 1976년 그는 『백악관에서 감옥까지』라는 책을 발간하여 센세이션을 일으켰습니다. 이 책은 1978년, 영화로도 만들어졌습니다.

그는 감옥에서 지낸 경험을 바탕으로 죄수들을 선교하고 섬기는 사역을 하면서 밤의 인생을 벗고 빛의 새 인생을 살기 시작했습니다. 그는 권력을 잃은 대신 미국 사회에서 가장 존경받는 시민이 되었고, 마침내 종교 노벨상인 템플턴상을 받게 되었습니다. 이는 닉슨의 보좌관이었던 찰스 콜슨의 이야기입니다.

찰스는 한밤중에 예수님을 찾아왔던 니고데모처럼 문자 그대로 거듭 났습니다. 중요한 것은 이 사건이 니고데모뿐 아니라, 찰스 콜슨뿐 아니라, 우리 모두에게도 이런 거듭남이 사모되지 않습니까? 인생의 밤이 지루하지 않습니까? 거듭남의 새벽을 맞이하고 싶지 않습니까?[350]

설교 중간에 소개된 위의 예화 속에 이동원 목사의 다양한 설교 기법이 녹아 있음을 엿볼 수 있어야 한다. 우선 본 사건의 주인공이 누구인지를 처음부터 알려 주지 않고 궁금증을 유발시킨 후, 나중에 그 사람을 공개하는 방식이다. 그뿐 아니라 예화의 주인공을 본문의 주인공은 물론, 설교를 듣는 청중에게까지 연결시켜 적용한 방식에 주목해야 한다. 마지막으로 청중에게 소망적 답변을 기대하는 질문을 던짐으로 설교의 최종 목적과 대상인 청중으로 하여금 소망과 헌신과 결단을 촉구하게 만들고 있음을 눈치채야 한다. 이제 다른 방식의 예화 전개를 소개한다.

아직도 기억이 생생한 1988년 서울 올림픽에서, 벤 존슨은 100m 경기에서 세계 신기록을 세우며 금메달을 획득했습니다. 그러나 경기 후 약물 사용이 확인되어 실격하고 말았습니다. 잘 출발했지만 스스로의 양심을 저버린 부끄러운 마무리가 되고 말았던 것입니다.

그보다 훨씬 오래전인 1924년 파리 올림픽에 출전한 스코틀랜드 출신의 영국 대표, 에릭 리들이라는 선수가 있었습니다. 그의 놀라운 이야기는 영화 〈불의 전차〉로 만들어지기도 했습니다.

당시 에릭 리들은 100m 경기의 확실한 우승 후보였습니다. 그러나 독실한 크리스천인 그는, 예선 경기가 주일이라는 사실 때문에 신앙 양심을 따라 기권하겠다고 했습니다. 신앙을 이해 못하는 많은 이들이 비난했지만, 그는 뜻을 굽히지 않았습니다. 결국 해럴드 아브라함이라는 유대계 청년이 영국 대표로 출전하여 금메달을 획득했습니다.

영국 올림픽위원회는 에릭 리들의 전문 분야가 아닌 400m 경기에 그를 출전시켰습니다. 그런데 그 경기에서 그는 놀랍게도 47초 6이라는 세계 신기록을 수립하며 금메달을 거머쥐었습니다. 결국 동료와 함께 받은 2개의 금메달로 조국에 보답한 것입니다. 이처럼 그는 처음에는 비난을 받았지만, 마지막에는 진정한 승리자가 되었습니다.

신앙의 경주에도 두 가지 유형의 주자들이 있습니다. 처음에 잘 달리다가 마지막에 부끄러운 퇴장을 하는 이들이 있는가 하면, 처음에는 고전하다가 마지막을 빛나는 승리로 장식하는 이들이 있습니다. 야곱은 후자에 속하는 믿음의 선배입니다.351

여러분, 영국에서 청교도들이 메이플라워호를 타고 미국으로 갈 즈음에 매스터라는 배를 타고 남미로 갔던 청교도들이 있었다는 사실을 들어본 적이 있으십니까? 둘 다 거의 같은 시기였습니다. 그들은 모두 다 신앙의 자유가 필요했고, 다 교회에 출석하는 사람들이었고, 신앙인들이었습니다. 그러나 남미로 떠나가는 배와 북미로 가는 배의 차이, 그것은 동기의 차이였습니다.

남미로 간 사람들에게 신앙적인 동기가 전혀 없었던 것은 아니지만, 그들을 지배하는 보다 강한 동기는 새로운 대륙에 가서 새로운 기회를 발견하여 '돈 좀 벌자'는 것이었습니다. 그러나 메이플라워호를 탔던 사람들은 보다 강한 신앙적인 동기를 가지고 있었습니다. 청교도들은 영국의 국교도들에게 핍박을 받으면서 그들이 찬송가를 선택하고 성경을 해석할 수 있는 자유, 자신이 원하는 모임의 형태를 선택할 수 있는 자유, 그리고 예수 그리스도를 마음껏 사람들에게 전할 수 있는 진정한 신앙의 자유를 찾아서, 그러한 신앙의 동기 때문에 메이플라워호를 타고 북미로 향하였습니다. 그러나 남미로 간 사람들은 신앙도 못 지키고 돈도 벌지 못했습니다. 북미로 간 사람들은 신앙의 르네상스를 경험했을 뿐만 아니라, 그 땅에서 세계의 새로운 강국을 건설하는 위대한 영광을 지켜볼 수 있었습니다.352

이것은 둘 다 서로 대조적인 내용의 예화를 연속으로 활용한 경우인데, 그 반응이 효과적일 것이라고 생각하지 않는가? 사람들은 하나의 이야기보다는 정반대되는 이야기에 더욱 귀를 쫑긋하기 때문이다. 이제 또 다른 유형의 전개 방식을 찾아보자.

민주화를 성취한 오늘 우리는 아직도 목말라하고 있습니다. 이는 우리의 실존 그 자체가 경험하는 영혼의 목마름인 것입니다. 그것은 우리 시대의 신데렐라인 비운의 다이애나 비가 경험한 목마름일지도 모릅니다. 다이애나는 영국의 스펜서 백작의 셋째 딸로 태어났습니다. 심리학자들에 따르면 그녀의 나이 6세 때 어머니가 자녀들을 버리고 돈 많은 사업가를 따라나설 때부터 그 목마름은 시작되었다고 진단합니다.

부모한테서 버림받은 분노와 상처는 다이애나를 무엇으로도 쉽게 채워지지 않는 목마른 여인이 되게 한 것입니다. 찰스 황태자와 결혼한 후 카밀라 파커 볼스와의 염문 사건이 터지자 그녀는 다시 버림 받은 내면의 고독한 공간을 채우고자 대리 만족에 매달리기 시작했습니다. 그녀는 머리 손질에만 5,400달러를 썼고 몸매 관리와 의상 구입에 연간 87만 달러를 사용했다고 합니다. 그러고도 채워지지 않는 허전한 마음의 공간을 달래지 못해 5번의 자살 기도와 거식증에 시달리면서 계속 애인을 바꾸었습니다. 영락없는 우리 시대의 사마리아 여인이 아닙니까!

우리는 그녀의 허무한 종말을 압니다. 하지만 성경에 나타난 우물가 여인의 이야기는 그 종말이 비극이 아닌 해피엔딩이었습니다. 그 차이가 무엇입니까? 도대체 이 우물가 여인이 발견한 인생의 해답은 무엇입니까?[353]

현실의 부정적인 여인과 본문의 부정적인 여인의 비슷한 실례들이면서도, 그들의 결말에 대해서는 아주 반대되는 두 여인의 이야기를 대조시키는 이동원 목사의 솜씨를 보라. 그는 이런 대조나 비교나 점층적인 예들에도 청중의 주의가 집중됨을 누구보다 잘 알고 있다. 또 다른 예를 살펴보자.

운전을 하다 보면 길을 잘못 들어서서 막다른 골목에 다다를 때가 있습니다. 서양에서는 이런 경우 'NO EXIT'라는 표지판이 있습니다. "나갈 길이 없다"는 말입니다. 1990년대를 대표하는 아이돌 스타 HOT의 데뷔곡은 〈전사의 후예〉였습니다. 이 곡은 당시 절정에 달한 학교 폭력에 대해 절망하고 있던 청소년들의 심경을 잘 대변하고 있습니다. 그래서 그들이 청소년들의 정신적 메시아로 급부상하지 않았나 싶습니다. 이 노래의 가사는 이렇습니다.

"아, 니가 니가 뭔데 도대체 나를 때려. … 그들은 나를 짓밟았어. 하나 남은 꿈도 빼앗아 갔어. … 아무 데도 없어!"354

우리가 잘 아는 사랑의 묘사 장인 고린도전서 13장 13절은 "믿음, 소망, 사랑, 이 세 가지는 항상 있을 것인데…"라고 기록했습니다. 믿음, 소망, 사랑을 가리켜 우리는 기독교 신앙의 삼 원소라고 부릅니다. 어떤 분들은 신앙생활의 세 가지 필수 덕목이라고 일컫기도 합니다. 가톨릭에서는 '향주 삼덕'이라는 표현을 사용하기도 합니다. 주를 향해 가지고 살아야 할 세 가지 덕이라는 뜻입니다. 그냥 세 가지 성덕이라고 부르기도 합니다.

교회 야사에 보면 2세기 그러니까 주후 120년경 8월 1일, 하드리안 황제가 통치하던 시절, 로마에서 그리스도인들에 대한 큰 박해가 있었습니다. 이때 로마에 살던 세 자매가 나란히 순교하는 사건이 있었다고 합니다. 이 세 자매의 모친은 과부가 된 신심 높은 분으로 큰딸의 이름은 피데스(믿음), 둘째 딸은 스페스(소망), 셋째 딸의 이름은 까리따스(사랑)였다고 합니다. 이 세 자매가 붙들려 와서 신앙을 버릴 것을 종용받았으나 큰딸 믿음(12살)은 "나는 주님을 믿을 뿐입니다"라고 했고, 둘째 딸 소망(10세)은 "나는 천국을 바라볼 뿐입니다"라고 했고, 셋째 딸 사랑(9세)은 "나는 예수님을 사랑해요"라고 대답한 후 나란히 참수되었다고 합니다. 이 사건 이후 기독교 교회 내에서는 믿음, 소망, 사랑, 이 세 가지를 그리스도인들이 붙잡아야 할 가장 큰 신앙의 덕들로 가르치게 되었다고 합니다.[355]

위에서처럼 비슷한 주제의 예화를 연속적으로 여러 개 소개하는 경우가 있다. 같은 내용의 예화라도 곁들여서 활용하면 그 교훈과 감동의 강도가 훨씬 커지는 법이다. 이동원 목사는 이를 잘 활용하고 있다. 예를 하나 더 들어 보자.

제가 잘 아는 조그마한 중소기업 사장 한 분이 자기 사업의 모델로 이랜드의 박성수 사장을 생각했습니다. 그래서 정직하게 세금도 내고 정직하게 사업을 하다가 쫄딱 망했습니다. 그런데 그 회사의 몇 안 되는 직원 가운데 제가 잘 아는 사람이 한 사람 있어 회사 문 닫은 다음에 어떻게 지내느냐고 물었더니 "목사님, 저 요즘 교회에 열심히 나가요" 하는 것이었습니다. 아니, 회사도 망하고 그랬는데 어떻게 교회에 나가게 되었느냐고 하니까 이런 이야기를 했습니다.

자기 회사가 망하는 과정에서 자기 사장을 유심히 지켜봤답니다. 사장이 열심히 기도하고, 세금도 정직하게 내고 그러는데 회사가 더 잘되지 않고 망해 가니까 틀림없이 사장이 이제는 예수를 안 믿는다고 선언하고 교회에 안 나갈 거라고 생각했답니다. 그런데 사업이 안 될수록, 회사가 망해 갈수록 자기 사장이 더 열심히 예수 믿는 것을 보고 '예수 믿는 게 뭔가 있기는 있구나' 하는 생각이 들어서 자기도 믿기로 결심을 했다는 것입니다.

망해 가는 회사 속에서 은혜를 받은 것입니다. 신기하게도 그렇게 은혜를 받는 사람도 있더라구요. 저는 여기에 아주 중요한 교훈이 있다고 생각합니다. 우리의 가치관이 돈 중심이라면 돈이 없으면 끝나는 것입니다. 그러나 이 사장에겐 돈이 전부가 아니었습니다. 돈 때문에 포기할 수 있는 그런 예수가 아니었단 말이죠. 이 점이 중요합니다.

여러분, 삶을 살다 보면 생활이 어려워지고 시련을 당하는 순간이 있을 것입니다. 그때에도 제단을 허물지 마십시오. 기도하셔야 합니다. 찬양을 부르셔야 합니다. 더 열심히 주님께 봉사하셔야 합니다. 그리고 하나님의 최후 승리를 믿을 수 있어야만 합니다.

제가 최근에 망한 그 중소기업 사장을 만났습니다. 그런데 그분이 말씀하시기를, "목사님, 제가 재기했어요. 아름답게 재기했습니다. 그래서 요즘은 잘 풀리고 있습니다"라고 하는 것이었습니다. 여러분, 하나님은 믿는 자들을 결코 놓지 않으십니다. 우리에게 마지막 승리를 주실 하나님을 신뢰하시길 바랍니다.[356]

이러한 방식은 예상치 못한 반전 카드를 활용하는 스타일이다. "정직이 밥 먹여 주나!"라는 말이 있다. 하지만 이 예화는 "정직이 밥 먹여 준다!"는 사실을 잘 보여 주고 있다. 아무도 예상치 못한 반전 카드가 준비된 이런 예화가 청중의 뇌리 속에 오래 남는 법이다.

지금까지 이동원 목사가 즐겨 사용하는 예화의 전개 방식들에 관해서 다양한 각도로 소개해 보았다. 오늘의 설교자들은 이동원 목사의 예화 전개 방식을 눈여겨봤다가 자신의 설교 작성에 참조하면 큰 유익이 있을 것이다.

17) 재미있는 언어유희word play

이동원 목사만큼 '언어유희' 활용에 능한 설교자도 드물 것이다. 앞부분에서 언급한 바 있듯이, 이 부분은 워렌 위어스비의 영향을 많이 받은 게 사실이다. 하지만 남의 것을 흉내 내고 싶다고 아무나 흉내 낼 수 있는 것은 아니다. 본인이 천부적으로 타고나지 않으면 따라 하기가 무척 힘든 일이다. 그럼 이동원 목사가 발휘한 기발한 기법의 내용들을 하나씩 확인해 보자. 먼저 영어로 된 내용부터 소개한다.

제가 아는 어떤 분이 자기 아내 이야기를 하면서 자기 아내는 너무 히스토리컬해서 괴롭다고 말합니다. 그래서 우리가 히스테리컬을 잘못 말씀하시는 것이 아니냐고 했더니, 히스테리컬이 아니라 히스토리컬이래요. 무슨 뜻이냐고 했더니, 옛날 결혼 전의 자기 과거를 기회만 있으면 이야기한다는 거예요. 그래서 히스토리컬historical하다는 것이었습니다. 그래서

제가 그분의 아내에게 하나님은 히스토리컬하지 않으시니 그분을 본받으시라고 말씀드렸습니다.[357]

'히스테리컬'과 '히스토리컬'이란 말은 한 글자만 차이 날 뿐 다른 네 글자가 똑같은 사촌이다. 이처럼 비슷한 모양의 단어를 설교에 활용한다면 청중은 오랫동안 그 내용을 기억하게 될 것이다. 다른 실례를 찾아보자.

　　기도의 응답을 경험하지 못한 채 신앙에 회의를 느낀 캐나다의 한 노인이 자기가 사는 집 옥상에 간판을 세웠습니다.
　　"God is nowhere!"(하나님은 아무 데도 계시지 않는다)
　　세월이 흘러감에 따라 간판의 글씨도 희미해져 갔습니다. 그러더니 급기야 이렇게 읽히게 되었다고 합니다.
　　"God is nowhere!"(하나님은 여기에 계신다)
　　'now'라고 쓰인 부분만 유독 흐려진 것입니다.[358]

이 역시 청중의 뇌리 속에 오래 새겨지게 만드는 고도의 언어유희 기법이다. 기발한 발상 하나가 설교 전체의 가치를 크게 해 주고 레벨을 한층 높여 준다. 다른 실례를 살펴보자.

　　우리 시대의 탁월한 설교자 스튜어트 브리스코Stuart Briscoe는 영어로 'C' 다음에 'D'가 나오는데, 'Christian'이 참 'Disciple'이 되려면 거쳐야 할 3C가 있다고 했습니다. 처음에는 호기심Curiosity, 다음은 확신Conviction 그리고 궁극적으로는 희생적 헌신Commitment이 있어야 제자가 된다는 것입니다. 제자의 길은 처음에는 '도대체 이 길은 어떤 길일까?' 하는 호기심에서 시작됩니다. 그러나 참제자의 길로 들어서려면 이 길만이 세상을 바꾸는 길이라는 확신이 필요합니다. 확신에서 더 나아가 기꺼이 하나님과 이웃을 위해 자신의 이기심과 편안함과 특권을 포기하는 구체적인 헌신이 없이는 아무도 제자의 길을 갈 수 없습니다.359

영어의 철자 'C' 다음에 나오는 게 'D'인데, 이 철자의 순서를 이용해서 'Christian'이 'Disciple'이 되기 위해서 갖추어야 할 세 가지 'C'를 소개하는 것이다. 이는 언어유희의 전형적인 실례다. 이런 식으로 설명하면 잊어버리기기 쉽지 않다는 장점이 있다. 다른 실례를 소개한다.

'웰 다잉well-dying'의 비밀은 '웰 리빙well-living'에 있고, 웰 리빙의 열쇠는 '웰 프레잉well-praying'에 있습니다.360

이 역시 공통적으로 같은 단어와 흡사한 단어를 이용해서 발휘한 언어유희 중 하나다. 이런 유형의 발상은 청중의 뇌리에 오랫동안 선명하게 각인시킬 수 있는 가장 좋은 방법 중 하나다. 여러 실례들을 한꺼번에 살펴보자.

"가장 향토적local인 것이 가장 세계적global이다"란 말이 한동안 우리 사회의 화두가 되어 왔습니다.361

우리는 종종 JOY라는 단어를 통해서 그리스도인의 참된 기쁨을 설명합니다. 우리는 이렇게 설명합니다. 처음 자인 J는 Jesus first입니다. 예수님이 첫 자리에 와야 한다는 것입니다. 그 다음에 O는 Others second입니다. 다른 사람, 즉 이웃이 다음 자리에 와야 한다는 것입니다. 그리고 Y는 You third입니다. 당신 자신이 맨 나중에 와야 한다는 것입니다.[362]

망해 가던 미국의 자동차회사 크라이슬러를 재건하여 경영의 귀재로 일컬어지던 리 아이아코카Lee Iacocca에게 어느 신문기자가 경영의 비밀을 물었을 때, 그는 유명한 3P로 대답했습니다.

1. Principle (원리 혹은 원칙)
2. Practice (실천)
3. Persistence (일관성 혹은 집중)

원칙을 세우고 그것을 실행에 옮기되 일관성 있고 집중적으로 한다는 뜻입니다.[363]

'친절' 혹은 '자비'란 단어가 헬라어로 '크레스토테스'라고 했습니다. 그런데 재미있는 것은, 이 단어가 '그리스도'를 뜻하는 '크리스토스'라는 단어와 발음이 비슷하여 초대 교인들이 둘을 혼동했다는 것입니다. 그래서 믿지 않는 사람들도 그리스도의 이미지를 친절하고 자애로운 분으로 생각했다고 합니다.

그래서 그리스도의 제자이면서도 친절하지 않은 사람에게는 "당신은 그리스도인인데 왜 친절하지 않습니까?"라고 물었다고 합니다. 그리스도

인에게 이런 좋은 이미지가 주어진 것은 아주 긍정적인 일입니다.364

미셔너리missionary라는 단어를 많이 들어 보셨을 것입니다. 미셔너리는 선교사입니다. 우리와 문화권을 달리하는 타 문화권에서 복음을 전하는 분들을 가리켜서 미셔너리라고 부릅니다.

비저너리visionary라는 단어를 들어 보셨습니까? 아는 사람들 사이에서는 요즘 상당히 많이 쓰이는 말입니다. 비저너리란 말은 '하나님이 주신 꿈을 가지고 살아가는 사람'을 일컬어 하는 말입니다.365

대부분의 신학자들이 교리적 논쟁에 기독교의 영성적 실천을 함께 다루어오다가, 18-19세기에 이르러 신학의 각 분과가 독립될 때 '신비 신학 Mystical Theology'과 '수덕 신학Ascetical Theology'이 분류되었습니다. 신비 신학이 기독교 역사에 나타난 신비가들의 가르침을 다룬 것이라면, 수덕 신학은 일상적인 그리스도인의 영성 훈련을 다룬 것입니다.366

우리 시대의 베스트셀러 작가인 스펜서 존슨Spencer Johnson이 그의 저서 『선물』에서 현대인에게 주고 싶었던 가장 소중한 선물은 다름 아닌 '현재'였습니다. 이 이야기에서 노인이 한 소년에게 주고 싶었던 행복의 비밀로서의 선물present은 다름 아닌 '여기here'와 '지금now'이라는 현존present이었습니다.367

모두가 영어 단어를 가지고 만든 언어유희의 실례들이다. 이제는 한글로 된 언어유희의 실례들을 살펴보자.

우리는 예수 믿기 전부터 세상으로부터 교육받은 어떤 가치관이 있습니다. 세상이 우리를 끊임없이 교육시켰기 때문입니다. "이 세상은 뭐니 뭐니 해도 머니야. 머니 없이는 여생이 불안해." 그래서 머니가 인생을 지켜 줄 것이라고 생각합니다. 그래서 예수를 믿으면서도 그 머니에 대한 집착, 물질에 대한 집착에서 결코 떠나지 못하는 것입니다. 겉으로는 절대로 그렇게 이야기하지 않지만 속으로는 그렇게 믿으면서 인생을 살아가고 있는 것입니다. 그것이 바로 우리의 드라빔입니다.[368]

"요즈음 자녀들은 '우리 아빠는 나빠는 아니지만 바빠!'라고 한답니다."[369]

한국 교회가 세계 선교 제2위의 대국이 된 것을 감사해야 하지만, 솔직히 선교지로부터 일부분이긴 하지만 우리의 얼굴을 들지 못하게 하는 어둡고 부끄러운 소식을 듣고 있습니다. 그것은 과거 선교를 주도하던 서구의 '제국주의적 선교' 혹은 '십자군적 선교'를 역사의식 없이 답습했기 때문입니다. 우리는 이제라도 뼈저린 반성을 통해 정복욕으로 가득 찬 '십자군적 선교' 대신 우리가 죽고 우리를 나누어 주는 '십자가적 선교'의 결단 앞에 서야 합니다.[370]

'뭐니뭐니'와 '머니', '아빠'와 '나빠'와 '바빠', '십자군적 선교'와 '십자가적 선교' 등은 모두가 청중의 기억에 쉽게 잊히지 않을 만한 전달 방식이다. 다른 방식의 실례를 소개한다.

현대인들은 익명의 공포, 미지의 공포, 대상도 알 수 없는 두려움 속에 사로잡혀 있습니다. 그래서 우리 젊은이들 사이에 유행한 유머 시리즈 가운데 '무서워 시리즈'가 있는 것 같습니다. 아마 50대 이상은 이 이야기를 듣고 전혀 웃지 않을 수도 있습니다. 이 유머로 자신이 얼마나 늙었는지 짐작해 볼 수 있을 겁니다.

이 유머에서, 공포의 대상 가운데 하나는 바로 자기 자신입니다. '무섭나'(I). '무서워유'(you)는 네가 내 공포의 대상이 될 수 있다는 것입니다. 남자들은 여자들을 두려워합니다. 그래서 '무서운걸'(girl)이라고 부릅니다. 또 여자들은 남자들이 무서워집니다. 그래서 '무섭군'이라고 합니다. 요즘 어떤 사람들은 하도 살맛이 나지 않으니까 생의 무력증에 시달린 나머지, 아침에 일어나면 하루 사는 것이 너무 공포스러운 나머지 '무섭데이'(day)라고 합니다.

저는 우리 교회가 수지로 이사 온 후로 가장 큰 걱정이 바로 비 오는 것이었습니다. 주차 문제 때문에 우리 교인들이 고생하지 않을까 걱정이 되었습니다. 그래서 저는 '무섭지비'라고 합니다. 제가 이런 이야기를 하니까 어떤 분이 하나가 빠졌다고 하더군요. "모든 것이 무섭다는 것을 뭐라고 하는지 아십니까?" '무섭다'(all)랍니다.[371]

이것은 한글과 영어를 복합적으로 활용해서 이중 의미double meaning를 살려 주는 유머 형태의 언어유희다. 또 다른 형태의 언어유희를 하나 더 확인해 보자.

얼마 전에 제가 좋아하는 한 형제가 재미난 이야기를 들려주었습니다.

죄송하지만 화장실 이야기입니다. 어느 대학교 화장실에 들어가니까 이런 낙서가 쓰여 있더랍니다. "기억하라. 당신이 사색에 몰두해 있는 동안 밖에 있는 사람들은 사색이 되어 간다." 작은 이기심이 때로는 한 사회를 무너뜨릴 수 있는 무서운 바이러스의 역할을 하기도 합니다. 교회 안에도 종교적 이기심이 있을 수 있는데, 당시 바리새인들도 이런 생각에 사로잡혀 있었습니다.372

앞의 '사색思索'과 뒤의 '사색死色'은 한글로는 똑같은 단어지만, 한자어로는 전혀 다른 내용인데, 이동원 목사는 두 단어를 사용하여 자신의 의사를 기막히게 전달하고 있다. 간결하면서도 일목요연하고, 압축적이면서도 주목을 끌 만한 이 언어유희의 기법도 이 시대 최고의 설교자가 즐겨 사용하는 전략 중 하나임을 모든 설교자들은 기억할 필요가 있다.

18) 신뢰를 주는 자기동일시Identification 기법

효과적인 설교를 위한 전략 가운데 강력한 것 하나가 '자기동일시' 기법373이다. 청중과 자신을 동일시하는 설교자는 청중으로부터의 호의적인 반응이 보장되기 때문에 쉽게 청중을 설득시킬 수 있는 힘을 가진다.

구약의 선지자 에스겔은 유대 포로들에게 설교하기 전에 의도적으로 그들과 동일시했다. 느헤미야 역시 조국의 동포들과 자신을 동일시해서 하나님께 회개의 기도(느 1:6)를 드렸다. 에스겔은 자기 청중이 앉은 곳에 앉고(겔 3:15), 그들이 느낀 것을 느끼며, 그들이 경험한 것을 경험하고, 그들이 본 대로 삶을 보았다. 한마디로 에스겔은 자기 청중과 함께 울고 웃고 하나가 되었다.

바울 역시 그런 설교자였다.374 베일리Raymond Bailey가 말했듯이, 바울은 자기동일시 기법 활용의 달인이었다.375 누구보다 예수님은 청중이 누가 되었든 간에 그들의 자리로 가서 그들에게 맞는 눈높이로 메시지를 전하는 챔피언이셨다.

청중에게 어필하는 설교자가 되려면 그들과의 친밀한 관계가 구축되어야 한다. 이럴 때 '자기동일시' 기법은 설교자와 청중 사이에 관계를 맺어 주는 중요한 역할을 한다. 그것도 공통된 인간성, 즉 인간 본성의 죄와 악에 대한 이중성과 공통된 비극적이고 부정적인 경험 등을 통해서 말이다.376 사람이면 누구나 실연, 실패, 절망, 수치 등과 같은 부정적 경험이나 불행했던 경험을 다 갖고 있다. 이런 경험들 중 하나를 골라서 설교 시 청중에게 진솔하게 나누어 보라. 청중과 쉽게 하나로 연결됨을 경험할 것이다.

이동원 목사 역시 자기동일시 기법의 대가라 부를 만하다. 이 시대 최고의 설교자 중 한 명이요, 모든 것이 완벽할 것만 같은 이동원 목사에게 아픔과 실패와 열등감과 약점이 노출된다면 아마도 모두가 충격을 받을 것이다. 하지만 그에게도 우리와 별반 차이가 없는 실망과 절망이 있었음이 그의 설교를 통해 적나라하게 공개되고 있다.

이동원 목사가 자신의 약한 부분들을 설교 중에 숨김없이 드러냈을 때, 청중은 어떤 생각을 했을지 궁금하다. 설교를 듣는 거의 모든 청중은 인생의 좌절과 실패와 절망을 경험한 이들이다. 그런 이들 앞에 존경받는 대형교회의 유명 목회자가 자신의 인간적인 결함과 약점을 진솔하게 드러내는 것 자체만으로도 청중은 깊은 감동을 받았을 것이다.

이동원 목사는 자신이 직접 경험한 것을 설교에서 예화로 사용하고 있다. 이 과정에서 자연스럽게 어릴 때의 경험, 말씀을 묵상하다가 깨달은 것, 유학 시절의 이야기, 미국과 국내에서의 목회 이야기, 가족 이야기, 자신의 설교 이야기 등이 예화에 포함되며, 이는 자연스럽게 삶과 연관성 있는 예화라는 특징으로 연결된다. 이동원 목사는 이러한 '삶과 연관성 있는 예화 사용'을 통해서 청중과 생활의 공감을 나눌 뿐 아니라, 그들의 삶의 정황에서 성경을 이해하고 적용하게 하는 중요한 다리를 놓고 있다. 이제 직접 확인해 보자.

제겐 약점이 참 많습니다. 열등감도 많습니다. 특별히 제 열등감 중의 하나는 음악에 대한 것입니다. 제가 아주 소문난 음치잖아요. 제 설교 테이프를 듣는 사람들에게 종종 편지를 받는데 "목사님, 설교를 통해서 은혜를 많이 받았습니다. 그런데 설교 끝나고 제발 찬송을 부르지 말든가 녹음을 하지 마시기 바랍니다. 은혜를 다 까먹습니다." 뭐, 이런 말입니다.

그래서 메시지를 전하다가 어떤 목사님은 찬양도 하고 그러는데 제가 하면 교인들이 시험받으니까 찬양도 못하고. 다만 제 아이들을 기르면서 저희 집사람하고 의논해서 우리 아이들만은 음치를 면하게 해 주자 해서 어렸을 때부터 아이들에게 피아노 레슨을 좀 강제했습니다.

그러니까 애들이 그걸 기쁨으로 배우겠습니까? 또 부전자전일 텐데, 뻔하잖아요. 그래도 강제했습니다. 강제로 피아노 레슨을 고등학교 졸업할 때까지 시켰습니다.[377]

영화 〈The King's Speech〉를 감상하는 동안 제 인생의 치료사가 되어 주신 예수님과 예수님 안에서 만난 수많은 사람들의 얼굴이 떠올랐습니다. 함께 울고 웃으며 인생길을 걷는 동안 제 속에 가득했던 고통과 아픔을 그들과 나눌 수 있었습니다. 20대 초에 꿈이 꺾여서 주저앉고만 싶었던 절망의 자리에서 치유 받고 일어나 주의 복음을 전하는 사람으로서 지난 40년간[378] 쓰임 받을 수 있었습니다. 그 은혜의 세월이 생각나서 많이도 울었습니다.

한국 지구촌교회의 개척도 결코 순탄하지만은 않았습니다. 그러나 나의 인간적인 부족함을 사랑으로 감싸고 주님의 비전이 이루어지도록 말없이 따르고 지지하며 기도해 주신 여러 평신도 지도자들이 아니었다면 지난 17년의 기적은 불가능했을 것입니다.[379]

이동원 목사는 자신이 음치란 사실과 20대 초에 꿈이 좌절된 (대학입시 실패) 사실과 인간적인 부족함을 지닌 사실들을 진솔하게 소개한다. 다른 실례들을 살펴보자.

그러면서 주님은 우리 부부에게, 아직도 우리가 살면서 적지 않은 우상들을 붙들고 있다는 것을 보여 주셨습니다.[380]

저희 교회 선교대회Mission Conference 강사로 초빙된 크리스틴 윌슨 박사와 식사를 하면서 "이렇게 사람이 깨끗할 수가 있나" 하고 놀랐습니다. 벌써 외모에서 그 품격과 인격이 느껴집니다. 75세인데 그 깨끗한 인품이 사람들에게 나타납니다. 한번은 점심을 함께 하는데 한 사람 한 사람, 사역자 이름을 물어보면서 적으시더라구요. 오늘 밤부터 호텔에 가서 기도

하려고 그런다는 것이었습니다.

저를 위해 기도해 달라고 하니까 자신을 위해서도 기도해 달라고 했습니다. 그분의 깨끗함 앞에 나는 순전치 못하게 느껴져서 몸 둘 바를 몰랐습니다. 자꾸 상대적으로 비쳐지는 것이었습니다.[381]

제가 미국에서 한국으로 올 때 제 아내와 굉장히 크게 다투었던 일이 있습니다. 저는 아내에게, 미국에서 살면서 생긴 짐들은 되도록 거기에 다 두고 오자고 했습니다. 그런데 아내는 자기가 좋아하는 그릇만큼은 다 가져가야겠다고 고집을 부리는 것입니다. 그래서 결국은 그 그릇을 악착같이 꾸려 가지고 왔습니다. 그런데 그렇게 악착같이 꾸려 온 그릇들이, 저희 집에 아직도 풀어놓지 않은 채로 있습니다. 그걸 왜 가지고 왔는지 지금도 저는 이해가 안 갑니다. 물론 아주 예쁘고 아름다운 그릇들입니다. 그런데 이상하게도 그런 그릇들은 잘 쓰게 되지 않습니다. 우리 집에서 항상 쓰는 그릇들은 오히려 다 평범한 것들입니다. 매일 밥상에 올라오는 밥사발, 컵 등 조그마한 그릇들이 날마다 쓰임을 받습니다.[382]

자신의 우상과 순전치 못함과 부부 싸움 등을 감추지 않고 있는 그대로 드러내는 이동원 목사의 겸손한 자세는 이 설교를 듣는 청중에게 신뢰와 감동을 주기에 충분했을 것이다. 다른 실례들을 살펴보자.

본 장에서 살펴볼 기적은 예수께서 베데스다 연못에서 38년간 병으로 고생하던 사람에게 자비를 베푸신 사건입니다. '베데스다'의 뜻은 '자비의 집'입니다. 이 베데스다 연못은 예루살렘의 양문 곁에 있었습니다. 저는 이 양문羊門을 양문兩門으로 잘못 알고 있던 적이 있었습니다. 예루살렘에는 양쪽에 문이 두 개 있는 줄로 생각했던 것입니다. 이것은 '양의 문sheep gate'입니다. 지금은 '스데반의 문'이라고 부르며, 예루살렘 동북쪽에 위치해 있습니다.383

성경 구절에 나오는 단어를 잘못 알았던 사실까지 솔직하게 드러내는 이동원 목사의 투명성은 가히 놀라울 정도다. 더 살펴보자.

나 같은 웅변대회 단골 낙제생이 부름 받아 설교자가 된 기막힌 사실.384

주일마다 설교를 계속하면서, 남의 설교를 베끼던 수준에서 조금씩 창의적인 설교가 가능해지기 시작했습니다.385

약점이 없는 사람이 있겠습니까? 저에게도 많은 약점이 있습니다. 하지만 약점 때문에 절망할 필요는 없습니다. 성공의 열쇠는 약점을 강점으로 변화시키는 것입니다. 저는 성경에서 그 대표적인 인물이 바로 야곱이라고 생각합니다. 그러면 야곱의 약점을 한번 생각해 보겠습니다.386

자신이 변변찮은 사람이고, 어릴 적 웅변대회에서 단골 낙제생이었고, 설교 초기에 유명 설교자들의 설교를 모방하던 수준이었고, 약점이 많음을 밝히 드러내고 있음에 주목하며 계속 살펴보자.

제가 아주 어렸을 때 도둑질을 한 번 한 경험이 있습니다. 무엇을 도둑질했는지 생각이 잘 나지 않는 것을 보면 크게 대수로운 것은 아니라고 생각됩니다. 그렇다고 저를 이상한 눈으로 쳐다보시지는 마시기 바랍니다. 이웃집에서 뭔가를 가져온 기억이 나는데, 그것 때문에 가슴이 두 근 반, 세 근 반 하고, 밥을 먹어도 잘 안 먹히고, 아버지 얼굴만 봐도 괜히 무섭고 했으니까요. 아버지가 뭔가 이상한 걸 눈치 채신 것 같아요. 그래서 아버지께서 할머니하고 어머니하고 쭉 서 있는데 저를 불러냈어요. 검사 앞에서 취조를 받는 죄인의 심정으로 제가 벌벌 떨며 서 있던 기억이 지금도 생생합니다. 그런데 그날 말이죠, 하필이면 제 친구들이 다 서 있는 거기서 저한테 물으시는 거예요.

"너 무슨 일 생겼니? 너 잘못한 일 있지?"

바른대로 말하라고 말하십니다. 말을 하고 싶었죠. 그런데 친구들이 다 있는데 '존심'이 있죠. 자존심 말이에요. 어떻게 고백하겠어요. 그래서 시치미를 딱 떼고 안 했다고 그랬어요.

그래도 제 얼굴빛에서 숨길 수 없는 것을 보신 아버지가 저녁 무렵 조용히 저를 뒷방으로 불러내시더니 물었습니다.

"너 솔직히 말해 봐라."

"… 제가 도둑질을 했어요."

이렇게 자백을 했습니다. 혼자 있으니까 괜히 자존심의 마스크(가면)를 쓸 필요가 없잖아요.387

연회석상에서 사랑하는 아내를 자랑하고 싶어 한 아하수에로를 너무 매도할 필요가 없습니다. 보수적인 성경학자들 가운데 이런 견해를 가진

사람들이 많고, 저도 별수 없는 한국의 보수적인 남자여서 그런지 이 입
장에 동의하고 싶습니다. 아내 자랑하고 싶다는데 유감 있습니까? 그래서
저도 제 아내 자랑하고 싶어서 항상 동부인해서 다닙니다. 아하수에로가
독재자라서 잘못한 게 많을 것입니다. 그렇다고 이 사람이 다 잘했다고
생각하지 않지만, 자기 아내를 자랑하고 싶은 이 마음을 그렇게까지 매도
할 필요는 없는 것입니다. 저도 제 심정을 헤아려 보니까 이해가 되더라
고요. 아내는 당연히 남편의 자랑이 되어야 한다고 저는 믿습니다.388

자신이 도둑질한 적이 있다는 사실과 아내를 자랑하고 싶어서 항상
동부인해서 다닌다는 사실도 소개하고 있다. 쉽지 않은 고백임에도 자신
의 약점을 숨김없이 구체적으로 청중에게 소개하기를 꺼리지 않는 이동
원 목사의 겸허한 자세는 설교자들이 배워야 할 덕목이다. 계속해서 더
많은 실례들을 찾아보자.

저는 1963년부터 1965년까지 2년 동안 방황을 하였습니다. 이 교회
에서 저 교회로 방황을 하였으나 예수 그리스도와 만나지 못했습니다. 그
래서 괴로워하다 어느 날 시골 작은 교회로 갔습니다. 거기서 저는 처음
으로 진지하게 성경을 읽었습니다. 그리고 오스왈드 J. 스미스와 M. R. 디
한이 쓴, 복음을 요약한 책들을 읽다가 예수 그리스도를 보기 시작하였습
니다. 특히 갈라디아서 2장 21절의 말씀인 "내가 하나님의 은혜를 폐하지
아니하노니 만일 의롭게 되는 것이 율법으로 말미암으면 그리스도께서 헛
되이 죽으셨느니라"는 진리가 저의 눈을 열었습니다. 저는 이 말씀을 통
하여 마음을 열고 예수 그리스도를 저의 구주와 주님으로 믿기 시작하였

습니다.

그 후 고향으로 돌아와 수많은 사람들에게 제가 거듭난 사실을 간증하였습니다. 그때 사람들이 저에게 말하였습니다.

"내가 당신을 위해서 기도하였습니다."

저는 자신의 신앙에 대한 끈질긴 추구와 탐구로 구원받았다고 생각하였는데, 사실은 그것은 우연이 아니고 배후에 기도가 하늘의 보좌를 움직였음을 깨달았습니다. 그러므로 당신을 위해서 드려지는 기도를 과소평가하지 마십시오.[389]

교회에 출석하면서 2년 동안 그리스도를 만나지 못한 채 신앙적으로 방황한 사실을 솔직하게 고백하고 있음을 보라. 다른 실례들을 찾아보자.

제가 인생에서 처음으로 절망과 죽음이라는 단어를 생각한 때가 19세, 열아홉 살이었습니다. 비교적 순탄한 유년기를 지내 왔던 제가 대학 입시의 실패와 가정의 경제적인 붕괴라는 충격을 동시에 경험하면서 제게는 미래가 단절된 것처럼 보였습니다. 자주 죽음을 떠올리며 이런 인생 그대로 끝내 버릴 것인가, 아니면 운명과 대결하여 버티어 볼 것인가를 고민하던 때가 19세였습니다.[390]

죄를 짓지 않으려면 죄를 지을 수 있는 상황을 피하는 것밖에 없습니다. 2년여 전에 우리 아이들이 집에 와서 CNN 뉴스를 보고 싶다고 해서 '스카이 라이프' 위성채널 TV 장치를 해 놓았습니다. 그런데 밤 12시가 지나면 이상한 것이 나오는 거예요. 그래서 처음에는 그냥 놔두고 안 보는 것으로 했는데, 나중엔 저도 서서히 보게 되더라구요. 그래서 한 석 달 기도하다가 결정을 하고 뜯었습니다. 그 후 저희 집 TV는 이제 네 개 채널밖에 나오지 않습니다.[391]

대학 입시의 실패와 경제적인 어려움 때문에 자주 죽음을 생각할 때가 있었다는 내용은 충격적인 진술이 아닐 수 없다. 더욱이 위성 채널에 나오는 야한 채널에 자신도 끌려서 서서히 보게 되었다는 고백은 목사로서, 특히 이동원 목사처럼 존경받는 목사로서는 정말 밝히기 어려운 내용이 아닌가? 그럼에도 죄를 짓지 않으려면 그런 상황을 피하는 수밖에 없다는 내용을 보다 설득력 있게 전하기 위해 자신의 치부를 스스럼없이 공개해 마지않는 그의 겸허하고 진솔한 태도를 보라. 설교자가 자신의 결점과 약점들을 숨기는 시대는 지났다는 생각을 강하게 시사하는 대목이다. 몇 가지만 더 살펴보자.

당신이 주님을 직접 만나 주님 앞에서 한 가지만 가르침 받기를 원한다면 무엇을 배우기 원하십니까? 저 같으면 이렇게 말할 것입니다.
"주님, 제가 설교를 할 때 자주 죽을 쑤는데, 어떻게 하면 말씀을 잘 전할 수 있는지 저에게 가르쳐 주옵소서."[392]

저는 하나님 앞에서 이런 의식을 가질 때가 많습니다. 설교를 하면서 어느 때는 설교가 잘될 때가 있고 안 될 때도 있습니다. 설교가 잘될 때는 기분이 참 좋습니다. 그리고 설교가 끝난 후 이런 생각이 듭니다.
"야, 내가 오늘 명설교를 했기 때문에 이 설교를 듣고 감동을 받은 사람들이 다음 주에는 대단히 많이 오겠구나."

그런데 다음 주에 보면 오히려 성도의 숫자가 줄었습니다. 그런데 또 어떤 때는 설교가 잘 안 되는 때가 있습니다. 그래서 설교가 끝나고 고민을 합니다.

"이젠 성도들이 많이 줄겠구나. 왜 이렇게 설교가 안 될까?"

그러나 다음 주에 보면 성도들이 훨씬 더 많이 나왔습니다. 이러한 경험들이 반복되면서 저는 하나님 앞에 이런 생각을 갖게 됩니다. '아, 내가 하는 것이 아니지. 하나님께서 하시는구나!'라고 깨닫게 됩니다.

그런데 만일 제 생각대로 맞는 경우 '내가 과연 어떤 사람인가?'라는 생각을 갖게 됩니다. 그러나 그렇지 못하기 때문에 이 모든 것이 하나님의 은혜라는 사실을 알고 주님께 감사하게 되지 않습니까?[393]

저는 이사야의 심정을 이해합니다. 솔직히 말씀드려 저도 설교할 때 좌절을 느끼기도 합니다. 일주일에 설교 준비하는 데 10시간 이상을 투자합니다. 그 말씀을 묵상하고 기도하고 씨름하고 열심히 말씀을 붙들고 전하려 하는데, 설교 초반부터 주무시는 분들이 있습니다. 설교가 중간쯤 지나갈 때 주무시는 분에 대해서는 제가 책임을 느끼지만, 시작하자마자 습관적으로 주무시는 분을 보면 안타깝습니다. 눈이 감긴 사람, 귀가 안 들리는 사람을 향해 외쳐야 한다니, 이 얼마나 고통스러운 일입니까?[394]

이동원 목사 같은 명설교자도 설교에 죽을 썼다고 생각하는 때가 있으며, 그런 때는 심각한 고민과 좌절에 빠지기도 한다는 사실을 상세하게 엿볼 수 있다. 천하제일의 설교자에게도 이런 고민이 있었나 싶을 정도로 흥미롭기도 하고 아이러니하기도 하다.

과거에는 설교자가 자신의 이야기를 하지 않는 것이 좋다고 가르치던 시절이 있었다. 설교자의 권위가 떨어진다는 생각 때문이다. 하지만 지금은 설교자가 자신의 약점이나 부족한 모습을 진솔하게 공개하는 편이 오히려 청중에게 더 큰 권위와 신뢰를 얻는 시대가 되었다. 설교자가 자신의 허물과 실수들을 감추지 않고 드러냄으로써 청중과 자신을 하나 되게 하는 이 자기동일시 기법이야말로 설교의 전략 중 가장 효과적으로 돋보이는 기법임을 모든 설교자들은 기억해야 한다.

19) 무게 있는 인용문

설교자들이 자신의 설교 수준을 높이고 청중으로부터의 신뢰도를 높이기 위해서 관심을 가져야 할 또 하나의 중요한 수단이 있다면, 인용문 활용이다. 인용문은 지극히 감성적인 효과를 지닌다. 인용문의 힘은 상대를 내편으로 만드는 데 효과적이다. 인용문은 상대의 관심을 끌어내는 것은 물론, 짧은 메시지로 강력한 효과를 발휘하는 데 유용한 무기가 된다.[395]

하루하루 시간을 때우면서 별 의미 없이 대충 살아가는 게으른 사람들에게는 세월을 낭비하지 말고 늘 죽음을 준비하며 열심히 살아야 한다는 잔소리 같은 훈계나 설교보다는 "이 세상에 죽음만큼 확실한 것은 없다. 그런데 사람들은 겨우살이를 준비하면서도 죽음은 준비하지 않는다"라는 톨스토이의 말을 인용하면 훨씬 효과적이고 신뢰도 깊어질 것이다.

이처럼 시의적절하게 사용하는 인용문의 힘은 아주 강력하다. 잘 고른 인용문의 힘은 수만 마디 말보다 강력함을 보여 주기 때문이다. 유명 정치인들이나 리더들의 말을 들어 보면 인용문이 상당히 효과적으로 사용됨을 알 수 있다. 이미 그들은 인용문의 힘을 알고 있는 것이다.

이동원 목사는 인용문 활용에도 탁월한 재능을 발휘하고 있다. 그의 설교에 나타난 인용문의 실례들을 하나씩 확인해 보자.

개혁자 마틴 루터Martin Luther는 이런 고백을 남겼습니다. "나는 요즈음 더 바빠진다. 그래서 나는 더욱더 많은 시간을 기도할 필요를 느낀다." 그는 실제로 하루 24시간 중 기도를 위해 시간의 십일조를 드려 하루 2시간 이상을 기도로 보냈다고 합니다. 이것은 바쁘기 때문에 기도할 시간을 낼 수가 없다고 핑계하는 우리의 모습과 다른 모습입니다.[396]

일찍이 성 어거스틴Augustine은 "교회를 어머니처럼 섬길 수 없는 사람은 하나님을 아버지로 부를 자격이 없다"고 했습니다. 우리들의 어머니가 불완전해도 우리 모두는 어머니 사랑이나 어머니 섬김을 포기할 수 없습니다.[397]

A. W. 토저A. W. Tozer는 "그리스도인들의 모든 실패는 예배의 영광을 경험하지 못한 데서 기인한다"고 역설했습니다.[398]

케임브리지 대학교 출신의 명망 있는 지식인이요, 스포츠 스타였던 C. T. 스터드가 보장된 출세의 길을 버리고 잃어버린 영혼을 전도하기 위해 선교사의 길을 떠날 때였습니다. 그를 아끼던 이들이 그의 희생이 그럴 만한 가치가 있는 것이냐고 물었을 때, 그의 대답은 단순하고 분명했습니다.

"그리스도께서 나를 위해 자신의 목숨을 버리신 것이 참으로 사실이라면, 어떤 희생도 지나친 것은 없습니다."399

유대인 철학자 마틴 부버는 그의 유명한 저서 『나와 너Ich und Du』에서 "'나와 너(당신)' 사이에 아무리 최선의 인격적인 교감을 가져도 '영원자 당신Eternal Thou'과의 만남이 없이는 우리의 만남이 온전할 수 없다"고 말합니다.400

『안식』이라는 책의 저자인 여성 신학자 마르바 던은 "그리하여 우리가 안식일을 지키는 것이 아니라, 안식일이 우리를 지킨다"고 했습니다.401

무디 신학교의 총장을 지낸 조지 스위팅George Sweeting 박사는 이런 말을 했습니다. "우리가 죽을 때 우리가 묻게 될 가장 중요한 질문은 '얼마나 벌었는가?'가 아니라 그의 나라를 위해 '얼마나 드렸는가?'가 될 것이다."402

그래서 파스칼Pascal은 "모든 인간 존재 안에는 하나님이 아니면 채울 수 없는 공백이 있다"고 한 것입니다.403

유명한 철학자 칸트Kant는 전통적인 의미에서 신앙인은 아니었지만, "내세는 있어야만 하는 당위ought to be의 세상"이라고 한 것입니다. 시간이 모든 것을 채워 주지 못하기 때문입니다.404

막스 피카르트Marx Picard는 그의 명저 『침묵의 세계』에서 "침묵은 말이 없어도 존재할 수 있지만 말은 침묵 없이는 존재할 수 없다. 말에 침묵이라는 배경이 없다면 말은 아무런 깊이를 가지지 못한다"고 했습니다.[405]

존 던이라는 영국의 유명한 시인의 시에 이런 구절이 있습니다. "우리는 외따로 떨어진 낱낱의 섬이 아니다. 우리는 대륙의 한 부분이다."[406]

시인 타고르는 이렇게 말했습니다.
"내 주인이 내 인생의 문을 두드리는 그날,
내 삶을 끝내게 하기 위해서 내 문을 두드리는 그날,
나는 내 주인 앞에 생명이 가득 찬 그릇을 갖다 놓겠습니다."[407]

이동원 목사가 마틴 루터와 어거스틴을 비롯한 기독교의 유명 인사들은 물론, 세상에 지대한 영향을 미친 위인들의 말들을 즐겨 인용하고 있음을 확인해 보았다. 이처럼 자신의 설교에 소중한 자산이나 무기가 될 만한 인용문을 적절하게 활용하기 위해서 설교자들은 지금부터 독서에 몰두해야 한다. 뿐만 아니라 영화나 드라마에 나오는 유명 대사나 책에서 발견한 위대한 인물들의 보배로운 내용들을 컴퓨터에 저장해 두는 습관을 들여야 한다. 다른 강단과는 차별화되는 설교를 원하는가? 그렇다면 감칠맛 나는 인용문을 적절하게 활용하는 것이 그 지름길임을 반드시 기억해야 할 것이다.

20) 유익한 통계

통계 역시 인용문 못지않게 설교에 중요한 역할을 하는 매개체다. 인용문이 인류의 위대한 인사들이 남겨 준 보고라고 한다면, 통계는 과학적인 데이터가 밝혀 주는 정확한 자료다. 탁월한 말솜씨로 청중을 설득하는 것도 필요한 일이겠지만, 과학적으로 정확한 통계만큼 더 위력을 발휘할 순 없으리라.

사람들의 신뢰를 얻음에 있어서 숫자나 데이터보다 더 확실한 것은 없다. 대다수의 사람들은 책이나 신문에 나오는 정확한 통계 자료에 깊은 신뢰감을 보인다.[408] 따라서 설교자들은 자신의 설교에 유익하고 보탬이 되는 통계 자료들을 잘 활용할 필요가 있다. 그러면 자신이 전하고자 하는 의도와 내용에 신빙성을 더해 주는 놀라운 효과를 경험하게 될 것이다. 이동원 목사는 통계 자료들도 유용하게 사용하는 강점을 갖고 있다. 그 구체적인 실례들을 한꺼번에 확인해 보자.

오늘처럼 문명사의 기적을 이룬 21세기에도 유엔 식량농업기구(FAO, 2003년 통계)에 따르면 세계 인구 가운데 8억 4천 2백만이 기아 인구라고 합니다. 이것은 적어도 이 땅에 살고 있는 전 세계 인구의 14퍼센트, 그러니까 7-8명 중 한 사람은 하루 한 끼 양식을 해결하기 위해 전전긍긍하고 있음을 뜻합니다. 그리고 이들 중 매년 약 2천만 명이 기아로 죽어 가고 있다고 합니다. 이것이 우리가 살고 있는 지구의 현실이라면 한 끼 식량을 앞에 놓고 하는 "일용할 양식을 주셔서 감사합니다"라는 기도는 얼마나 절실한 일상의 기도이겠습니까?[409]

우리와 함께 살아가고 있는 인류 가운데 기아에 허덕이는 사람들이 많다는 사실에 대해서는 누구나 잘 알고 있다. 하지만 어느 정도 많은지에 대해서 구체적으로 알고 있는 사람은 별로 없을 것이다. 이럴 때 위의 실례처럼 7-8명 중 한 사람이 기아에 시달리고 있으며, 매년 약 2천만 명이 기아로 사망하고 있다는 통계를 활용한다면 듣는 이들의 이해를 쉽게 하는 데 큰 유익을 줄 것이다. 다른 실례를 소개한다.

수년 전 미국 교회의 교인들의 영적인 상태를 진단하는 어떤 보고서에 다음과 같은 사실이 지적된 적이 있었습니다.

"오늘날 미국 교회 교인들의 95퍼센트는 수동적이고 소극적인 교인들이며, 그들의 영적인 상태와 교회 생활의 모습은 일종의 '벤치 워머bench warmer: 의자의 앉은 자리를 따뜻하게 하는 정도의 사람'에 불과하다."

예배당에 나와서 한 시간 동안 예배를 드리면서 의자를 따뜻하게 하고 사라지는 것, 그것 외에는 별로 의미를 지니지 못하는 교인들이 95%나 된다는 지적입니다. 그러면서 이 보고서는 단지 5%의 그리스도인들만 능동적이고 적극적인 신앙생활을 하고 있다고 기록했습니다.[410]

수동적이고 소극적인 성도들의 수가 95%에 달한다는 통계도 미국 교인들의 영적인 상태를 드러내는 데 큰 도움을 준다. 이처럼 통계는 구체적으로 정확한 수치를 제시하기 때문에 사람들의 머리에 선명한 이해를 가져오게 하는 놀라운 효과가 있다. 다른 실례를 살펴보자.

예수님을 영접하지 못하고 교회만 다니는 사람들을 가리켜 흔히 '명목상의 교인Nominal Christian'이라고 합니다. 가장 최근의 통계에 의하면 교회에 출석하는 교인들 중 31%가 구원의 확신이 있다는 고백을 못하는 것으로 나타났습니다.[411]

필자는 고등학교 시절에 구원의 확신이 없는 교인들이 70%나 된다는 말을 들은 적이 있다. 말도 안 된다는 생각을 하면서 지내오다가 어느덧 집회의 강사로 나가는 위치가 되면서 교회마다 조사를 해 봤는데, 놀랍게도 그 이야기가 사실임을 확인할 수 있었다. 이처럼 믿을 수 없는 충격적인 사실을 말할 때는 반드시 신뢰할 만한 확실한 통계를 제시해야 한다. 다른 실례를 찾아보자.

경영학에서 사용하는 법칙 가운데 '80 대 20'이라는 법칙이 있다고 합니다. 우리가 생산하는 모든 생산의 80%는 20%의 사람을 통해 생산되며, 또 우리가 소비하는 대부분의 소비, 곧 80%의 소비도 20%의 사람들이 소비한다는 법칙입니다. 한 예로 직장에서 보면 80%의 전화를 20%의 사람들이 다 써 버린다고 합니다.

일본의 어느 학자가 개미를 연구했습니다. 개미는 근면과 성실의 상징이지요? 그러나 이 학자가 개미를 연구해 보니까 실제로 개미 가운데 열심히 일하는 개미는 20%에 불과했다고 합니다. 그러니까 열심히 일하는 20%의 개미가 나머지 80%를 먹여 살리는 것입니다.[412]

이는 '80 대 20 법칙' 혹은 '파레토Pareto 법칙'이라고 불리는 것인데, '전체 결과의 80%가 전체 원인의 20%에서 일어나는 현상'을 가리킨다.

이 법칙은 "이탈리아 인구의 20%가 이탈리아 전체 부의 80%를 가지고 있다"고 주장한 이탈리아의 경제학자 빌프레도 파레토Vilfredo Pareto의 이름에서 따온 것이다.[413] 경영학의 유명한 이론으로 이미 자리 잡은 공인된 법칙을 활용해서 설교자 자신의 의도를 전개해 나간다면 보다 설득력 있는 전달을 꾀할 수 있을 것이다.

통계 자료가 하나님의 은혜의 말씀을 전하는 일에 무슨 도움을 줄 수 있겠느냐고 생각할 수도 있지만, 이 또한 성령께서 설교에 유용한 도구로 인정하신다는 사실을 기억해야 한다.

21) 현실적이고 시사성 있는 자료

설교는 하나님의 말씀을 전하는 것이다. 세상 말이 아니라 하나님이 우리에게 주신 영적인 말씀 말이다. 그렇기 때문에 설교 속에 세상 이야기나 예화가 들어가서는 안 된다고 주장하는 이들이 적지 않다. 일리가 있는 말이다. 하지만 이는 하나님의 말씀을 전하는 대상이 누구인지를 간과한 주장이다. 아무리 하나님의 말씀을 전한다 하더라도 그 말씀을 듣는 청중은 이 땅에 발을 붙이고 현세를 살아가는 사람들임을 놓쳐서는 안 된다. 따라서 설교자들은 청중은 물론이요, 그들이 살고 있는 현실 세계와 그 환경을 무시해서는 안 된다.[414] 적용 부분에서 이미 언급한 바 있지만, 설교자는 성경의 세계와 청중이 살고 있는 현실의 세계를 이어 주는 역할을 하는 사람이다. 그 역할을 제대로 하려면 청중이 살고 있는 현실적이고 시사적인 상황에 대한 언급과 적용이 필요하다.

이동원 목사의 설교 속에는 청중이 당면한 현실의 문제에 대한 언급들이 잘 반영되어 있음을 볼 수 있다. 하나씩 확인해 보자.

때가 때이니만큼 여러분, 나라를 위해서도 기도하십시오. 정말 공명선거를 위해서 기도하시고, 하나님이 세우시는 사람들이 정말 세워질 수 있도록 기도하시기 바랍니다. 기도를 믿으십니까? 그렇다면 기도를 응답하실 하나님을 신뢰하십시오.[415]

여러분, 선거에 참여하셔야 합니다. 참여하시되 지역주의에 좌우되지 마십시오. 학연에 좌우되지 마십시오. 그것은 유치한 것입니다. 인물을 보십시오. 그리고 인물 못지않게 중요한 것은 정책입니다. 지금까지 정치를 해 온 사람이라면 어떤 정책 법안을 입안해 온 사람들인가를 주의 깊게 관찰해 보십시오….

더 중요한 것은 공명선거 문화가 형성될 수 있도록 기도하십시오. 특별히 저는 젊은이들에게 도전하고 싶습니다. 나이 많은 분들도 할 수 있지만 특별히 젊은이들이 시간을 내서 이번 선거가 금권 선거가 되지 않도록, 타락한 선거가 되지 않도록 선거의 감시자가 되어 주십시오.[416]

지구상의 유일한 분단국가인 우리나라, 우리는 오늘 무엇을 위해서 기도해야 할까요? 우리 후손에게 결코 물려주어서는 안 될 것, 그것은 분단된 나라입니다. 우리는 축복된 통일국가를 이루기 위해서 기도해야 합니다. 단순한 통일뿐만 아니라 북녘 땅에서도 마음대로 찬양하고 복음을 전할 수 있는, 그래서 남북한이 함께 하나님 말씀의 기초 위에서 하나님의 이상을 이루어 갈 수 있는 선교 한국, 그리고 성서 한국의 거룩한 비전과 축

복을 향해서 갈 수 있는 그 첫걸음이 되도록 기도해야만 할 것입니다.**417**

한국 사회가 정치적인, 사회적인, 경제적인, 도덕적인 심각한 위기를 경험하고 있습니다. 그러나 가장 중요한 명제가 있다면 그것은 아마도 용서가 아니겠느냐는 생각이 깊게 제 마음을 붙들었습니다. 미움과 불신이 대기 오염보다 더 무겁게 서울의 하늘을 짓누르고 있는 것만 같았습니다. 이런 현실의 한복판에서 그리스도인의 책임은 무엇인가라는 질문이 쉴 새 없이 저를 괴롭혔습니다. 그리고 무엇보다 용서의 실천자가 되지 않으면 안 되겠다는 생각이 들었습니다. 왜냐하면 용서를 체험한 사람만이 용서를 실천할 수가 있기 때문입니다.**418**

인간은 세월이 흐르면서 누구나 나이를 먹습니다. 그러나 우리는 나이 든 모든 사람들을 성숙한 사람이라고 말하지는 않습니다. 늙은 나이가 되어서도 여전히 미숙한 사람들을 봅니다. 최근 이 땅에 노인 인구가 증가하면서 동시에 증가한 것이 무엇인지 아십니까? 노인 범죄입니다. 최근의 유명한 남대문 방화사건, '노인과 바다' 사건으로 널리 알려진 전남 보성 어부의 연쇄살인 사건, 그리고 지난 7월의 할머니 소매치기단 4인조 사건이 모두 70대 노인들의 범죄 사건들이었습니다. 지난 4월 25일에는 황혼 범죄에 대한 통계 발표도 있었습니다. 1996년부터 2006년까지 노인 인구가 전국적으로 46%가 증가하는 동안 61세 이상의 노인 범죄는 무려 39%가 증가한 것으로 발표되었습니다. 자연 연령이 정신 연령의 성숙을 보증하지 못한다는 통계적 증명이라고 할 수 있습니다.**419**

베드로가 이 편지를 쓰던 1세기와 오늘 우리가 살아가는 21세기가 다른 시대인 것은 분명한 사실이지만 우리의 희망을 위협하는 전 세계적인 테러, 나라와 나라 사이의 전쟁과 대립, 민족 내부의 이데올로기와 세대 간의 갈등, 그리고 기독교에 대한 세상의 조롱과 박해가 세계 도처에서 기승을 부리고 있는 이때에 '희망'은 여전히 우리가 갈구하는 목표가 아닐 수 없습니다.[420]

공명선거와 선거참여 권면, 남북통일, 정치·사회·경제·도덕적으로 심각한 위기, 방화사건, 노인들의 범죄사건, 전 세계적인 테러 등 오늘날 우리가 당면하고 있는 문제들에 대한 구체적인 언급과 적용이 돋보이는 이동원 목사의 설교다.

현실의 내용은 회피하고 성경의 세계만 들춰내는 것은 성경의 주석을 쓰는 사람들의 역할이다. 설교자는 달라야 한다. 현재란 세계 속에 살고 있는 청중에의 적용이 없으면 설교가 아니다. 따라서 그들이 직면하고 있는 구체적인 현실적 아픔과 고민과 문제들에 대한 적용이 곁들여져야 청중의 마음을 움직일 수 있다. 그러기 위해선 현실적이고 시사성 있는 내용들을 활용하는 것이 필수적임을 모든 설교자들은 기억해야 할 것이다.

22) 적절한 찬송가 및 찬송가 배경

영국의 유명한 성공회 신부이자 신학자인 알리스터 맥그라스Alister Mcgrath는 "예수를 세상이 말하는 도덕적인 선생 그 이상으로 알고자 한다면 무엇을 읽어야 하는가?"란 질문에 다음과 같이 답했다. "아마 신약 성경이나 훌륭한 찬송가 가사나 기독교 서적을 읽어 보는 것이 이 점을 이해하는 가장 쉬운 방법일 것이다."[421] 에이든 토저A. W. Tozer도 이렇게 말했다. "성경 다음으로 귀중한 책은 찬송가입니다. 어느 초신자든 1년 동안 기도하는 마음으로 왓츠와 웨슬리만 묵상해도 훌륭한 신학자가 될 것입니다."[422]

로이드 존스 역시 설교에 찬송가를 많이 인용한 설교자로 알려져 있다. 그는 어릴 때 토머스 윌리엄스Thomas C. Williams, 죠지 캠벨 몰간G. Campbell Morgan 목사의 웅변적 설교와 탁월한 인격에 감동받았다. 어릴 때 그가 만난 파월Powell 선생은 로이드 존스에게 역사에 관심을 가지게 했고, 윌리엄스의 찬송시에서 작가가 어떤 신앙 고백을 나타내려 했는지를 알아보라는 숙제를 내줌으로써, 로이드 존스의 설교 속에 윌리엄스의 찬송시가 많이 등장하게 했다.[423]

예배 중에 찬송가를 부르는 것은 일반적인 일이겠으나 설교 중에 찬송가를 사용하는 것은 아직 대중화되지 않았다. 하지만 지금 한국 교회에서 영향을 미치는 목회자들 중 설교 시 찬송가 가사나 그 가사의 배경을 소개하여 활용하거나, 직접 찬양을 부르거나 성도들과 함께 부름으로써 설교에 감동을 더해 가는 분들이 있다. 필자는 그것이 설교에 큰 유익으로 작용함을 본다.

본인 스스로가 음치라고 하는 이동원 목사도 찬송가의 위력에 대해서 누구보다 잘 알고 있는 설교자 중 한 사람이다. 그는 찬송에 대해 자신의 성도가 느낀 생각을 다음과 같이 소개한다.

저는 찬송을 부르다가 인생이 바뀌는 사람을 봤습니다. "목사님, 저 오늘 찬송하다가 인생이 바뀌었어요." 이런 간증을 들었습니다. 정말 그럴 수 있을까요? 찬양 그 자체가 바꾼 것은 아닐 것입니다. 찬양을 부르다가 가사 속에서 주님을 만난 것입니다. 믿음으로 찬양을 부른 것입니다. 찬양의 가사가 자신의 신앙 고백이 되었고, 신앙의 구함이 되었습니다. 찬양 속에 임하시는 주님의 은혜를 경험하고 눈물이 흐릅니다. 주님을 경험합니다.[424]

찬송가 가사가 자신의 신앙 고백이요, 하나님 말씀이 그 속에 들어 있다는 말이다. 이번엔 찬송에 대한 이동원 목사 자신의 생각이 어떠한지를 직접 들어 보자.

흔히 귀신을 쫓아내는 모임에 가 보면 찬송을 많이 부릅니다. 실제로 찬송을 부르면 귀신이 떨지요. 찬송에는 권능이 있습니다. 그런데 찬송의 어디에 권능이 있는 걸까요? 찬송의 멜로디에 권능이 있을까요? 아닙니다. 찬송에 권능이 있는 이유는 그 찬송이 메시지, 곧 하나님의 말씀을 담고 있기 때문입니다. 귀신들은 그 말씀을 두려워하는 것입니다. 성가대가 찬송할 때 그저 노래 부르듯이 하면 아무런 감동이나 힘이 없습니다. 찬송가 가사에 있는 하나님의 말씀을 믿고 찬양을 부르기 시작하면, 그때 그 찬양은 영혼들을 해방시키고 구원할 것입니다. 그 능력을 믿고 불러야 합니다. 찬송은 하나님의 말씀, 메시지를 가지고 있기 때문에 권능이 있습니다.[425]

그렇다. 찬송가의 곡도 곡이려니와 가사들 속에 있는 능력의 말씀들이 그것을 부르는 이들의 가슴을 울리고 그들에게 큰 감동과 능력을 부여한다는 사실을 잘 인지하고 있음을 엿볼 수 있다. 그런데 그는 찬송가를 그냥 불러도 은혜가 되고 힘이 되지만, 그것들이 나오게 된 배경을 알고 부르면 은혜와 감동이 더함에 대해서 누구보다 잘 알고 있다. 모든 찬송가에는 저마다 그것이 창작된 비하인드 스토리가 있다. 그것을 설교 시간에 소개하면서 활용한다면 은혜와 감동은 더욱 커지게 될 것이다.

그러면 이동원 목사가 설교 시에 활용한 실례들을 하나씩 살펴보자. 우선 찬송가의 가사를 설교에 활용한 실례들을 세 가지만 소개한다.

그런데 성경에 보면 예수님은 이런 사람을 주목하며 탄식하고 계십니다. 도대체 이 예수님은 어떤 분입니까? 찬송가 94장(통일찬송가)은 이렇게 말합니다.

1. 예수님은 누구신가. 우는 자의 위로와 없는 자의 풍성이며 천한 자의 높음과 잡힌 자의 놓임 되고 우리 기쁨 되시네.
2. 예수님은 누구신가. 약한 자의 강함과 눈먼 자의 빛이시며 병든 자의 고침과 죽은 자의 부활 되고 우리 생명 되시네.

그리스도인들은 이런 예수님을 한마디로 "우리의 구주이시다"라고 고백합니다. 그분은 닫힌 인생의 유일한 구주이십니다. 예수님은 닫힌 인생에게 어떤 존재입니까?[426]

요즘 자주 부르는 복음성가의 가사처럼 "내가 주인 삼은 모든 것 내려 놓고 내주 되신 주 앞에 나아간 것"이며 "내가 사랑했던 모든 것 내려놓고 주님만 사랑하기로 한 것"이 바로 그리스도인 됨의 참된 고백이 아니겠습니까?427

고난의 밤이 아무리 어둡고 고통의 무게가 아무리 견디기 힘든 것이어도, 또 여전히 고난의 한밤중에 있어도 성경은 우리가 위로의 주님을 바라볼 수 있다고 가르칩니다. 마치 옛 복음성가의 가사 그대로입니다.

"괴로울 때 주님의 얼굴 보라. 평화의 주님 바라보아라. 세상에서 시달린 친구들아, 위로의 주님 바라보아라. 눈을 들어 주를 보라. 네 모든 염려 주께 맡겨라. 슬플 때에 주님의 얼굴 보라. 사랑의 주님 안식 주시리라."428

찬송가의 가사를 활용하여 이동원 목사가 전하고자 하는 메시지를 소개하는 모습을 볼 수 있다. 다음은 찬송가가 작사, 작곡된 배경과 동기에 대해서 한꺼번에 살펴보자.

패니 크로스비는 전도에 대단한 열정을 갖고 있었습니다. 또 한번은 메시지를 전하다가 갑자기 성령님이 감동하셔서 패니 크로스비가 이렇게 말했다고 합니다. "여러분 가운데 어머니가 가르쳐 주었던 믿음을 떠나 있는 분이 있습니다. 어머니의 기대를 벗어나 살고 있는 분이 있습니다. 당신의 어머니는 지금 천국에 가 있을지도 모릅니다. 그 어머니가 돌아오라고 소리칩니다. 돌아오십시오." 설교를 하는데 18살 먹은 청년이 울면서 앞으로 걸어 나왔습니다. 패니 크로스비는 그를 끌어안고 복음을 전했습니다.

청년에게 복음을 전해 예수님을 영접하게 하고 집에 왔는데 찬송시가 떠올랐습니다. 그래서 작사한 찬송가가 275장(통일찬송가)입니다.

"저 죽어 가는 자 다 구원하고 죽음과 죄에서 건져 내며 죄인을 위하여 늘 애통하며 예수의 공로로 구원하네. 저 죽어 가는 자 예수를 믿어 그 은혜 힘입어 다 살겠네."[429]

노예선의 노예였던 한 사람이 있었습니다. 그러나 그의 아버지를 아는 함장의 도움으로 노예의 운명을 벗고 그는 노예선의 선장이 됩니다. 그러던 어느 날 그가 항해하던 배가 침몰의 위기를 겪고 파선하는 와중에 그는 "주여, 나를 불쌍히 여겨 주십시오!"라고 부르짖습니다. 주님의 자비를 경험하고 구조된 그는 성경을 읽는 중 그가 진실로 죄의 노예였고 영원한 세상을 보지 못하던 맹인이었음을 깨닫습니다. 마침내 예수의 구주 되심을 깨닫고 구원을 경험한 이 존 뉴턴John Newton은 구원이 전적인 은혜였음을 깨닫고 찬송시를 씁니다. 그것이 바로 찬송가 405장(통일찬송가) 〈나 같은 죄인 살리신〉입니다. 본래 이 찬송의 원제는 "놀라우신 은혜Amazing Grace"이고 이 찬송시의 첫 문단 마지막 두 줄의 가사는 이렇게 되어 있습니다. "I once was lost but now am found(나 한때 길을 잃었으나 이제 찾은바 되었도다). Was blind but now I see(나 한때 맹인이었으나 나 이제 보는도다)."

그의 눈이 열린 것입니다. 그는 후일 이렇게 회상합니다. 어머니의 기도가 자신의 영혼을 터치한 것이라고. 그후 43년을 복음 사역에 헌신했던 그는 82세 되던 해, 생애 마지막 무렵 기억상실증으로 고생하던 때, 그가 기억할 수 있는 것이 무엇이냐는 질문을 받고 이렇게 대답합니다.

"두 가지 변함없이 기억하는 것이 있습니다. 제가 죄인이라는 것과 예수께서 저의 구주라는 사실입니다."

주님은 여전히 그의 영혼을 터치하고 계셨던 것입니다. 그리고 갑자기 생각난 듯 뉴턴 목사는 말을 이어 갔습니다.

"아, 한 가지 더 기억하는 것이 있습니다. 예수님의 구원을 전해야 한다는 것입니다."

그는 여전히 이웃들의 영혼을 터치하고자 한 것입니다. 그 터치가 우리에게도, 우리 목장에도 필요하지 않습니까?[430]

1773년 영국 웨인스게이트Wainsgate라는 시골 소도시에서 저술 활동으로 생계를 유지하며 어렵게 목양하던 존 포셋John Fawcett이라는 침례교 목사님이 런던 대도시 교회의 초청을 받아 44년 이상 목회하던 시골 교회를 떠나시게 되었습니다. 이사 마차에 얼마간의 이삿짐을 실은 다음 목사관을 막 떠나려고 하는데, 배웅 나온 성도들이 더 좋은 여건의 목회지로 떠나는 목사님 내외를 차마 붙잡지는 못하고 눈물만 훔치고 있었습니다. 이모습을 지켜보던 사모님 메리 포셋Mary Fawcett이 갑자기 땅에 주저앉으면서 자기 남편에게 "여보, 난 여기 못 떠나요. 이 형제자매들을 두고 난 떠날 수 없어요" 하고 통곡을 시작하자 삽시간에 교회 마당은 눈물 마당이되었습니다.

잠시 후 포셋 목사님은 자기 부인에게 이렇게 말했다고 합니다. "여보, 짐을 다시 들여놓읍시다. 아름다운 성도의 교제가 있는 곳, 그보다 더 좋은 교회가 어디 있겠소." 다시 목사관으로 들어온 목사님이 흐르는 눈물을 닦으며 작사한 찬송이 525장(통일찬송가) 찬송입니다.

"주 믿는 형제들 사랑의 사귐은 천국의 교제 같으니 참 좋은 친교라. 하나님 보좌 앞 다 기도드리니 우리의 믿음 소망이 주 안에 하나라. 피차에 슬픔과 수고를 나누고 늘 동고동락하면서 참사랑 나누네."[431]

1858년, 영국에서 독일로 유학 온 한 여학생이 있었습니다. 스물두 살 먹은 이 여학생은 목사님 딸이었습니다. 그런데 많은 목사님 자녀들이 뜨겁지 않은 신앙에 머물 수 있는 가능성이 많은 것처럼, 이 자매 역시 명목상의 크리스천이었습니다.

그러다가 병이 들었습니다. 어느 날 뒤셀돌프라는 친구의 저택에 초청을 받아갔는데, 그 집 복도를 걷다가 그림 한 장에 시선이 멈췄습니다. 유명한 렘브란트의 그림 〈에코 호모〉(이 사람을 보라)로 빌라도의 법정에서 채찍을 맞고 가시 면류관을 쓰고 모욕을 당하는 예수님의 모습을 보여 주는 그림이었습니다. 갑자기 이 그림이 그녀의 시선을 잡아끌었습니다. 그녀는 얼어붙듯 이 그림 앞에 섰습니다. 그림 아래 글귀 하나가 있었습니다. 이 글귀가 그녀의 마음을 확 사로잡았습니다. "나 너를 위해 이렇게 고난을 받았는데 너는 나를 위해 무엇을 주느냐." 갑자기 그녀의 눈에서 눈물이 돌기 시작했습니다. '내가 나를 위해 희생하시고 고난 받으신 그리스도를 망각하고 살았구나. 주님, 이것이 사실이라면 제가 주님을 위해 드리지 못할 것이 없습니다.'

그날 밤 집에 돌아온 그녀는 붓을 들어 그 그림에서 받은 감동과 자기 헌신의 결심을 한 편의 찬송시로 쓰기 시작했습니다. 그것이 찬송가 185장(통일찬송가)의 가사입니다.

"내 너를 위하여 몸 버려 피 흘려 네 죄를 속하여 살길을 주었다. 너 위해 몸을 주건만 너 무엇 주느냐. 널 위해 몸을 주건만 너 무엇 주느냐."
주께서 저와 여러분에게 생명 그 자체를 주셨는데, 여러분은 주님 앞에 무엇을 드리겠습니까?[432]

기도와 설교와 찬양은 이 땅에서 예배드리는 우리에게 세 가지 필수적인 요소라고 할 수 있다. 그런데 이 중에 설교자들이 좀 등한시하는 부분이 있는데, 그것은 찬양이다. 찬양의 중요성은 아무리 강조해도 지나치지 않는다. 우리가 세상을 떠나 천국에 가면 이 중에 유일하게 필요한 것이 무엇일까? 찬양이다. 사실상 기도와 설교는 이 땅에서 예배드릴 때나 필요한 것이지, 천국에 들어가면 오직 하나님께 영원토록 드려야 하는 찬양만 남게 된다. 찬양의 중요성을 아무리 강조해도 지나치지 않은 이유가 여기에 있다.

찬송은 약자를 강하게도 하고, 슬픈 자에게 기쁨을 주기도 하고, 소망 없는 자에게 소망을 주기도 하는 위력이 있다. 찬송은 '곡조 붙은 기도'라는 말이 있다.[433] 필자의 생각에 찬송은 '곡조 붙은 설교'라고도 할 수 있다. 그렇다. 찬송가는 은혜로운 곡은 물론이거니와 그 가사의 내용들이 우리에게 끼치는 감동과 교훈이 적지 않다. 뿐만 아니라 찬송가 하나가 만들어지기까지의 그 배경 스토리 역시 청중에게 놀라운 은혜와 감동을 준다.

아쉽게도 찬송가에는 그 내용이 나오지 않는다. 위에 소개한 실례들에서 살펴봤듯이, 이동원 목사처럼 설교자들이 그 비하인드 스토리를 잘 파악하여 청중에게 전달한다면 그 은혜가 배가되리라 생각한다. 배경이 기록되어 있는 찬송가434를 설교자들이 구입하여 활용한다면 설교에 큰 유익이 될 것이다.

23) 촌철살인의 유머

2000년, 미국의 조지 부시George W. Bush와 엘 고어Al Gore가 대통령 후보로 격돌한 때였다. 당시는 많은 크리스천 유권자들을 의식한 후보들이 유세를 할 때마다 한결같이 "I am a born again Christian"이라고 자신을 소개했다. 어느 날 한 장소에서 엘 고어 후보가 유세를 시작했다. 그의 첫마디는 다음과 같았다. "I am a born again Christian. My favorite verse is John 16:3." 자신은 거듭난 신자이며, 제일 좋아하는 성경 구절이 요한복음 16장 3절이라고 했다. 그 소리를 들은 크리스천 유권자들은 모두가 고개를 갸우뚱했다. 요한복음 3장 16절은 잘 알고 있는데, 요한복음 16장 3절이라니? 그런데 어떤 성구를 좋아하건, 그것은 본인의 자유가 아니던가!

유세에 참석한 신자들은 엘 고어의 마음을 사로잡은 성경 구절이 어떤 내용인지 궁금해 했다. 집으로 돌아온 신자들 중 적지 않은 사람들이 자신들의 성경을 펴서 그 구절을 확인했다. 그 내용이 무엇일까? 바로 이것이다. "그들이 이런 일을 할 것은 아버지와 나를 알지 못함이라."

이게 어찌 된 일이란 말인가? 'John 3:16'이라고 말했어야 하는데 잘못 말한 것이다. 거듭난 신자라고 고백한 사람이 어찌 요한복음 3장 16

절을 몰라서 다른 구절로 혼동할 수 있단 말인가? 그때 실망한 크리스천들이 상대 후보인 조지 부시에게 몰표를 던지는 바람에 엘 고어가 대통령이 되지 못했다는 재미있는 이야기가 있다.

미국 대통령들은 청중을 웃게 만드는 것이 대통령의 의무라도 되는 듯이 끊임없이 유머를 시도한다. 에이브러햄 링컨Abraham Lincoln이나 로널드 레이건Ronald Reagan 같은 이가 그 대표 격이다. 영국의 수상 처칠Winston Churchill 역시 촌철살인의 유머로 유명하다.[435]

사람들이 천국과 지옥의 갈림길에 놓여 있는데 어찌 우스갯소리를 할 수 있느냐며 설교 시에 절대 유머를 사용하지 않았다고 하는 로이드 존스도 평상시에는 유머깨나 하는 사람이었다고 한다.

역사적으로 유명한 설교자들은 대개 유머가 풍부한 사람들이었다. 설교의 황태자 찰스 스펄전은 설교에 너무 많은 유머를 사용해서 지적받을 정도로 유머로 유명한 설교자였다.[436]

강해설교의 대가인 존 스토트 역시 유머의 유익을 다음과 같이 말한다.

"설교에서 유머는 긴장을 해소시키고, 회중과의 담을 무너뜨리는 비범한 능력이며, 거드름을 피우기 좋아하는 인간의 허위를 분쇄함으로써 우리를 겸손케 한다."[437]

미국 최고의 설교자 중 한 사람인 찰스 스윈돌의 매력 역시 타고난 유머감각이라고 한다. 필자는 미국에서 TV를 통해 그의 설교를 들을 기회가 많았다. 그는 설교를 듣는 청중으로 하여금 고개를 젖히고 가슴을 내민 채 웃게 만드는 묘한 재주를 타고난 사람이다.

오늘 우리 한국 강단에서도 설교깨나 한다고 소문난 설교자들을 보면 대부분이 유머 감각을 소유한 자들임을 확인할 수 있다. 과거 스펄전 시대에도 통했던 유머는 21세기를 살아가는 이 시대에 더욱 유용한 강점으로 활용되고 있다. 유머는 우선 설교자와 청중과의 거리를 없애 주고 긴장을 빨리 풀어 주는 역할을 한다. 그래서 청중으로 하여금 설교에 마음을 열게한 후 마침내 강력한 메시지를 꽂아 넣어 설교자의 의도를 효과적으로 달성하는 데 유익한 도구로 활용된다.[438]

이동원 목사를 잘 아는 사람이면 누구나 그를 유머 감각이 풍부한 사람으로 알고 있으리라. 이동원 목사를 가까이서 만나 교제한 경험이 많은 필자는 그의 유머 감각이 타의 추종을 불허하는 것임을 확인할 수 있었다.

2013년, 미국의 듀크 대학Duke University에서 공부하던 필자의 딸이 이동원 목사가 자기 학교 근처에 있는 한인 교회에서 집회를 한다는 소식을 듣고 설교를 들으러 간다는 연락이 왔다. 그리고 하루쯤 지난 후 필자의 휴대전화에 이동원 목사로부터 문자가 하나 전송됐다. 내용은 다음과 같다. "예쁜 따님을 만났어요. 종자 개량을 축하합니다. 이동원!" 필자보다는 딸의 인물이 훨씬 낫더라는, 기분 나쁘지 않은 인사말이었다. 그 내용을 아내에게 보여 주고 한참을 같이 웃은 적이 있다.

그는 정말 상대방으로 하여금 웃음을 견딜 수 없게 만드는 남다른 재주를 가졌다. 대화를 하건 문자를 보내건 설교를 하건, 1분을 넘기지 못해 그에게서 곧장 유머가 튀어나옴을 확인할 수 있다. 누구든 이동원 목사를 세게 흔들어 보라. 유머가 우수수 쏟아짐을 볼 것이다. 특히 설교시에 발휘되는 그의 유머 감각은 약방의 감초 역할을 한다.

그러면 그의 탁월한 유머 감각은 천부적인 것인가, 아니면 노력을 통해서 얻은 것인가 궁금해진다. 우선 이동원 목사 자신의 이야기를 들어보자.

집에 와서 아버지의 마지막 투병 과정과 장례 일정을 돌이켜 보다가 갑자기 기적 같은 일련의 에피소드들이 떠올랐습니다. 그리고 그동안 인지하지 못했던 아버지의 큰 유산을 깨닫게 되었습니다. 그것은 아버지의 유머입니다. 죽음은 인간이 겪어야 하는 가장 슬프고 아픈 삶의 여정임에도 불구하고 아버지는 병석에서도 계속 우리를 웃기셨습니다. 이 기막힌 유머는 어쩌면 아버지의 순탄하지만은 않았던 일생을 버티게 한 힘이었을 거라는 생각이 듭니다.

제가 설교 중에 가끔 사용하는 번뜩이는(?) 유머도 아버지의 유산이었음을 뒤늦게 깨닫습니다. 그러고 보면 저는 유산을 못 받은 사람이 아닙니다. 아버지의 엄청난 유머에 빚진 인생을 살아가는 것입니다.[439]

이동원 목사의 놀라운 유머 감각이 일차적으로 부친에게서 왔음을 시사하는 내용이다. 그뿐 아니라 이동원 목사와의 교제를 통해 이 문제를 직접 듣고 기록한 방선기 목사의 다음 증언도 참조해 볼 필요가 있다.

설교를 성경 말씀대로 하는 것도 중요하지만 청중이 즐겁게 들을 수 있어야 하는데, 자신은(이동원 목사) 그런 재주가 없다고 하셨다. 그래서 유머나 농담을 외우기 시작했고, 그 결과 지금은 다소나마 자리가 잡혔다고 했다. 그가 설교할 때나 대화할 때 워낙 농담을 잘해서 달변만 타고난 것이 아니라 유머 감각도 타고났다고 감탄했는데, 알고 보니 그 배경

에는 아무도 알지 못하는 숨은 노력이 있었던 것이다.**440**

부친의 임종을 둘러싸고 이동원 목사가 남긴 글을 참조해 볼 때도 그렇거니와, 외우고 노력한다고 잘 되지 않는 것이 유머 활용인 점에서 볼 때 그는 분명 유머에 천부적으로 타고난 감각이 있는 설교자임에 틀림없다. 하지만 방선기 목사의 기록을 곁들여 참조해 볼 때, 후천적으로도 유머 활용에 적지 않은 노력과 애씀이 그에게 있었음을 알 수 있다. 유머에 둔한 우리 같은 이에게도 가능성이 있다는 반가운 정보가 아닐 수 없다.

흔히 사람들이 사용하는 유머는 그 내용이 천박하거나 수준이 낮은 경우가 많다. 하지만 이동원 목사가 사용하는 유머는 수준이 높을 뿐만 아니라, 모두가 설교의 본문이나 내용과 연결되어 있다. 그래서 듣는 청중으로 하여금 따끔한 교훈을 받도록 하는 것이 주된 특징이다.

이제 그가 설교 시에 사용한 유머의 내용들을 하나씩 살펴보자.

어느 서양 부자가 임종의 자리에서 갑자기 자기 주치의와 전담 변호사를 불러달라고 했습니다. 그래서 가족들이 왜 하필 이 시간에 그들을 부르는 거냐고 물었더니 "두 강도 사이에서 죽고 싶다"고 대답했답니다. 의사와 변호사에게 너무 많은 돈을 쓴 것을 풍자한 유머입니다. 하지만 이 유머는 어떤 고상한 직업도, 어떤 고상한 인생도 죄로부터 자유로운 인생은 하나도 없다는 사실을 보여 주고 있습니다.**441**

지금 우리는 "도대체 '누가' 거듭나야 하는가?"라는 질문을 다루고 있습니다. 영어로 '누가who'라는 단어를 생각하면 늘 연상되는 사건이 있습니다. 미국에서 목회할 때 그곳에 와서 사는 한국 어르신들을 섬기기 위해 교회에서 영어회화반을 운영한 적이 있습니다. 나이가 많아도 미국 생활에 적응하려면 기초 회화라도 해야 하지 않겠습니까? 그런데 이들은 대부분 배워 놓고도 용기가 없어 활용을 못하는 것이었습니다. 그중 호남 지역에서 오신 용기 있는 노인 부부가 두 사람끼리라도 영어를 사용하기로 합의하셨다고 합니다.

하루는 할아버지께서 외출했다가 돌아오시면서 초인종을 눌렀더니 할머니는 누구인지 알면서도 이렇게 물으셨다고 합니다. "Who여?" 그러자 할아버지는 "Me랑께!" 하셨답니다.

왜 이런 이야기를 한다고 생각합니까? 정말 중요한 질문을 드리기 위해서입니다. 누가who 거듭나야 합니까? 자, 호남 식으로 대답하면 뭐라고 하겠습니까? 맞습니다. "Me랑께"입니다. 바로 나 자신이 거듭나야 하는 것입니다.442

이런 유머가 있습니다. 어떤 복제교의 교주 과학자가 신에게 도전을 했다고 합니다. "나도 이제는 인간을 만들 수 있다." 그의 호언장담을 들으신 하나님은 이렇게 말씀하셨습니다. "그러면 내가 아담을 만들 때와 똑같이 인간을 만들어 보거라." 그는 의기양양한 표정으로 "그렇게 하지요"라고 대답한 후 자신만만하게 흙을 집어 들었다고 합니다. 그때 갑자기 하나님이 이렇게 말씀하셨다고 합니다. "잠깐, 잠깐… 야! 내 흙 가지고 만들지 말고 네 흙으로 만들어."443

망가진 사람을 나쁜 의미로만 받아들일 필요는 없습니다. 누군가가 참으로 '망가지는 것'은 축복의 시작이라고 하면서 '망가'라는 한문으로 단어 놀이를 하는 글을 읽은 적이 있습니다. 첫 번째 망가忘假는 '가면을 버린다'는 뜻입니다. 두 번째 망가望架는 '십자가를 바라본다'는 뜻입니다. 세 번째 망가望可는 '가능성을 바라본다'는 뜻입니다. 막달라 마리아야말로 예수님을 만나 망가진 다음 과거를 벗고 십자가 아래서 새로운 인생의 가능성을 발견한 변화된 여자였던 것입니다.[444]

어느 침례교회에서 한 청년이 침례를 받기 위해 물속으로 걸어 들어가다가 갑자기 되돌아 나오면서 "아! 주머니에 지갑이 든 것을 잊었어요"라고 말했습니다. 그러자 침례식을 주례하던 목사님이 "형제여, 그 지갑까지 침례를 받으셔야 합니다"라고 했다고 합니다.[445]

국제적인 유머를 다루는 어떤 책에 보니까 이런 이야기가 있었습니다. 유럽의 한 목사님이 나체촌에 들어가서 설교를 하게 되었습니다. 설교를 하고 돌아오니 목사님 사모님이 무슨 생각을 하며 설교를 했느냐고 물어보더랍니다. 과연 목사님이 무슨 생각을 하며 설교를 했을까요? 목사님의 대답인즉슨 '저 사람들이 과연 헌금을 낼 것인가, 말 것인가'를 생각하면서 설교를 했다고 말했답니다. 주머니를 안 가지고 왔을 테니까요. 목사도 돈에서 자유롭지 못하다는 것을 풍자한 이야기입니다.[446]

이런 이야기를 들었습니다. 고양이 한 마리가 개들에게 쫓겨 나무로 올라갔습니다. 그러자 사방에서 개들이 에워싸고 짖어 대기 시작합니다. 나뭇가지에 앉아 고양이가 이 광경을 물끄러미 바라보며 "개판이구나"라고 했답니다. 맞는 말입니다. 인생은 개판입니다. 하지만 이런 개판에서

살아남으려면 이 가나안 여자의 부스러기 은혜를 구하는 정신이 필요합니다.[447]

어느 부활절에 닭과 돼지가 교회 앞을 지나가다 보니까 "오늘 부활절 날 햄 앤드 에그 샌드위치 파티를 엽니다"라고 써 있었다고 합니다. 닭이 돼지보고 말하기를 "우리, 이 파티에 온 사람들의 기쁨을 위해 함께 들어가서 산 제물이 되어 헌신하자"고 했답니다. 그러니까 돼지가 화를 내며 닭에게 "너는 부분적인 헌신만 하면 되지만 나는 전체적 헌신을 해야 하지 않느냐"고 항변했고, 이에 대해 닭이 돼지에게 이렇게 말했다고 합니다.

"돼지야, 네가 몰라서 그런 말을 하는 거야. 너야 눈 딱 감고 한 번만 헌신하면 되지만 나는 알을 낳을 때마다 계속적으로 헌신하지 않니? 중요한 것은 날마다의 헌신이란다."

그렇습니다. 날마다의 헌신, 일상에서의 헌신이 의미가 있는 것입니다.[448]

한 전도자가 어떤 청년에게 전도했더니 "나도 신앙을 갖고 있습니다"라고 대답하더랍니다. 그래서 "당신은 무엇을 믿습니까?"라고 했더니 "나는 우리 교회가 믿는 것을 믿습니다"라고 했다고 합니다. 그래서 다시 "당신의 교회는 무엇을 믿습니까?"라고 했더니 "우리 교회는 내가 믿는 것을 믿습니다"라고 하더랍니다.

그래서 또 한번 "당신과 당신의 교회는 무엇을 믿습니까?"라고 했더니 "저와 저의 교회는 똑같은 것을 믿습니다"라고 했답니다.[449]

유머 활용에 달인인 이동원 목사의 진면목을 잘 엿볼 수 있는 실례들이다. 유머는 설교에도 유익을 주지만 설교자의 인성과 삶의 태도까지 변화시키는 위력이 있다. 현대인의 필수품인 유머 활용은 현대의 설교자들이 갖춰야 할 필수 자산이기도 하다. 설교자들이여, 딱딱하고 구태의연한 설교로 청중을 졸게 만들지 말고, 신선한 유머로 청중의 마음을 편하게 해 주는 설교의 변신을 시도해 보라. 절대 실망시키는 일이 없을 것이다.

24) 생생한 의성어와 의태어

다음의 문장을 읽어 보라. "우리 집 강아지는 털이 많아요. 어머니가 빨래 가면 짖어요. 반갑다고 꼬리 치며 짖어요." 어디서 많이 들어 본 것 같긴 한데, 왠지 모르게 좀 어색하다고 생각할 것이다. 이것은 김태우 작사, 정동순 작곡의 〈강아지〉라는 동요다. 우리가 어릴 적에 참 많이도 불러 댔던 동요 중의 동요가 아니던가! 가사를 제대로 적으면 다음과 같다. "우리 집 강아지는 복슬강아지. 어머니가 빨래 가면 멍멍멍. 쫄랑쫄랑 따라가며 멍멍멍."

'복슬강아지'나 '멍멍멍'이나 '쫄랑쫄랑'이 들어가야 제맛이 난다. 가사에 이런 단어들이 들어감으로써 사람들이 기억하기 쉽고, 생생하게 재미를 더해 주고, 친근감 있는 동요로 오랜 세월 사랑받게 된 것이다. 이것이 바로 의성어와 의태어를 활용한 가사다. 여기서 '복슬강아지'와 '쫄랑쫄랑'은 의태어이고, '멍멍멍'은 의성어다.

의성어Onomatopoeia나 의태어Mimesis가 무엇인지를 모르는 이는 거의 없을 것이다. '의성어'는 '사람이나 사물의 소리를 흉내 낸 말'을 뜻하는 것으로 '땡땡땡', '팔짝', '쨱쨱', '어흥', '음메' 등을 말한다. '의태어'는 '사람이나 사물의 모양이나 움직임을 흉내 낸 말'을 뜻하는 것으로[450] '엉금엉금', '살금살금', '아장아장', '어슬렁어슬렁', '옹기종기', '헐레벌떡' 등을 말한다.

이동원 목사는 의성어와 의태어 사용에도 남다른 실력을 발휘한다. 때문에 그의 설교는 청중의 뇌리에 선명하게 각인되고, 그들의 마음에 생생하게 느껴지는 언어를 세심하게 선정하여 활용하는 것으로 잘 알려져 있다. 이제 그가 활용한 구체적인 실례들을 그의 설교 속에서 찾아볼 텐데, 우선 의성어의 실례들부터 찾아보자.

그냥 "푸!" 하고 침을 뱉는 것이 연상될 것입니다.[451]

집안을 근사하게 데코레이션 해도 찬바람이 쌩쌩! 불고 어딘가 폐허처럼 느껴지는 집이 있습니다. 반면에 자그마한 집이지만 딱 들어가면 천국 같은 집이 있습니다. 샘물이 퐁퐁퐁![452]

내가 출애굽기 17장만 읽었을 때는 모세가 반석을 지팡이로 쳤을 때 반석에서 물이 조금씩 퐁퐁 솟아나는 광경을 연상했다. 하지만 "반석을 여신즉 물이 흘러나와 마른땅에 강같이 흘렀으니"(시 105:41)라는 부분에서 생각이 완전히 달라졌다. 반석에서 물이 조금씩 퐁퐁 솟아나는 것이 아니라, 물이 펑펑 솟아서 마른땅을 강같이 덮었다는 것은 이미지가 완전히 다르다.[453]

여기서 '푸', '쌩쌩', '퐁퐁퐁', '퐁퐁', '펑펑'이 바로 의성어다. 그저 '침을 뱉는다', '찬바람이 분다', '샘물이 솟아난다', '물이 조금씩 솟아나는 광경'이라고만 했을 때와의 차이를 비교해 보라. 다음은 의태어의 실례들을 한꺼번에 살펴보기로 한다.

그런데 허탈감에 모든 것을 포기하고 터벅터벅 그 길을 가고 있던 두 제자의 곁에 누군가가 소리 없이 다가왔습니다.[454]

본문 마가복음 6장은 예수님의 제자들이 막 전도 여행에서 돌아온 후 미처 숨도 고르지 못한 채 헐레벌떡 전도 보고를 하고 있는 장면입니다.[455]

물기 머금은 풀 한 포기, 피어나는 꽃잎 하나, 새근새근 숨 쉬는 아기들의 심장마다에 그의 사랑 가득한 섬김의 손길이 있습니다.[456]

그런데 그 순간 빙그레 웃으시는 주님의 모습이 떠오르면서 자기 기도를 들으셨다는 확신이 생겼습니다.[457]

서 목사님이 "죽도록 사랑합니다"라고 대답하자 김 목사님은 눈물을 글썽이며 "됐네"라고 대답하셨다고 합니다.[458]

하늘과 땅을 연결하는 사다리에서 천사가 오르락내리락하는 모습이었습니다.[459]

사람은 이 세상에 태어날 때 두 주먹을 불끈 쥐고 태어납니다. … 그러나 우리는 모두 이 세상을 떠나갈 때 두 주먹을 쫙 펴고 빈손으로 떠나갑니다.[460]

구명보트가 충분하지 않아 인원의 절반밖에 타지 못하는 상황이 되었습니다. 우왕좌왕하고 있는 이들에게 함장은 명령을 내렸습니다.[461]

자주 한꺼번에 여러 가지 일을 처리해야 할 상황을 만날 때마다 우리는 허둥지둥하며 어쩔 줄 몰라 하며 시간만 죽이고 있는 자신의 모습을 발견합니다.[462]

자신이 다니던 중학교가 비행기 폭격에 맞아 불타는 광경을 보고 너무 좋아 덩실덩실 춤을 추었다고 합니다.[463]

아마도 명동에 갔을지도 모른다고 추측하고 가 보았더니 아닌 게 아니라 패션가게 앞에서 서성대는 그를 쉽게 찾았다고 합니다.[464]

의성어와 의태어는 인물의 행동이나 얼굴 표정, 사물의 움직임이나 모양 등과 관계된 어휘들을 말한다. 위의 내용들은 이동원 목사가 의성어와 의태어를 자신의 설교에 얼마나 유용하게 활용하는가를 보여 주는 좋은 실례들이다. 위대한 설교자는 그냥 만들어지는 것이 아니다. 남들이 표현하는 것과는 달리하거나 남들이 표현하지 않는 새로운 시도를 해야만 구별되는 설교자가 될 수 있다.

25) 청중의 참여를 이끄는 질문

모세가 시내 산에서 십계명을 받을 때 원래는 하나님이 열한 개의 계명을 주셨다고 한다. 다섯 개의 계명씩 적힌 돌판 두 개에다가 마지막 열한 번째 계명이 적힌 돌판까지 모두 돌판 세 개를 주셨는데, 모세가 실수로 돌판 하나를 떨어뜨려서 그만 깨져 버렸다. 그것이 열한 번째 계명이 적힌 돌판이다. 두 돌판의 십계명만 받고 산에서 내려온 모세는 궁금해서 견딜 수가 없었다. '제십일 계명은 도대체 어떤 내용일까?' 견딜 수 없는 나머지 아무도 몰래 시내 산에 올라가 쪼개진 조각들을 맞춰 보았다. 감쪽같이 맞춰진 돌판에는 열한 번째 계명이 선명히 눈에 들어왔다. 그 내용은 무엇일까? 정답은 '질문을 던지라!'였다.

우리 시대에 화두가 되고 있는 주제 중 하나가 바로 '질문'이다. 베스트셀러 중에는 질문과 관련된 책들이 많다. 『질문의 힘』, 『질문의 7가지 힘』, 『질문이 답을 바꾼다』[465] 등이 대표적인 책들이다. 질문의 중요성을 간파한 현상이리라.

지금 이 시대를 포스트모던post-modern 시대라고 한다. 절대적인 진리나 이성 위주의 사고에 대해서는 반발하고, 감성적이고 감각적인 것들에는 마음이 열려 있는 시대를 말한다.[466] 이처럼 급변하는 포스트모던 시대를 살아가는 현대인들의 특징에 대한 이해를 바탕으로 이동원 목사가 제시한 설교자의 대책 방안 중 하나가 있다. 그것이 무엇인지를 다음의 이야기들을 통해 알아보자.

오늘날의 현대인들은 포스트모던의 상대주의에 빠져 있기는 하지만,

그 상대주의적인 가치관이 궁극적인 만족을 주지 못합니다. 그렇기에 신비주의를 추구하는 것입니다. 이런 현대인들에게 답이 될 수 있는 것은 결국 절대적인 성경의 해답입니다. 그런데 중요한 것은 어떻게 하면 해답의 과정으로 이끌어 가느냐입니다. 처음부터 이것이 해답이라고 하면서 답을 줘 버리지 않고 질문과 함께 씨름하면서 과정을 통해 함께 답을 찾아 나가는 귀납법적인 설교가 필요합니다.[467]

나는 감정 이입의 문제 때문에 설교 스타일을 바꿨다. 질문을 많이 던지고 청중들과 공감대를 형성하기 위해 문장을 구성하려고 노력한다. 어떤 설명을 한 다음에 "여러분, 그렇잖아요?", "얼마나 아프셨어요?", "힘드셨지요? 그래요, 인생은 힘든 거예요"라고 말하면 청중들도 "아, 힘들어", "그렇구나" 하며 공감하게 된다. 이런 것들은 매우 간단한 커뮤니케이션이지만, 서로 감정 이입을 가능하게 하는 중요한 요소다.[468]

절대적인 진리 자체에 환멸을 느끼는 포스트모던 청중에게 어떻게 접근해야 그들의 마음을 사로잡는 설교가 가능한지를 이야기한 것이다. 바로 해답을 주지 말고 질문을 통해 청중이 생각하도록 하면서, 설교자와 청중이 함께 공감하면서 성경의 정답을 찾아가자는 것이다.[469]

오늘날 설교자들의 문제 중 하나는, 귀납적으로 석의를 하면서 본문속에 숨어 있는 보화를 캐내는데, 설교원고 작성을 하면서 자신이 발견한 보화를 처음부터 청중에게 다 공개해 버린다는 것이다. 다시 말해서, 석의 과정은 귀납적으로 하면서도 정작 설교할 때는 연역적 방식을 사용한다는 사실이다. 대다수의 설교자들은 자신의 설교 방식에 이런 치명적인 결함이 있다는 사실조차 알지 못한 채 설교하고 있는 형편이다. 이런 현실에서 설교자라면 누구나 이동원 목사의 설교 전개 방식을 눈여겨보고, 그로부터 바람직한 설교의 방식을 하나씩 배울 수 있어야 한다.

그렇다면 그가 어떤 식으로 자신의 설교를 전개하고 있는지를 실례를 들어서 확인해 봐야 할 것이다. 여기에 그 첫 번째 예를 소개한다. 창세기 13장 1-13절을 본문으로 한, "우리가 서로 함께 머물 수 없을 때"라는 제목의 말씀이다.

사랑하는 사람들이 서로 갈등을 겪게 될 때, 아니, 서로 함께 머물 수 없을 때 우리는 어떻게 할까요?

본문에서 우리는 그 해답을 찾고자 합니다.

첫째로, 더 중요한 이슈에 초점을 맞추는 것을 배워야 합니다. 7절 하반부 말씀을 주목해 보십시오. "또 가나안 사람과 브리스 사람도 그 땅에 거하였는지라." 왜 이 말을 기록했겠습니까? 왜 이것이 여기에 기록되어 있다고 생각하십니까? 하나님을 믿는 사람들끼리 다투고 있을 때 거기에 가나안 사람과 브리스 사람도 있었다는 것입니다. 다시 말해, 믿지 않는 사람들이 거기에 있어 보고 있었다는 말입니다. 이것이 아브라함이 사건을 주도적으로 해결하는 열쇠를 제공하는 것입니다.

둘째로, 현실적인 대안을 모색할 수 있어야 한다는 것입니다. 여러분, 현실적인 대안의 반대는 무엇입니까? 비현실적인 대안입니다. 비현실적인 대안이란 무엇입니까? 문제 해결에 도움이 안 되는 어떤 비생산적인 노력들입니다. 예를 들면, 어떤 것들이 있습니까?

저는 본문의 아브라함의 경우에서 가장 비현실적인 방법 중 하나는 누가 옳으냐, 틀리냐, 시시비비를 가리는 것이라고 생각합니다. 여러분, 시시비비를 가리는 것으로 갈등이 해결됩니까? 별로 도움도 안 되면서 오히려 갈등을 증폭시키는 일들이 얼마나 많이 있습니까?

하나님의 일을 하는 사람끼리도 이런 갈등을 경험할 수 있습니다. 사도행전에 보면, 바나바와 바울이 같이 전도를 하다가 갈등을 빚게 되었습니다. 마가 요한이란 청년이 전도 여행을 하다가 무단이탈을 했습니다. 땡땡이를 친 거예요. 평소 아주 단호하고 엄격한 사람이면서 목적지향적인 바울은 이렇게 성실하지 못한 사람을 데리고 하나님의 일을 하는 것은 좋지 못하니 데리고 가지 말자는 것이었고, 바나바는 이런 사람을 받아주고 이런 사람의 상처를 치료해 주는 것이 신앙이 아니겠느냐고 하면서 데리고 갈 것을 주장합니다. 결국 이 문제로 둘이 싸우게 되었습니다.

여러분, 누가 옳습니까? 바울이 옳습니까? 바나바가 옳습니까? 대답해 보십시오. 둘 다 옳습니까? 바나바적인 사람은 바나바가 옳다고 말할 것이고, 바울적인 사고를 가진 사람은 바울이 옳다고 말할 것입니다. 그러나 이것은 옳고 그름의 문제가 아닙니다. 방법론의 차이입니다. 사고 전망의 차이입니다. 이것을 가지고 옳고 그름으로 접근하면 안 된다는 말입니다.

셋째로, 믿음에 근거한 결단을 내릴 수 있어야 합니다. 대안만으로 족하지 않고 이제 어느 한순간 결단을 내려야 합니다. 어떻게 결단을 하느냐? 믿음의 선택을 해야 합니다. 그런데 믿음의 선택은 어떤 것입니까?

본문에 보면, 아브라함의 선택과 롯의 선택이 아주 대조를 이루고 있습니다. 믿음의 선택을 알기 위해서는 아브라함의 선택을 생각하고, 믿음의 선택이 아닌 것을 알기 위해서는 롯의 선택을 생각해 보면 됩니다.470

절대적 진리를 받아들이는 데 익숙하지 않은 포스트모던 시대의 사람들에게 그것을 수용하라고 강압적으로 윽박지르거나, 진리는 성경밖에 없으니 거기 나오는 내용에만 귀 기울여야 한다고 말하는 식으로는 통하지 않는다. 그들에게 접근할 수 있는 최선의 방법은 진리를 제시하기 전에 그들로 하여금 질문을 통해 생각하게 만들고, 쉬운 예를 들어서 설명하면서 다시금 스스로 판단하게 만들고, 합리적인 이유나 근거를 가지고 동의하게 만든 후 성경 본문에 나오는 정답을 제시하는 형태로 나아가는 것이다.

위에 소개한 그의 설교 전개 방식을 보라. 첫째 대지에서나, 둘째 대지에서나, 셋째 대지에서나 한결같이 청중에게 질문을 던지고 생각하게 만든다. 그리고 구체적인 실례를 들어 설명하고 나서 스스로 생각하게 한 후에 재차 질문하고 나서야 비로소 본문의 이야기를 들려주지 않는가? 이것이 바로 귀납적인 방식이다. 현대인들은 연역적 방식보다 귀납적 방식에 더 설득되고 끌리기 때문에 이런 방식을 사용함이 유익하다.

자, 그러면 다른 실례를 하나 더 들어 보자. 마가복음 1장 35-39절을 본문으로 한, "기도의 갈망으로 자라 가기"라는 제목의 말씀이다.

예수님은 기도의 목마름을 어떻게 해소하셨을까요?

첫째, 기도의 갈망에 장애가 되는 것을 극복해야 합니다. 기도의 갈망이 있다고 해서 모두가 기도하지는 않습니다.

기도를 갈망한다고 하면서도 우리는 왜 기도하지 못하는 것일까요? 기도에 대한 소원과 실제가 왜 이렇게 다를까요? 장애를 극복하지 못하기 때문입니다. 가장 보편적인 장애가 무엇인지 아십니까? 바쁨과 피곤함입니다. 대부분 너무 바빠서 그리고 너무 피곤해서 기도하지 못한다고 말합니다.

그런데 2,000년 전 예수님의 모습이 사느라 바빠서 지친 우리들에게 도전이 되고 모범이 됩니다. 핑계를 대지도 못할 정도입니다. 유난히도 바쁘고 피곤했던 하루를 보내신 예수님은 이튿날 기도로 전날의 피곤을 극복하셨습니다. 바빠서 기도하지 못하는 일은 없습니다. 예수님은 오히려 바빠서 더욱 기도하셨습니다.

"새벽 오히려 미명에 예수께서 일어나 나가 한적한 곳으로 가사 거기서 기도하시더니"(막 1:35).

얼마나 바쁘고 고된 하루였겠습니까? 그런데도 예수님은 그 이튿날 새벽에, '오히려' 미명에 일어나 기도하셨습니다. 너무 바쁜 하루를 보냈으므로 다음 날은 늦게까지 안식을 취해도 되었을 텐데 오히려 새벽에 일어나 기도하셨다는 말입니다. 피곤함에 쓰러지지 않고 기도로 극복하셨습니다. 윌로우 크릭 교회Willow Creek Community Church의 빌 하이벨스Bill Hybels 목사님이 쓰신 책의 제목『너무 바빠서 기도합니다Too busy not to pray: Slowing down to be with God』가 사실은 예수님의 기도관이었던 것입니다.

둘째, 기도의 갈망을 해소시킬 수 있도록 준비해야 합니다.

주님도 기도의 계획을 세우고 실천하신 것으로 보입니다. 예수님이 선택하신 시간을 보십시오. 언제입니까? '새벽 오히려 미명'입니다. 즉, 아직 아침이 채 깨어나지도 않은 조용한 시간입니다. 장소는 어디입니까? '한적한 곳'입니다. 주님은 '조용한 시간, 조용한 장소'를 선택하셨습니다.

"예수께서 나가사 습관을 따라 감람산에 가시매 제자들도 따라갔더니"(눅 22:39).

예수님은 평소 습관을 따라 기도하셨습니다. 십자가를 지시기 위해 늘 기도로 준비하신 것입니다.

인생을 살면서 좋은 습관을 갖는 것은 인생 성공의 가장 중요한 비밀입니다. 자녀들에게 교회 가는 습관, 예배드리는 습관, 성경 읽는 습관, 기도하는 습관, 공부하는 습관을 가르치십시오. 그러면 자녀 교육의 절반은 성공하신 것입니다. 간혹 자녀가 고3이 되었다고 예배를 등한시하게 하는 부모가 있습니다. 고3이니까 당분간 예배를 쉬고 나중에 가도 된다고 생각하지만, 주일 성수의 습관이 없는 자녀가 대학에 간다고 해서 갑자기 없던 습관이 생길까요? 그렇지 않습니다.

예배와 마찬가지로 기도도 습관을 들이도록 노력하십시오. 매일 규칙적으로 하나님을 만나 대화할 수 있는 나만의 골방, 즉 조용한 장소와 시간을 선택하십시오. 이것이 바로 우리 안에 있는 기도의 갈망을 해소하는 시작입니다.

셋째, 기도의 갈망이 가져올 결과를 기대해야 합니다. 오늘날 얼마나 많은 사람들이 하루하루를 그냥 충동적으로, 본능적으로 그리고 감정적으로 살아가고 있습니까?

하지만 소명에 이끌리는 삶은 다른 차원의 삶입니다. 무엇을 먼저 해야 할지를 압니다. 인생에서 하나님의 뜻, 하나님의 비전과 하나님 나라의 핵심 가치보다 더 중요한 것이 없다는 것을 압니다. 그렇기 때문에 기도하고 하나님의 비전을 확인한 후에 자기가 마땅히 가야 할 길을 묵묵히 걷습니다. 이런 삶이 사모되지 않으십니까? 이런 삶이 갈망되지 않으십니까? 기도하면 이런 삶을 살 수 있습니다.

종교개혁자 마틴 루터는 이런 고백을 남겼습니다.

"나는 요즈음 더 바빠진다. 그래서 더욱더 많은 시간을 기도할 필요를 느낀다."

그는 실제로 하루 24시간 중에 시간의 십일조를 드려 하루 2시간 이상을 기도로 보냈다고 합니다. 사는 게 바빠서 기도할 시간이 없다고 핑계 대는 우리의 모습과 얼마나 대조됩니까?

피차 기도의 삶을 격려하십시오. 하나님의 아들이신 예수님도 기도가 필요하셨다면 우리같이 연약한 인생은 기도가 얼마나 더 필요할까요? 기도의 목마름이 있으십니까? 그렇다면 지금부터라도 바쁘다는 핑계를 포기하십시오. 그리고 기도를 계획하십시오. 내일 새벽 미명에 기도로 하늘의 문을 여십시오. 그러면 당장 이 땅에서 새 역사가 시작될 것입니다.

일상의 기적, 그것은 기도의 갈망으로부터 시작됩니다.[471]

위에 소개한 이동원 목사의 설교 전개 방식은 다음과 같다. 첫째, 둘째, 셋째 대지에서 동일하게 청중에게 질문을 던지고 생각하게 만든 후, 본문 말씀을 들려주고 나서, 마지막으로 구체적인 실례를 들어 설명하면서 청중에게 교훈과 권면을 던지는 방식으로 나아간다. 그의 설교에서는 본문의 말씀을 선포한 후에 곧바로 이어서 교훈과 권면을 결론짓는 방식은 결코 찾아볼 수가 없다. 이것이 바로 귀납적인 방식이다. 포스트모던 시대를 살아가는 청중을 보다 효과적으로 설득할 수 있는 이 귀납적 방식의 설교 전개를 오늘의 설교자들은 눈여겨보고 배워야 할 것이다.

이제 그의 설교 속에 나오는 질문들의 실례들을 소개한다.

사랑이 필요하십니까? 십자가 앞으로 오십시오. 영광과 존귀로 관 쓰시기에 합당하신 예수님이 대신 가시관을 쓰고 피 흘리시는 모습을 지켜보십시오. 왜 그러셨습니까? 당신 때문이었습니다. 당신의 회복을 위해서였습니다. 당신을 살리기 위해서 그분이 대신 죽으셨습니다. 당신이 다시 영광과 존귀로 관 쓰고 당당하게 사는 것을 보고 싶어서였습니다.**472**

영적인 가족이 될 수 있는 세 번째 방법은, 영적 목표가 있어야 한다는 것입니다.

연애해 보셨습니까? 연애할 때 우리 몸의 지체 가운데 어느 부분이 제일 많이 활동을 합니까? 대부분의 사람들은 눈을 가장 많이 사용합니다. 연애할 때 얼마나 많은 사람들이 눈으로 대화를 합니까? 그래서 한 시인은 이런 시를 썼습니다.

"우리는 사랑할 때 서로의 눈을 보고 있었죠. 그러다가 결혼을 하고 가정을 이룹니다. 그러나 부부가 된 우리는 공동의 목표를 바라봅니다."

얼마나 아름다운 시입니까? 결혼하고 나면 쳐다보아야 별 볼일 없지만, 중요한 것은 가족이 함께 바라볼 수 있는 목표입니다. 가정의 공동 목표는 무엇입니까?

빌리 그레이엄의 가정은 세계 복음화라는 목표를 가졌습니다. 남편인 빌리 그레이엄은 전 세계를 다니면서 복음을 전했고, 부인 루스 그레이엄은 남편을 위해 열심히 집에서 중보 기도를 하는가 하면, 아들 프랭클린 그레이엄은 전 세계 젊은이들에게 복음을 전하기 위해 헌신하였습니다. 얼마나 아름다운 가정입니까?

청량리 최일도 목사님의 가정은 또 어떻습니까? 그들에게는 청량리 일대의 버림 받은 여인들과 노인들을 사랑하고 끌어안는다는 공동의 목표가 있습니다.

경기도 광주와 강원도 원주에 가나안 농군 학교를 세운 김용기 장로의 아들 김종일 목사, 김범일 장로는 아버지의 뜻을 따라 농촌을 잘살게 하고 개전한다는 공동의 목표를 가지고 있습니다. 이 얼마나 아름다운 가정입니까?

여러분 가정의 공동 목표는 무엇입니까?[473]

저는 예수님이 이 설교를 하신 취지를 어느 정도는 이해할 수 있을 것 같습니다. 이따금 저는 성도님들에게 이런 질문을 하고 싶습니다. "정말 설교를 듣고 계십니까? 하나님이 내게 주시는 말씀이라고 생각하고 이 말씀을 받고 계십니까?" 설교를 듣는 당신의 동기는 도대체 무엇입니까? 설교를 듣기 위해서만 듣고 계십니까? 아니! 잘 들어 주지 않으면 목사가 실망할 것 같아서, 목사의 체면을 세워주기 위해서 설교를 듣고 계십니까? 아니면 의례적인 행사로서 주일 아침에 한번쯤은 듣고 가는 것이 교양인의 미덕이기 때문에 듣고 계십니까? 무엇 때문에 말씀을 듣고 계십니까? 여기 좋은 땅의 교훈을 통해서, 주께서는 우리에게 이 말씀을 받는 진정한 동기가 어디에 있어야 한다는 사실을 강조하고 계십니까?[474]

주장statement은 융통성이 없고 쉽게 반박당하며, 세부적인 내용에 대한 토론에서는 무시된다. 주장은 부탁하는 것이라기보다는 청중에게 일방적으로 요구하는 것에 가깝다. 주장은 청중에게 생각할 여지를 주지 않고, 대신 직접 그 일을 하려고 들 때가 많다.

과거의 설교는 설교자의 일방적인 선포, 선언, 단언, 주장 또는 확언일 뿐 질문은 거의 없었다. 하지만 질문은 설교자와 청중 모두가 흥미로운 긴장감을 가지고 설교에 동참하게 만드는 효과를 가져다준다. 질문은 청중의 참여participation와 동참involvement을 부추긴다.[475] 질문은 또한 청중이 마음을 열고 우리의 말 속으로 빨려 들어오게 준비시키며, 더불어 청중이 스스로 결정할 수 있도록 여지를 남기는 아주 확실한 방법이다. 다른 방식이 별 효과가 없을 때도 이 방식은 언제든지 통한다. 설교자들이여, 질문을 즐겨 사용하자.

26) 'No, No, No, Yes' or 'Yes, Yes, Yes, No' 기법

"이 소리가 아닙니다. 이 소리도 아닙니다. 용각산은 소리가 나지 않습니다!"라는 카피가 있다. 이는 한국 광고사에 길이 남을 걸작으로 평가받고 있다. 보령제약의 용각산을 광고하는 내용이다. 이것이 바로 'No, No, Yes' 기법의 전형적인 모델이다.

광고하자마자 "용각산은 소리가 나지 않습니다!"라고만 멘트하고 마쳐버린다면 재미가 하나도 없다. 시청자들의 관심을 끌 수도 없다. 용각산과는 거리가 먼 이야기들을 먼저 두세 마디하고 나서 마지막에 용각산의 진면목을 제시하는 방식이 되어야 한다. 정리하면, "이 소리가 아닙니다(No). 이 소리도 아닙니다(No). 용각산은 소리가 나지 않습니다(Yes)!" 즉, 'No, No, Yes' 기법이다.

어떤 말을 할 때나 정의를 내릴 때 그런 방식을 활용하는 것은 큰 유익을 가져다준다. 처음부터 정답을 제시해 버리면 독자나 시청자나 청중의 관심을 끌 수가 없다. 오답들을 먼저 두세 번, 혹은 서너 번 제시하면서 궁금증을 유발시킨 후 마지막에 가서 정답을 제시해야 감칠맛 나는 말의 묘미를 느끼게 할 수 있다.

설교에서도 이 기법은 아주 유익한 도구로 활용될 수 있는 장점이 있다. 성경의 진리나 복음과 관련하여 성도들이 오해하고 있는 내용들이 적지 않다. 그런 내용들을 먼저 소개한 후 그것들이 성경이 말하고 있는 바가 아님을 밝혀 주고 나서, 제대로 된 지식이나 참정보가 무엇인지를 제시하는 방식으로 설교를 전개함이 훨씬 효과적이다. 물론 이와는 반대로 긍정형을 먼저 언급한 후에 나중에 부정형을 제시하는 방식도 활용할 수 있다.

이동원 목사는 이 기법 활용에도 조예가 깊다. 그 실례를 찾아보자.

그러나 이스라엘 사람들에게 샬롬(평화)이라는 것은 단순히 소극적으로 전쟁이 없는 상태만을 의미하는 것이 아닙니다. 그 이상의 뜻이 있습니다. 샬롬의 본래 의미는 하나님과 사람과의 건강한 관계를 뜻하는 말입니다. 창조주 하나님과 건강한 관계를 맺고 이웃들과 건강한 관계 속에 살아가는 삶, 그것이 샬롬의 삶입니다. 그래서 모든 면에서 안정되어 있고, 질서가 있고, 그리고 축복되고 의롭다는 적극적인 의미들이 담긴 단어가 샬롬입니다.[476]

성경이 말하는 '샬롬'에 대한 오답을 먼저 제시한 후 정답이 무엇인지를 밝히는 방식이다. 'No, Yes' 기법이다. 다른 실례들을 살펴보자.

십자가는 단순한 도덕적 감화의 상징이 아닙니다. 십자가는 복잡한 정치적 드라마의 편린이 아닙니다. 십자가는 하나님의 구원의 계획입니다.[477]

신앙의 본질은 사색이 아닙니다. 신앙의 본질은 논리도 아닙니다. 신앙의 본질은 섬김 그 자체입니다.[478]

이들은 'No, No, Yes' 기법의 전형적인 모델이다. 비슷한 실례들을 또 찾아보자.

무기가 한 일이 아니었습니다. 총칼이 한 일이 아니었습니다. 정치가 한 일이 아니었습니다. 시위, 데모가 한 일이 아니었습니다. 기도가 해낸 일이었습니다.[479]

주님께서는 그분의 십자가의 사역을 통해서 구원받아야 할 영혼들을 바라보며 기뻐하셨습니다. 본문을 보면 누가 기뻐했습니까? 이웃입니까? 아닙니다. 목자의 친구들인가요? 아닙니다. 잃어버렸다가 다시 길을 찾아 돌아오는 양일까요? 아니에요. 물론 양도 기뻐했겠지요. 그러나 제일 기뻐했던 기쁨의 주인공은 목자 자신이었습니다.[480]

이들은 'No, No, No, No, Yes' 기법의 형태를 말한다. 다른 실례들을 한꺼번에 살펴보자.

여러분은 하늘나라를 어떻게 상상하십니까?

가난한 사람은 먹을 것이 풍부하게 있는 나라로서 하늘나라를 연상할 것입니다. 고민으로 가득 찬 사람은 고민이 해결된 영원한 평화의 나라로서 하늘나라를 연상할 것입니다. 저는 하나님의 나라를 생각할 때 잠을 실컷 잘 수 있는 나라라는 생각을 합니다.

그러나 성경은 "하나님 나라는 단순히 먹는 것, 마시는 것이 아니라 성령 안에 있는 의와 평강과 희락"이라고 말합니다. 이것이 하나님 나라의 본질입니다.[481]

이것은 새로운 형태의 'Yes, Yes, Yes, No' 기법이다. 비슷한 유형의 다른 예들을 살펴보자.

하나님! 내가 예배하는 동안 나를 지배하고 다스려 주십시오. 내 미래의 계획에 관한 한 주께 맡깁니다. 하나님, 인도해 주십시오. 그러나 내가 사업을 위해서 매우 중요한 결정을 하고 있는데, 이 문제만은 내게 확고한 계획이 있으므로 하나님은 간섭하지 마십시오.[482]

살아 있는 교회는 요구하는 것이 있습니다. 성장하는 교회는 요구하는 것이 있습니다. 꿈이 있는 교회는 요구하는 것이 있습니다. 하지만 성장을 중단해 버리고 꿈을 잃어버린 교회는 더 이상 아무것도 요구하지 않습니다.[483]

이들은 'Yes, Yes, No' 기법과 'Yes, Yes, Yes, No' 기법들이다. 어떤가? 정답을 바로 제시하는 방식과 오답들을 먼저 여러 차례 제시하고 나서 뜸을 충분히 들인 후 정답을 제시하는 방식의 차이가 느껴지는가? 분명한 차이가 있다. 이동원 목사의 실례들을 참조하여 이 마법 같은 수사 기법을 설교 속에 적극 활용해 보라. 분명 차별화된 설교의 묘미를 맛보게 될 것이다.

27) 적절한 참고 성구 연결

"성경에 짝이 있다"란 말을 많이 들어 보았을 것이다. 그런데 사실은, 모든 성경에 짝이 있지도 않고, 또 그럴 이유도 없다. "성경에 짝이 있다"는 말씀은 성경에 없다. 많은 이들이 이사야 34장 16절을 그 근거 구절로 알고 있다. 하지만 그것은 착각이다. 거기서 말하는 짝은 '짐승이나 날짐승들의 짝'을 말한다. 이사야 34장에서는 여호와께서 만국에 대한 심판과 특별히 그 샘플로 에돔의 멸망을 말씀하신다. 이들 국민이 살육당하여 땅이 황폐해지면(사 34:1-10), 여러 짐승들이 사람 대신에 짝을 지어 그 땅을 차지하고 살게 될 정도로 황폐해진다는 말씀이다(사 34:11-15).

그렇다고 해서 서로 짝으로 연결되어 함께 다뤄져야 할 성경 구절들의 존재마저 부정해서는 안 될 것이다. 설교자는 자신이 설교하고자 하는 본문의 내용과 깊은 관련이 있는 다른 구절들을 발견하여 설교에 참조할 필요가 있다. 이 방식을 잘 활용하면 설교의 내용이 풍부해지고 식단의 영양은 고단백으로 높아진다.

이동원 목사는 이를 아주 잘 활용하는 설교자다. 그 실례들을 하나씩 살펴보자.

이 (간음한) 여인은 "주 다윗의 자손이여 나를 불쌍히 여기소서 내 딸
이 흉악하게 귀신 들렸나이다"(마 15:22)라고 부르짖었습니다. 그런데 이
부르짖음에 대한 예수님의 응답은 어떠했습니까? "예수는 한 말씀도 대답
하지 아니하시니"(23절). 응답이 없었습니다. 하늘이 침묵하고 있었습니
다. 여인은 실로 절박한 심정인데도 주님은 침묵하고 계셨습니다.

욥은 그런 절망스러운 상황에서 느꼈던 자신의 감정을 솔직하게 토로
하고 있습니다.

"그런데 내가 앞으로 가도 그가 아니 계시고 뒤로 가도 보이지 아니하
며 그가 왼쪽에서 일하시나 내가 만날 수 없고 그가 오른쪽으로 돌이키시
나 뵈올 수 없구나"(욥 23:8-9).

욥은 다음 말씀에서 보다 솔직한 질문을 토해 내고 있습니다.

"주께서 어찌하여 얼굴을 가리시고 나를 주의 원수로 여기시나이
까"(욥 13:24).

이 여인도 이런 심정이었을 것입니다. 도움을 받고자 모든 자존심을
버리고 예수님을 찾았는데 어찌하여 침묵을 지키셨을까요?**484**

절박한 상황 가운데 예수님으로부터 즉각적인 응답을 받지 못한 여인
이 느꼈을 당시의 감정을 욥기서에 나오는 욥의 심정을 통해서 청중에게
보여주고 있는 이동원 목사의 성구 연결의 기술을 보라. 다른 실례를 살
펴보자.

여러분, 히브리서 기자가 히브리서 2장에서 시편 본문의 정신을 성취
하신 사람이 바로 예수 그리스도라고 증언하고 계신 것을 아십니까? 히

브리서 2장을 이해하지 않고서는 시편 8편을 온전히 이해할 수 없습니다. 히브리서 2장 6-9절을 보십시오.

"오직 누가 어디 증거하여 가로되 사람이 무엇이관대 주께서 저를 생각하시며 인자가 무엇이관대 주께서 저를 권고하시나이까 저를 잠간 동안 천사보다 못하게 하시며 영광과 존귀로 관 씌우시며 만물을 그 발 아래 복종케 하셨느니라 하였으니 만물로 저에게 복종케 하셨은즉 복종치 않은 것이 하나도 없으나 지금 우리가 만물이 아직 저에게 복종한 것을 보지 못하고 오직 우리가 천사들보다 잠깐 동안 못하게 하심을 입은 자 곧 죽음의 고난 받으심을 인하여 영광과 존귀로 관 쓰신 예수를 보니 이를 행하심은 하나님의 은혜로 말미암아 모든 사람을 위하여 죽음을 맛보려 하심이라."

9절에서 드디어 "영광과 존귀로 관 쓰신 예수"라고 하지 않습니까? 시편에서는 그 대상이 사람이었습니다. 그런데 여기에서는 죽기까지 우리를 사랑하시며, 마침내 자신의 목숨을 내어 주시고 우리 대신 죽으신 예수, 그분 때문에 우리가 죄에서 자유한 섬김의 인생을 살게 되었다는 것입니다.[485]

시편 8편은 메시아 예언이 기록된 시다. 이 구절들은 히브리서 2장과 바로 연결되는 내용이다. 따라서 설교자들은 본문이 하나라 할지라도 반드시 직결되는 다른 본문도 함께 참조하여 두 본문을 함께 다뤄야 제대로 된 의미를 드러낼 수 있다. 이 두 본문이야말로 환상의 커플이 되는 내용들이기 때문이다. 다른 실례를 더 소개한다.

이 구절 바로 앞 절인 에베소서 2장 7절 말씀을 아십니까?

"이는 그리스도 예수 안에서 우리에게 자비하심으로써 그 은혜의 지극히 풍성함을 오는 여러 세대에 나타내려 하심이니라."

다시 말하면 하나님이 예수를 통해서 그 세대뿐만 아니라 오는 세대에 자비를 나타내기 원하셨으며, 그 결과 우리가 구원을 얻을 수 있었다는 것입니다. 거의 동일한 메시지가 디도서 3장 4-5절에도 기록되어 있습니다.

"우리 구주 하나님의 자비와 사람 사랑하심을 나타내실 때에 우리를 구원하시되 우리의 행한 바 의로운 행위로 말미암지 아니하고 오직 그의 긍휼하심을 좇아 중생의 씻음과 성령의 새롭게 하심으로 하셨나니."

여기에서도 하나님의 자비로 우리가 구원받았다고 말씀합니다.[486]

같은 맥락의 의미가 들어 있는 에베소서 2장 7절과 디도서 3장 4-5절의 내용을 나란히 연결시켜 본문의 의미를 더욱 풍성하게 드러내는 이동원 목사의 재능이 돋보이지 않는가! 또 다른 실례를 찾아보자.

주께서 교회에 허락하신 최고의 특권이 무엇입니까? 마태복음 16장 19절을 보십시오.

"내가 천국 열쇠를 네게 주리니 네가 땅에서 무엇이든지 매면 하늘에서도 매일 것이요 네가 땅에서 무엇이든지 풀면 하늘에서도 풀리리라."

가톨릭교회에서는 전통적으로 이 열쇠를 교황 베드로의 '수위권 primacy'이라고 해석하여 왔습니다. 그러나 개신교회에서는 개인 지도자 베드로가 아닌 베드로로 대표되고 고백되는 교회 공동체의 믿음의 실천으로 이해하여 왔습니다. 저는 마태복음 18장 18-19절을 통해 그 의미가 아주 분명하게 드러나고 있다고 생각합니다. 18절 말씀을 보면 "내가 천국 열쇠를 네게 주리니 네가 땅에서 무엇이든지 매면 하늘에서도 매일 것이요 네가 땅에서 무엇이든지 풀면 하늘에서도 풀리리라"는 마태복음 16장 19절과 정확하게 같은 내용이 기술되어 있습니다.

"진실로 너희에게 이르노니 무엇이든지 너희가 땅에서 매면 하늘에서도 매일 것이요 무엇이든지 땅에서 풀면 하늘에서도 풀리리라."**487**

성경 본문의 의미를 보다 정확하게 드러내거나 좀 더 풍성하게 밝혀 주기 위해서 설교자들이 주로 참조하는 것이 있다면 주석commentary이다. 주석은 설교자들이 반드시 참조해야 할 필수 도서이긴 하지만, 그 이전에 설교자들은 본문 외 다른 성경 안에서 참조할 만한 내용들을 찾아내야 한다. 이동원 목사는 이에 대한 모범적 실례를 위의 내용을 통해서 잘 보여 주고 있다. 본문 마태복음 16장 19절의 의미를 마태복음 18장 18-19절을 통해 아주 선명하게 드러내고 있음을 보라. 다른 실례를 더 살펴보자.

본문(마 14:28-33)과 동일한 사건을 기록하고 있는 마가복음 6장 48절에는 마태가 기록하지 않은 한 단어가 강조되고 있는 것을 볼 수 있습니다. "바람이 거스르므로 제자들의 괴로이 노 젓는 것을 보시고 밤 사경 즈음에 바다 위로 걸어서 저희에게 오사 지나가려고 하시매."

여기서 마가는 '지나가려고 하시매'라는 인상 깊은 단어를 사용합니다. 영어성경에는 'pass by'라고 되어 있습니다. 우리는 배에 탄 베드로와 다른 제자들이 심한 파도로 흔들리는 배 안에서 당황하고 두려워하던 그 순간, 예수님이 그 곁을 "그냥 지나가려고 하셨다"라고 오해해서 읽을 수 있습니다. '지나가려고 하시매'를 원문으로 읽어 보면 '파레르코마이'로 되어 있는데, 이것은 중요한 의도를 가지고 한 사람의 삶의 장에 의도적으로 뛰어 들어와 방문하는 모습을 가리킬 때 사용하는 단어입니다.

예를 들어, "내(하나님)가 너(모세)를 반석 틈에 두고 내가 지나도록"(출 33:22) 하셨다는 말씀을 보십시오. 구약 성경의 헬라어 역본인 70인경에서는, 모세 곁으로 그냥 지나가시는 것이 아닌 어떤 의도를 가지고 모세를 만나실 때, 모세의 인생의 장에 하나님이 간섭해 들어오실 때 이 '지나도록'(파레르코마이)이라는 단어가 사용되었습니다. 또 "너(엘리야)는 나가서 여호와의 앞에서 산에 섰으라 하시더니 여호와께서 지나가시는데"(왕상 19:11)와 같은 경우에도 이 단어가 쓰였습니다.[488]

마가복음 6장 48절에 나오는 "지나가려고 하시매"라는 구절의 내용을 같은 내용의 출애굽기 33장 22절과 열왕기상 19장 11절과 연결시켜서 그 의미가 무엇인지를 제대로 설명하고 있음을 보라. 하나만 더 살펴보자.

우리에게는 일반적으로 큰일과 관련하여 눈에 보이는 일, 생색나는 일에는 열심이어도 눈에 보이지 않는 일, 작은 일에는 열심을 내지 못하는 경향이 있습니다. 그러나 성경은 하나님의 관점에서는 큰일과 작은 일이 따로 없다고 가르칩니다.

이러한 하나님의 관점을 잘 보여 주는 이야기가 있습니다. 그것이 바로 마태복음 25장에 나오는 달란트 비유의 교훈입니다. 그곳에 등장하는 주인은 먼 나라로 떠나가며 세 명의 종들에게 각각 5, 2, 1달란트를 맡깁니다. '달란트' 하면 매우 작은 화폐 단위로 느껴지는데, 당시로는 어마어마하게 큰 액수였습니다. 당시 금 한 달란트면 약 20년 생계비에 해당되었습니다. 그러니까 다섯 달란트면 자그마치 100년을 살아갈 수 있는 액수가 아닙니까?

다섯 달란트 받은 종은 그것으로 다섯 달란트를 더 남겼습니다. 돌아온 주인이 그에게 어떤 칭찬의 말을 했습니까? "내가 너에게 어마어마한 것을 맡겼더니 너는 또한 어마어마한 일을 했다"라고 말했습니까? 아니지요. "네가 작은 일에 충성하였으매 내가 많은 것으로 네게 맡기리니…"라고 하시지 않았습니까?

이 주인의 관점이 바로 하나님의 관점인 것입니다. 큰일과 작은 일을 나누는 것은 사람입니다. 사람의 시각입니다. 전능하신 하나님의 관점에서는 큰일도 작은 일도 없습니다. 중요한 것은 그 일이 큰일인가 작은 일인가가 아니라, 맡겨진 그 일에 대한 충성스러움 곧 성실성인 것입니다. 성실성의 문제야말로 하나님이 보고 싶어 하시는 초점입니다.[489]

본문 71-72절을 읽어 보십시오.

"젖양을 지키는 중에서 저희를 이끄사 그 백성인 야곱, 그 기업인 이스라엘을 기르게 하셨더니 이에 저가 그 마음의 성실함으로 기르고 그 손의 공교함으로 지도하였도다."

무슨 말입니까? 우선 하나님이 다윗을 택하신 이유를 알 수 있습니다. 양 떼를 잘 돌보는 다윗을 지켜보시는 중에 그에게 이스라엘 민족을 기업으로 맡기셨다는 것이 아닙니까! 그랬더니 72절의 증언처럼 그는 양 떼를 돌보던 때와 같이 여전히 마음의 성실함으로 자기 민족을 돌아보는 지도자가 되었다는 것입니다.

생각나는 말씀이 있지 않으신지요? "지극히 작은 것에 충성된 자는 큰 것에도 충성되고"라는 누가복음 16장 10절의 말씀 말입니다. 제가 자주 하는 이야기이지만 저는 우리 민족이 한 단계 더 높은 문화적인 수준으로 성숙해 가기 위해서는 이 작은 일의 중요성을 깨닫는 이러한 자각이 무엇보다 필요하다고 믿습니다.[490]

본문은 시편 78편 70-72절의 말씀이다. 이것은 다윗의 이야기로서, 그가 작은 일(목자)에 성실했을 때 하나님이 그에게 큰일(왕)을 맡기셨다는 내용이다. 이 본문의 의미가 더욱 확실하게 드러나도록 하기 위해 이동원 목사는 마태복음 25장의 달란트 비유와 누가복음 16장 10절의 말씀을 참고 구절로 적절하게 활용하고 있음을 주목하라. 성경 속에 이런 보고들이 즐비하게 들어 있음에도 활용하지 못한다면 안타까운 일이 아니겠는가?

다른 강단과는 질이 다른 식단, 다른 설교자들과는 맛이 다른 영양 만점의 풍성한 식단을 준비해서 청중에게 먹이고 싶지 않은가? 그렇다면 이동원 목사처럼 다른 본문의 성구들을 잘 활용하는 지혜가 있어야 함을 명심하자.

28) 반복강조형

빌립보서의 주제는 '기쁨'과 '기뻐하라'다. 그래서 그 단어와 동사가

17번이나 거듭 반복해서 기록되어 있다. 그만큼 중요한 단어요, 핵심 주제이기 때문에 계속 반복되는 것이다. 이처럼 성경 저자들은 중요한 내용을 강조해서 반복하고 있다.

설교도 마찬가지다. 중요한 문장이나 내용을 반복적으로 언급하는 것은 그만큼 중요한 메시지이기 때문이다. 뿐만 아니라 설교자가 중요하다고 생각해서 거듭 반복해서 강조하는 내용들은 청중의 뇌리에 크게 새겨짐으로 효과적인 영향을 미치게 된다.[491]

이동원 목사의 설교 특징 중 하나는 강조하고자 하는 중요한 단어나 문장을 거듭 반복한다는 사실이다. 이런 설교의 내용이 청중의 머리와 가슴에 오래 남는 법이다. 그렇다. 명설교자는 아무나 되는 것이 아니다. 그의 설교의 장점을 배워서 습득해서 잘 활용하다 보면 우리도 명설교자로서의 첫걸음을 시작할 수 있게 된다. 이제 이동원 목사가 사용한 실례들을 하나씩 살펴보자.

오늘 우리는 무엇을 바라보고 살아가고 있습니까? 마땅히 거절할 것을 거절하고 살아가고 있습니까? 마땅히 선택할 것을 선택하며 살아가고 있습니까?[492]

기독교 신앙은 결코 나 홀로만의 신앙이 아닙니다. 나 홀로 치유받고, 나 홀로 구원받고, 나 홀로 진정한 은혜 받고, 나 홀로 행복해지는 신앙이 아닙니다.[493]

"살아가고 있습니까?"가 세 번, "나 홀로"가 다섯 번이나 반복되고 있음이 보이는가? 이동원 목사가 왜 이런 방식을 사용하고 있는지 궁금하지 않은가? 반복은 강조와 주목에 효과가 있기 때문이다. 다른 실례들을 더 찾아서 확인해 보자.

미션은 끝나지 않았습니다. 미션을 위임받은 우리가 살아 있고, 그 미션을 기다리는 이웃이 우리를 바라보고 있기 때문입니다. 매일 우리 곁을 스치는 이웃들이 우리를 바라보고 있습니다. 아니, 그들은 우리가 자신들을 바라보길 기다리고 있습니다. 왜냐하면 그들의 눈동자가 비전을 잃었기 때문입니다. 그들은 바라볼 대상이 누구인지 모르기 때문입니다.[494]

그리스도를 알지 못하는 이들에게 복음을 제시할 때 우리는 그들이 믿음의 사람이 되기를 기대합니다. 하지만 그들이 믿음을 가질 것을 기대하기 전에 우리가 먼저 믿음의 사람이 되어야 합니다. 지금은 내 가족과 친구, VIP가 아직 예수님을 모르고 있지만, 예수님을 믿지 못하고 있지만, 그들도 복음을 들으면 믿음의 사람이 되리라는 것을 우리 자신이 먼저 믿어야 합니다.[495]

그 미소는 모나리자도 가질 수 없었던 영생을 선물로 받은 자의 영원한 미소였던 것입니다. 이 영원한 미소, 영원한 행복, 영원한 생명이 필요하지 않으십니까? 영원한 하나님의 책 성경은 말합니다.
"죄의 삯은 사망이요 하나님의 은사는 그리스도 예수 우리 주 안에 있는 영생이니라."
지금 이 영원한 생명을 주시는 예수 그리스도를 인격적으로 우리의

마음 안에 초청함으로써 우리는 하나님의 영원한 자녀가 될 수 있습니다.**496**

CCC 총재이셨던 고 김준곤 목사님이 자주 이야기하신 백문일답이 있습니다. 중세기 수도에 정진한 노 수도사가 진리를 깨우치고 세상으로 나오자 사람들은 그에게 찾아와 수많은 질문을 던졌습니다. 그런데 그의 대답은 오직 하나 "예수 그리스도"였습니다.

"우리가 알아야 할 가장 중요한 진리는 무엇입니까? 예수 그리스도. 인생은 어떻게 살아야 행복할 수 있습니까? 예수 그리스도. 염려에서 해방되는 비결은 무엇입니까? 예수 그리스도. 사업에 성공하는 비밀은 무엇입니까? 예수 그리스도.

학업을 성취하기 위한 지름길은 무엇입니까? 예수 그리스도."

이것이 유명한 '백문일답'입니다.**497**

구약 사사시대 기드온의 항아리를 기억하십니까? 그가 미디안의 적들과 싸울 때 그는 자기 군사들로 하여금 항아리 안에 횃불을 숨기게 하였습니다. 그리고 결정적인 시간에 항아리를 깨고 횃불을 들게 했습니다. 항아리가 깨어짐으로 횃불이 드러나 빛을 발할 수 있었던 것입니다. 마리아의 옥합을 기억하십니까? 마리아가 옥합을 깨뜨리자 순전한 나드 향이 흘러나와 예수님의 발을 적시고 온 집안을 그 향기로 가득 채울 수가 있었습니다.

예수님도 상처를 받으셨습니다. 그의 상처는 십자가였습니다. 그가 십자가로 가시기 전에 하신 말씀을 기억하십니까?**498**

해 지는 석양 노을은 이 아들에게 돌아가라고 소리쳤을 것입니다. 또한 해 지는 건너편에서는 아버지의 선명한 영상이 떠오르면서, "돌아오라! 돌아오라! 나의 아들아!"라고 말하고 있었습니다. 그러나 마귀는 이렇게 말하고 있었습니다. "돌아가서는 안 된다. 자존심을 포기해서는 안 된다. 차라리 그대로 죽어라."

여러분이 돌아오기를 원하지 않는 것은 마귀와 악령뿐입니다.

아버지는 "돌아오라!"고 말씀합니다. 천하도 "돌아오라!"고 말합니다. 성경도 "돌아오라"고 합니다. 하나님의 사랑은 말합니다. "돌아오라!"

이 탕자의 귀향길은 단 하나뿐입니다.

예수님께서는 "내가 곧 길이요 진리요 생명이니 나로 말미암지 않고는 아버지께로 올 자가 없느니라"고 말씀하십니다. 당신은 돌아오시지 않겠습니까? 지금 이 순간에 말입니다.**499**

9절에는 "벗과 이웃을 불러 모으고 말하되 나와 함께 즐기자"고 했고 10절에는 "이와 같이 죄인 하나가 회개하면 하나님의 사자들 앞에 기쁨이 되느니라"고 했습니다. 친구들이 기뻐하고 천사들도 기뻐합니다. 무엇보다 이 은전을 찾은 여인 자신의 기쁨은 얼마나 컸겠습니까? 당신이 구원받을 때 교회가 기뻐합니다. 성도들도 기뻐하고 당신을 위해서 기도했던 당신의 친구와 당신의 부모가 기뻐합니다. 당신의 자녀가 기뻐합니다. 그러나 무엇보다 창조하신 하나님께서 기뻐하십니다.**500**

캐리의 사역 스타일을 세 단어로 요약한다면, 아마 이 세 마디로 대변될 것입니다. "그는 참으로 작은 일에서부터 성실하게, 탁월하게 그리고 즐겁게 일하다가 갔습니다."

그러면 이제는 우리 자신의 사역의 모습을 확인해야 할 시간입니다. 여러분은 삶의 마당에서 오늘이라는 이 시간 내게 맡겨진 작은 일에서부터 진실로 성실하게, 탁월하게 그리고 즐겁게 일하고 계신지요?

예수님의 삶을 요약한다면 성실하게, 탁월하게 그리고 즐겁게 일하시고, 마침내 구속 사역을 완성하신 것입니다. 그러면 그가 이루어 놓으신 구속 사역의 결과로 구원받은 우리는 오늘 그의 제자답게 일하며 살고 있다고 고백할 수 있을까요? 진정 우리가 예수님을 주님으로 영접하고 성령님의 도우심을 입는 사람들이라면, 무엇보다 그렇게 살고 일해야 마땅할 것입니다. '성실하게, 탁월하게 그리고 즐겁게' 말입니다.[501]

같은 내용의 단어와 문장들이 여러 번에 걸쳐서 반복되어 활용되고 있음에 주목할 필요가 있다. 이동원 목사의 또 다른 설교 파워 중 하나를 엿볼 수 있는 대목이 아닐 수 없다. 거듭해서 반복하여 강조할 때 잘 박힌 못과 같이 청중의 뇌리에 잘 새겨질 것은 당연한 이치이리라.

29) 구체적 적용

이동원 목사의 설교에 변천 과정이 있었음을 초두에서 언급한 바 있다. 오늘날 설교자들의 설교를 들어 보면 적용이 없거나 약하든지, 아니면 적용이 두드러지게 나타나 있긴 하지만 너무 추상적이고 구체적이지 못한 면이 있다.

청교도들의 설교를 보면 적용에 상당히 많은 내용이 할애되어 있음을 알 수 있다. 그들의 설교 내용 중 50% 이상이 적용이다. 예를 들어, 조나단 에드워즈Jonathan Edwards의 "진노하시는 하나님의 수중에 있는 죄인"이라는 유명한 설교의 원고를 분석해 보면, 모두 38개의 문단 중 19개가 적용임을 알 수 있다. 구원에 이르는 신앙은 지식적인 신앙이 아니라 행동으로 옮기는 신앙이다.

우리보다 앞서 부름 받은 사랑의교회 옥한흠 목사가 언젠가 보수신학자로 유명한 박윤선 목사에게 다음과 같은 질문을 던진 적이 있었다고 한다. "목사님이 다시 젊어질 수 있다면 제일 먼저 하고 싶은 것이 무엇입니까?" 그러자 박 목사는 이렇게 대답했다고 한다. "내가 옥 목사처럼 다시 젊어질 수만 있다면 설교를 더 구체적으로 하고 싶어. 설교를 좀더 구체적으로 해 봤으면 좋겠어."502 본문 연구에 치중한 설교, 적용이 부족한 설교, 적용이 있더라도 구체적이지 못한 설교에 대해 신학자로서 스스로 되돌아본 것이라 생각된다.

이동원 목사는 성공적이고 성경적인 적용에 대해서 다섯 가지의 특성을 말했다. 첫째는 성경 본문의 교훈과 일치해야 하고, 둘째는 청중 전체를 위한 것이면서도 개인적이어야 하고, 셋째는 현대적인 것이어야 하고, 넷째는 역동적이어야 하며, 마지막으로 구체적이고 실천적이어야 한다고 했다.503

그러면 이동원 목사의 설교 중에 나오는 제이 데니스Jay Dennis라는 설교자의 구체적 적용의 실례를 하나 소개해 본다.

당신이 많은 세금을 내야 한다면 감사하십시오. 당신에게 안정된 직장과 사업장이 있다는 말이기 때문입니다. 당신의 몸무게가 늘어 옷이 맞지 않는다면 감사하십시오. 당신은 먹을 것이 넉넉한 인생을 살아오신 것입니다. 세탁할 옷이 집안 한구석에 쌓여 있거든 감사하십시오. 당신에게는 적어도 갈아입을 옷의 여유가 있다는 뜻이기 때문입니다. 당신의 집에 대청소가 필요하고 문고리를 갈아야 하고 창문을 갈아야 한다면 감사하십시오. 당신의 몸을 위탁할 집이 있다는 뜻이기 때문입니다. 멀리라도 주차할 공간을 찾았다면 감사하십시오. 당신에게 잠시라도 걸어갈 운동의 기회가 주어졌기 때문입니다. 당신에게 불평할 대통령이 있다면 감사하십시오. 당신은 언론의 자유가 보장된 나라에 살고 있는 것입니다. 교회 뒷자리에 앉아 있는 교우의 찬송 음정이 엉망으로 들려오고 있다면 감사하십시오. 당신의 청각은 정상이기 때문입니다. 아침에 울리는 자명종 소리가 고통스럽게 들리거든 감사하십시오. 당신에게 일어나 일해야 할 하루가 기다리고 있기 때문입니다. 하루해가 저물어 온몸이 나른하고 피곤하거든 감사하십시오. 당신은 오늘 하루를 생산적으로 사신 것입니다.[504]

이 얼마나 구체적인 적용거리들인가? 놀라울 정도다. 이 설교의 적용을 듣고 있는 청중의 반응은 어땠을까? 방금 소개한 내용 중 적어도 한 대목에는 모든 청중이 해당될 것 아니겠는가? 이런 구체적이고 분명한 적용을 던져야 청중의 삶에 명확한 변화가 일어나지 않겠는가? 자, 그러면 위의 적용을 소개한 후에 이동원 목사는 자신의 청중에게 또 어떻게 적용했을지 궁금하지 않은가? 이제 그 내용을 마저 소개한다.

저는 목장 모임이 여러 문제를 나누는 기도의 마당일 뿐 아니라, 감사를 나누는 목장이 되기를 기대합니다. 물론 힘들고 어려운 문제들이 너무 많지만 기도할 수 있다는 것이 감사하고, 기도를 나눌 목장이 있는 것이 너무 감사하고, 기도를 올려 드릴 하나님을 믿게 된 것이 감사하고, 하나님의 뜻 안에서 우리의 기도에 선하신 응답이 이루어질 것을 믿기에 감사하는 목장이 될 것입니다. 이런 목장이야말로 예수님의 최후의 만찬 테이블처럼 구원의 은혜와 부활의 기적을 경험하는 축복의 마당이 될 것입니다. 감사하십시다. 감사를 습관화하십시다. 우리도 호산나를 외치던 예루살렘의 아이들처럼 큰 소리로 외쳐 보십시다.

"감사합니다. 주님!"이라고. 할렐루야!505

이동원 목사의 적용이 구체적으로 청중에게 잘 전달되고 있음을 발견할 수 있다. 또 다른 구체적인 적용의 실례를 찾아보자.

여기 17절에 초대석상의 말씀을 보십시오. "오소서. 모든 것이 준비되었습니다."

옳습니다. 하나님의 나라에는 모든 것이 풍성하게 준비되어 있다는 사실을 아십니까?

이 나라에는 여러분이 목말라하는 영생이 있습니다. 이 나라에는 여러분이 원하는 평화가 있습니다. 이 나라에는 당신이 추구하고 있는 의가 있습니다. 이 나라에는 당신이 그리워하는 영원한 기쁨이 있습니다. 이 나라에는 넘치는 사랑이 있습니다.506

사람들이 원하는 평화와 의와 기쁨과 사랑을 다 적용시키고 있음을 보라. 이처럼 구체적이고 풍성한 적용이 청중 각자에게 끼치는 영향이 얼마나 지대할 것인가를 생각해 보라. 다른 실례를 찾아보자.

이제 구차한 변명도, 화풀이도, 고발도, 원망도 그만하고 그분의 임재, 그분의 능력을 신뢰하며 잠잠히 살아가지 않겠습니까? 우리가 잠잠하면 그분이 친히 일하실 것입니다. 자, 그럼 우리 모두 이제 입을 다물어 보십시다. 지금은 우리 모두 침묵을 연습할 때입니다.[507]

구차한 변명과 화풀이와 고발과 원망, 그리고 그분의 임재와 능력에 대한 이동원 목사의 적용은 아주 구체적이고 사실적이다. 비슷한 실례들을 한꺼번에 살펴보자.

목마른 인생의 특성이 무엇입니까? 한 자리에 있을 수 없다는 것입니다. 그래서 애인을 바꾸고, 파트너를 바꾸고, 직업을 바꾸고, 직장을 바꾸고, 종교를 바꾸고, 심지어 교회도 바꿉니다. 그래도 만족스러움을 느끼지 못합니다. 그렇다 보니 그 인생은 방황으로 얼룩집니다. 끝없는 목마름, 타는 목마름으로 허덕이는 인생이 됩니다.[508]

오늘 당신이 부유하기 때문에 주님을 필요로 하지 않는다면, 건강하기 때문에 하나님의 도움을 저버린다면, 보고 듣기 때문에 영광스러운 주의 말씀을 거부한다면, 지식이 있기 때문에 하나님의 거룩하신 초청을 거절하고 있다면, 당신의 부유, 건강, 보고 듣는 능력, 지식, 이 모든 것들 때문에 오히려 당신은 불행할 수 있습니다.[509]

주님은 제자들을 보셨습니다. 제자들은 이렇게 생각하고 있었습니다. '주님, 어디에 계십니까? 이 고통과 괴로움, 이 아픔을 당하는 동안에 주님은 어디 계세요?' 그러나 성경은 예수께서 제자들이 괴롭게 노 젓고 있는 모습을 보시고, 내가 얼마나 이 생존 경쟁 속에서, 아니, 내가 부딪히는 삶의 갈등과 내 가정의 갈등, 내 삶의 모든 문제의 폭풍우 속에서, 내가 얼마나 허우적거리고 괴로워하고 안타까워하며 몸부림치는지, 내가 괴롭게 노 젓는 그 모습을 주님께서 보시고, 내 고통을 보시고, 내 고독을 보시고, 내 절망을 보시고, 내 좌절을 보시고, 내 괴로움과 눈물을 보시고, 내 아픔을 보시고, 내 허물을 보시고, 내 좌절을 보시고 찾아오십니다.510

이들 실례들이 모두 구체적인 적용의 내용들이다. 적용은 이렇게 세밀하고 구체적이어야 한다. 청중 모두의 상황이 각기 다르기 때문에 설교자는 되도록이면 많은 적용을 구체적으로 활용해야 은혜와 도전을 받는 청중이 많아질 것이다. 마지막으로 비슷한 실례 두 가지를 한꺼번에 살펴보자.

빌리 선데이라는 사람은 야구선수였다가 예수님을 만났습니다. 그가 교회에 나갔을 때 교회 지도자 한 사람이 이런 말을 던졌습니다. "자네, 신앙생활에 성공하고 싶은가? 세 가지를 계획하게!", "그 세 가지가 뭡니까?", "첫째, 날마다 15분 기도하기, 둘째, 날마다 15분 성경 읽기, 셋째, 날마다 15분 내가 만난 예수님을 다른 사람들에게 전하기네." 얼마나 단순한 충고입니까? 그런데 이 사람 역시 매우 단순했습니다. 하나님이 쓰시는 사람은 단순한 사람입니다. 복잡한 사람은 하나님 보시기에도 복잡해서 안 쓰십니다. 그는 얼마나 단순했던지 15분 기도하고, 15분 성경 읽고, 15분 전도하라고 하니까 평생을 그렇게 했더랍니다. 이 사람은 빌리 그레이엄이라는 역사적인 인물이 미국의 전도자로서 부상하기 전까지, 미국에서 영적, 도덕적 각성을 주도하는 하나님의 사람으로 평생 쓰임 받았습니다.

중요한 것은 나만의 기도 시간, 나만의 기도 장소를 계획하는 일입니다. 주님처럼 살아 계신 하나님, 전능하신 하나님, 사랑이신 하나님을 만나 그분으로부터 영광과 능력을 더하기 위해 기도의 시간을 계획하는 저와 여러분이 되시기 바랍니다.511

제가 미국 워싱턴에서 목회할 때 워싱턴 시내에 '구세주의 교회The Church of the Savior'라는 독특한 교회가 있어서 가끔 방문하곤 했습니다. 이 교회는 교인 숫자는 많지 않지만 미국 내에서 매우 영향력이 있는 교회요, 사회봉사의 모델 교회로 연구 대상이 되고 있는 교회입니다. 10개 정도의 공동체로 흩어져 각 모임마다 100명 전후로 모이는 교회인데(합해도 1,000명 미만의 교회) 이 교회가 감당하는 사역은 이 교회를 방문하는 모든 이들을 놀라게 하고 있습니다. 이 크지 않은 교회가 감당하는 대표적인 사역들을 한번 열거해 보겠습니다.

1. The Potter's House / 카페와 서점 사역

2. Jubilee Housing / 저임금 가족을 위한 주택 보급 사역(350세대가 입주한 아파트 운영)

3. Jubilee Jobs / 직업 및 직장 알선 사역(매년 1,000여 명 훈련)

4. Columbia Road Health Care Center / 저임금 가족들을 위한 진료 사역

5. Christ House / 노숙자 병원 사역

6. Good Shepherd Ministries / 방과 후 아동 지도 사역

7. The Family Place / 유아 탁아 사역

8. Sarah's Circle / 노인 사역

9. Samaritan's Inn / 알코올 및 마약 중독 치유 사역

10. Festival Center / 교회 섬김 훈련 총괄 행정 사역

그런데 우리를 더 놀라게 하는 것은, 이들이 적은 인원으로 이렇게 많은 자원봉사 사역을 감당하고 있다는 사실 말고도, 이 교회 봉사자들은 모두가 이런 봉사 그룹에서 대부분 20년, 30년 이상을 섬기고 있는 분들이라는 사실입니다. 그런 섬김이 어떻게 가능한가 물었던 적이 있습니다. 그런데 한 나이 많은 할머니가 "우리는 매일 한 시간의 기도와 한 달에 한 번씩 방문하는 '데이 스프링스Day Springs'에서 우리가 필요로 하는 새 힘을 공급받습니다"라고 대답하시는 것이었습니다. 그래서 "데이 스프링스가 무엇하는 곳이냐?"고 물었더니, '침묵수양관'이라고 하면서 아무리 힘들고 지쳐도 한 달에 한 번 그곳에 가서 엎드리면 주님의 손이 그들을 다시 일으켜 주신다고 했습니다. 그래서 저도 그곳을 방문하여 그분들이 누리는 안식의 영성을 함께 경험해 보기도 했습니다.512

빌리 그레이엄의 단순하지만 지속적인 세 가지의 구체적인 적용과 '구세주의 교회'가 감당하는 구체적인 사역의 실례들을 보라. 이 얼마나 다양하고 확실한 적용들인가? 오늘 설교자들의 심각한 문제 중 하나로

적용이 너무도 추상적이라는 점을 지적한 바 있다. 그저 "말씀대로 잘 사시기를 축원합니다!"나 "한 주간도 주님께 순종하며 잘 사세요!"라는 식의 구체적이지 못한 설교의 적용들이 얼마나 많은가? 이것이 하나님이 기뻐하시는 순종과 헌신과 열매가 없는 명목상의nominal 신앙인을 양산하는 한국 교회의 문제들임을 아는가?

설교의 목적은 적용이다. 설교의 열매도 적용이다. 적용이 없으면 설교가 아니다. 그런데 적용은 아주 세밀하고 구체적이어야 한다. 그래야 각기 다른 문제와 소원들을 가진 청중 한 사람 한 사람의 마음을 터치하고 변화시키고 헌신시킬 수 있는 능력을 발휘할 수 있기 때문이다.

설교자들이여, 구체적인 적용으로 청중의 삶을 제대로 변화시켜 보라. 구체적 적용은 결코 당신을 속이지 않을 것이다. 구체적 적용으로 당신의 강단을 알찬 열매가 가득 찬 풍성한 장으로 바꾸는 기적의 주인공들이 되길 바란다.

30) 다급한 권유와 결단 촉구

이동원 목사의 설교 결론 부분에서 자주 발견되는 특징 하나가 있다. 그것은 급박한 용어들을 연속으로 반복하여 청중의 결단을 강하게 촉구하는 것이다.

이제 주님이신 그분이 꼭 필요하고, 구원해 달라고 간절히 구해 보지 않겠습니까? 바로 이 순간 말입니다. 성경은 "지금은 은혜 받을 만한 때요 보라 지금은 구원의 날이로다"(고후 6:2)라고 말씀합니다.

그러면 지금 당장 당신의 모든 것을 아시는 하나님이요, 구주이신 예수님 앞에 나아와야 합니다. 지금 나아와야 합니다. 지금 결단해야 합니다. 지금이 변화의 기회입니다.513

청중에게 긴박함을 호소하는 '이제', '지금', '지금 당장', '이 순간'이라는 단어가 무려 7개나 사용되고 있음을 보라. 이동원 목사가 즐겨 사용하는 결단의 내용들을 한꺼번에 소개한다.

오늘 당신도 예수님을 구주로 영접하고 천국의 선물을 받아 가기를 기도하겠습니다. 죽음 직전에라도 구원받는 것은 하나님의 전적인 은총입니다. 그러나 구원을 위해 죽음의 순간까지 기다릴 필요는 없습니다. 구원의 시간은 지금입니다. 지금 당장 예수님 앞으로 나와 그분을 당신의 구주와 주님으로 영접하십시오. 그러면 오늘 당신은 천국의 시민이 될 겁니다.514

언제까지 군대의 영들에 매여 노예 된 인생을 살겠습니까? 이제는 예수의 이름으로 자유를 얻을 때가 되지 않았습니까? 이제는 예수의 이름으로 일어나 이웃에게 나아가 그분의 이름을 증거할 때가 되지 않았습니까? 언제까지 자신의 문제에만 빠져 살겠습니까? 이젠 이웃을 구원하는 인생을 살아야 합니다.515

지금이 바로 이웃들의 영혼을 거두어들일 순간입니다. 이 기회를 그냥 흘려보내시겠습니까? 선교의 마당에서 땀방울을 흘리시던 동일한 열정으로 이제는 당신의 사랑하는 이웃들을 전도하고 섬겨 주시겠습니까? 바로 그것이 영원을 준비하는 이 순간의 우리의 행복입니다. 이제 다시 성령의 내비게이션을 따라 영원을 준비하는 순종의 걸음을 옮기시겠습니까? 바로 이 영원한 지금, 이 순간에 말입니다.[516]

'오늘', '지금', '지금 당장', '이제는', '이 순간', '지금 이 순간', '이 기회' 등과 같은 단어들이 연속적으로 반복되고 있음을 보라. 모두가 '긴박함'과 '다급함'의 의미를 내포한 단어들이 아닌가. 설교의 결론 부분에서 이런 단어들이 반복되어 청중에게 선포되고 있다고 생각해 보라. 그 내용을 들은 청중의 마음이 어떨 것 같은가? 현장에서 말씀을 듣는 청중이라면 누구나 가슴이 뜨거워지고, 도전 의식을 가지고 결단과 헌신을 시도하지 않겠는가.

비행기는 이륙도 중요하지만 착륙 또한 무시할 수 없다. 착륙이 잘 되어야 여행의 목적을 이룰 수 있기 때문이다. 그렇다. 설교의 시작도 소중하지만 결론도 소중하다. 때문에 결론은 구체적이어야 하지만, 다급한 촉구의 형태로 제시되기도 해야 한다. 그래서 청중으로부터 확실한 결단과 헌신과 변화를 끌어내야 한다. 그래야 비로소 설교의 모든 것이 완성될 수 있다.

지금까지 이동원 목사의 설교에 나타난 30개의 특징들을 구체적인 실례들과 함께 살펴보았다. 자신의 설교와 강단의 변화를 간절히 바라는 설교자가 있다면 앞에서 소개한 비법들을 하나씩 활용해 보라. 예상치 못한 놀라운 변화를 체험하는 기적의 주인공이 될 수 있을 것이다.

chapter 8

베스트 설교문 분석

이동원 목사의 설교에 관해서 다방면에 걸쳐서 샅샅이 해부해 보았다. 이번에는 그의 설교가 과연 어떤 방식으로 작성되고 있는가에 대해서, 설교 전체적인 면에서 구체적으로 분석해 보고자 한다. 그러기 위해서 우선 이동원 목사의 설교 가운데 가장 뛰어나고 짜임새 있다고 생각하는 설교 한 편을 골라서 독자들에게 소개하는 것이 필요할 것이다. 그런 다음 그의 설교 개요를 전체적으로 간략히 살펴볼 것이고, 아울러 그에 대한 구체적인 설명을 제시할 것이다.

이제 곧 소개할 설교문은 『당신은 예수님의 VIP』라는 이동원 목사의 설교집 속에 나오는 여러 설교들 중 하나다. 먼저 이동원 목사가 마가복음 7장 31-35절의 본문을 가지고 "마음과 귀가 닫힌 사람"이라는 제목으로 설교한 내용을 일독해 보자.

1) 설교문 소개

미국 동부에 위치한 대학에서 사회학을 가르치며 설교 사역도 하는 토니 캠폴로 교수의 이야기입니다. 언젠가 하와이로 여행을 떠났을 때 일어난 일이라고 합니다. 그곳에 도착했을 때는 이미 한밤중이었는데 시차 때문에 잠도 오지 않고 배도 고파서 새벽 2시경 해변을 배회하다가 불을 밝힌 한 허름한 식당에 들어갔다고 합니다. 예상처럼 지저분하고 분위기도 엉망인 그렇고 그런 식당이었다고 합니다.

간단한 음식과 커피를 주문하고 식사를 하고 있는데 갑자기 식당 문이 열리더니 한눈에 보아도 거리의 여인처럼 보이는 7-8명이 들어와 자리를 잡더니 떠들썩하게 수다를 떨기 시작했습니다. 그러다가 그중 한 여인이 "내일이 내 생일이야. 아, 벌써 서른아홉 살이나 먹었어"라고 말하자, 기다렸다는 듯이 다른 여인들이 구박을 합니다.

"지금 네 생일이니까 축하 인사도 하고 노래도 부르고 케이크도 사 달라는 거야? 어림없는 소리 하지 말라고. 네 주제에 무슨 생일 타령이냐."

그러자 생일을 맞은 여인의 안색이 변하더니 "내가 언제 너희한테 생일 파티해 달라고 했냐. 내일이 내 생일인데, 생일이란 말도 못한단 말이야. 너희까지 왜 나를 무시하는 거야"라고 울부짖기 시작했습니다. 잠시 후 이들 사이에서는 욕설이 오가더니 싸움으로까지 번졌습니다.

이 광경을 지켜보던 캠폴로 교수는 한 여인의 단순한 독백이었던 "내일이 내 생일이야"라는 말에 그냥 "축하한다"라는 한마디 말로 받아넘기면 될 상황이 무엇 때문에 싸움으로까지 번졌는지 잠시 생각해 보았다고 합니다. 결론은 명백했습니다. 이 여인들의 내면에 존재하는 상처가 이들에게 단순한 "생일 축하해"라는 한마디 말도 건네지 못하게 그들의 마음을 닫고 있었던 것입니다. 닫힌 마음은 그렇게 비극적인 것입니다.

성경에도 귀먹고 말이 어눌하고 마음이 닫힌 인생을 살고 있던 한 사람이 등장합니다. 하지만 다행스러운 것은 그가 예수님을 만났다는 사실입니다. 예수님이 베푸시는 사랑의 기적을 체험하고 그의 인생은 닫힌 인생에서 열린 인생으로 변화될 수 있었습니다.

우리 사회는 여러 면에서 열린사회가 되어 가고 있습니다. 하지만 이 열린사회의 한구석에는 마음을 열지 못하고 이웃과 소통하지 못하고 외롭고 답답한 인생을 사는 닫힌 마음, 닫힌 인생이 많습니다. 이 닫힌 마음의 인생들에게 예수님은 도대체 어떤 존재일까요?

예수님은 이 사람을 보시고 하늘을 우러러 탄식하십니다(34절). 여기서 '탄식'은 그냥 단순한 동정의 탄식 정도가 아니라 '깊은 탄식A Deep Sigh'을 뜻합니다. 이는 고통 받는 존재와 몸으로 연대하는 대속의 탄식이었습니다. 예수님은 이 사람의 고통을 온몸으로 느끼고 계셨던 것입니다. 하나님의 아들이신 예수님은 원래 이런 분입니다.

2천 년 전 이 땅에 계실 때 예수님은 고통 받는 사람들을 볼 때마다 불쌍하게 여기셨다고 성경은 증언합니다. 여기서 '불쌍히 여기셨다'는 말을 영어로 표현하면 'Moved with Compassion'입니다. '연민으로 그의 마음이 들끓었다'는 뜻입니다. 'Compassion'은 'Com+Passion' 두 글자의 합성어입니다. '함께+고통'을 받는다는 말입니다. 예수님이 우리의 외로움을 자신의 외로움처럼, 우리의 아픔을 자신의 아픔처럼, 우리의 답답함을 자신의 답답함처럼 느꼈다는 말입니다.

지금 말씀에 등장하는 이 사람은 귀먹고 말을 더듬는 사람이었습니다. 그동안 얼마나 답답한 세월을 살았겠습니까! 그런데 예수님의 마음을 더욱 아프게 한 것은 그가 신체적 청각이 아니라 영적인 청각이 고장 나서 하나님의 음성을 들을 수 없고, 그의 혀가 무엇으로 묶여 있어 하나님을 마음껏 찬양할 수 없다는 사실이었습니다. 그 인생은 하늘에 계신 창조의 주인이신 하나님을 향해 닫혀 있었습니다. 그래서 예수님은 이런 그를 바라보며 하늘을 우러러 탄식하신 것입니다. 이런 증상을 가리켜 영적 자폐증이라고 말할 수 있을 것입니다.

그럼, 자폐증의 증상은 무엇입니까? 자기를 닫고 사는 사람, 즉 자폐증의 뚜렷한 증상으로 무엇이 있습니까? 대부분 이웃과 눈 맞춤을 하지 못합니다. 말을 걸어도 반응이 없습니다. 얼굴에 감정의 표현이 드러나지 않습니다. 자신이 관심을 갖는 일 외에는 다른 세계에 전혀 반응하지 못한 채 살아갑니다. 자기 세계에 갇혀 사는 사람입니다.

우리 세상에는 신체적 자폐증은 아니더라도 영적 자폐증의 포로가 되어 사는 사람이 얼마나 많은지 모릅니다. 하나님께 한 번도 마음을 열어보지 못한 사람, 이웃과 마음을 소통하지 못하고 외로움과 답답함 속에 갇혀 살고 있는 사람 말입니다. 더 답답한 것은 이런 사람의 외로움과 답답함을 아무도 알아주지 않는다는 사실입니다.

그런데 성경에 보면 예수님은 이런 사람을 주목하며 탄식하고 계십니다. 도대체 이 예수님은 어떤 분입니까? 찬송가 94장(통일찬송가)은 이렇게 말합니다.

1. 예수님은 누구신가 우는 자의 위로와 없는 자의 풍성이며
   천한 자의 높음과 잡힌 자의 놓임 되고 우리 기쁨 되시네.
2. 예수님은 누구신가 약한 자의 강함과 눈먼 자의 빛이시며
   병든 자의 고침과 죽은 자의 부활 되고 우리 생명 되시네.

그리스도인들은 이런 예수님을 한마디로 "우리의 구주이시다"라고 고백합니다. 그분은 닫힌 인생의 유일한 구주이십니다. 예수님은 닫힌 인생에게 어떤 존재입니까?

예수님은 이 사람을 따로 데려가서 무리의 시선이 미치지 못하는 개인적인 공간에서 그의 마음을 쉬게 하시며, 그의 양 귀에 주님의 손가락을 넣고 그의 혀에 손을 대셨습니다(33절). 예수님은 그를 친히 만져 주셨습니다. 이때 이 사람이 경험한 예수님의 손길은 얼마나 따뜻하고 친밀한 치유의 손길이었을까요?

심리학자들의 증언을 빌리지 않더라도 모든 것이 해체되고 조각나는 포스트모던 시대를 살아가는 닫힌 마음의 현대인은 스킨십에 목마른 고독한 영혼입니다. 누가 이런 영혼을 만져 줄 수 있단 말입니까? 성경에 나타난 예수님은 아무도 만지기를 꺼려하는 사람들을 찾아가 먼저 손을 내미시는 분입니다. 그리고 주님의 손길이 스치는 사람마다 놀라운 사건을 경험합니다. 육체가 병든 자는 고침을 받고 마음이 병든 자는 용기와 희망을 경험합니다. 마음이 닫힌 자는 마음을 엽니다. 하늘을 향해, 예수님을 향해 마음을 열고 하나님을 찬송하기 시작합니다.

1960년대 미국 청년들은 전 세계적으로 일고 있는 허무주의의 물결 속에서 삶의 의욕을 잃고 머리를 기르고 히피가 되어 마약의 환각 속에 거리와 바다를 방황하고 다녔습니다. 그러자 미국의 지도자들은 이제 더 이상 미래가 없다고 말하기 시작했습니다. 그런데 그들 가운데 아무도 예측하지 못했던 거대한 변화가 일어났습니다. 소위 '예수 운동Jesus Movement' 혹은 '예수 혁명Jesus Revolution'이 일어난 것입니다. 그들은 예수님을 영접하고 성령을 체험하며 찬송을 부르면서 교회와 하나님의 품으로 무리 지어 돌아오기 시작했습니다. 무슨 일이 일어난 거냐고 묻자 그들은 자신에게 일어난 변화를 담은 노래로 대답을 대신했습니다. 그때 탄생한 유명한 가스펠이 있었습니다.

He touched me.

Oh the joy that floods my soul.

Something happened and now I know.

He touched me and He made me whole.

그가 나를 만지셨네.

오, 내 영혼에 넘쳐 나는 이 기쁨

무엇인가가 일어났다네. 난 그걸 아네.

그가 나를 만지셨고 나를 온전케 하시었다네.

바로 그 예수님이 아직도 닫힌 인생을 사는 사람들을 만져 주시기를 기도합니다.

예수님은 닫힌 인생을 향하여 무슨 말을 하십니까? 그분은 귀먹고 말 더듬는 닫힌 사람의 귀에 손을 넣고 이어 그의 혀에 손을 대시며 "에바다!"라고 한마디를 외치십니다(34절). 이는 '열리라'는 뜻입니다. 그리고 어떻게 되었습니까? "그의 귀가 열리고 혀가 맺힌 것이 곧 풀려 말이 분명하여졌더라"(35절).

거기서 끝났습니까? 아닙니다. 그는 이제 하나님의 음성을 듣는 자가 되었습니다. 하나님을 찬양하는 자가 된 것입니다. 그는 도대체 무슨 일을 한 것입니까? 아무것도 없습니다. 그는 주님의 말씀을 믿음으로 받은 것뿐입니다. "열리라"는 말씀을 "아멘"으로 받은 것뿐입니다.

2천 년 전 이 땅에서 이 닫힌 인생을 향해 말씀하던 주님이 지금도 동일하게 우리에게 말씀하십니다. 다음은 부활 승천하신 예수님이 라오디게아 교회의 성도들에게 주셨던 말씀입니다.

"볼지어다 내가 문밖에 서서 두드리노니 누구든지 내 음성을 듣고 문을 열면 내가 그에게로 들어가 그와 더불어 먹고 그는 나와 더불어 먹으리라"(계 3:20).

예수님은 아직도 마음의 문을 열기를 바라며 "에바다!"라고 말씀합니다. 우리가 마음 문을 열어 예수 그리스도를 받아들인다면 나머지는 그분이 일하십니다. 우리의 인생을 여시고 그분과 함께하는 축제를 시작하실 것입니다. 이런 열린 축제 인생을 사모하지 않겠습니까?

이 장은 토니 캠폴로 교수가 지켜본 하와이 식당의 이야기에서 출발했습니다. 다음은 그 이후의 이야기입니다.

식당 주인의 만류로 한바탕 소란이 끝나고 그들은 식당을 떠났습니다. 캠폴로 교수는 식당 주인에게 그들이 자주 식당에 오는지 물었습니다. "매일 이 시각에 옵니다. 단골이긴 하지만 때때로 골치 아픈 손님이지요."

캠폴로 교수는 식당 주인에게 이런 제안을 했습니다. "실은 아이디어 하나가 생각났는데, 내일 그 여인의 생일잔치를 여기서 준비하면 안 될까요?"

그러자 식당 주인은 아까 그 여인의 이름은 아그네스이고, 마음 착한 아주 불쌍한 여자라고 말하면서 너무 좋은 아이디어라고 동의했습니다.

그 다음 날 새벽 3시 반에 이 허름한 식당에서 아그네스의 생일잔치가 열렸습니다. 식당 주인은 거리의 여인 몇몇에게 이 소식을 미리 알렸는데, 문자 그대로 인근에 사는 모든 거리의 여인이 식당을 빼곡하게 채웠습니다. 그런 가운데 아그네스가 입장하자 생일축하 노래를 부르며 환영했습니다. 아그네스라는 여인은 식당 입구에서 입을 다물지 못하고 그냥 서 있었습니다. 캠폴로 교수는 지금까지 그런 표정으로 놀란 사람의 모습을 처음 보았다고 합니다.

"생일 축하합니다. 사랑하는 아그네스, 생일 축하합니다."

이 노래를 부르는 동안 그 식당 안에 있던 모든 사람의 눈은 흥건하게 젖어 들었고, 아그네스는 엉엉 울고 말았다고 합니다.

이제 케이크의 촛불을 끄라고 재촉하자 아그네스는 "부탁이 있는데 이 케이크를 집에 가지고 가서 얼마 동안 간직하면 안 될까요?"라고 말하더랍니다. 사람들이 동의하자 그녀는 그것을 집에 갖다 놓고 곧 돌아오겠다고 말하더니, 무슨 거룩한 성물인 양 케이크를 가지고 식당을 나섰다고 합니다. 식당을 나서는 그녀의 모습을 바라보며 식당 안은 깊은 침묵 속에 빠져들었습니다.

사람들이 무엇을 해야 할지 몰라 허둥거리던 순간 캠폴로 교수는 다시 일어서서 "아그네스의 행복과 여러분의 행복을 위해 기도하는 시간을 갖고 싶습니다"라고 제안했다고 합니다. 그날 밤 가장 교회 같지 않은 곳에서 가장 경건한 감동의 기도가 드려졌고, 사람들 눈은 모두 퉁퉁 부어올랐다고 합니다. 캠폴로 교수는 그날 거기서 상하고 닫힌 마음들이 활짝 열리는 치유의 기적을 보았고, 이 엉성한 식당에 하나님 나라가 임하는 것을 보았다고 고백합니다.

이 경험을 바탕으로 나중에 캠폴로 교수는 한 권의 책을 쓰게 되는데, 『하나님 나라는 파티입니다』가 그 책의 제목입니다.

예수를 믿는다는 것은 그분과 함께하는 축제에 참여하는 것입니다. 당신이 마음 문을 여는 순간, 영혼의 귀를 여는 순간 이 축제는 시작됩니다. 이 축제에 참여하지 않겠습니까?[517]

2) 설교문 개요outline 분석

서론	**현실의 문제(토니 캠폴로 교수의 이야기 1)** 캠폴로 교수가 하와이 여행 중, 새벽 2시경에 시장기를 면하려고 들어간 식당에서 일어난 사건이 소개된다. 거리의 여인들 7-8명 정도가 들어와 수다를 떨기 시작한다. 그중 한 여인이 다음 날이 자신의 생일임을 밝히는 순간, 모두 주제에 무슨 생일 이야기를 하느냐고 빈정대고, 여인은 그 소리를 듣고 자신이 생일 파티를 해 달랐느냐며 대들고, 친구들끼리 옥신각신 싸우는 광경을 목격하게 된다. 그저 생일 축하한다며 한마디만 해 줬어도 되었을 일을 가지고 생일 이야기도 꺼내지 못할 정도로 마음을 닫고 있는 여인들의 안타까운 모습을 엿볼 수 있다. 우리 시대의 닫힌 마음의 비극적인 한 단면을 잘 보여 주고 있다.
본문	**본문의 문제(귀먹고 말 더듬는 자의 이야기)** 성경에도 귀먹고 말이 어눌하고 마음이 닫힌 인생을 살고 있던

본문	한 사람이 등장함을 소개한다. 하지만 다행스러운 것은 그가 예수님을 만나 닫힌 인생에서 열린 인생으로 변화될 수 있었다는 사실이다.
적용문장	**현대인들에게** 우리 사회는 여러 면에서 열린 사회가 되어 가고 있다. 하지만 이 열린 사회의 한구석에는 아직 마음을 열지 못하고 이웃과 소통하지 못하고 외로운 닫힌 마음, 닫힌 인생들이 많음이 적용되고 있다.
전환문장	**전환문장** 이 닫힌 마음의 인생들에게 예수님은 어떤 존재일까요?
본론	**삼대지** 첫째, 예수님은 닫힌 인생을 보고 탄식하시는 분이다(34절). 둘째, 예수님은 닫힌 인생을 친히 만져 주시는 분이다(33절). 셋째, 예수님은 닫힌 인생을 향해 말씀하시는 분이다(34-35절).
결론	**현실의 문제 해결(토니 캠폴로 교수의 이야기 2)** 토니 캠폴로 교수가 지켜본 하와이 식당에서의 여인들의 뒷이야기가 소개된다. 식당 주인의 만류로 한바탕 소란이 끝나고 집으로 돌아간 다음, 캠폴로 교수는 주인을 통해 그들에 대해서 자세한 이야기를 전해 듣는다. 그리고 그들 몰래 생일을 맞은 여인을 위해 파티를 계획한다. 다음 날 새벽 3시 반에 다시 그 식당에 거리의 여인들이 찾아오자 생일을 맞은 여인을 위해 캠폴로 교수가 준비한 생일 파티의 깜짝쇼가 벌어진다.

뜻밖의 케이크와 파티를 통해 여인은 그만 눈물을 쏟고 만다. 여인은 케이크를 집에 간직하게 해 달라며 케이크를 들고 집으로 갔다. 그런 다음 캠폴로 교수는 그 여인과 친구들의 행복을 위해 기도하는 시간을 가지게 된다. 그날 밤 가장 교회 같지 않은 곳에서 가장 경건한 감동의 기도가 드려졌고, 사람들 눈은 모두 퉁퉁 부어올랐다. 닫힌 마음들이 활짝 열리는 순간이었다. 그 경험을 바탕으로 캠폴로 교수는 한 권의 책을 쓰게 된다. 그 책 이름이 바로 『하나님 나라는 파티입니다』이다.

예수를 믿는다는 것은 그분과 함께하는 축제에 참여하는 것이다. 당신이 마음 문을 여는 순간, 영혼의 귀를 여는 순간 이 축제는 시작된다. 이 축제에 참여하지 않겠는가?

3) 설교의 방식 설명

이제 위에 소개한 이동원 목사의 설교의 개요에 나타난 특징들을 구체적으로 설명해 보자.

이동원 목사는 설교의 서론을 거의 현실의 예화로 시작하는 귀납적 방법을 사용하는데, 여기서는 토니 캠폴로 목사가 하와이 식당에서 직접 경험한 거리의 여인들에 관한 이야기 중 갈등과 문제의 내용만 우선 소개한다. 친한 친구라고 하지만 사실은 서로 마음이 닫힌, 문제 있는 사람들의 이야기다. 여기서 주의할 점은 이 내용은 본문에 나오는 사건과 아주 흡사한 이야기여야 한다는 것이다.

다음으로 본문에 나오는 귀먹고 말 더듬는 사람의 이야기를 소개한다. 이 역시 마음까지 닫힌, 문제 있는 사람의 이야기다. 본문에 나오는 이 사람의 이야기는 청중이 익히 알고 있는 내용이다. 따라서 이 사람의 이야기로 설교가 시작되면 청중이 따분해 할 가능성이 많다. 사람들은 누구나 자신이 잘 알고 있는 사실에 대한 이야기를 다시 듣는 것을 싫어하기 때문이다. 그래서 그와 비슷한 현실의 이야기로 설교를 시작하는 것이 좋다. 사람들이 관심을 가지고 주의를 기울일 만한 뉴스나 영화, 미술, 작품, 베스트셀러나 사건, 유머 등으로 설교의 서론을 시작한다면 청중은 귀를 쫑긋하고 설교를 듣기 시작할 것이다.

그런데 현실의 이야기라고 해서 그저 재미있거나 흥미를 끌 만한 내용이기만 해서는 안 된다. 그것은 반드시 본문의 이야기와 비슷한 내용이어야만 한다. 그래야 본문을 해치지 않고 도우는 역할을 제대로 감당할 수 있다. 그렇다. 현실의 예화는 본문의 이야기를 잘 드러내고 주목하게 만드는 보조 수단인 것이다. 그래서 본문의 사건과 쏙 빼닮은 현실의 예화를 제시한 후에 본문의 내용을 소개한다면 청중은 익히 잘 알고 있는 본문의 이야기에도 귀를 기울이게 될 것이다. 이동원 목사가 본문에 아주 적절한 현실의 예화를 잘 활용하고 있음을 앞의 설교의 서론을 통해 다시 한 번 확인해 볼 수 있다.

이어서 이동원 목사는 우리 사회의 한구석에도 마음 닫힌 사람이 있다는 간략한 적용 문장을 제시한다.

다음에 이동원 목사는 전환 질문을 통해 새로운 내용으로 이동함을 인식시키고 있다. 그것은 "이 닫힌 마음의 인생들에게 예수님은 어떤 존재일까요?"란 질문이다. 먼저 문제를 소개한 후 그 문제에 대한 해결책을 제시하는 단계로 나아가기 위한 사전 질문에 해당된다.

이어서 그는 전환 질문에 대한 세 가지의 해답을 제시한다. 첫째, 예수님은 닫힌 인생을 보고 탄식하시는 분이다(34절), 둘째, 예수님은 닫힌 인생을 친히 만져 주시는 분이다(33절), 셋째, 예수님은 닫힌 인생을 향해 말씀하시는 분이다(34-35절).

여기에 제시되는 3개의 대지는 모두가 본문 안에서 추출된 내용이다. 이것이 본문 안에서 나오지 않으면 강해설교라고 할 수 없다. 이동원 목사가 본문에 기초한 대지 추출에도 탁월한 실력을 자랑한다는 사실은 이미 주지한 바가 있다.

그럼 이제는 삼대지 속에 나타난 설교의 전개 방식을 하나씩 설명해 보기로 한다. 첫째, 대지는 본문의 주인공에 대한 예수님의 첫 번째 자세를 소개하는 것(34절)으로 시작하는데, 두 글자의 합성어 (Compassion=Com+Passion)를 활용해서 잘 설명하고 있다. 이어서 설교자가 주인공의 입장에서 그를 대변하는 말을 하고, 그와 관련하여 현대인들에게 구체적인 적용의 내용을 소개한다. 그런 다음 보다 근원적인 문제를 지적하고, 또 그에 대한 예수님의 반응을 찬송가 94장의 가사를 통해 보여 준 후에, 그분이 "닫힌 인생의 유일한 구주이심"을 결론짓는다.

둘째, 대지도 본문의 주인공에 대한 예수님의 두 번째 자세를 소개하는 것(33절)으로 시작하는데, 그때 그분의 행동이 얼마나 따뜻한 손길이었을까를 이해시킨다. 포스트모던 시대를 살아가는, 그런 닫힌 마음을 가진 현대인들의 문제점과 그에 대한 처방전 되시는 예수님을 제시한다. 그런 후에 1960년대의 허무주의 물결 속에서 의욕을 잃고 방황하던 미국의 젊은 히피족들에게 일어난 놀라운 변화의 사건의 내막을 유명한 가스펠 송He touched me을 통해서 소개하면서, 예수님이 지금도 닫힌 인생을 만져 주실 수 있음을 희망적으로 결론짓는다.

셋째, 대지 역시 본문의 주인공에 대한 예수님의 세 번째 행동을 소개하는 것(34-35절)으로 시작한다. 특히 요한계시록 3장 20절을 참조하여 예수님은 지금도 청중이 마음 문을 열고 그분과 함께하는 축제에 참여하기를 원하시므로 모두가 그런 축제를 사모해야 한다고 주장하면서 삼대지를 매듭짓는다.

이 설교의 마지막 부분에서 이동원 목사는 서론에서 소개한 토니 캠폴로 교수의 하와이 식당에서 일어난 사건의 뒷이야기를 마저 소개한다. 이 대목이 이동원 목사의 설교의 압권에 해당하는 부분이다. 이동원 목사가 반으로 나누어 결론 부분에서 소개하는 처음 예화의 뒷이야기에는 대부분 감동적인 반전과 긍정적인 해결의 스토리가 들어 있다고 보면 된다. 이 부분에서는 서론에 소개된 문제나 갈등과는 아주 다른 긍정적이고 충격적인 은혜의 내용들이 소개되기 때문이다.

이 설교에서도 마찬가지다. 가까운 친구 지간이면서도 생일이라고 말하지도 못하고 축하하지도 못할 정도로 마음이 닫힌 인생들이지만 캠폴로 교수의 감동 어린 파티 준비를 통해 그것이 무너지게 된다. 그가 주도한 기도회를 통해 주님의 은혜와 하나님 나라가 임하는 것을 경험하게 되는 놀라운 반전이 소개되지 않는가!

이처럼 감동적인 예화의 뒷이야기를 소개한 후 이동원 목사는 그 사건이 주는 메시지가 바로 본문이 주는 메시지임을 소개한다. 그런 후에 본문의 주인공과 자신이 소개한 거리의 여인들이 체험한, 예수와 함께하는 축제에 설교를 듣는 청중도 동참할 것을 권면하는 것으로 모든 설교를 끝낸다.

이동원 목사의 이 설교는 잊을 수 없는 충격적인 예화의 단계적 소개를 통해 듣는 이로 하여금 한 편의 드라마같이 아주 새롭고 신선하면서도 감동적인, 오래 기억될 명설교로 인식하게 만들기에 충분하다. 그의 신선하고 감동적인 설교를 분석하고 연구하여 자신의 설교에 발전과 변화를 가져오는 설교자들이 많이 생겨나기를 바란다.

chapter 9

호소력 있는 전달의 특징

많은 사람들을 말씀으로 변화시킨 영국의 조지 횟필드는 설교 원고를 남기지 않는 것으로 명하다. 사람들이 그의 설교 원고를 출판하고자 요청하자 그는 이렇게 말했다고 한다.

"저는 제 설교를 기록으로 남겨 둘 생각이 없습니다. 당신은 번개와 우레 소리를 종이에 인쇄할 수 있습니까?"[518]

그렇다. 설교는 원고 작성만으로 끝나는 것이 아니다. 아무리 설교 원고가 잘 작성되고 그 내용이 탁월하다고 하더라도 전달이 제대로 되지 않으면 소용없다.

지금까지 우리는 탁월한 내용의 설교 한 편을 작성하기 위해 본문을 어떻게 성경적으로 분석할 것인지, 그것을 어떤 개요에 담아서 어떤 기법으로 시작하고 매듭지어야 효과적인 설교 원고가 될 것인지를 이 시대의 모범적 강해설교자인 이동원 목사의 설교를 통해 샅샅이 분석, 연구해 왔다. 하지만 그것으로 이동원 목사의 설교가 가진 모든 것들을 다 파악했다고 볼 수는 없다. 아무리 이동원 목사의 설교sermon: 설교 원고에 관한 거의 모든 부분을 살펴봤다고 해도 그의 선포preaching: 전달의 실제 부분을 놓쳐 버린다면 그의 설교를 완벽하게 분석했다고 볼 수 없다.

설교는 원고를 들고 혼자 읽고 외치는 독백monologue이 아니라 쌍방 간의 대화dialogue다. 설교는 일방적인 강의나 강연이 아니라 청중과의 호흡 및 의사소통communication이다. 그래서 청중과의 원활한 커뮤니케이션 기술을 갖추기 위해서 최선을 다해야 한다.

홍영기 목사가 인용한 한 조사에 따르면 한국 교회의 청중이 설교를 잘 듣지 않는 이유로, 첫째는 나의 형편과는 상관이 없어서(7.64%), 둘째는 설교의 내용이 어려워서(11.25%), 셋째는 설교 전달방법이 마음에 들지 않아서(11.25%), 넷째는 설교가 너무 길기 때문에(16.29%) 등이 제시되었다고 한다. 청중을 무시한 설교 전달과 관련된 대답이 45% 이상을 차지하고 있음을 잘 보여 주는 통계다.[519] 전달이 그만큼 중요하다는 말이다.

특히 설교의 효과적인 전달을 위해서 비언어적 측면에도 신경을 많이 써야 한다. 전달은 언어적 요소도 중요하지만 비언어적 요소도 결코 무시할 수 없다. 아니, 후자는 전자보다 훨씬 더 중요한 사안이다.

최근 앨버트 메라비언Albert Mehrabian은 『말없는 메시지』란 책에서 말보다는 비언어적 수단이 더 중요한 의사소통의 통로임을 보여 주었다. 이 책에서는 감정을 전달할 경우 말은 7%만을, 억양은 38%, 얼굴 표정은 55%를 전달해 준다고 밝히고 있다.[520] 즉, 청중은 설교자가 말을 꺼내기도 전에 그의 분위기를 보고 설교를 들을지, 안 들을지를 결정한다는 것이다. 한마디로 우리가 원고 작성에 신경을 많이 쓰고 있긴 하지만, 실제로는 그보다 억양과 음성의 강약, 고저, 장단이나 얼굴 표정과 제스처 등이 압도적으로 큰 영향을 미친다는 말이다.

이동원 목사의 설교에 있어서 비언어적인 측면도 반드시 연구해 봐야 할 필요가 있음을 이야기해 주는 대목이다.[521] 그러기 위해선 설교의 현장에서 직접 그가 선포하는 설교를 오래 듣든지, 아니면 최소한 동영상을 통해 그의 설교를 시청해야만 한다. 조지 횟필드의 이야기처럼, 설교 원고만 가지고 이동원 목사의 설교를 배우려고 한다면 종이에 그린 그림을 보고 천둥과 우레 소리를 들으려고 하는 것과 마찬가지기 때문이다.

이제 이동원 목사의 말씀 선포 속에 나타나는 비언어적 측면을 하나씩 살펴보기로 한다.

1) 소년 같은 동안

항상 청년 같을 줄 알았던 이동원 목사도 이제 칠순을 맞이하는 원로 목사 중 한 사람이 되었다. 세월의 흐름은 막을 수가 없나 보다. 불과 수년 전까지만 해도 머리에 염색을 해서 전혀 나이 들지 않아 보였으나, 지금은 희끗희끗한 백발을 자랑한다. 그동안 필자가 다시 염색할 생각이 없느냐고 두어 번 물어봤지만 대답은 한결같다. 그럴 맘이 없단다. 그가 좀 더 젊게 보이면 더 좋지 않을까 하는 마음에서 던져 본 질문인데, 아쉬움으로 남는다.

그래도 이동원 목사, 그는 언제 봐도 청년같이 젊어 보인다. 마음도 젊고 생각도 젊지만 얼굴 또한 동안으로, 아직도 참 앳되어 보인다. 나이보다 젊어 보이는 외모는 설교자로서 큰 장점이다. 아무리 설교의 내용이 젊고 참신하다 하더라도 외모가 받쳐 주지 않으면 효과가 떨어진다. 그런 점에서 그는 무척 행복한 사람이다.

필자는 작년에 필그림 하우스에서 개최된 이동원 목사의 설교 클리닉에서 강사로 함께 강의할 때 그의 모친과 이모님을 뵙고 같이 식사한 적이 있다. 이동원 목사의 모친이 아직 생존해 계신다는 사실에 놀랐고, 그 분의 인상이 너무도 인자하고 덕스러워 보였다는 사실에 또 한번 놀랐 다. 역시 그 어머니의 그 아들이었다. 콩 심은 데 콩 나고 팥 심은 데 팥 나는 법이다.

더욱 놀란 것은 그의 이모님의 미모였다. 세상에 그렇게 곱고 예쁘게 늙으신 할머니를 본 적이 없다. 모친과 이모님의 모습을 뵐 때 이동원 목 사 역시 오래 장수할 것이라는 생각이 강하게 들었다. 한국 교회의 후배 목회자들을 위해 그가 오래 남아 있다면 큰 힘과 자산이 되리라 생각한다.

2) 햇살 같은 미소

해돈 로빈슨은 설교자의 설교 중 그 효과의 반 이상이 표정에 의해 이 루어진다고 했다.[522] 설교자의 인상과 표정이 설교 전달에 미치는 영향이 크다는 말이다.

아무리 동안이라 하더라도 인상이 좋지 않다면 설교자로서 효력을 발 휘하기 힘들 것이다. 설교자가 인상을 쓰고 좋지 않은 표정으로 설교한 다면 청중에게 좋은 효과를 가져다줄 수 없으리라. 선하고 후덕하고 밝 은 인상으로 강단에서 말씀을 선포한다면 듣는 청중도 밝고 기쁘게 은혜 를 받을 수 있다.

1960년 미국 대선에서 케네디와 닉슨Richard Milhous Nixon이 맞붙었다. 라디오를 통해 두 사람의 토론을 듣기만 한 사람들은 닉슨이 이길 것이 라고 장담했다. 하지만 TV를 시청한 사람들의 견해는 완전히 달랐다. 닉 슨은 말에는 조리가 있었으나 시선이 불안하고 안색이 창백해 보였고 면도도 하지 않은 듯 보였다. 반면 케네디는 차분하고 잘생기고, 웃음을 가득 머금은 동안 소년처럼 보였다.[523] 그 결과 누가 대통령에 당선되었는지는 우리 모두가 다 알고 있는 사실이다.

이동원 목사 역시 젊은 케네디처럼 누가 봐도 햇살같이 상큼한 미소를 지닌, 밝고 상쾌한 인상의 소유자다. 인상이 반을 먹고 들어간다는 말이 있다. 그렇다. 설교자의 표정 속에 그의 인격과 그가 전하는 메시지의 의미와 내용이 스며들어 있다. 이동원 목사는 예수 그리스도와 십자가로 인한 천국 복음의 확신을 갖고 있는 설교자다. 복음에 대한 확신과 말씀을 먹어야 할 대상들인 영혼을 향한 열정으로 가득 찬 전도자다.

그의 밝고 확신에 찬, 미소 띤 얼굴에서 듣는 이들은 많은 긍정적인 것을 피부로 느끼고 전달받게 된다. 설교는 소리로만 전달되는 내용이 아니다. 전달하는 사람의 인격과 확신과 열정과 표정이 함께 작용하여 청중에게 전달된다. 따라서 설교자는 자신의 외모와 표정에도 신경을 많이 써야 한다. 인상이 좋지 않아서 무뚝뚝하거나 찡그린 표정의 소유자라 할지라도 늘 거울을 보고 자신의 모습이 긍정적으로 변화되도록 힘쓰고 애써 고칠 필요가 있다.

3) 따뜻한 인간미와 겸허한 인격

설교는 개신교회와 목회 사역에서 항상 중심을 차지해 왔다. 설교가 흥왕할 때마다 교회는 크게 부흥했고, 반면에 설교가 약화되었을 때는 교회가 쇠퇴했다.[524] 그래서 교회 지도자들은 설교가 교회 부흥의 원인이라고 보는 것이다.

에드윈 다간Edwin Dargan은 다음과 같이 말했다.

"교회에서의 영적 생활과 활동이 활력을 잃은 것은 공통적으로 생기 없고 형식적이고 열매 없는 설교에 기인한 것이고, 이것은 부분적으로 결과와 원인이 된다. 반면, 기독교회사의 위대한 부흥들은 대개 강단의 위대한 역사의 결과물들이라 볼 수 있다."[525]

그런데 최근 들어 교회가 더 이상 건강하지 못하다는 지적이 많이 제기되고 있다. 미국 교회의 80-85%가 성장을 멈췄거나 심지어 감소 현상을 보이고 있다는 통계가 있다.[526] 세계 기독교 역사상 전례를 찾아보기 어려울 정도로 급성장하고 부흥했던 한국 교회도 마찬가지의 병폐를 보이고 있다. 오늘날 교회는 어디서나 위기를 맞고 있는 현실이다. 이것은 무엇을 말하는가? 오늘날 강단에 심각한 문제가 있다는 사실을 말해 주는 것이다.[527]

그러면 오늘날 강단에 무슨 문제가 있단 말인가? 전문가들은 이 문제에 대한 원인을 여러 가지로 밝히고 있다.[528] 이 중에서 가장 중요한 한 가지 원인을 지적해 보자. 그것은 자기가 전하는 설교의 내용에 걸 맞는 삶을 살지 못하는 설교자들의 형편없는 인격이다.[529] 한마디로 설교자들의 인격이 위기 상황이라는 것이다.

오늘날 많은 성도들에게 설교자들의 모범으로 항상 회자되는 한 사람이 있으니, 바로 빌리 그레이엄Billy Graham이다. 40년 이상이나 그는 자신이 전하는 설교와 자신의 삶이 일치하는 정결한 인격자로 널리 알려져 있다.[530] 「크리스채너티 투데이」에서 그는 청중을 제대로 설득하기 위해서 설교자들은 자신이 전하는 말씀과 일치되는 삶을 살아야 한다고 강하게 도전했다.

"오늘 우리의 세계는 고결한 인격자, 자기 목회를 삶으로 보여 주는 소통자를 찾고 있다."531

감리교 감독이자 예일대학 교수였던 필립 브룩스Phillip Brooks는 설교를 다음과 같이 정의했다.

"설교란 한 사람이 다른 사람에게 진리를 전달하는 것이다. 여기에는 진리와 인격이라는 두 가지 필수 요소가 있다. 설교는 결국 인격을 통해 진리를 전달하는 것이다."532

설교자가 전하는 메시지는 메신저(설교자의 인격)와 분리될 수 없다. 설교자의 거룩함이 없는 메시지는 공허한 말에 불과하다. 그렇다. 설교자들이 전하는 말씀message은 설교자messenger와 분리될 수가 없다. 설교자의 인격이 담겨 있지 않은 말씀은 공허한 말씀일 뿐이다. 말씀이 제대로 청중에게 먹혀들어 가려면 먼저 말씀을 전하는 자의 인격이 인정받아야 한다.533

그런 점에서도 이동원 목사는 특별한 사람이라고 할 수 있다. 그를 잘 아는 이라면 누구나 그를 따뜻하고 인간미와 겸손한 인격을 갖춘 지도자로 인정한다. 유명세를 타는 대형 교회의 목사임에도 그에게서는 자기를 드러내거나 과시하는 교만함을 찾아볼 수가 없다. 항상 겸허하게 사람들을 인격적으로 대하고 선배들을 존경하고 후배들에게 위로와 격려를 아끼지 않는 목회자다. 교단을 초월해서 영적 리더들을 한데 아우를 수 있는, 한국 교회의 몇 안 되는 지도자다. 그는 자신의 약점과 맹점을 잘 인식하고 하나님 앞에서 늘 겸손하게 살려고 애쓰는 설교자다.

이동원 목사는, 설교자는 영성과 지성과 인격, 이 세 가지를 필수적으로 갖춰야 한다고 굳게 믿고 있으며, 이를 위해 항상 노력하고 있음을 고백한다.534 그가 하나님 말씀의 선포자로서 합당한 지도자가 되기 위해 얼마나 애쓰고 노력하는지에 관한 이야기를 직접 들어 보자.

"하나님, 제가 이제 결코 곁눈질을 하지 않겠습니다. 한평생 이 길을 가겠습니다. 하나님, 이제 마음속에 유일한 소망은 딱 하나인데, 좋은 목사 그리고 좋은 교회를 주 앞에 만들어 드리고 싶습니다." 이런 기도를 드렸던 기억이 새롭습니다.

그 다음부터는 줄곧 한길을 별로 후회 없이 그렇게 걸어왔다고 생각합니다. 물론 제가 얼마나 좋은 목사가 되었는지, 좋은 교회가 되어 있는지는 아직도 숙제에 속합니다. 분명한 사실은, 좋은 목사가 되기 위해서 저 자신과 지금도 피나는 싸움을 계속 하고 있다는 사실과 그리고 좋은 교회를 주 앞에 드리기 위해서 제 생애의 모든 시간과 정열을 투자하고 있다는 것은 후회 없는 저의 고백이라고 할 수가 있습니다.535

이동원 목사는 2001년 추수감사 주일에 "10가지 감사"에서 이런 고백을 올렸다.

"나같이 죄짓기 십상인 타락 인생이 유명세 덕분에 몸을 도사리며 근신하도록 특별히 배려된 사실."[536]

이처럼 그는 자신의 유명세 때문에 날마다 근신하며 자신을 쳐서 복종시키면서 살 수밖에 없음을 잘 파악하고 있다.

또 그는 워낙 사람이 좋다 보니 카리스마가 부족한 지도자로 오해받기도 한다. 하지만 그는 다른 이와는 다른 카리스마의 소유자다. 비록 강력한 권위와 파워를 휘두르는 스타일은 아니지만, 그는 남달리 온화하고 합리적인 화합형의 카리스마를 지니고 있다. 이런 이동원 목사의 겸허한 인격이 그의 탁월한 설교의 재능과 함께 청중에게 어필되어 놀라운 감동과 은혜와 부흥의 열매로 나타나는 것이다. 말만 잘하고 성경만 잘 해석하고 설교만 잘한다고 되는 것이 아니다. 설교자로서의 겸허한 인격에 탁월한 설교의 능력과 성령의 도우심이 삼위일체를 이룰 때 위대한 설교가 이뤄질 수 있다. 설교자들은 이것을 반드시 기억해야 한다.

4) 화목한 부부간 사랑

적지 않은 유명 목회자들이 가정에 소홀하거나 외도로 인해 문제를 야기하는 모습을 지켜본 적이 있다. 부부간에 문제가 있는 사람이 어찌 양심의 가책 없이 강단에서 하나님의 말씀을 당당하게 전할 수 있겠는가? 혹 겁 없이 뻔뻔스럽게 설교를 계속해 나가는 양심에 화인 맞은 이도 있겠지만, 하나님의 성령이 함께하시지 않는 설교는 결국 목회의 실패로 귀결되고 말 것이다.

이동원 목사는 그런 점에서도 모든 설교자들의 귀감이 되고 있다. 이동원 목사와 우명자 사모는 잉꼬부부로 소문난 이들이다. 이동원 목사의 아내 사랑은 남다르다. 지금도 두 사람은 연애 시절과 꼭 같이 찰떡궁합을 자랑하고 있다. 필자는 마치 젊은 연인들의 애틋한 사랑처럼 세월이 지나도 변하지 않는 그들의 모습을 가까이서 지켜볼 수 있었다.

우명자 사모는 소녀같이 순수한 마음의 소유자이자, 언제나 다른 사람들을 편안하게 해 주는 은사의 소유자다.[537] 하늘이 내린 진정한 사모의 전형적인 모델이라고 볼 수 있다.[538] 유유상종類類相從이라고 했던가! 부부가 닮았으니 함께 사는 것이다.

"나 같은 인생이 감사할 수밖에 없는 10가지 사실"에서 이동원 목사는 두 번째 이유로 다음과 같은 내용을 소개한다.

"나 같은 남자가 아내 명자를 만나 결혼하여 남편 되고 아빠 된, 아무리 생각해도 믿을 수 없는 사실."[539]

그가 자신의 아내를 어떻게 생각하는지를 잘 엿볼 수 있는 대목 아닌가? 그뿐 아니다. 결혼 30주년을 맞아 이동원 목사가 쓴 "아내에게 띄우는 편지" 속에 나오는 일부도 소개해 본다.

사랑하는 친구 명자여, … 당신은 정말이지 주께서 우리 집안에 보내신 천사였고 '파라클레이토스paracletos, 보혜사'였어요.

사랑하는 여보, 그동안 감사할 일이 참 많았지요. 거의 지옥 같던 우리 가족의 풍경이 지금은 천국 수준으로 바뀌었어요. 당신의 그 유명한 개성파 시동생들도 열심히 가정을 꾸리며 인생길을 가고 있어요. 주께서 당신과 내게 맡기신 자식들이 미래를 향해 믿음 안에서 건강하게 걷고 있는 모습도 뿌듯하지요. 우리가 함께 섬겨 온 지구촌교회도 이만큼 성장했습니다. 우리가 무엇을 불평하겠어요? 우리를 사랑해 준 수많은 교우들의 따뜻한 격려 덕에 주께서 우리에게 맡기신 복음 사역과 목회 사역을 함께 감당할 수 있었지요. 온 세상이 들을 수 있게 "Thank you Lord! 하나님 감사합니다!"라고 소리치고 싶은 것이 솔직한 내 심정이에요. 그리고 정말 진심 어린 내 고백인데, 이 모든 여정은 당신이 내 곁에 있었기에 가능한 일이었어요.

사랑하는 여보, 우리 또다시 주실 앞으로의 30년을 주께 부탁드려 보면 어떨까요? 30년이 너무하면 20년으로 할까요? 최소한 결혼 50주년 금메달 금혼식은 당신과 함께 누릴 생각이니 그리 알기 바라요. 물론 그것도 높으신 분의 결재 없이는 불가능한 일이지만, 언제나 우리 기도를 외면하지 않고 신실하게 들어주신 그분이 이런 기도를 결코 너무하다고 나무라실 것 같지는 않군요. 그럼 우리들의 마라톤 금메달을 위해 최근에 우리가 큰맘 먹고 결심한 다이어트와 운동에 맘과 뜻과 힘을 다해야겠지요. 그런데 결혼기념일 식사를 너무 근사하게 하다보면 그동안의 다이어트가 물거품이 될까 걱정이 앞서는군요. 샐러드가 맛있는 괜찮은 식당이 어디 있는지 열심히 알아보기로 하지요. 당신과 나의 건강을 위하여, 우리의 행복한 금메달을 위하여, 아니 우리 공동체 식구들을 건강하게 섬기기 위하여!

위: 위대하신, 하: 하나님의, 여: 영광을 위하여! 위하여, 아멘 그리고 파이팅!

당신의 영원한 여보, 목동이 드립니다.[540]

가화만사성家和萬事成이라고 했던가! 부부간에 사랑과 화합이 이루어지지 않은 이가 어찌 하나님의 말씀을 자신 있게 전할 수 있으리요. 설교자로서의 확신과 여유는 가정에서의 평안과 부부간 화목으로부터 비롯된다. 이동원 목사의 설교가 청중에게 효과적으로 잘 전달되는 이유가 그의 탁월한 말재주와 수사 기법과 제스처와 시선 처리와 흡인력 있는 목소리 등에만 달려 있지 않음에 유의하자.

5) 정확한 발음과 주옥같은 목소리

스피치든 설교든, 발음과 목소리는 생명과도 같다. 발음이 정확하지 않거나 목소리가 좋지 않으면 청중이 제대로 듣거나 이해할 수 없다. 좋은 발음과 목소리를 타고난 것은 축복이 아닐 수 없다. 설교를 듣다 보면 발음도 문제가 있고 목소리도 듣기 거북한 경우가 적지 않다. 그런 점에서 이동원 목사는 누가 봐도 발음이 정확하고, 목소리 또한 매력적인 설교자 중 한 사람이다. 오죽했으면 그를 잘 아는 홍정길 목사가 "자다가 일어나 설교를 시켜도 주옥같은 목소리가 나오는 사람"이라고 격찬했을까!

하지만 발음이 정확하고 목소리가 좋다고 만능은 아니다. 음성의 강약과 고저, 장단은 물론, 빠르고 느린 속도까지 적절하게 조절할 줄 알아야 한다. 처음부터 느린 속도가 끝까지 느리다거나, 처음부터 약한 톤이 끝까지 약한 식의 천편일률적인 설교의 음성이라면 청중의 관심을 끌 수가 없다. 이동원 목사는 설교 시 어느 부분에서 강하게 해야 하고 빠르게 해야 하고, 휴지休止를 해야 하는지를 잘 파악하고 조절함으로써 효과적인 전달에 큰 유익을 끼쳤다. 이동원 목사의 전달법에 관해 연구한, 필자의 제자인 성연국 목사는 그의 목소리의 특징을 다음과 같이 말한다.

음성의 높이는 주로 중음을 사용하고 있고, 각 음절의 이어짐과 끊어짐은 리듬을 사용하여 분별할 수 있도록 하고 있다. 특히, 첫 음을 높임으로 강조하면서 설교 메시지를 전달하고 있다. 또한, 강조할 부분에서는 그 단어에 힘을 주어 말함으로 그 중요성을 부각시키고 있다. 이동원 목사의 설교 전달 속도는 약간 빠르게 느껴진다. … 반복적이고 점층적인 부분을 전할 때는 목소리의 톤을 높이고 속도는 빨리함으로 그 내용을 강조하고 있다. 음색은 약간 굵고 안정감을 가지고 있다. 그래서 자극적이지 않고 편안한 커뮤니케이션을 가능하게 해 준다.[541]

그렇다. 이러한 장점들이 이동원 목사를 탁월한 전달가로 만드는 데 중요한 역할을 감당했음은 물론이다. 그런데 그의 책 『비전의 신을 신고 내일로 간다』를 보면 그의 화법은 어려서부터 웅변대회에 참가하면서 훈련되기도 했는데, 그 덕에 아나운서가 되라는 소리를 듣고 아나운서가 되는 꿈을 꿀 정도로 탁월했다.[542] "될성부른 나무는 떡잎부터 알아본다"고, 그의 재능은 선천적이기도 하거니와, 부단한 연습을 통한 후천적인 열매이기도 하다.

이동원 목사는 언제나 타고난 재주만으로 만족하지 않고 후천적으로도 최선을 다해 발전과 변화를 위해 애쓰는 노력형 설교자다. 이 시대 최고의 설교자는 그냥 만들어지는 게 아니다. 부단한 땀과 훈련을 통해 탄생하는 것이다. 그리고 이런 사실은 좋은 음성과 목소리를 타고나지 못했다고 생각하는 설교자들에게 큰 위로와 격려를 준다.

설교자들이여! 이동원 목사처럼 설교를 위해 생명을 걸어라. 한 편의 설교를 위해 일생을 결단하라. "Practice makes perfect"라 하지 않던가! 끊임없는 노력과 훈련이 완벽한 설교자를 만드는 법이다. 이동원 목사를 설교의 모델로 삼아 최선에 최선을 경주하자.

6) 주의를 집중시키는 제스처

아테네의 정치가요, 그리스의 뛰어난 웅변가였던 데모스테네스 Demosthenes는 "제스처는 연설의 시작이요, 진행이요, 마지막"이라고 했다.[543] 그만큼 연설에 있어서 제스처가 중요하다는 뜻이다. 만일 연설자가 아무런 손동작 없이 말로만 연설한다고 생각해 보라. 그 연설이 청중의 주의와 관심을 제대로 끌 수 있겠는가? 또 연설자가 전하고자 하는 개념과 의미를 제대로 전달할 수 있겠는가?

해돈 로빈슨은 설교자의 바람직한 동작과 몸짓에 대해서 다음과 같이 말하고 있다.

설교자들은 심정과 감정이 요구하는 대로 몸이 자연스레 움직이도록 내버려 둘 필요가 있다. 또한, 제스처를 적절히 사용해야 한다. 제스처를 쓰면 말하는 사람의 마음에 자신감을 줄 뿐 아니라 듣는 사람들이 일체감을 가짐으로써 똑같은 느낌을 함께 경험하도록 해 준다.[544]

그의 말대로 이동원 목사는 이러한 내용의 제스처를 잘 활용하고 있는 설교자다. 이동원 목사의 제스처는 다양한 방식으로 전개됨을 본다.

때로는 한 손을 사용할 때도 있고, 양손을 다 사용하기도 하고, 한 손으로 주먹을 불끈 쥐기도 하고, 엄지와 검지 손가락을 사용하여 가리키기도 하고, 두 손을 안에서 밖으로 펼쳐 보이는 동작을 활용하기도 한다.

정성영 박사의 논문에 의하면, 이동원 목사는 자신의 제스처에 대하여 특별히 배우지도 않았고, 치밀하게 계산해서 행동에 옮기지도 않는다고 한다. 그러나 단상에 서서 설교하는 순간 그 내용과 상황에 맞춰 자연스럽게 동작이 나온다는 것이다.[545] 필자가 대화를 통해 본인에게 직접 확인한 바도 이와 같다.

제스처는 청중의 시선을 끌 뿐 아니라 자신이 전달하고자 하는 내용을 생생하게 묘사하는 일에 활용되는 소중한 도구다. 그렇다고 손동작을 지정된 룰도 없이 무질서하게 자주 사용하는 것이 능사는 아니다. 두 손을 균형있게 나누어서 적절하고 설득력 있게 사용해야 한다.[546]

이동원 목사는 오른손과 왼손을 자연스럽고 적절하게 활용하는 설교자로 정평이 나 있다. 그의 제스처는 청중에게 안정감을 줌은 물론, 전하고자 하는 의미를 보다 선명하게 파악하게 하고, 선포하는 메시지에 보다 집중하게 하는 큰 장점이 있다. 설교자들은 이동원 목사의 제스처를 잘 지켜보고 활용해 볼 필요가 있다.

7) 청중을 빨아들이는 흡인력

감동이 없고 무미건조한 설교만큼 설교자들이 경계해야 할 사안도 없으리라. 모름지기 설교는 내용적으로도 알맹이가 충실해야 하지만, 청중의 가슴을 적시고 뜨거운 감동을 줘야 제맛이다. 그러기 위해서는 청중의 마음을 사로잡는 강한 흡인력이 필요하다.

이동원 목사는 탁월한 흡인력으로 소문난 설교자다.[547] 이것은 이동원 목사의 설교를 비판하는 사람에게서도 동일하게 나오는 평가다. 정용섭 목사는 이동원 목사의 설교를 다음과 같이 평가하고 있다.

> 이동원 목사는 남보다 뛰어난 설교의 카리스마를 확보하고 있다. 일단 입담이 남다르다는 것이다. 이동원 목사는 설교가 시작되면서부터 끝날 때까지 청중들의 관심을 자신의 설교 행위 안으로 끌어들이는 능력이 탁월하다. 이동원 목사의 언변이 설교를 추동해 가는 원천이다. 이런 카리스마를 얻기 위해서 그의 말하는 기술을 흉내 내는 사람들이 있을지 모르지만, 이 문제는 그런 기술로 해결될 성질의 것이 아니다. 우선 타고난 기질이 있어야 하고, 다른 사람이 대신해 줄 수 없는 독서와 공부, 자기 성찰과 삶의 경험이 종합적으로 그런 능력을 제고시킨다.[548]

이동원 목사의 설교는 지적인 면에서뿐만 아니라 정적인 면에서도 뛰어난 재능을 발휘하고 있다. 그의 설교에는 듣는 이들의 마음을 확 사로잡는 강한 흡인력이 있다. 한번 듣고 나면 다시 듣지 않고서는 배길 수 없게 만드는 묘한 맛을 경험하게 된다. 청중을 매료시키는 이동원 목사의 강한 흡인력은 설교자라면 누구나 부러워할 만한 엄청난 자산이 아닐 수 없다. 그것은 복음에 대한 그의 강한 확신과 그의 고상한 인격 그리고 청중을 향한 뜨거운 사랑과 열정 등이 한데 어우러져 나오는 결정체다. 이동원 목사의 말로 표현하자면, 그것은 '복음과 삶'이다.[549]

그렇다. 청중의 마음을 사로잡는 강한 흡인력의 설교자가 되려면 복음과 삶에 집중해야 한다. 하나님의 말씀을 전하는 설교자들이 꼭 지녀야 할 핵심인 복음과 삶 말이다.

8) 리듬감 있는 운율의 문장

리듬은 사람들의 귀를 즐겁게 함으로써 설교의 흥미와 집중을 한층 더 높이는 역할을 한다. 옛 조상들이 시조를 지을 때 운율을 맞추어서 활용한 예를 익히 알고 있다. 시를 쓰는 이들이 반복법이나 두운법을 사용해서 읽기 쉽게 만든다는 사실도 잘 아는 바다.

특히 연설하는 사람이 문장을 리듬감 있게 운율에 맞추어서 효과적으로 잘 만든다면 듣는 이들이 지겨워하지 않고 즐겁게 그 내용을 귀담아들을 수 있을 것이다. 따라서 글을 쓰거나 원고를 작성할 때 주의를 기울여 청중의 관심을 유발시킬 수 있는 문장으로 다듬어야 한다.

설교도 마찬가지다. 어떤 이의 설교 원고를 보면 한 문장이 세 줄에서 다섯 줄의 만연체로 구성되어 있음을 본다. 그런 원고는 청중이 듣기 싫어하고 식상해 하기 마련이다. 설교자의 전달에도 어려움이 많다. 모름지기 문장은 짧고 간결하고 운율이 있어야 한다. 또한 중요한 단어나 구가 여러 번 반복되는 문장으로 만들 필요가 있다.

이동원 목사의 문장은 우선 간결하고 심플하게 짜여 있음을 본다. 그리고 중요한 단어나 문장일 경우에는 여러 번 반복해서 강조하고 있음도 주목된다. 특히 결론 부분에 나타나는 문장은 반복과 함께 간결하게 압축되어 있음에 유의하라. 그 실례들을 찾아보자.

그분이 고난을 당하신 이유는 무엇입니까? 그분의 침묵과 곤욕과 심문은 누구를 위한 것이었습니까? 왜 찔리고 왜 상하셨습니까? 당신 때문입니다. 당신 때문입니다.[550]

작은 성숙, 작은 실천, 작은 발전, 작은 변화, 그러나 주님은 이것 때문에 기뻐하십니다. 이것 때문에 기뻐서 어쩔 줄 몰라 하십니다. "아버지, 내가 저들을 인해서 영광을 받았습니다"라고 하십니다. 내 허물과 잘못을 잊어 주시고, 내 삶에 나타나는 작은 성숙과 변화 발전의 조짐을 보시고 이토록 감격해 하시는 주님! 그렇다면 용기를 내십시오. 내 작은 선행과 내 작은 성숙이 이토록 주님 앞에 기쁨과 영광을 돌릴 수 있다는 사실에 주님을 찬양하기 바랍니다.[551]

어느 주일학교 학생이 죽어 가고 있었습니다. 주님을 사랑했던 이 아이는 예수 그리스도를 거절하는 무신론자인 아버지에게 죽어 가면서 마지막으로 한 번 더 호소합니다.

"아버지, 저는 천국 가요. 그렇지만 아버지는… 아버지도 예수를 믿으세요."

호소하는 이 어린아이의 절규 앞에 그래도 냉담한 이 비정한 아버지, 계속 신앙의 결단 앞에서 최후까지 침묵을 지키고 있는 이 잔인한 아버지에게 아들은 마지막 질문을 던졌습니다.

"아빠, 주님 앞에 가서 아빠가 왜 예수님을 안 믿는다고 말씀드릴까요?"

묻습니다.

주님 앞에 가서 내 남편이 왜 예수를 안 믿는다고 말씀드릴까요?

주님 앞에 가서 내 아내가 왜 예수를 안 믿는다고 말씀드릴까요?

주님 앞에 가서 내 사랑하는 아들이 왜 예수를 안 믿었다고 말씀드릴
까요?

주님 앞에 가서 내 아버지, 내 어머니가 아직도 예수를 믿지 않은 이
유가 무엇이라고 말씀을 드릴까요?[552]

옳습니다. 하나님의 나라에는 모든 것이 풍성하게 준비되어 있다는 사
실을 아십니까?

이 나라에는 여러분이 목말라하는 영생이 있습니다.

이 나라에는 여러분이 원하는 평화가 있습니다.

이 나라에는 당신이 추구하고 있는 의가 있습니다.

이 나라에는 당신이 그리워하는 영원한 기쁨이 있습니다.

이 나라에는 넘치는 사랑이 있습니다.

이 나라의 주인은 그리스도이십니다.[553]

이런 리듬감 있는 운율의 문장들이 이동원 목사의 설교의 전달을 보
다 쉽게 해 줌은 물론, 청중에게 흥미와 주의를 배가시키는 유용한 도구
로 활용되고 있음을 기억하자. 과연 나 자신의 설교는 이처럼 리듬감을
갖고 효율적으로 잘 선포되고 있는지 스스로 점검해 보자.

9) 청중을 압도하는 시선 처리와 휴지pause

설교는 듣는 이 없이 진행되는 설교자만의 독백이나 원맨쇼가 아니다. 반드시 그것을 듣기 위해 기다리는 청중이 존재한다. 따라서 설교자는 청중과 호흡을 같이 해야 한다. 그러기 위해서 언어만 사용하는 것이 아니라 눈을 사용하여 좌우를 번갈아 가며 바라보고, 청중과 적절하게 시선을 맞추면서 말씀을 선포해야 한다.554

키케로Marcus Tullius Cicero는 "전달에 있어 음성 다음으로 중요한 것이 얼굴 표정이다. 그리고 그 표정은 눈이 좌우한다"라고 말했다.555 해돈 로빈슨 또한 설교자의 바람직한 시선 접촉에 대해서 다음과 같이 말하고 있다.

> 설교자가 사용하는 수단 중 입 외에 가장 중요한 수단이 눈이라고 할 수 있다. 눈에 의한 접촉은 듣는 사람들의 주의를 유지시키며, 청중의 반응을 설교자가 확인할 수 있도록 해 준다. 또한 교인들의 눈을 바라볼 때 청중들은 설교자가 개인적으로 말하고 싶어 한다는 느낌을 준다.556

그렇다. 눈은 전달의 중요한 수단이다. 눈과 눈이 마주칠 때 마음과 마음도 하나가 될 수 있다. 하지만 원고를 온전하게 숙지하지 못한 사람은 시선 처리가 불가능함을 알아야 한다. 원고에 매이는 연설자가 어찌 청중과의 시선 맞춤에 신경 쓸 여유가 있겠는가? 뿐만 아니라 청중 앞에서 심리적으로 위축되거나 자신감을 상실한 사람도 청중을 제대로 쳐다볼 수 없다. 그렇게 되면 설교자와 청중 사이의 교감이 떨어지게 되고,

결국 청중은 흥미와 집중을 잃을 수밖에 없게 된다.[557] 따라서 설교자들은 청중과의 하나 됨을 위해 시선 처리가 얼마나 중요한 것인가를 늘 인식하고 있어야 한다.

이동원 목사는 언제나 진리에 대한 번뜩이는 지성과 복음으로 인한 확신에 찬 마음과 양 떼를 사랑하는 따뜻한 시선으로 청중에게 다가선다. 촌철살인의 유머로 청중의 마음을 활짝 열어 주고, 포근한 미소와 시선으로 청중에게 신뢰를 가져다준다. 이를 가능케 하기 위해 그는 설교 원고를 거의 암송하는 작업을 먼저 한다.[558] 일단 원고를 제대로 숙지했기 때문에 청중과의 시선 맞춤은 자유로이 이뤄질 수 있다.

말씀을 선포하는 그의 눈동자를 지켜보라. 거짓이나 과장이나 교만이나 거들먹거림 하나 없이, 진지하고 진실하고 따사롭고 확신에 찬 눈빛으로만 꽉 차 있다. 그런 그로부터 언제나 맛깔스러운 양질의 양식이 그의 청중에게 제공되는 것은 너무도 당연한 일이 아니겠는가? 그보다 더 큰 행복과 기쁨이 또 있을까?

그뿐 아니다. 이동원 목사는 짧은 쉼인 휴지pause를 잘 활용하는 설교자다. 설교해 나가다가 성도들에게 강한 도전과 임팩트impact를 줘야 할 때 짧은 침묵을 가지는 것이 필요하다. 목적과 의도가 분명한 휴지는 설교를 계속 이어 가는 것보다 훨씬 힘이 있다. 설교 시 필요한 시점에 잠시 동안의 침묵이나 휴지를 활용함으로써 청중에게 더 깊은 관심과 흥미를 갖게 하는 장점이 있다. 휴지를 통해 청중에게 생각하고 마음에 새길 여유를 주기도 한다.[559] 폭풍 전야의 고요함이라고나 할까. 설교의 절정 바로 직전에 잠시 말을 멈추고 쉬면 긴장감을 더하게 하는 효과가 있다.

이동원 목사는 휴지를 통해 자신의 설교를 매우 역동적으로 이끌어

가며, 청중 한 사람 한 사람의 삶에 강하게 도전한다. 그는 한 편의 설교가 진행되는 동안 여러 차례의 휴지를 사용한다. 중요한 진리를 말하기 전, 예화를 사용하기 전, 약 2초 정도의 휴지를 갖는다. 그러다가 설교가 점차 빨라지며 목소리의 톤도 커지면서 정점에 달한 후, 강한 도전을 호소한다. 그리고 나서 다시 한 번 짧게 휴지를 가진 후 설교를 마무리하는 기도로 이어지는 특징이 있다.

아무리 깊이 있는 성경 해석의 실력과 효과적인 설교 원고 작성의 능력을 지녔다 할지라도 전달이 제대로 되지 않는다면 결코 위대한 설교자라고 할 수 없다. 설교를 전달하고 선포하는 내내 청중의 주의를 집중시키며, 그들을 효과적으로 설득하고, 그들로부터 호의적인 반응을 이끌어내어 은혜와 감동과 결단과 삶의 변화를 가져오게 한다면, 그것이야말로 최고의 설교라고 할 수 있다.

이 시대에 대한민국이 인정하는 설교자는 아무나 되는 것이 아니다. 1세기에 한 번 나올까 말까 한 위대한 설교자는 그냥 만들어지는 것이 아니다. 오늘의 지구촌교회와 이동원 목사는 하루아침에 이루어진 것이 결코 아니다.

소년 같은 동안과 햇살 같은 미소, 따뜻한 인간미와 인격, 정확한 발음과 주옥같은 목소리, 호소력 있는 제스처, 청중을 빨아들이는 감화력, 리듬감 있는 운율의 문장, 그리고 청중을 압도하는 시선 처리와 휴지. 이 책 전반에 걸쳐 소개한 이동원 목사의 탁월한 성경 해석과 효율적인 원고 작성의 재능에, 이런 위대한 전달의 능력들이 백분 발휘되어 오늘의 이동원을 있게 한 것임을 반드시 기억하자.

chapter 10

이동원 목사와의 인터뷰

이동원 목사를 존경하고 따르는 설교자들 중 그와의 직접적인 만남과 대화를 원하는 이들이 적지 않을 것으로 생각된다. 최고의 명설교자와의 교제를 통해 그의 세련된 매너와 지적 능력과 인간미와 유머를 가까이서 접하는 것은 물론, 설교에 관해 물어볼 궁금한 내용들이 꽤 많을 것이다. 필자는 모든 설교자들이 궁금해할 만한 내용들을 질문으로 만들어 이동원 목사와의 일대일 대담 형식의 인터뷰를 준비해 보았다.

Q 목사님께서는 명설교자이자 달변가로 유명하신데요, 어릴 때부터 원래 말을 잘하셨는지, 노력도 많이 하셨는지 궁금합니다.

A 말을 잘하고 싶어서 중·고등학교 시절에 여러 웅변대회에 수차례 나갔지만 수줍음이 많고 담대하지 못해 도중하차하곤 했습니다. 그러나 전도사가 되면서 간증이나 설교의 기회를 가질 때마다 원고를 완벽하게 쓰고 암송하고 거울 앞에서 연습도 하면서 점차 표현력이 발전하는 것을 느꼈습니다.

Q 설교 시에 명품 유머를 사용하시는데 타고나신 것인지, 아니면 특별

한 비법이 있으신지요?

A 저의 돌아가신 부친이 유머가 많았고 생존해 계신 모친도 주변을 웃기는 재주가 있는 것으로 미루어 어느 정도의 DNA가 작용하지 않았나 생각하지만, 늘 삶의 어려움 속에서도 인생을 낙관적으로 보고 유머를 찾은 것도 사실입니다.

Q 목사님의 설교 속에는 독서의 흔적들이 많이 나타나는데요, 독서량은 매달 얼마인지, 어떤 장르를 주로 읽으시는지 알고 싶습니다.

A 저는 정독형은 아니고 속독으로 대강의 내용을 파악하고 꼭 중요하다고 생각하는 부분만 다시 정독하는 스타일입니다. 그렇게 한 주간 제 손을 거쳐 가는 책들이 5-6권, 한 달이면 20권 정도를 만나고 있습니다.

Q 강해설교의 일인자라는 찬사를 받고 계시는데요, 목사님 생각에 강해설교란 무엇인지 설명해 주십시오.

A 과찬입니다. 저는 전혀 그렇게 생각한 일이 없고요. 제가 생각하는 강해설교의 정의는 본문을 선택하고 성실하게 해석한 다음, 본문의 메인 아이디어를 주제로 하여 그 주제를 청자의 삶의 정황에 적용하는 것이라고 이해하고 있습니다.

Q 목사님 생각에 하나님이 인정하실 위대한 설교는 어떤 설교라고 생각하십니까?

A 본문을 통해 파악된 하나님의 마음을 전달하여 오늘을 사는 하나님의 백성에게 진정한 삶의 희망을 전해 주는 설교라고 믿고 있습니다.

Q 지금도 예화를 사용하면 질이 떨어지는 설교라고 생각하는 분들이 있는 것 같은데, 목사님이 설교에 예화를 사용하시는 이유는 무엇인지요?

A 예수님은 비유가 아니면 말씀하시지 않는다고 하셨습니다. 복음서는 전체가 내러티브 아니겠습니까? 예화를 위한 예화는 곤란하지만, 본문을 예증하는 시의적절한 예화의 사용은 오히려 예술이라고 대답하고 싶습니다.

Q 목사님 사무실 벽에 두 사람의 그림과 사진이 걸려 있던데, 누구누구인지, 그분들이 목사님 설교에 끼친 영향은 무엇인지를 말씀해 주시겠는지요?

A 존 번연과 찰스 스펄전의 사진인데요. 저의 설교 초기에 존 번연의 『천로역정』을 통해 진리를 이야기로 전달하는 상상력을 도전받았고, 스펄전을 통해 그리스도 중심의 복음적 설교의 진수를 영향 받을 수 있었습니다.

Q 목사님의 설교에 몇 차례의 변화가 나타난 것으로 알고 있는데, 그 변화에 따른 청중의 반응의 변화도 당연히 있었으리라 생각합니다. 무엇인지 궁금합니다.

A 담임목사가 된 후 처음 15-18년은 본문 중심의 도식적인 강해설교로, 주로 책별 강해설교를 많이 시도하다가, 한국에 다시 귀국하여 지구촌교회를 개척하던 때를 기점으로 주제별 귀납적 강해설교로 전환하게 되었습니다. 각각의 장단점이 있겠지만 포스트모던의 도래라는 시대적 변화에의 적응이 제일 중요한 원인이었습니다. 모던 스타일의 나이 많은

분들은 옛날 설교를 선호하시고, 포스트모던인들은 지금의 스타일을 더 좋아하시는 것 같습니다.

Q 목사님의 설교에 남다른 강조점과 장점이 있다면 무엇인지 말씀해 주시지요.

A 글쎄요. 설교의 뚜렷한 목적인 구원과 성숙 그리고 헌신에 대한 소통이 제가 늘 설교에서 유의하는 강조점이라고 할 수 있을 것 같습니다.

Q 목사님 설교에 아쉬운 점이 있다면 무엇인지, 다시 태어나셔서 40년 정도 설교하신다면 어떤 점을 보완하고 싶으신지 궁금합니다.

A 글쎄요. 제가 본래 예언자적 스타일의 사람이 아니라 그 부분의 설교가 약점임을 인식하고는 있는데, 제가 다시 태어나도 달라질지는 모르겠습니다. 본래 저의 심성이 제사장적 기질이 더 지배적이기 때문입니다. 그러나 완전히 새로운 시대에 태어난다면 지금 설교자들이 이야기하는 완벽하게 이야기적인 설교를 시도하고 싶은 마음도 있습니다.

Q 은퇴하신 후 지금 설교는 일주일에 몇 편 정도 하십니까? 그리고 설교 준비는 어떻게 하시는지요.

A 설교 마당이 지구촌교회 중심이 아니라는 것만 달라졌지, 아직은 전과 비슷한 양의 주일 설교를 담당하고 있습니다. 수요 설교와 새벽 설교의 짐에서는 해방되었습니다만….

Q 국내외적으로 살펴볼 때 설교자라면 반드시 알아야 할 분들이나 필

독서가 있는지요?

A 설교사에 큰 영향을 끼친 분들의 자서전과 설교집들을 정독하시라고 권하고 싶습니다. 크리소스톰, 어거스틴, 클레르보의 버나드, 마틴 루터, 존 칼빈, 찰스 스펄전, 마틴 로이드 존스, 존 스토트, 우리 시대의 척 스윈돌, 존 파이퍼, 팀 켈러, 존 오트버그, 한국의 손양원, 한경직, 옥한흠 등을 추천하고 싶습니다.

Q 목사님의 목회 하면 얼른 떠오른 것이 탁월한 강해설교입니다. 그 외에 목사님이 목회하시면서 제일 강조하신 부분은 어떤 것입니까?

A 묵상과 기도에 늦게 눈을 떴고요. 지구촌교회 은퇴 직전에는 셀 목회와 사회 복지에 마지막 헌신을 드리고자 했습니다.

Q 이 시대 최고의 설교자로 인정받고 계신데, 이에 대한 소감은 무엇이며, 그 외에 후배들이 어떤 설교자로 기억해 주기를 원하시는지요?

A 최고는 적절한 표현이 못 되고요. 말씀의 선한 청지기가 되고자 몸부림친 한 선배로만 기억되었으면 합니다.

Q 독자들이 제일 관심 가질 만한 질문인데요, 국내 설교자들 중 목사님의 대를 이어 위대한 설교자로 오래 영향을 미칠 후배가 누구라고 생각하시는지요? 가능성 있는 몇 분을 말씀하셔도 좋습니다.

A 저보다 더 큰 그릇의 훌륭한 후배 설교자들이 많이 눈에 띄지만 그분들이 걸어야 할 길이 아직 많이 남아 있기에 이름을 열거하는 것은 적절하지 않은 것 같습니다.

Q 1년에 한 차례 선착순으로, 40명 정도의 담임목사들로 제한된 목사님의 '설교 클리닉'에 참가하지 못하는 아쉬운 분들이 많습니다. 그 외에 다수를 대상으로 하여 개최하는 '설교 세미나'를 구상해 보시진 않으셨는지요?

A 다수가 되면 질적으로 떨어지는 세미나를 할 수밖에 없어서 고민 중입니다. 조금 시간이 되면 1년에 3회 정도는 기회를 갖고 싶습니다.

Q 은퇴 후 앞으로 중점을 두고자 하는 사역에 대해 말씀 부탁드립니다.

A 지금 같은 설교나 기도 세미나, 목회자 평신도 리더십 훈련에 더 많은 시간을 내어 헌신하고 싶습니다.

Q 지금도 소년 같은 동안을 자랑하시는데, 머리 염색을 다시 하실 계획은 없으신지, 페이스북이나 트위터를 재개하실 의향은 없으신지 궁금합니다.

A 그냥 이대로 자연스럽게 늙고 싶어요. 페이스북이나 트위터는 많이 고민 중입니다. 주님의 특별 계시가 있으면 재개할지도 모르죠.

Q 잉꼬부부로 알려져 있으신데요, 오랜 세월 함께 살아오신 사모님 자랑 좀 해 주세요.

A 저를 위해 많은 것을 희생한, 잠언 마지막 장의 덕 있는 여인이지요. 마지막 황혼에 여유를 갖고 그림을 많이 그리는 모습을 보고 싶습니다.

Q 한국 교회의 위기는 강단의 위기라는 목소리가 높은데, 이 위기를 타

개하기 위해서 설교자들이 어떻게 해야 하며, 또 설교는 어떤 방향으로 나아가야 하는지요?

A 자신과의 정직한 대면이 제일 중요하고요. 다른 어떤 일보다 말씀 준비에 최우선 순위를 두는 설교자들이 되었으면 합니다.

Q 지난 4월 16일, 미국 미드 웨스턴 침례신학교에서 목사님을 기념하는 'The Daniel Lee Chapel' 봉헌 기념 예배와 채플 강사로서의 설교가 있었던 것으로 알고 있는데, 그 배경과 내용들을 좀 알려 주시지요.

A 별거 아니고요. 그 학교의 D. Min 과정을 돕는 중에, 총장께서 이제 미국 사역자들도 동양의 설교자나 선한 영향력으로부터 배우는 것이 중요하다고 하여 새롭게 강단을 증축하는 과정에서 이런 프로젝트가 탄생한 것으로 알고 있습니다. 프린스턴 대학에 오래전에 한경직 기념 채플이 있었습니다만, 침례교 계통으로는 처음인 것으로 알고 있습니다.

Q 마지막으로 칠순을 맞으신 소감과 하나님을 향한 감사의 말씀을 소개해 주시지요.

A 한 일 없이 부끄럽게 나이만 먹은 것 같아 죄송할 따름입니다. 나를 나 되게 하신 은혜에 다소나마 보답하다가 가는 남은 세월이 되었으면 합니다. 저는 하나님의 갚을 수 없는 은혜에 빚지고 사는 한심한 죄인이기에 모든 것이 감사할 따름입니다.

chapter 11

명설교자들 및
신학자들과의 인터뷰

이동원 목사의 교제의 폭은 한없이 넓다. 특히 우리나라에 알려진 명설교자들과의 교분은 상당히 깊다. 따라서 이동원 목사와 그의 설교에 관한 유명 설교자들의 평가가 어떠한지를 들어봄도 매력 만점의 관심사라 생각한다. 다음은 명설교자 14명과 성경 신학자 1명 및 설교학자 3명과의 인터뷰 내용들이다.

강준민 목사(새생명비전교회 담임)

1) 귀하가 아는 이동원 목사님은 어떤 분인가요?

　이동원 목사님 하면 떠오르는 것은 '균형'입니다. 균형 잡힌 삶, 치우침이 없는 삶이 이동원 목사님에 대한 나의 변하지 않는 이미지입니다. 가정과 교회의 균형, 절제와 참된 자유함의 균형, 말씀과 기도의 균형, 말씀과 성령님과의 균형, 누림과 나눔의 균형. 내가 만난 이동원 목사님의 삶은 한마디로 균형입니다.

　이동원 목사님은 후배들을 아끼는, 목회자들을 위한 목회자이십니다. 교단을 초월해서 사람을 키우고, 사람을 남기는 분이십니다. 목사님의 영향을 받은 수많은 사람들이 세계 각지에서 사역하고 있습니다. 목회자, 선교사, 교수 그리고 각 영역에서 영향력 있는 리더로 사역하고 있죠.

이동원 목사님은 복음을 위해서라면 무엇이든지 내려놓을 수 있는 분입니다. 피할 수 없는 영적 전쟁 외에는 싸움을 싫어하는 분입니다. 냉철한 복음적 지성과 함께 따뜻한 감성 그리고 깊은 영성을 겸비한 분입니다. 목회자로서의 드높은 명성과 덕망에도 불구하고 늘 하나님 앞에서 겸손한 종으로 살아가는 분입니다. 탁월한 시대감각을 소유한 세련된 언어와 사역에도 불구하고 소박함과 단순함을 잃지 않고 살아가는 분입니다.

이동원 목사님은 평생 학습자로 살아가는 분입니다. 영원한 학생이십니다. 언제나 책을 통해 배우고, 만남을 통해 배우고, 자연을 통해 배움을 멈추지 않는 분이십니다. 새로운 주제를 지속적으로 탐구하며 배움에 항상 열려 있는 이동원 목사님을 통해 항상 초심을 배웁니다. 제가 28세 때 목사님을 통해 배우고 싶다는 편지를 보낸 적이 있습니다. 그때 이동원 목사님께서 주신 답신이 충격적이었습니다. "저도 함께 배우고 싶습니다"라는 답신이었습니다. 이동원 목사님은 배움의 대상을 제한하지 않으셨습니다. 누구에게든 배울 수 있다는 초심이 오늘의 이동원 목사님을 훌륭한 설교자요, 영적 지도자로 서게 한 이유라고 생각합니다.

2) 이동원 목사님의 설교의 장점과 특징은 무엇이라고 생각하나요?

이동원 목사님의 설교는 깊은 묵상에서 나옵니다. 본문을 거듭 묵상하는 가운데 본문에서 끌어올린 통찰력을 통해 설교하는 분이십니다. 이동원 목사님의 장점은 말씀 중심이요, 복음 중심이요, 예수님 중심입니다. 때로는 아주 냉철한 지성을 가지고 논리적으로 접근하고, 때로는 따뜻한 감성으로 상한 감정을 어루만집니다. 그리고 깊은 영성으로 영혼을 깨우칩니다.

이동원 목사님의 설교는 본문을 깊이 묵상한 후에 발견한 가장 중요한 주제를 심도 있게 다루는 것이 특징입니다. 성경 본문에 스스로 종이 되어 본문에 매인 설교이면서, 본문에서 발견한 중요한 주제에 집중하는 설교라고 해도 과언이 아닐 것입니다. 그런 면에서 주제별 강해설교자 이동원 목사님의 설교의 특징이라고 할 수 있습니다. 또한 이동원 목사님은 말씀을 전할 때 다양한 독서를 통해 기독교 인문학적인 접근을 합니다. 이동원 목사님의 설교에는 인생이란 무엇이며, 인간이란 누구인가, 그리고 하나님은 어떤 분이신가에 대한 풍성한 지식이 담겨 있습니다. 사람들이 품고 있는 질문과 의문을 함께 씨름하면서 인생과 인간 문제의 해결책을 복음에서 찾아내 제시해 주는 것이 장점입니다.

또 이동원 목사님의 설교는 동서양과의 조화 있는 만남입니다. 이동원 목사님은 한국과 미국에서 공부한 분이십니다. 그런 까닭에 동서양의 문화를 잘 이해하시고 있습니다. 이동원 목사님은 복음 안에서 동서양의 문화와 영성을 잘 조화시켜 하모니를 이루게 하는 장점이 있습니다.

3) 이동원 목사님의 설교에서 특별히 본받고 싶은 점은 무엇인가요?

이동원 목사님의 설교는 언제나 말씀 본문을 드러냅니다. 말씀 안에서, 말씀 뒤에서 말씀을 드러내는 설교입니다. 무엇보다 말씀 안에 담긴 하나님을 드러내는 설교입니다. 하나님을 선포함으로 성도들로 하여금 하나님을 만나게 해 주는 설교입니다.

이동원 목사님의 설교는 언제나 본질에 집중합니다. 그리고 거듭 기본을 다지도록 도와줍니다. 즉, 복음에 집중하고 예수님께 초점을 맞추고 있습니다. 이동원 목사님 자신의 경험이나 성공적인 사역에 대한 언급은 별로 하지 않고 본문에 집중하는 것을 볼 때 늘 감동을 받습니다. 특별히 이동원 목사님은 탁월한 스토리텔러이십니다. 아주 적절한 예화와 스토리를 통해 감동을 주고 그 감동을 통해 사람들의 삶에 변화를 일으키는 설교를 하십니다.

이동원 목사님은 말씀을 전할 때마다 하나님의 원리를 논리적으로 설명하십니다. 하지만 결론은 차가운 논리가 아닌, 복음이 담긴 따뜻한 이야기로 맺는 것을 늘 보곤 합니다. 사람들은 가르침을 받기보다는 감동을 받고 싶어 합니다. 이동원 목사님의 설교에는 물론 가르침도 있지만, 감동을 주는 스토리가 늘 담겨 있습니다. 이런 점들이 본받고 싶은 점이라고 할 수 있습니다.

고명진 목사(수원중앙침례교회 담임)

1) 귀하가 아는 이동원 목사님은 어떤 분인가요?

목사님을 생각하면 가장 먼저 '등대'가 떠오릅니다. 급변하는 시대와 목회 환경은 마치 거친 파도가 치는 바다와 같아서 쉽게 답을 찾기가 어렵습니다. 이동원 목사님은 깊은 영성과 더불어 탁월한 시대감각을 갖춘 분이십니다. 이 시대 우리를 향한 하나님의 뜻이 무엇인지를 분별하며, 나아가 어떤 사역을 통하여 그 일을 이뤄야 하는지에 대한 놀라운 통찰력을 가지고 계십니다. 목사님은 깊이와 통찰이 있는 설교와 신선한 목회 사역을 통해 많은 이들에게 길을 제시해 주셨습니다. 나아가 많은 교회들이 따라갈 수 있도록 모범이 되셨습니다. 이동원 목사님은 우리 시대에 한국 교회에 주신 하나님의 큰 축복입니다.

2) 이동원 목사님의 설교의 장점과 특징은 무엇이라고 생각하나요?

바다를 운행하는 선박에는 '평형수'라는 것이 있습니다. 평형수는 출발부터 목적지에 이를 때까지 배의 '균형'을 유지해 주는 중요한 역할을 합니다. 이동원 목사님의 설교를 접하고 듣다 보면 '균형이 잡혀 있다'라는 사실을 참으로 자주 느끼게 됩니다. 이미 목사님의 설교는 많은 이들이 수많은 장점을 찾아내고 정리해 놓았습니다. 그러나 그 모든 능력과 도구, 환경을 아주 적절하게 '균형'을 잡아, 설교를 듣는 이들의 심령까지 온전히 도착할 수 있도록 하는 능력이야말로 이동원 목사님의 가장 큰 장점이자 특징이라 생각합니다.

3) 이동원 목사님의 설교에서 특별히 본받고 싶은 점은 무엇인가요?

이동원 목사님의 설교를 들을 때마다 '다음 주일예배가 기다려 진다'라는 생각을 자주 했습니다. 빨리 시간이 흘러서 말씀을 듣고 싶다는 생각에 사로잡히곤 했습니다. 목사님이 전하시는 말씀의 신선함이나 탁월함도 있지만, 영혼 구원에 대한 열정과 사랑 때문이었습니다. 목사님의 설교를 통해 가장 본받고 싶은 점은, 늘 설교의 중심에 예수 그리스도가 있었다는 것입니다. 수많은 책들과 자료들로 가득했던 목사님의 책상, 말씀을 준비하기 위해 늘 긴 시간 묵상하고 연구하시던 모습에 큰 도전을 받았습니다. 목사님의 삶 자체가 말씀을 묵상하고 준비하는 과정이자 말씀이 이어지는 자리이길 바라겠습니다.

김동호 목사(전 높은뜻연합선교회 대표)

1) 귀하가 아는 이동원 목사님은 어떤 분인가요?

이동원 목사님을 개인적으로 가까이하며 지낸 시간이 25년 정도 되는 것 같습니다. 25년을 가까이에서 지켜본 사람으로서 이동원 목사님을 한마디로 표현하라면 '한결같은 사람'이라고 표현할 수 있습니다.

목사님은 25년 전이나 지금이나, 작은 교회 목사였을 때나 아주 큰 교회 목사였을 때나 상황에 따라 변함이 없으신, 참 흔치 않으신 분입니다. 저는 개인적으로 목사님이 늘 한결같으셔서 참 좋아하고 존경합니다.

2) 이동원 목사님의 설교의 장점과 특징은 무엇이라고 생각하나요?

첫째, 간결하고 정갈합니다. 둘째, 개인의 감정과 사상이 절제되어 있고 본문에서 하나님이 말씀하시고자 하는 핵심에 충실합니다. 셋째, 언어 구사가 아름답습니다. 넷째, 바람 설교가 아니라 햇볕 설교입니다. 이동원 목사님의 설교를 듣다 보면 자신도 모르는 사이에 마음의 빗장이 열리고 무장이 해제되는 것을 느낄 수 있습니다.

3) 이동원 목사님의 설교에서 특별히 본받고 싶은 점은 무엇인가요?

많은 독서와 끊임없는 공부에서 오는 설교 내용의 신선함과 충실함이라고 할 수 있습니다. 이동원 목사님의 설교에서는 구태의연함이 보이지 않습니다. 이동원 목사님은 탁월한 설교자이시지만, 그보다 더 중요한 점은 성실한 설교자시라는 것입니다. 설교자로서의 성실하심을 본받고 싶습니다.

김양재 목사(우리들교회 담임)

1) 귀하가 아는 이동원 목사님은 어떤 분인가요?

제가 아는 이동원 목사님은 그분의 영어 이름에서처럼 다니엘과 같이 쓰임 받은 분이라고 감히 생각할 수 있을 것 같습니다. 이스라엘이 바벨론에 의해 포로가 되었을 때 이스라엘을 위해 준비된 한 사람이 다니엘이라면, 한국 교회 강단에 무분별한 세속주의가 팽배하는 포로기와 같은 한국 교회사에 다니엘처럼 쓰임 받은 설교자가 이동원 목사님이라고 생각합니다. 그분의 삶이 말해 주듯이 큰 기교와 트릭 없이 오로지 성경 텍스트가 말하고 있는 그대로 그 말씀의 진위를 드러내시는 데 최고의 설교자라고 생각합니다.

2) 이동원 목사님의 설교의 장점과 특징은 무엇이라고 생각하나요?

이동원 목사님은 설교에 대해서만큼은 완벽을 추구하시는 분이라고 생각합니다. 보통 설교자들의 경우 정보Information가 가득한 설교이거나, 아니면 반대로 영감Inspiration만 가득한 설교인데, 목사님의 설교의 경우 이 두 가지, 농축된 양질의 정보와 깊은 묵상으로 말미암는 영감이 가득한 설교를 한 편의 설교에서 모두 맛볼 수 있습니다. 신앙생활을 오래 한 신앙인들에게도 깊은 도전을 주는 설교이면서, 신앙의 초보자들에게도 쉽게 다가가는 설교를 뽑으라면 당연 이동원 목사님의 설교라고 생각합니다. 이것이 이동원 목사님의 설교의 가장 큰 장점이자 특징이라고 믿습니다.

3) 이동원 목사님의 설교에서 특별히 본받고 싶은 점은 무엇인가요?

복싱 선수에게 필요한 것이 상대방 선수의 공격을 견딜 수 있는 맷집이라면, 상대 선수를 쓰러뜨리는 것은 결정적인 순간의 한 방이라고 생각합니다. 그런 의미에서 이동원 목사님의 설교에는 이 두 가지가 함께 공존합니다. 설교를 듣는 성도들로 하여금 영적인 맷집을 갖도록 하고, 또 30분 설교 한 편에 항상 결정적인 한 방이 있습니다. 그 결정적인 한 방에 울기도 하고 웃기도 합니다. 텍스트에 대한 깊은 이해와 오늘의 삶에 대한 넓은 이해가 어우러진 영적인 펀치 한 방을 특별히 본받고 싶습니다.

김운용 목사(장로회신학대학교 총장)

1) 귀하가 아는 이동원 목사님은 어떤 분인가요?

'다중지능 이론'으로 유명한 하버드 대학의 하워드 가드너Howard Gardner 교수는 자신과 자신 앞에 서 있는 사람들에게 여러 방법을 통해 그들 자신에 대해, 어디에서 왔고 어디로 가는지에 대해, 두렵게 만드는 것들에 대해, 저항하고 싸워야 할 것에 대해, 꿈꾸어야 할 것에 대해 분명하게 전달하고 영향력을 끼친 사람을 리더라고 규정합니다. 각 시대, 각 영역마다 선한 영향력을 끼친 리더들이 많이 있었지만 이동원 목사님은 20세기 후반에 혜성처럼 나타나 말씀의 영향력을 맘껏 드러내신 우리 시대의 큰 영적 리더였습니다.

이동원 목사님은 무엇보다도 한 시대 속에서 하나님께 참 귀하게 쓰임 받았던 설교자로, 우리 시대를 향하여 허락하신 위대한 목회자로, 복음에 대한 변증가로 한결같이 달려왔고 후배들에게 닮고 싶은 참 좋은 발자취를 남긴 분이셨습니다. 시대마다 속에 가슴이 뜨겁고 복음과 생명에 대한 열망 때문에 불타오르는 사람들을 세우셔서 사용해 오신 하나님께서 어두워 가는 20세기의 끝자락에 우뚝 세우셔서 어두웠던 혼돈의 땅을 말씀으로 가득 덮었으며, 방황하던 젊은이들, 실의와 절망에 몸을 떨고 있던 상처 난 사람들, 이민자들, 주님의 뜻에 따라 살기를 원하는 그리스도인들에게 복음과 말씀의 위대성을 선명하게 보여 주었던 하나님의 말씀의 선포자였습니다.

무엇보다 이동원 목사님은 죽어 가는 영혼에 대한 관심, 그리스도의 피 묻은 십자가의 복음과 그 피로 사신 교회에 대한 열망이 남다르셨던 목회자로 기억합니다. 그는 끊임없이 말씀의 씨앗을 뿌리고, 그것을 움트게 하고, 자라게 하는 일을 위해 혼신의 힘을 기울인, 신실한 말씀 사역자였습니다. 뿐만 아니라 그는 '설교자를 위한 설교자'였습니다. 그의 사역 초기부터 발간된 그의 책은 많은 목회자와 신학도들에게 도전과 깨우침을 주었고, 사역의 좋은 길라잡이가 되었습니다. 또한 은퇴 후에도 계속 이어지고 있는 목회자를 위한 많은 세미나는 목회자들을 돕고 깨우고 인도하는 데 중요한 역할을 해왔습니다. 늘 소원해 오신 대로 이동원 목사님은 성경적 설교와 오늘의 시대와 소통하는 설교를 위해 평생 몸부림치셨던, 우리 시대의 큰 설교자로서 평생을 잘 달려오신 분이라고 생각합니다.

2) 이동원 목사님의 설교의 장점과 특징은 무엇이라고 생각하나요?

디트리히 본회퍼가 말한 대로, 성육신하신 말씀은 성경 가운데 우리를 위해 지속적으로 현존하시고, 성령님을 통하여 성육신된 말씀은 성경으로부터 설교 가운데서 우리에게 다가옵니다. 그런 점에서 설교는 "새롭게 창조하시고, 용납하시며 화해케 하시는 하나님의 말씀"이며, 그것을 통해 세상은 하나님의 말씀을 듣게 됩니다. 설교를 통해 사람들은 오늘도 복음의 소식을 듣게 되며, 말씀하시는 하나님의 현존 가운데 참여하게 됩니다. 설교가 갖는 그런 특징을 한 시대 가운데 가장 선명하게 보여준 설교자 가운데 한 분이 이동원 목사님이라고 생각합니다. 무엇보다도 이동원 목사님은 한국 교회 강단에 성경본문 중심성과 소통 능력의 중요성을 보여 주신 설교자였습니다. 본문이 말씀하는 바를 충실하게 듣고 그것을 성실하게 해석하여 오늘의 청중에게 효과적으로 들려주는 일에 깊은 관심을 가지고 평생을 달려오신 설교자였습니다.

그러므로 그의 설교에는 성경 본문에 대한 성실한 주석과 강해 그리고 청중의 삶의 자리에 대한 깊은 관심과 고려가 적절하게 배합되어 나타나는 특징을 가집니다. 본문과 삶의 자리를 적절하게 엮어 낼 뿐만 아니라 복음과 영혼을 향한 그의 열정이 배합된 탁월한 전달 능력이 그의 설교 사역을 더욱 빛나게 했습니다. 그는 탁월한 스토리텔러시며, 논리성과 이야기성을 잘 배합하여 그가 전하려는 것을 효과적으로 전달한 커뮤니케이터이셨습니다. 그래서 깊이 있는 본문 해석과 그 의미를 적절히 설명해 주는 강해, 오늘의 삶의 자리와 연결 짓는 적용, 말씀 앞에 결단하도록 촉구하고 초대하는 전달 능력 등이 잘 배합되어 우리 시대로 하여금 말씀의 능력을 경험할 수 있도록 한 것이 이동원 목사님의 설교의 장점이라고 봅니다.

3) 이동원 목사님의 설교에서 학생들에게 특별히 본받으라고 권하고

싶은 점은 무엇인가요?

나는 학생들에게 자신들의 설교 사역의 멘토를 5-6명 정도 두고 집중적으로 배우라고 권합니다. 우선 그의 설교를 들을 때 은혜가 되고, 그의 설교 사역의 전반을 닮고 싶고 배우고 싶은 분을 선정 기준으로 삼으라고 말합니다.

설교자로 서기 위해 준비하고 있는 학생들이 이동원 목사님에게 주목해야 할 것은 무엇보다도 말씀과 영혼, 건강한 교회에 대한 열정인데 그것을 배우라고 말하고 싶습니다. 이동원 목사님의 설교 사역은 그러한 열정이 이끌어 왔다고 보기 때문입니다.

또한 그의 지속적으로 연구하는 자세를 배우라고 하고 싶습니다. 이동원 목사님은 상황과 대상을 고려하여 설교 방법론을 계속해서 발전시켜 오셨습니다. 예컨대 초창기에는 단순한 강해설교로 시작했지만 커뮤니케이션의 원리와 현대 설교학의 경향을 연구하면서 귀납적 강해설교로, 또한 주제 중심의 강해설교로 계속 발전시키셨습니다. 설교자로서의 자기 개발을 위해 쉬지 않는 분이셨습니다. 특히 영성 개발과 지속적인 연구 생활 등을 통해 설교 사역의 신선함을 유지하셨던 점을 생각하면서 그의 연구하는 자세를 배우라고 권하고 싶습니다.

또한 그의 메시지가 가지는 복음 중심성, 성경 중심성, 교회 중심성을 배우고 이 시대의 사람들에게 그 메시지를 듣게 하려는 열정과 커뮤니케이션 능력, 그리고 그것을 위한 꾸준한 연구 자세를 배우라고 권하고 싶습니다.

김창근 목사(무학교회 원로)

1) 귀하가 아는 이동원 목사님은 어떤 분인가요?

이동원 목사님은 화평의 지도자이십니다. 각각 다름을 인정하시고 인격적으로 대해 주시면서도, 바른 방향으로 이끌어 가는 진정한 리더십을 가지고 계십니다. 혼돈의 시대에 명확한 사리분별을 통해 길을 제시하시며, 함께 미래를 향해 나가자고 권하시는 유형의 지도자이십니다. 자신의 이익만 구하거나 자신의 주장만 내세우지 않으시면서도, 자발적으로 따르도록 하는 지혜와 겸손함의 매력이 있으십니다. 늘 후배들을 따뜻하게 격려하고 이끌어 주시는, 형님 같은 넓은 마음이 있으십니다. 또한 명석한 사고를 통해 신속하게 판단하고 결정하시며, 두려움과 위험은 무시하면서도 무모함은 물리치는 용기가 있으십니다. 칭찬에 인색하지 않으시면서도 때때로 단호하게 책망하시고 분명한 목표와 방향을 추구하시는, 한국 교회의 참된 지도자이십니다.

2) 이동원 목사님의 설교의 장점과 특징은 무엇이라고 생각하나요?

목사님의 설교는 철저하게 성경적입니다. 성경 본문을 중심으로, 동시에 철저하게 본문을 분석하고 진지하게 연구함으로 바른 메시지를 찾아 전하는 설교자이십니다. 나아가 본문의 메시지를 깊이 묵상하여 깊은 샘에서 흘러나오는 신선한 말씀을 풍성하게 전해 주십니다. 성경의 저자이신 하나님과 기록자들의 마음과 생각을 알고 이 시대의 청중에게 전함으로써 영혼과 삶에 깊은 감동을 주십니다.

한편 오늘의 시대를 읽어 내는 탁월한 지식과 통찰력을 통하여 말씀과 현실을 연결시키는 데 능력이 있으십니다. 현대인들로 하여금 삶의 길을 찾아 바른길로 갈 수 있도록 용기와 힘을 부여해 주십니다. 그래서 많은 사람들이 목사님의 설교에 깊이 공감하며, 듣고 싶어 하고 나아가 그 말씀대로 따르기를 다짐하게 됩니다.

3) 이동원 목사님의 설교에서 특별히 본받고 싶은 점은 무엇인가요?

목사님의 설교는 항상 신선하며 새롭습니다. 깊은 성찰과 폭넓은 지식을 바탕으로 성경의 복음을 해석해 내시는 능력을 본받고 싶습니다. 오랫동안 말씀과 함께하심으로 흘러나오는 영적 통찰력과 감동은 배워서 갖기가 어려운 것이지만, 그럼에도 꼭 닮고 싶은 부분입니다. 동시에 너무 딱딱하지 않게, 부드럽고 설득력 있게 현대인들에게 말씀을 걸어오시는 점, 또한 설교에 귀를 기울이게 하는 논리성과 합리성, 긴장을 풀고 이야기 속으로 더 깊이 들어가게 하는 유머와 여유로움은 모든 설교자들이 항상 연구하고 본받아야 할 점입니다.

목사님의 설교 가운데 영혼 깊은 곳에서 흘러나오는 열정과 성령의 감동은 하나님이 함께하심의 증거라고 믿습니다. 책이나 설교보다 더 중요한 점은 평소의 삶과 인격의 뒷받침입니다. 늘 말씀을 사랑하시며 말씀대로 살아가시기에 설교에 능력과 감동이 있고, 때문에 설교보다는 설교자의 인격과 삶을 배워야 한다고 생각합니다.

김형준 목사(동안교회 담임)

1) 귀하가 아는 이동원 목사님은 어떤 분인가요?

목회를 위해 태어난 사람이라고 생각합니다. 특히 설교를 통해 모든 사역에 큰 영향력을 주는 분이십니다. 그리고 천성적으로 남에게 해를 끼치거나 어렵게 하는 분이 아니십니다. 가까이 있어도 전혀 해를 받을 것을 두려워하지 않을 정도로 성품 자체가 선한 분이십니다. 또한 창조적 상상력이 풍부한 분이십니다. 한국 교회 역사에 있어서 복음적 사역의 새로운 시도는 이분을 통해서 많이 시작되었습니다. 그리고 그 사역의 생명력이 길뿐 아니라 전반적으로 영향을 줄 수 있을 만큼 대중적이면서 시대적 요청에 정확하게 그 흐름을 읽어 내는 탁월함이 있습니다. 단점은 이동원 목사님을 닮고자 하는 사람들에게 결코 자신은 저렇게 할 수 없을 것이라는 좌절감과 열등감을 불러일으키는 위험 요소가 있다는 것입니다. 이것은 본인의 의도와는 전혀 상관없습니다.

2) 이동원 목사님의 설교의 장점과 특징은 무엇이라고 생각하나요?

첫째, 복음적인 핵심과 구조를 항상 가지고 있습니다. 둘째, 현실과 본문의 끊임없는 대화를 통해서 만들어지기 때문에 두 상황의 긴장을 통해서 청중으로 하여금 성경 속에서 자신을 발견하고, 현실 속에서 하나님의 뜻을 발견하도록 합니다. 셋째, 전달 능력이 탁월합니다. 적절한 용어의 선택, 억양, 문장의 길이, 발성 및 발음의 정확도, 그리고 설교에 있어서 리듬은 어렵고 부담스러운 내용도 듣는 사람에게 편안하게 전달하게 합니다. 넷째, 튼튼한 신학적 구조를 가지고 있습니다. 설교 속에서 쉬운 언어를 사용하며 평범한 사건을 다루어서 물 흐르듯 흘러가지만, 그 속에 견고한 신학적 구조를 가지고 있어서 설교가 복음에서 벗어나거나 흔들리지 않습니다. 다섯째, 어떤 사역이나 훈련에 동기 유발이 충분히 일어나도록 설교 대상자의 상황이나 삶의 자리를 잘 파악해서 사역과 훈련에 잘 참여하도록 하는 능력과 설득력을 가지고 있습니다. 그러나 주의하지 않으면 너무 감동 받아서 자기 운명을 바꾸는 불상사(?)가 종종 일어납니다.

3) 이동원 목사님의 설교에서 특별히 본받고 싶은 점은 무엇인가요?

첫째, 정제되고 잘 선택된 용어와 정확한 내용 전달을 위한 적절하고 다양한 자료를 사용합니다. 둘째, 복음적 관점으로 말씀을 바라보고 해석하며, 또한 현실 속에 잘 적용하고 전달하는 힘이 있습니다. 셋째, 삶의 다양한 분야를 복음적 내용으로 설교화 시키는 능력과 감각이 있습니다. 넷째, 설교를 위해 자신의 삶을 재구성할 수 있는 용기와 열정, 즉 말씀을 따라 살려고 하는 창조적 갈등을 즐기는 모습이 있습니다.

명성훈 목사(성시교회 담임)

1) 귀하가 아는 이동원 목사님은 어떤 분인가요?

이동원 목사님은 30대의 젊은 나이에 유관순 기념관에서 '새 생활 세미나'를 시작하실 때부터 너무나 명쾌한 전달에 매료를 느껴서, 그때부터 닮고 싶은 나의 멘토 중 한 분이십니다. '한미준'의 회원으로서 20년 가까이 지근거리에서 뵙는 이동원 목사님은 모든 목회자들의 이상형인 '3

성 목회자', 즉 영성과 지성과 덕성을 갖춘 영적 지도자라고 부르기에 부족함이 없는 분이십니다. 아주 오래전 남산 밑의 미군 수양관에서 처음으로 가까이 뵈었을 때 내가 커피를 싫어한다고 사양하자, "만수무강하시기를…"이라는 유머로 당신의 하고 싶은 뜻을 전달하면서도 상대방이 무안하지 않게 배려하신 점은 아직도 잊지 못할 이동원 목사님의 캐릭터라고 할 수 있습니다. 어떤 이로부터 "명성훈 목사는 순복음의 이동원 같다"라는 말을 들은 적이 있었는데, 황송하면서도 내심 진정으로 그렇게 되고 싶은 제 마음의 영적모본이십니다.

2) 이동원 목사님의 설교의 장점과 특징은 무엇이라고 생각하나요?

첫째, 복음적입니다. 항상 예수 그리스도의 십자가와 그에 대한 믿음의 촉구로 메시지가 마무리되는 것이 하나님이 쓰시는 이유일 것입니다. 둘째, 성경적입니다. 설교의 정의가 "사람들의 필요를 채우기 위한 설교자의 개인적인 체험을 통해 선포되는 하나님의 진리"라고 할 때 하나님의 진리인 성경에 토대를 두고 있습니다. 그런 점에서 창세기부터 요한계시록까지 본문을 두루 삼는 강해설교가 최고의 강점이라고 생각합니다. 셋째, 실제적입니다. 사람들의 다양한 필요를 다각도의 주제로 혹은 시리즈로 설교하는 것이, 수많은 사람들이 이동원 목사님의 설교를 청취하는 현실적인 이유가 아닐까 생각합니다. 마지막으로 단순명료한 명쾌성이 지식산업 시대에 특히 남성 신자들의 논리적 욕구를 충족시키는 통찰력이 되고 있다고 봅니다.

3) 이동원 목사님의 설교에서 특별히 본받고 싶은 점은 무엇인가요?

서론과 결론이 분명하면서 본론을 서너 가지 핵심 주제로 다스리는 이른바 '삼지창 설교'가 가장 매력적입니다. 저도 모르게 그 논리적 전개를 따라가다 보니 저의 모든 설교도 거의 삼지창적 구조를 가지고 있습니다. 최근 들어 세 가지 핵심도 너무 많다고 하여, 한 개 내지 두 개의 핵심으로 설교를 준비해야 한다는 주장도 제기되고 있지만, 저는 여전이 삼지창 설교가 준비하는 설교자나 듣는 청중에게나 가장 무난한 스타일이 아닐까 생각합니다. 제가 목회자 세미나에서 주장하는 최고의 현대적 설교의 이른바 '3S'(Simple, Short, Smile) 양식이 이동원 목사님에게서 배운 최고의 설교적 통찰이라고 감히 주장하고 싶습니다. 그러나 이 모든 것보다 가장 두드러지는 것은 이동원 목사의 설교 전달 기법입니다. 커뮤니케이션의 기술적인 면에서 이동원 목사님은 타의 추종을 불허할 만한 선천적인 전달자(웅변가)이니, 아무리 배우고 싶어도 배워서 될 일은 아니라고 생각합니다.

박정근 목사(영안침례교회 담임)

1) 귀하가 아는 이동원 목사님은 어떤 분인가요?

이동원 목사님을 떠올리면 먼저 생각나는 것이 바로 탁월성입니다. 많은 이들이 이동원 목사님의 설교가 탁월함을 알고 있지만, 사실 그분의 탁월성은 설교에 국한되지 않습니다. 설교 못지않게 이동원 목사님은 탁월한 예배인도자이십니다. 노래는 그리 잘하지 못하지만(?) 선곡만은 누구보다 뛰어나십니다. 건축에 대한 안목도 뛰어나셔서 예배당 리모델링 때마다 결정적 공헌을 하셨습니다. 함께 지내다 보면 순간적인 순발

력과 판단력에 늘 경의를 표하게 됩니다. 다만 한 가지 못하시는 것이 있다면 그것은 바로 스포츠입니다. 걷는 것 외에는 별 취미가 없으신 것 같습니다. 대개 탁월한 사람들은 성격이 모가 나기 쉬운데 이동원 목사님은 누구와도 잘 지내십니다. 예민하지만 그 예민함을 감추려고 노력하시며, 무엇보다 인생을 낙관적으로 사십니다. 아마도 그래서 특별하게 운동을 하지 않음에도 건강하신 것 같습니다.

2) 이동원 목사님의 설교의 장점과 특징은 무엇이라고 생각하나요?

이동원 목사님의 설교의 최대 장점은 상황화가 아닐까 싶습니다. 본문을 청중의 필요와 눈높이에 맞춰 해석해 내는 능력이 누구보다 탁월하십니다. 그렇다고 해서 본문의 해석이 약한 것은 아닙니다. 성경 본문의 맥을 잃지 않으면서 그 본문을 듣는 이들의 상황에 맞게 해석해 내는 강해설교의 모든 장점을 그대로 가지고 있습니다.

3) 이동원 목사님의 설교에서 특별히 본받고 싶은 점은 무엇인가요?

많은 것을 본받고 싶지만, 특히 주제별 강해설교에 대해 배우고 싶습니다. 청중의 필요에 따라 적절한 본문을 선택하고, 그 본문을 깊게 강해하는 점이 참 부럽습니다. 감성까지 터치하는 전달력도 물론 본받고 싶은 부분입니다.

서정인 목사(한국컴패션 대표)

1) 귀하가 아는 이동원 목사님은 어떤 분인가요?

이동원 목사님을 떠올리면 가슴이 뜨거워집니다. 이동원 목사님의 말씀을 사모하며 자주 들어 왔기 때문에 직접 만나 뵙기 전부터 친밀한 사이처럼 다정함이 느껴졌습니다. 인연을 맺고, 한국컴패션 이사로 섬겨 주시는 이동원 목사님을 마주할 때마다 제게는 두 가지 마음이 공존했습니다. 더 가까이 하고 싶은 이끌림과 반면, 제가 그분에 비해 부족하다 보니까 느끼는 부끄러운 감정이었습니다. 이동원 목사님은 목사, 남자, 아버지로서 본받고 싶은 분이십니다. 컴패션 사역과 목회를 하면서 가장 중요하게 여기는, 하나님을 사랑하는 순수함과 열정, 한 영혼 한 영혼을 향한 간절함을 갖고 계신 분이라 제게는 더없이 소중한 분이십니다.

2) 이동원 목사님의 설교의 장점과 특징은 무엇이라고 생각하나요?

이동원 목사님이 전하신 설교 가운데 가장 기억에 남는 말씀을 손에 꼽을 수 없을 정도로 제가 들은 모든 말씀은 '깊은 감동'이라고 말하고 싶습니다. 토씨 하나 빠뜨릴 것 없이 명료하면서도 말씀에 깊이가 있기 때문입니다. 말씀을 기반으로 한 자기 성찰과 삶의 적용, 청중에 맞는 어휘력, 단어 선정까지 그저 놀라울 따름입니다. 한국의 척 스윈돌이라고 생각합니다.

3) 이동원 목사님의 설교에서 특별히 본받고 싶은 점은 무엇인가요?

각 사람에게 필요한 갈급한 부분을 채우는 이동원 목사님의 살아 있는 말씀에 주목하게 됩니다. 짧은 설교를 하더라도 한 영혼의 심령을 성령이 만지게 하시고, 하나님께로 향하게 하는 살아 있는 말씀을 전하십니다. 말씀을 들으러 온 한 사람 한 사람을 귀하게 여기기에 기도로 말씀을 준비하시는 모습도 익히 봐 왔습니다. 설교 시간을 분, 초 단위까지 정확하게 지키시는 모습은 나 스스로를 되돌아보게 하며 다짐하게 합니다.

심상법 목사(전 총신대학교 신학대학원 신약학 교수)

1) 귀하가 아는 이동원 목사님은 어떤 분인가요?

제가 이동원 목사님을 만난 것은 정자동 교회 개척 당시였습니다. 11년간의 외국(미국과 남아프리카공화국) 생활을 마치고 1995년부터 시작한 모국에서의 교수 사역은 많은 적응이 필요한 시기였습니다. 그러한 시기에 (물론 미국에서도 집회를 통해 만나 뵈었지만) 마침 제가 사는 곳 바로 근처인 이웃 교회였기에 시간 나면 참석하여 설교를 들으며 은혜를 받았습니다. 그러던 중 1996년경부터 벤쿠버 코스타 강사로 참석하면서 특별한 친분을 갖게 되었습니다. 그곳에서 강사 동역자들과 개인적 모임들을 가지면서 보다 인간적인 이동원 목사님을 가까이서 접하게 되었습니다.

유머가 있으며 복음과 선교(전도)와 설교에 열정을 가지신 분입니다. 특히 이동원 목사님의 해맑은 미소를 좋아합니다. 저에게는 언제나 이웃 형님 같은 분으로 소탈하면서도 진지하고, 때론 약간의 그늘이랄까, 좀 멜랑꼴리한 면도 있습니다. 아무튼 요즘 젊은이들 말로 하면 "그냥 좋아요"입니다. 특히 이동원 목사님의 문학성과 순례자로서의 영성의 길이 저의 고민(추구)과 맞아떨어졌다고 할까요. 저에게 있어 이동원 목사님은 때론 앞서가시기도 하고 또한 함께 가시기도 하는, 제 영성의 길, 인생길의 안내자이며 길동무입니다.

2) 이동원 목사님의 설교의 장점과 특징은 무엇이라고 생각하나요?

이미 제 글에서도 언급한 바, 밝은 지성과 유머, 예리한 통찰력으로 현장감 넘치는 적용을 이끌어 내는 말씀 풀이는 그의 주특기이자 탁월한 은사입니다. 그는 복음의 흡인력, 도전과 위로를 가장 현대적인 언어로 풀어내는 이 시대의 걸출한 스토리텔러이십니다. 특히 그의 설교는 문학성과 현장성과 영성이 열정으로 잘 버무려진 한 편의 시poem이고 그림art이며 스토리story입니다. 그의 설교에는 절제된 언어의 미美와 맛味과 모양渼이 있습니다. 비록 삼대지의 전통적인 설교 형식을 따르지만 수미쌍관과 기승전결을 가진 스토리 형식의 설교입니다. 최근 그의 설교의 기독론적 절정과 영성의 권면은 학자인 저에게도 많은 도전이 되고 깊은 생각을 하게 했습니다.

3) 이동원 목사님의 설교에서 학생들에게 특별히 본받으라고 권하고 싶은 점은 무엇인가요?

바쁜 중에도 치열한(?) 책 읽기와 문화 읽기(영화와 유머 코너), 책과 산책, 검색과 사색을 곁들인 그의 설교 준비의 흔적을 찾는 것은 저의 즐거움이기도 합니다. 여느 대형 교회의 목사님들과는 달리 그는 설교 준비를 위하여 전담 부목사나 도우미를 갖지 않고 자신이 직접 준비하십니다. 패스트푸드에 길들여지지 않고 설교라는 요리를 제대로 할 줄 아는 분이시지요. 이 또한 여러분의 즐거움이 되었으면 합니다. 그분이 젊은 시절에 성경 강해에 집중하여 많은 성경적 이야기에 집착하여 설교하신 것(그의 강해서 목록을 보라)은 후학들에 대한 저의 작은 소개서이기도 합니다. 그의 설교를 관찰하면서 책과 산책, 검색과 영성적 사색을 할 줄 아는 사람이 되라고 모든 학생들에게 권면하고 싶습니다.

유기성 목사(선한목자교회 원로)

1) 귀하가 아는 이동원 목사님은 어떤 분인가요?

이동원 목사님을 생각할 때마다 감사드리는 것은 제게 개인적인 교제를 허락해 주신 것입니다. 제가 이동원 목사님과 개인적으로 교제할 수 있었던 것은 코스타에 강사로 참석하면서부터입니다. 이것이 제가 코스타에 진 빚이 많다고 느끼는 이유 중 하나입니다. 이동원 목사님을 설교 강단이나 설교집에서만 보지 않고, 편안한 모습을 하고 계신 옆자리에서 뵐 수 있었다는 것은 정말 놀라운 일이었습니다.

목사님께서 관심을 가지고 말씀하시던 주제들, 너무나 기뻐하실 때의 모습, 흔치는 않지만 때로 흥분하며 말씀하시던 모습을 지켜보는 것 자체가 귀중한 배움이었습니다. 그저 옆에서 대화하는 것만으로도 삶과 목회에 큰 도움을 얻었습니다.

이동원 목사님은 참 따듯한 분이십니다. 유머가 많으셔서 대화가 가벼워질 것 같지만, 실제로는 목사님의 속 깊은 배려와 관심이 더 크심을 깨닫게 됩니다. 오엠선교회 훈련원을 섬길 때, 은퇴하기로 결심하신 목사님께서 훈련원 이사장직을 제게 맡으라고 하실 때 너무나 당황하여 한동안 사양을 했었는데, 지나고 나서 그것이 저를 세우시려는 목사님의 격려였음을 깨닫고 너무나 죄송했던 적이 있었습니다.

목사님과 교제하는 시간이 길어지면서 비로소 보게 되는 것이 있었습니다. 모든 것을 꿰뚫어 보는 지혜가 있으시고 어떤 일이든 능숙하게 다루어 가시는 목사님께도 깊은 고뇌가 있다는 사실이었습니다. 한번은 세미나에서 지구촌교회 사역에 대하여 말씀하시면서 "민족을 치유하고 세상을 변화시키는 교회가 우리의 비전입니다"라고 말씀하신 적이 있습니다. 그랬습니다. 이동원 목사님께는 한국 교회와 민족, 세상의 현실에 대한 마음의 무거운 짐이 늘 있으셨습니다. 그래서 항상 웃는 얼굴이셨지만 때때로 깊은 고뇌를 읽을 수 있었습니다.

개인적이고 가정적인 문제로 인한 목사님의 고뇌를 다 알지 못하지만 목사님 역시 평범한 사람이면 누구나 겪는 힘들고 어려운 문제들이 있으심을 느낄 수 있었습니다. 게다가 주위로부터 너무나 많은 요구를 받으셨습니다. 그것은 목사님의 의지와 상관없이 도무지 응답하거나 충족해 줄 수 없는 것이었습니다. 그렇지만 최선을 다하여 반응해 보려는 목사님의 고뇌도 순간순간 느낄 수 있었습니다.

제가 목사님으로부터 배운 가장 귀한 것 중 하나는 연합 정신, 화해 사역이었습니다. 한국 교회 안에서 연합의 중요함과 그 일을 이루려는 의지는 언제나 귀한 도전이었고 교훈이었습니다. 몇 번의 연합 운동을 함께하면서 저는 목사님으로부터 누군가를 험담하거나 비난하는 것을 거의 보지 못했습니다. 항상 긍정적인 면을 먼저 인정하셨습니다. 그래서 이동원 목사님 주위에는 사람들이 많은 모양입니다.

2) 이동원 목사님의 설교의 장점과 특징은 무엇이라고 생각하나요?

한마디로 탁월한 설교자이십니다. 누구나 그렇게 평가하는 것 같고 그 점에 있어서 이의가 없을 것입니다.

이동원 목사님의 설교는 쉬우면서도 지적이고, 영적으로 높은 수준을 갖고 있습니다. 성경과 교회사와 세계사와 현대 문명을 두루 볼 수 있는 탁월한 안목이 있으십니다. 철저히 성경적입니다. 그 점이 가장 강점이라고 여겨집니다. 설교는 언제나 성경으로 시작해서 성경으로 끝내며, 성경이 말하는 데서 벗어나지 않습니다. 그러면서 삶의 구체적 적용이 항상 있습니다. 강해설교이지만 지루한 본문 해설이 아니라 구체적인 삶의 이야기로 풀어내고 적용점을 제시합니다.

이동원 목사님의 설교의 가장 큰 장점으로 꼽을 수 있는 것은 균형감입니다. 한마디로 어느 한쪽으로 치우침이 없습니다. 아주 지성적이면서도 깊은 영성을 포함합니다. 사회적인 이슈에 대하여 다루면서도 또한 철저한 자기 관리의 중요함을 다룹니다. 내면의 깊은 것을 보게 하고, 또한 사회와 이웃을 외면하지 않게 합니다. 성공적인 삶을 도전하지만 성숙이 더 중요함을 깨우쳐 줍니다. 영적 싸움이 외부에도 있지만 자신 안에도 있음을 드러내 줍니다.

3) 이동원 목사님의 설교에서 특별히 본받고 싶은 점은 무엇인가요?

저는 이동원 목사님이 탁월한 설교자이신 것은 타고난 은사 때문이라고 생각했습니다. 그러나 목사님을 개인적으로 깊이 아는 분들의 이야기를 듣고 생각이 바뀌었습니다. 이동원 목사님이 설교를 위하여 노력하시는 것이 얼마나 대단한지를 알게 되었기 때문입니다. 많은 분들이 이동원 목사님의 엄청난 독서량에 대하여 말합니다. 폭넓고 엄청난 독서량이 깊은 말씀 묵상과 함께 그런 설교가 되게 했다는 것입니다.

이동원 목사님이 스스로에 대하여 "저는 저 자신의 열등감을 상처의 수준에서 간직해 온 사람입니다. 그런 저를 하나님께서 이만큼 써 주신 것만 해도 은혜에 감읍할 따름입니다"라고 말씀하신 적이 있습니다. 그 것은 목사님이 설교자로서 얼마나 노력하신 분인가를 깨닫게 해 주는 것입니다. 어떤 분이 "이동원 목사님이 '황금의 입'을 가진 것으로 알지만 실제로는 '황금의 귀'를 가졌다"고 하는 말을 들었는데, 그만큼 열심히 배우시는 분이라는 뜻일 것입니다. 더 완벽한 복음 중심의 설교 준비를 위해 밤을 지새우는 그의 노력은 그의 타고난 언변보다 훨씬 놀랍고 값진 것이라 할 수 있겠습니다.

그런 점에서 설교자로서의 신실함과 최선을 다하시는 점을 본받고 싶습니다. 그렇지만 목사님의 '성경을 해석하는 눈'과 '시대를 읽는 눈'은 결코 노력으로 해결될 수 없을 것 같습니다. 주님과의 깊은 교제가 아니면 결코 얻을 수 없는 것입니다. 그래서 저도 주님과의 깊은 교제에 더욱 힘쓰고 싶은 것입니다.

이재훈 목사(온누리교회 담임)

1) 귀하가 아는 이동원 목사님은 어떤 분인가요?

이동원 목사님을 생각하면 제 머릿속에는 항상 두 개의 단어가 떠오릅니다. 'Passionate and Compassionate!'가 바로 그것들입니다. 하나님을 향해서는 'Passionate'하시고, 사람들에 대하여는 'Compassionate'하신 분이십니다. 복음에 대한 타협이 없는 열정과 구령에 대한 식지 않는 열정으로 늘

도전을 주시는 분이십니다. 또한 사람들을 진심으로 긍휼히 여기시고 사랑하시기에 누구든 늘 가까이 가고 싶어지는 분이라고 말하고 싶습니다.

2) 이동원 목사님의 설교의 장점과 특징은 무엇이라고 생각하나요?

이동원 목사님 설교의 장점들을 열거하자면 수많은 수식어가 필요할 것입니다. 복음이 선명하게 나타나는 설교, 흡인력 있게 빨려 들어가는 설교, 언어의 풍성함이 드러나는 설교, 수사학적인 완벽함이 준비된 설교, 진리와 연결된 유머가 숨어 있는 설교 등일 것입니다. 이는 오랜 시간의 묵상과 현실에 대한 통찰력, 그리고 하나님께 드린 기도에서 비롯되었기 때문에 가능하다고 볼 수 있습니다.

3) 이동원 목사님의 설교에서 특별히 본받고 싶은 점은 무엇인가요?

균형 잡힌 신학이 바탕이 되어 있는, 메마르지 않는 묵상과 예화입니다. 이는 꾸준한 독서 없이는 이루어질 수 없는 것입니다. 대개 목회자들이 연세가 들수록 독서량이 떨어지고 과거의 체험과 주장들을 반복하기 쉬운데, 시간이 흘러갈수록 더욱 새롭고 신선한 설교들을 할 수 있다는 것이 늘 부럽고 본받고 싶습니다.

이태웅 목사(글로벌리더십포커스 원장)

1) 귀하가 아는 이동원 목사님은 어떤 분인가요?

지난 50여 년간 제가 지켜본 이동원 목사님은 첫째로, 한결같이 하나님께 순종하는 사람입니다. 지난 50여 년간 이동원 목사님은 소위 정상에 오른 지도자들이 범하는 죄를 범했다는 뉴스의 인물로 한 번도 등장한 적이 없으셨습니다. 처음 학생 운동을 한 때부터 목회를 하는 동안 줄곧 빛 가운데 사셨습니다. 둘째로, 한결같이 겸손하게 사신 분입니다. 그의 소박한 성품에도 그 원인이 있겠지만, 그보다 한 걸음 더 나아가 하나님 앞에 치리를 받았기 때문에 그렇게 유지할 수 있었다고 믿습니다. 셋째로, 지혜로운 분이십니다. 많은 지식이 있어도 지혜가 없는 사람은 남녀를 막론하고 "마치 돼지 코에 금고리"(잠 11:22) 같을 것입니다. 이동원 목사님은 깊은 우물에서 물을 기르듯 늘 신선한 것을 길러 내어 성도들로 하여금 그것을 마시게 하셨습니다(잠 20:5). 바울 사도가 디모데에게 한 말씀을 빌린다면, 이런 사람이 곧 하나님의 사람의 반열에 낀다고 볼 수 있습니다(딤전 6:10).

2) 이동원 목사님의 설교의 장점과 특징은 무엇이라고 생각하나요?

이동원 목사님의 설교는 한두 가지로 논하기에는 어렵겠지만 최소한 두 가지 면에서 원칙을 지켰다고 볼 수 있습니다. 하나는 텍스트를 떠나지 않았다는 것입니다. 늘 "저 세상(천상)에서 오는 메시지"를 회중에게 전하셨습니다John Stott, Between Two Worlds. 또 하나는 컨텍스트에 대한 배려가 심오하고도 절묘했다는 것입니다. 제임스 데인James Danne, Preaching With Confidence이 주장한 것처럼, 이는 바로 설교가 예술의 경지에 든 것을 의미합니다. 아쉬운 점이 있다면 우리만 이런 설교를 듣고, 세계 교회에 자주 들려주지 못한 점일 것입니다. 아마도 세계 교회의 회중을 향해서 설교해도 아무런 손색이 없을 뿐만 아니라, 그 어떤 명설교자의 반열에 서도 떳떳할 것이라 믿습니다.

3) 이동원 목사님의 설교에서 특별히 본받고 싶은 점은 무엇인가요?

이동원 목사님의 설교에서 본받고 싶은 것은 제일 먼저 이동원 목사님 자신입니다. 그가 어떤 사람인가에 따라서 텍스트를 담아내는 효과가 달라지는데, 목사님은 하나님의 특별한 훈련과 인정unction을 통해 준비된 그릇vessel이라고 할 수 있습니다. 두 번째로 그의 온순하면서도 예리한 본문의 처리 능력입니다. 그는 예화를 하나 들 때도 너무 화려하지 않고, 그렇다고 너무 고루하지도 않으면서 본문을 더욱더 돋보이게 만드는 마력을 발휘합니다. 세 번째로 그가 가진 해박한 지식입니다. 특히 인간에 대한 이해력과 다양한 분야의 독서를 통해 터득한 지식은 그의 겸손과 탁월한 기지機智와 함께 어우러져서 그의 설교를 더욱더 설교답게 만드는 것을 매번 목격하게 되는 것 같습니다.

이현모 목사(전 침례신학대학교 선교학 교수)

1) 귀하가 아는 이동원 목사님은 어떤 분인가요?

첫 번째는 탁월한 '설교자'라는 것입니다. 하나님의 말씀을 깊이 있으면서도 효과적으로 청중에게 전달하는 면에서 탁월한 은사를 가진 분이십니다. 1980년대, 아직도 한국 교회가 기복적 부흥회 신앙의 영향을 받던 시기에 말씀으로 삶을 도전하시는 특별한 사역자의 모습을 보여 주셨습니다.

두 번째로는 대형 교회 목회자로서 자신의 삶의 목표와 비전을 분명히 보여 주고 지키려고 애쓰신 지도자입니다. 상당수의 대형교회 목회자가 전횡적인 지도력을 보이는 추세가 있지만, 자신의 한계를 겸손하게 인정하시고 그 한계를 지키려고 평생 노력하신 분입니다. 대형교회 목회자의 삶에서 특별한 스캔들 없이 목회 일생을 마치신 것은 큰 귀감이 될 것입니다. 또한 대형 교회의 단점(자신의 교회만 성장하는 것에 치중한다든지)을 극복하려고 최선을 다하셨다고 생각합니다.

세 번째로는 다양한 영성 운동을 누구보다 먼저 공부하고 경험하시고, 옥석을 구분해서 자신의 교회에 적용하실 뿐 아니라, 한국 교회에도 소개하신 분이라는 것입니다. 1980년대 이후로 지금까지 미국 교회를 중심으로 다양한 영성 운동이 출현하고 상당한 영향을 미쳤습니다. 이런 시기에 건강한 영성을 구분하고 적용하는 면에서 큰 공헌을 이루신 분이라고 평가합니다.

네 번째로는 한국의 세계화 추세에 맞추어서 이민 목회도 경험하시면서 청년 운동의 지경을 넓힌 지도자라는 것입니다. KOSTA 같은 사역이 한국 교회에 직간접적으로 미친 영향은 지대합니다. 누구보다 먼저 변화를 보고 대응하시는 분으로 보입니다.

마지막으로 탁월한 집중력을 가지신 분입니다. 아주 바쁜 목회 스케줄 가운데서도 계속 새로운 책을 읽고 소화하는 집중력과 이해력이 탁월하십니다.

2) 이동원 목사님의 설교의 장점과 특징은 무엇이라고 생각하나요?

말씀에 대한 깊은 해석이 모든 설교에 건강한 기초를 이룬다는 점입니다. 자신의 주장과 생각을 말씀의 포장지에만 싸서 전하는 설교가 많은데, 이동원 목사님의 설교의 장점은 하나님의 말씀 내용이 분명하게 전해진다는 점입니다. 두 번째는 청중을 붙잡는 커뮤니케이션 능력일 것입니다. 수신자 중심의 커뮤니케이션이자, 동시에 현시대와 상황을 설교에 반영시키는 좋은 모델을 보여 주셨습니다. 실제의 삶과 동떨어진 설교가 많은데, 이동원 목사님의 설교는 삶에 바로 적용되는 내용이었습니다. 세 번째로는 설교의 맺음에서 회중에게 감동을 주거나 변화를 촉구하거나 결단하게 하는 마무리 능력이 탁월하시다는 것입니다. 이 마무리 부분만으로도 많은 회중을 설교에 반응하게 만드는 장점을 갖고 계신다고 생각합니다.

3) 이동원 목사님의 설교에서 특별히 본받고 싶은 점은 무엇인가요?

말씀의 관찰 능력입니다. 같은 본문을 봐도 남들은 발견하지 못하는 내용을 정확하게 발견하고 제시하는 능력을 가지고 계십니다. 동시에 중요한 역할을 하는 유머나 시대적 표현 등이 청중의 집중력을 사로잡아 설교에서 관심이 떠나지 않게 하는 면이 탁월하신데, 이런 면을 배우고 싶습니다. 특히 말씀을 적용하게 하는 마무리 과정을 배우고 싶습니다. 아무리 좋은 설교라도 실제 청중의 결단과 반응을 이끌어 내지 못하면 효과적이지 못한데, 마무리에서 단순히 기도하고 마치는 것이 아니라 적절한 예화와 찬양, 짧은 도전의 말씀 등을 사용하셔서 청중이 결단하게 하는 데 아주 효과적입니다. 또한 다양한 정보와 지식들을 잘 처리해서 유효적절하게 설교에 사용하시는 탁월한 능력은 본받고 싶은 부분입니다.

조봉희 목사(지구촌교회[서울] 원로 및 선교 목사)

1) 귀하가 아는 이동원 목사님은 어떤 분인가요?

저는 신대원 시절부터 이동원 목사님을 가장 본받고 싶은 목회자와 설교자로 제 가슴에 모셨습니다. 그런 소박한 바람이 1993년, 교회 이름이 같다는 이유로 자매결연을 맺어 이동원 목사님은 저의 멘토와 스승이 되어주셨습니다. 이동원 목사님은 전인적으로 건강한 참목자이십니다. 특히 창조적 리더로서 무엇이든지 그의 손에 들어가면 작품이 되고 명품이 되어 나옵니다. 그러나 더욱 중요한 것은, 따뜻한 가슴으로 사람의 내면을 부드럽게 터치해 주는 사랑의 설교자이십니다. 헨리 나우웬Henri Nouwen처럼 그는 인간의 상처를 알고, 그 상처를 낫게 하는 치유설교자이십니다.

2) 이동원 목사님의 설교의 장점과 특징은 무엇이라고 생각하나요?

목사님의 설교는 항상 신선합니다. 그때 거기서 하셨던 말씀을 오늘 여기서 생생하게 들려주십니다. 금세기의 훌륭한 설교자 존 스토트의 설교학 교과서 『Between Two Worlds』에서 핵심 주제로 다루는 것처럼, 텍스트와 컨텍스트 사이에 뻥 뚫린 가교를 놓아주는 설교자이십니다. 그래서 철저하게 본문 중심이면서도 현실 상황에 실제적 적용을 가능케 해 주십니다. 최근에 세계적으로 각광받고 있는 설교자 앤디 스탠리는 "적용이 불분명한 설교는 큰 해악을 끼친다"고 지적합니다. 이에 관하여 이동원 목사님의 설교는 성경적 가르침을 상황화 시키는 탁월한 적용을 통해 놀라운 변화를 기필코 이루어냅니다. 따라서 설교 서론에서부터 주제를 분명하고도 쉽게 이해시키면서 전개해 나갑니다.

지난 40년 이상 수없이 많은 설교를 해 오면서도 언제나 새로운 접근으로 시작부터 흥미를 유발시킵니다. 모든 설교가 하나같이 지적이면서도 실천적입니다. 철저하게 본문 중심이면서도 적용을 주안점으로 대지를 구성하고 전개해 나가며, 결론은 단순한 윤리 중심을 벗어나 그리스도 중심으로 매듭짓습니다.

특히 이동원 목사님의 설교의 매력은 심플한 결론으로 가슴에 감동을 주고 결단을 촉구한다는 것입니다. 결론이 심플한 만큼 힘차게 매듭짓습니다. 설교의 서론은 새로운 지식으로 머리에서 시작하는 듯했는데, 어느덧 가슴까지 내려와 내면세계를 깊이 터치하면서 새로운 결단과 도약으로 향상시킵니다. 저는 이동원 목사님의 설교를 '3H'로 압축하고 싶습니다. 'Head, Heart, Hand.' 머리에서 가슴으로, 그리고 손과 발로 행동하게 합니다. 그래서 그의 수많은 설교 횟수만큼 수많은 사람들을 변화시키고, 헌신으로 이끌어 오고 있습니다. 그는 자신의 설교를 통해 놀라운 열매를 맺는, 살아 있는 메신저입니다.

3) 이동원 목사님의 설교에서 특별히 본받고 싶은 점은 무엇인가요?

좋은 설교는 좋은 설교자에게서 나옵니다. 온전한 인격whole person이 온전한 복음whole gospel을 전하게 합니다. 따라서 이동원 목사님은 온전한 설교자whole preacher시라고 할 수 있습니다. 저는 하나님과 사람 사이의 중보자적 설교자상을 본받고 싶습니다. 사람의 마음에 하나님의 심정을 느끼게 하는 설교와 그 인격을 본받고 싶습니다.

주승중 목사

(주안장로교회 담임, 전 장로회신학대학교 예배 설교학 교수)

1) 귀하가 아는 이동원 목사님은 어떤 분인가요?

제가 아는 이동원 목사님은 강단에서는 밝은 지성과 유머, 그리고 예리한 통찰력으로 현장감 넘치는 말씀 풀이와 이야기를 통해서 성도들의 마음을 사로잡는 복음설교자이자, 하늘을 위한 땅의 소리꾼이십니다. 그리고 개인적으로 만나면 참 친근하고 따스한 대화를 나누어 주시는 분이십니다. 그래서 편안하고, 함께 더 많이 대화하고 싶은 분이십니다. 그는 꾸밈이 없습니다. 있는 그대로 솔직하게, 자신의 생각을 나누어 주는 분이십니다. 그래서 저는 개인적으로 이동원 목사님을 많이 사랑하고 존경하고 본받고 싶습니다.

2) 이동원 목사님의 설교의 장점과 특징은 무엇이라고 생각하나요?

이동원 목사님의 설교는 현대 청중을 누구보다도 정확하게 이해하고, 더 넓게는 현대의 문화와 이 시대를 읽어 내는 가운데, 그들에게 하나님의 말씀을 통하여 따라야 할 길과 방법들을 구체적으로 제시합니다. 그런 면에서 그는 성경 본문에 충실한 해석학적인 성실성과 함께 청중의 필요를 파악하여 성경 본문과 인간의 삶의 정황 사이에 복음적 다리를 놓는 일에 탁월한 "하늘을 위한 땅의 소리꾼"이라고 할 수 있습니다. 그리고 바로 여기에 그의 설교의 장점이 있습니다.

어떤 설교자들은 본문을 충실히 연구하고 해석하는 데 비해, 오늘의 상황에서 그 말씀이 이 땅에서 살아가고 있는 청중에게 어떤 의미를 주는 것인지를 적용하지 못합니다. 그런가 하면 또 어떤 설교자들은 이 시대의 정황이나 삶의 정황에 대해서는 많은 고민을 하는 데 비해, 본문이 정말 우리에게 말씀하고 있는 것이 무엇인지에 대해서 잘 모르고 전달하는 경우가 있습니다. 둘 다 문제가 있습니다. 그런데 이동원 목사님의 설교는 성경이라는 텍스트를 오늘의 상황으로 재해석하고 그것을 우리의 삶에 적용하는 메시지를 갖고 있습니다. 그는 "설교는 텍스트와 컨텍스트 간의 끊임없는 긴장과 대화"이고, 이 긴장과 대화 속에서 설교가 탄생한다고 말씀하십니다. 이동원 목사님의 설교는 본문의 세계와 오늘의 상황을 가장 잘 연결하는 한국 교회의 대표적인 강해설교라고 할 수 있습니다. 이것이 그의 설교의 최대의 장점이자 특징입니다.

3) 이동원 목사님의 설교에서 특별히 본받고 싶은 점은 무엇인가요?

이동원 목사님의 설교에서 특별히 본받고 싶은 점은 그의 설교가 허공에 떠 있는 소리, 그래서 오늘 우리의 삶과 현실과는 아무런 관계도 없고 도움도 주지 못하는 말씀이 아니라, 오늘 우리의 삶의 문제에 대한 분명한 성경적인 해답을 들려주고 있다는 점입니다. 다시 말해서 그는 청중의 필요에 민감한 설교를 하나님의 말씀을 통하여 제시하십니다. 사실 오늘날 한국 교회의 많은 설교가 청중에게 삶의 변화를 주지 못하는 중요한 원인들 가운데 하나가 바로 여기에 있습니다. 많은 설교자들이 청중의 피부에 와 닿는 필요를 무시하고 있습니다. 그래서 청중의 삶에 아무런 변화도, 영향도 주지 못하고 있습니다. 그러나 이동원 목사님의 설교는 청중의 필요를 정확하게 파악하여 이에 대한 하나님의 말씀을 통한 대답을 들려주고 있습니다. 이는 한국 교회의 모든 설교자들이 특별히 본받아야 할 점이라고 생각합니다. 16년간 신학교에 있다가 목회 현장에 나와 보니 이 점이 더욱 절실하게 느껴집니다.

진재혁 목사(케냐 Bridge World College, 전 지구촌교회 담임)

1) 귀하가 아는 이동원 목사님은 어떤 분인가요?

이동원 목사님을 생각하면 세 가지가 제 마음에 떠오릅니다.

첫째는 복음의 열정입니다. 평생 하나님 말씀을 가지고 영혼들을 향해 구령의 열정으로 복음을 증거하고 구원의 메시지를 선포해 오신 목사님을 생각합니다.

두 번째는 성경적인 균형입니다. 많은 것들을 잘 아우르면서도 하나도 부족함 없이 모든 면에서 균형을 이루시는 목사님의 모습을 봅니다. 신학, 성품, 사역 그리고 관계, 모든 면에서 아름다운 균형을 이루어 어느 하나도 부족함이 없이 빛을 발하시는 목사님을 생각합니다. 세 번째는 위대한 커뮤니케이터Great communicator로서의 목사님입니다. 하나님이 주신 비전을 함께 나누고 말씀을 전하고 마음을 움직이는 '위대한 커뮤니케이터'로서의 목사님을 생각합니다.

2) 이동원 목사님의 설교의 장점과 특징은 무엇이라고 생각하나요?

목사님의 설교를 생각하면서 세 가지 I를 생각합니다.

첫째는 'Interest'(관심, 흥미, 호기심)입니다. 목사님의 설교는 사람들의 관심을 끌며 설교에 빨려 들게 하는, 그리고 계속해서 듣고 싶게 하는 'Interest'를 가지고 있습니다.

두 번째는 'Information'(정보)입니다. 목사님의 설교에는 항상 새로운 'Information'이 있습니다. 누가 들어도 도움이 될 수 있는 'Information'을 그의 설교 속에서 발견할 수 있습니다. 풍성한 지식과 새로운 관점의 이해는 포만감을 느끼게 할 만큼 도움이 되며, 인지적인 성숙함과 깨달음을 가져오게 합니다.

세 번째는 'Inspiration'(영감)입니다. 목사님의 설교는 살아 있는 하나님의 말씀처럼 꼭 필요한 말씀으로 필요한 곳을 향해 선포됩니다. 하나님의 말씀 앞에 마음이 움직이는 놀라운 감동을 경험하게 되고, 'Inspiration'을 통해 내게 직접 말씀하시는 하나님을 만날 수 있게 합니다.

3) 이동원 목사님의 설교에서 특별히 본받고 싶은 점은 무엇인가요?

이번에는 세 가지 P로서 생각해 봅니다. 첫 번째 P는 'Preparation', 즉 설교를 향한 준비입니다. 그동안 많은 설교를 하셨음에도 불구하고 한 편의 설교를 전하시는 데 조금의 흔들림도 없이 꾸준히, 그리고 최선을 다해서 열심히 준비하시는 목사님의 모습을 봅니다. 말씀의 준비에 있어서는 지극히도 성실하게 훈련된 목사님의 'Preparation'을 본받고 싶습니다.

두 번째 P는 'Preaching'입니다. 목사님은 어떠한 상황과 상태에서도 흔들리지 않고, 여전히 설교자의 모습을 가지고 계십니다. 사람이 많든 적든, 상황이 좋든 좋지 않든, 불편한 가운데서도 때로는 고통스러운 가운데서도 하나님 말씀을 향해 늘 불처럼 타오르는 목사님의 모습은 꼭 본받고 싶습니다.

세 번째 P는 'Praise'입니다. 약간 의외일 정도로 목사님의 찬양은 그렇게 뛰어나지 못합니다. 비록 찬양하는 음악 실력은 뛰어나지 못하지만,

목사님이 설교 뒤에 찬양을 통해 인도하시는 미니스트리 타임에서는 말씀과 연결되어 우리의 마음을 움직이고 말씀에 순종하여 행동으로 이어지는 결단의 시간을 헌신으로 준비케 하는 놀라운 능력이 있습니다. 그 모습을 본받고 싶습니다.

한홍 목사(새로운교회 담임)

1) 귀하가 아는 이동원 목사님은 어떤 분인가요?

미국 교포교회의 전도사 시절, 저는 책과 테이프로 처음 이동원 목사님의 설교를 접했습니다. 처음 설교를 듣는 순간부터 '세상에, 한국에 이렇게 설교를 잘하는 분이 있나' 할 정도로 매료되어 버렸습니다. 그 후 한국에 들어와서 사역하기 시작한 뒤부터 국내외 집회에서 이동원 목사님과 개인적으로 교제하게 되었는데, 한마디로 권위주의라고는 전혀 찾아볼 수 없는 소탈하고 겸손한 분이셨습니다. 제가 30대 중반의 젊은 목사였을 때, 침미준 전국집회에 주 강사로 추천하시는 파격을 보이셨고, 사석에서나 공석에서나 변함없이 새까만 후배인 제 설교와 집필 활동을 칭찬해 주시고 격려해 주신 따뜻한 선배이십니다. 교회를 개척한 뒤 여러 가지 힘든 일이 있어 찾아뵐 때면 늘 시간을 내어 경청하시고, 기도해 주시고, 지혜로운 조언과 격려를 아끼지 않으셨습니다. 설교자이기 전에 제가 꼭 닮고 싶은, 큰 바위 얼굴 같은 훌륭한 목회 선배이십니다.

2) 이동원 목사님의 설교의 장점과 특징은 무엇이라고 생각하나요?

좀 과장된 표현으로 말한다면, 현대 한국 교회의 설교는 'Before 이동원'과 'After 이동원'으로 구분될 수 있지 않을까 생각합니다. 1970년대 후반에 이동원 목사님이 등장하기 전에 한국 교회의 설교는 보수 장로교단 측의 권위주의적인 설교가 아니면 기복 신앙이 가득 담긴 부흥사식 설교가 대부분이었습니다. 전자는 성도들에게 어렵고 딱딱하게 느껴졌고, 후자는 불신자 친구들과 함께 듣기 민망한 수준의 과격하고 격이 낮은 언어들이 많은 설교였습니다. 그때 등장한 이동원이라는 존재는 참으로 참신한 충격을 던져 주었습니다. 아나운서같이 매끄럽고 격조 높은 언어를 구사하는데다가 논리 전개와 핵심 포인트 전달이 분명한, 군더더기 없는 설교였습니다. 게다가 유머 감각과 스토리텔링이 센스 있고 자연스러워서, 듣는 사람들로 하여금 시간 가는 줄 모르고 끌려들게 했습니다. 한국이나 미국의 수많은 엘리트 교인들을 끌어당길 만한 설교였습니다. 귀납식 성경연구와 정통 강해설교를 지향하지만, 결론 부분에서는 반드시 듣는 사람들의 삶에 분명한 결단을 요구하는 뜨거운 열정이 이동원 설교의 장점과 특징일 것입니다.

3) 이동원 목사님의 설교에서 특별히 본받고 싶은 점은 무엇인가요?

홍정길 목사님이 "이동원 목사의 설교에선 배울 점이 없다. 자는 사람을 깨워도 아름다운 설교를 할 정도로 언어의 은사를 타고난 사람인데 어떻게 따라 할 수 있겠나!"라고 농담처럼 말씀하신 것이 기억납니다. 그럴 정도로 이동원 목사님은 보기 드문 언어구사력을 가지셨습니다. 그럼에도 불구하고 설교 하나하나를 보면 수많은 시간을 본문과 주석 자료들을 놓고 씨름한 땀방울들을 느낄 수 있습니다. 세상에서 제일 무서운 사람이 이동원 목사님같이 평생 노력하는 천재입니다. 특히 신구약 성경의 거의 전체를 커버한 '이렇게 … 하라' 시리즈를 보면서, 나도 평생 신구약 성경 전체를 착실히 강해설교 하는 성실한 설교자가 되겠다는 결심을 하게 됩니다.

chapter 12

한국 교회에 끼친 영향

이 시대의 대한민국에 이동원 목사 못지않게 명설교자로 정평이 나
있는 설교자들이 여럿 있다. 이들 모든 설교자들은 후배 설교자들의 모
범으로, 이모저모로 선한 영향을 많이 끼친 한국 교회의 소중한 자산들
이다. 그런데 그분들과 이동원 목사는 여러 면에서 차별성을 갖고 있다.
도대체 어떤 점에서 구별된단 말인지, 하나씩 살펴보자.

　첫째로, 세계적인 피겨 스케이터 김연아의 점프가 교과서적 정석으로
유명하듯이, 이동원 목사의 설교는 모든 설교자들이 배우고 흉내 내기에
부족함이 없을 만큼 설교학의 정석이라는 점에서 다른 명설교자들과의
차별성이 있다. 성경을 해석하는 실력이나 논리적인 설교의 형식을 다듬
는 재주나 기막힌 표현력으로 문장을 살려 나가는 재능이나 호소력 있는
음성과 생동감 있는 자세로 전달하는 능력, 모든 면에서 그는 최고의 수
준을 자랑한다.

　둘째로, 이동원 목사의 설교가 희망이나 소망에 관한 긍정적인 내용
들을 포함하고 있지만, 로버트 슐러Robert Harold Schuller나 조엘 오스틴Joel
Osteen의 번영 복음과는 질적으로 다르다는 점에서 차별성이 있다. 이동
원 목사의 설교 속에는 분명 그리스도인의 죄와 허물과 문제에 대한 통

렬한 지적과 고발이 들어 있지만, 결론은 항상 소망의 메시지로 마치기 때문이다.

박영선 목사의 표현에 의하면 그의 설교는 "영혼의 빗장을 열고 새싹이 돋게 하는" 마력이 있다.[560] 성도들의 문제점을 찌르고 고발하고 정죄하고 마쳐 버린다면 설교자의 역할을 다했다고 볼 수 없다. 그렇다고 그들에게 늘 희망과 소망의 메시지만 전한다면 그 또한 참된 설교자라고 할 수 없다. 설교자는 두 가지 양면을 겸비한 사람이어야 하는데, 어느 것을 먼저 선포하고 어느 것을 나중에 선포할 것인가를 지혜롭게 활용하는 사람이 이동원 목사가 아닌가 생각한다.

셋째로, 그의 연세나 시대적 상황을 감안해 볼 때 이동원 목사는 구시대의 전통적인 설교 시대에 속했음에도 불구하고, 바로 다음에 지적할 몇 가지 내용 외에는, 여러 면에 있어서 새 시대 설교학이 주창하는 설교의 강점을 선도적으로 이끌어 간 설교자란 점에서 차별성이 있다. 앞서 살펴본 바와 같이, 적용을 무시하지 않는 진정한 의미에서의 강해설교 방식과 귀납적인 서론 및 권위적이지 않은 결론 활용 방식 등이 바로 그것들이다. 이만하면 그를 구시대의 전통적 설교자의 목록에 놓기보다는 새 시대의 새로운 설교자의 목록에 둠이 옳다고 본다. 옛 시대에 속했으면서도 새 시대에 어울리는 설교의 장점들을 많이 보여 준 이동원 목사는 한국 교회의 특별한 자산임에 틀림없다.

교회의 성장이 멈춰지고 하락세로 떨어진 현시점에서 강단에서의 새로운 변화가 시급히 요구되고 있다. 이런 위기의 상황에서 이동원 목사는 한국 교회와 설교자들의 나아갈 방향을 가장 잘 제시하는 설교자라고 평가내릴 수 있다.

chapter 13

아쉬움의 소고

사자성어에 '주마가편走馬加鞭'이란 말이 있다. '달리는 말에 채찍질한다'라는 뜻이다. 이 시대 최고의 설교자가 지닌 설교의 장점과 탁월성에 관한 많은 내용들을 지금까지 꼼꼼히 분석하여 여러 페이지에 풀어내어 보았다. 설교의 일인자에게 무슨 토를 달 수 있으며, 감히 훈수를 둘 수 있겠는가? 하지만 이 책을 집필하는 필자 자신의 설교학자란 신분 면에서도 그러하거니와, 후진들의 보다 철저하고 완벽한 설교를 위해서도 이동원 목사의 설교에 있어서 아쉬운 대목은 반드시 짚고 넘어갈 필요가 있다고 본다.

　아무리 위대한 설교자라고 해도 약점이 있고 보완해야 할 점이 분명히 있다. 이동원 목사 역시 예외가 아니리라. 그는 이미 목회의 현직에서 물러난 원로 중 한 분이다. 40여 년간의 목회자와 설교자로서의 경험과 일흔이라는 그의 연세로 볼 때, 이제 갓 설교를 시작하는 목회자와 비교해 보면 그도 어쩔 수 없이 지나간 시대의 옛사람old-timer임에 틀림없다.

　필자의 이 말에는 두 가지의 의미가 내포되어 있다. 우선 이동원 목사의 경험이나 연륜으로 볼 때, 옛 시대에서는 그만큼 성경에 충실하면서도 시대를 앞서 가는 혜안으로 청중에게 효과적으로 어필하는 설교를 시도한 선각자를 다시 찾아보거나 기대할 수 없을 정도로, 그가 최고와 최선의 설교자였다는 말이다. 그런 점에서 우리는 그에게 모든 예의를 갖추어 큰 존경과 박수를 보내야 마땅하다고 본다.

그런가 하면, 새 시대에 걸맞게 새로운 바람이 불고 있는 설교학계의 움직임으로 볼 때, 이동원 목사의 설교는 보다 철저하게 성경적이며 효과적인 방향으로 청중에게 체험되도록 하기 위해 더 새롭고 바람직한 방향으로 나아가야 할 미완의 걸작품으로 평가해야 하지 않을까 생각한다. 필자의 생각에 이동원 목사의 설교에서 발견되는 아쉬운 대목이 여럿 있는데, 하나씩 살펴보면 다음과 같다.

첫째, 그의 설교 가운데 강해설교라기보다는 주제설교에 가까운 설교들이 가끔씩 보인다는 아쉬움이 있다. 이는 우선 본문보다는 설교의 주제나 제목과 삼대지에 대한 본인의 아이디어가 더 지배적으로 영향을 끼칠 때 나타나는 불가항력적 현상이기도 하며, 또한 예화의 과다한 사용 때문에 빚어지는 결과이기도 하다. 그뿐 아니라 목회하다 보면 특별 절기나 목회상의 특수한 상황이나 특별한 주제에 맞춰 설교해야 하는 경우가 생긴다.

그럴 때 정확하게 그에 딱 들어맞는 본문이 없는 경우 본문 중심에서 벗어날 가능성이 다분하다고 생각한다. 하지만 어떤 상황에서든 설교자는 본문을 중심으로 설교해야 한다는 점에서 아쉬움이 있다.

둘째, 그의 설교의 주제들이 주로 성도 개인의 신앙과 삶에 관한 내용에 치우친 반면, 국가나 세계를 위한 통 큰 설교가 다소 부족하다는 점을 아쉬움으로 지적할 수 있다. 서울신학대학에서 설교학을 가르치는 정인교 교수의 이야기를 들어 보자.

이동원 목사의 설교 217편을 분석한 결과 교리적-사역적 주제들(교회, 하나님, 예수 그리스도, 성령, 헌금, 예배, 선교 등)은 62편, 성도의 개인적 주제들(신앙 태도, 믿음, 구원, 희망, 가정 등)은 152편, 그리고 국가와 민족을 주제로 한 설교는 3편으로 파악되었다. 이런 분석을 통해 분명해지는 것은 이동원 목사의 설교가 성도 개인의 문제에 집중하고 있다는 사실이다. 즉, 그것이 성도 개인의 신앙이든, 삶의 태도이든 이동원 목사의 관심은 성도 개인이 신앙인으로서나 생활인으로서 믿음이라는 토대 위에서 온전히 성장해 가는 데 그의 관심이 집중되어 있음을 알 수 있다.[561]

앞에서도 살펴본 바 있지만, 그의 설교 부분 부분에서는 국가와 민족과 사회 전체에 대한 언급들이 적지 않게 등장하고 있는 게 사실이다. 하지만 그 주제들이 설교 전체에서 지배적인 내용으로는 거의 활용되지 않고 있다. 정치, 경제, 사회적으로 나라가 점점 더 어려워지고 있는 이때, 제사장적인 마음을 가지고 통 크게 전하는 메시지가 좀 더 많았으면 하는 아쉬움이 있다.

셋째로, 그의 설교가 항상 삼대지 설교라는 틀에 박힌, 획일적인dull and unvarying 설교 개요와 프레임에 고정되어 있다는 점을 아쉬움으로 지적할 수 있다.[562] 이동원 목사는 가끔씩 이대지나 사대지의 설교들을 할 때도 있지만, 거의 대부분은 삼대지를 전형으로 설교하는 설교자다. 설교자들이 본문 속에 나오는 내용을 파헤치는 일에는 철저해야 한다고 하면서도, 그 내용을 전달하는 본문의 형식에는 전혀 관심 없이 언제나 틀에 박힌 삼대지의 형식으로만 설교하는 것은 큰 아쉬움으로 남지 않을 수 없다.

이동원 목사의 설교적 장점뿐 아니라 인격적 위대함까지 본받아야 한다고 강조했던 정인교 교수는 그의 설교에 있어서의 아쉬움에 대해서 다시 한 번 다음과 같이 언급하고 있다.

필자의 개인적인 견해일 수 있지만, 이동원 목사의 설교가 항상 예화와 대지라는 고정적인 틀을 고수하는 것 역시 바람직하지 않다. 하나의 형식에 모든 설교의 메시지를 고정시키고 그것을 절대화하는 것은, 비록 그것이 오늘의 지구촌교회를 일군 일등공신이라 하더라도 결코 추천할 일은 아니다. 필자는 모범적 위치에 있는 이동원 목사의 설교가 최근 설교학계에 불어 닥치고 있는 설교 패러다임의 변화를 수용하기를 바란다.[563]

정인교 교수의 지적대로, 성경에는 다양한 형태의 장르가 있다. 설교자는 설교의 내용뿐 아니라 그 내용을 전달하는 형태까지도 본문 속에서 영향을 받아야 한다.[564] 그러기 위해선 삼대지로도 설교할 필요가 있겠지만, 원 포인트나 다양한 프레임의 설교 형식을 선보임도 필요하다고 본다.

넷째로, 이동원 목사의 설교 패턴이 가지고 있는 특성상 개방 결론 방식을 활용함이 그에게 더욱 효과적일 것이라는 아쉬움이 있다. 이동원 목사의 결론 방식을 자세히 관찰해 보면, 설교의 주제나 메시지를 분명하게 제시한다는 점 말고는 개방 결론 방식과 거의 흡사함을 본다. 따라서 이동원 목사가 본문의 내용을 결론 부분에서 직접 정리하지 말고, 여운을 남긴 채 마치는 방법을 자주 활용하면 어떨까 하는 아쉬움이 필자에게 있다. 왜냐하면 이동원 목사의 재능과 설교 방식과 패턴을 감안해 볼 때, 본문의 주제나 메시지를 굳이 설교자가 정리해 주지 않더라도 그의 설교를 들은 청중은 감동적이고 드라마 같은 설교 때문에 이미 그 내용을 스스로 다 인지하게 되기 때문이다. 이럴 때 그가 개방 결론의 방식까지 활용한다면 그의 설교는 청중에게 보다 효과적으로 어필함은 물론, 여운이 오래 남는, 더욱 감동이 크고 깊은 명설교로 새겨질 것이라고 본다.

이제 『이동원 목사의 설교 세계』를 마무리 지으면서, 필자는 다음과 같은 소망과 기대감을 갖고 혼자서 눈을 감은 채 가만히 상상해 본다. 지금의 이동원 목사가 자신의 인격과 설교의 모든 재능을 고스란히 지닌 채 다시 이 땅에 태어나 필자가 아쉽게 생각한 내용들을 보완하여 보다 이상적이고 완벽한 설교자로 거듭나서 설교하는 상상 말이다. 그야말로 이뤄질 수 없는 필자만의 꿈같은 바람과 아쉬움이다. 이제 그 막연한 소원을 이동원 목사의 후배 설교자들에게 기대한다면 필자만의 지나친 욕심일까? 이 책을 읽는 독자들 가운데서 이동원 목사를 뛰어넘는 설교의 새로운 영웅이 등장하길 기도하는 마음으로 기대해 본다.

나가는 말

　지금까지 우리 시대 최고의 설교자인 이동원 목사의 설교에 관한 모든 것들을 자세히 살펴보았다. 결코 행복하지 않은 가정에서 태어나, 예수 그리스도와 복음에 대해서 전혀 알지 못했으며, 남들 앞에 서서 말 한 마디 당당하게 하지 못할 정도로 수줍음을 탔던 한 젊은이가 모든 설교자들이 흠모하고 우러러보는 대한민국 최고의 설교자로 자리매김하는 모습을 이 책을 통해서 지켜보았으리라. 웅변대회에 나가는 족족 낙방만 하고, 믿었던 대학 시험에 실패하여 자살까지 생각했던 그가 한국 교회에서 이토록 소중한 위치를 차지하리라고는 본인조차 상상하지 못했을 것이다. 첫째는 하나님의 절대적인 은혜의 역사요, 둘째는 이동원 목사 자신의 천부적 재능은 물론 부단한 노력과 애씀의 결과라고 결론지을 수 있다.

　기독교 역사상 설교자로서 이동원 목사만큼 최고의 찬사와 최다의 별명을 얻은 이도 드물 것이다. 아마도 제대로 된 공식 조사가 이뤄진다면 그의 이름 석 자는 분명 기네스북의 한 페이지를 차지하고도 남을 것이다. 공인된 '황금의 입'이요, '강해설교의 일인자'이며, 모든 설교자들의 '큰 바위 얼굴'인 그가 어째서 이 시대 최고의 설교자인지는 이 책을 통해 이미 확인한 바 있다.

타락과 침체와 감소의 늪에 한없이 허덕이고 있는 한국 교회는 누가 봐도 분명 위기 상황이다. 강단의 부흥과 회복이 절실한 시점이다. 이런 절체절명의 현실에서 설교자가 가져야 할 바람직한 자세는 무엇일까? 진리와 생명의 말씀을 제대로 선포하는 일만이 설교자들이 행해야 할 지상 명령과 절대 사명일 것이다. 모든 설교자는 자신의 설교 사역을 되돌아보아 각성하고 새로운 변화를 시도해야 한다.

평범한ordinary 것으로는 안 된다. 좋은good 것으로도 부족하다. 탁월하고excellent 유별나고extraordinary 특별하고special 돋보이는remarkable 설교가 필요하다. 한마디로, 성경적이면서 효과적으로biblically and effectively 청중에게 어필할 수 있는 설교가 절실하다. 그러기 위해선 이동원 목사의 설교를 배우고 훔치고 모방하고 흉내 내 보라. 결코 손해 보는 일이 아닐 것이다. 설교에 엄청난 유익을 가져다줄 것을 확신한다.

헬무트 틸리케Helmut Thielicke가 다음과 같이 말했다고 하지 않는가! "당신이 갖고 있는 모든 것을 팔아 스펄전을 사라Sell all you have, … and buy Spurgeon."565 지금 필자는 다음과 같이 말하고 싶다. "당신이 갖고 있는 모든 것을 팔아 이동원을 사라!"고 말이다. 이 한 권이 바로 그 책이 되길 바란다. 과거 스코틀랜드에는 존 녹스John Knox가 필요했고, 영국에는 조지 휫필드나 찰스 스펄전이 필요했고, 미국에는 조나단 에드워즈나 D. L. 무디가 필요했다면, 오늘 이 시대, 우리 한국의 강단에는 어떤 이가 필요할 것인가? 제2, 제3의 이동원 목사가 절실하다. 이 책을 읽고 있는 바로 당신이 그 주인공이 되길 바란다.

부   록

---

1. Midwestern Theological Seminary의
   'Daniel Lee Chapel' 헌정식 기념 설교(2014년 4월 17일)

2. 미얀마 침례교 총회 선교 200주년 기념 설교
   (Myanmar Baptist Convention, 2013년 12월 9일)

1. Midwestern Theological Seminary의
'Daniel Lee Chapel' 헌정식 기념 설교(2014년 4월 17일)

1) 영어설교 원고
Title: The Power of the Word / Text: 1 Peter 1:23–2:3

I am so pleased that I can speak at the MBTS Chapel today. And I'm also very glad that GMC Korea and I were able to contribute to help with the dedication of this chapel, even though it was not very much. Korean churches and I are indebted to the American churches. In the past, during the Korean war, young men from the United States came to Korea and fought for Korea's freedom. During this war, 36,000 young American men died, 100,000 were injured, 8,000 were missing, 7,000 were captured; and, in total, 150,000 sacrifices were made.

If you go to the Korean War Veterans Memorial in Washington, D.C., you will find this phrase in the entrance: "Freedom is not free." After this line, you will also find this quote: "Our nation honors her sons and daughters who answered their country's call to defend a country they never knew and a people they never met." As a Korean citizen, I want to thank you for your sacrifice on behalf of a country and a people that America never knew.

But you did not stop there, but also sent many missionaries to Korea to spread the Gospel in Korea. Many were converted and became Christians as fruits of their ministry, and I am one of them. Prior to pastoring GMC Korea, I served at Seoul

Memorial Baptist Church, which was established to commemorate the Korean War by a United States Army Baptist Chaplain, who had served in the war.

I want to share how I became a believer of Jesus. I never intended to believe in Jesus. But in my early 20s, in the face of a dark reality and little hope for my future, I thought learning English would be very important to open the door to my future. It is because, at that time, every company in Korea was paying more to employees that spoke English. So, at that time, American missionaries came to my mind. If I go to them, they will teach me English for free. So as I was looking into it, they were really teaching English for free. But they used the Bible as their text for English conversation. So I started to learn English by reading and studying the Bible.

Every time I went to class, the missionary would make me memorize one Bible verse. So for the first time, I memorized verses like John 3:16 and John 1:12. Even though I did not believe in Jesus yet, I was memorizing the Bible. And every time I went to class, I would say to myself: "I will never believe in Jesus. I will just learn English." However, there was one thing that I did not know. It was the power of the Bible; the power of the Word. I did not know how dangerous this Bible was at that time. I did not know this Bible would change my life and change my destiny.

Yes. This book is a very dangerous book. I want to think about the power of this book; the power of the Word today.

In AD 64, the famous Emperor Nero of Rome was persecuting a small number of Christians and they scattered. Their leader, Peter, who was Jesus' core disciple, writes a letter of hope to those Christians to encourage them to live with the power of the Word.

These letters are 1st and 2nd Peter. In today's passage, I want to think about the power of the Word what the Apostle Peter was sharing.

1. The Word makes us born again.

At that time, Peter and Jesus' disciples were already experiencing the enormous power of Roman civilization. Rome already started building the road 'egnatia,' which was supposed to run through all over the world. Roman soldiers were able to dominate the world through that road. However, the Apostles saw that power and culture of Rome still did not change people. Roman philosophy, who birthed Seneca, a great philosopher, could not change a person's life. But Peter and the Apostles saw that whenever the seed of the Word fell, people got saved and changed. So Peter wanted to remind those receiving his letter of this.

Let's look at 1:23. "For you have been born again, not of perishable seed, but of imperishable, through the living and enduring word of God."

Yes. The Word brings about the miracle of being born again. Nicodemus asked once in John 3:4, "How can someone be born when they are old?...Surely they cannot enter a second time into their mother's womb to be born!" He was implying that being born again is impossible. Prior to that, the prophet Jeremiah asked if a man who is used to the evil can be changed to a man who does good. In Jeremiah 13:23, he said: "Can an Ethiopian change his skin or a leopard its spots?

Neither can you do good who are accustomed to doing evil.

However, here is the Gospel. The Word changes men. The Word makes men born again. When the seed of the Word falls into man's heart, man receives new life. The word "seed" here is "sporas" in Greek. The English word, "sperm," comes from this word. When the seed of life falls, new life is born. The Word is the seed of life. Luther was born again through this Word. Wesley was born again. Spurgeon was born again.

I really appreciate apologists. However, the Word does not need man's apologetics, as the Word itself has power. Spurgeon says: "The Bible is like a tiger. Turn it loose and it (the Bible) will defend itself." As verse 23 says, the Word is living and enduring. An as verse 25 says, the Word stands forever.

The seed that falls in man's body is perishable. But the seed of the Word of the Lord is imperishable. 1 Peter 1:24-25 states: "For, 'All people are like grass, and all their glory is like the flowers of the field; the grass withers and the flowers fall, but the word of the Lord endures forever.' And this is the word that was preached to you."

You and I were born again through this Word. This Word is the Gospel. We do not need to be ashamed of this Gospel.

2. This Word makes us holy.

We call this spiritual growth 'sanctification' in Christian doctrine. Just like being born again seems impossible, spiritual growth is an impossible task for human power to accomplish. Growth is even harder than birth. But today's passage is saying that the Word makes this miracle of spiritual growth possible.

Please look at chapter 2 verse 2: "Like newborn babies, crave pure spiritual milk, so that by it you may grow up in your salvation," But this spiritual growth does not simply mean growth in size, as it does in physical growth, but it brings reformation and change in humans in a wholistic way.

As you see in verse 1, it helps us rid ourselves of malice, deceit, hypocrisy, envy, and slander. It makes us holy. This is the power of the Word. We call it "revival" when many people experience the power of the Word prominently at the same time. I want to share about the Korean church revival.

Robert Jermain Thomas introduced the Bible to Korea for the first time. He was part of the London Missionary Society and Hanover Church and had a burden to reach out to Asia after he experienced the Wales Revival in England. In 1866, he was martyred as he was trying to enter the port at Pyongyang in Korea on board the ship General Sherman.

As he was dying, he cried out, "Jesus, Jesus!" And threw the Chinese Bibles that he was holding in his hands. A man named Young Shik Park was one of the people who took a Bible and he used the Bible as wall paper in his home. Think about this: No matter if he's sitting or standing, he would be reading the Bible. He became a Christian through reading the Bible. Even Chun Gwon Park, who actually killed missionary Thomas, also took a Bible that he threw and became a Christian through reading it. Missionary Samuel Moffet, who raised them with the Word bought this house and made it into the very first church of this city named Nul Da Ri. And this church later becomes Chang Dae Hyun Church. The story does not end there.

In 1907, the most amazing revival movement in human history happened in this church. In January of 1907, they held a Bible Conference for 2 weeks in the church. Speakers were missionaries from Canada and the United States. But one day before they ended the conference, one of the lay leaders, Sun Ju Gil, was given the opportunity to give his testimony. He confessed that he stoled 100 dollars while he was taking care of the finances of his friend who had died.

When he confessed his sin, the powerful presence of the Spirit came and all the people there cried out and started confessing their sins. The great holy fire came upon them. This fire consumed everyone's sins and made the heart of the people and their family new. This holy fire spread to all over Korea where everyone who repented came to church and new churches popped up everywhere in every city in Korea. This revival became the foundation of Korean church revival. It was the revival of the Word.

3. The Word makes us priests.

It is certain that the Word of God brings us the miracle of growth and change. But there is one condition - you need to crave the Word. In today's passage, chapter 2 verse 2 teaches us to crave the Word like newborn babies. Newborn babies crave milk in the morning, in the evening, and even in the middle of the night. Think about a crying baby's hunger who is craving his mom's milk. Are we craving for the Word in the same way?

Eugene Peterson notes that the word the Old Testament uses for 'meditate,' is 'hagah'. This word is translated to 'growls' in English in Isaiah 31:4. "As a lion growls, a great lion over its prey…." Eugene uses the word 'growls' analogous to how a dog, in hunger, would repeatedly licks the bone of his prey.

Just like babies who tastes their mother's milk, and just like hungry lions lions who tasted their prey, we cannot leave the taste of the Word. And eventually we experience God's goodness and the depth of his love through the Word. This is what chapter 2 verse 3 is saying. Now that you have tasted that the Lord is good. But they cannot end there. They become priests and share the power of this Word.

Let's look at 1 Peter 2:9. "But you are a chosen people, a royal priesthood, a holy nation, God's special possession, that you may declare the praises of him who called you out of darkness into his wonderful light."

This is what happened in Korea. When they experience the power of the Word, Koreans became Christians who declared the Gospel. And this small country became a nation who sends the most missionaries, second, after the United States. There was one old lady who experienced the 1907 great revival. She really really wanted to evangelize but was illiterate.

So she prayed: "Holy Spirit, I want to share the Gospel. Please help me!" God gave her wisdom. She went to her close friend and asked her to mark John 3:16-17 in her Bible. And she visited a middle school in front of her house during lunch time and after school would ask the children to read those verses because she could not read. If they read it to her, she asked if they knew what it meant. She lead hundreds of students to the Lord in this way. This is the power of the Word.

I hope you become an army of the Lord, captivated by the Word while you are studying in this school. The Word that changed my country, Korea, will change your country, the United States. Religious reformers will cry out, "Sola Scriptura," which is "Only the Word," for this dark era. The Word changed Europe. This is a time when we need the Word again. An honorable nickname for Baptists is "People of the Book." Please be that, "People of the Book!" And be captivated by the power of the Book. Thank you.

2) 한글설교 원고
제목: 말씀의 능력 / 본문: 벧전 1:23-2:3

오늘 MBTS 채플에서 말씀을 전하게 된 것을 기쁘게 생각합니다. 그리고 저와 한국 GMC 교회가 MBTS 채플을 헌당하는 일에 조금이라도 기여하게 된 것을 진심으로 기쁘게 생각합니다. 저와 한국 교회는 미국 교회에 빚을 지고 있습니다. 과거 한국 전쟁 당시 미국의 젊은이들은 한국의 자유를 위해 저의 조국인 한국에 와서 피를 흘렸습니다. 한국 전쟁은 미국의 젊은이 사망자만 36,000명, 부상자만 100,000명, 실종 8,000명 포로 7,000명(도합 15만 명의 사상자)에 달하는 희생자를 낳은 전투였습니다.

워싱톤 한국 전쟁 참전 기념비에는 다음과 같은 글귀가 새겨 있습니다. 우선 입구에는 이런 글귀가 쓰여 있습니다. "Freedom is not free" 그리고 이어서 다음과 같은 문구가 있습니다. "Our nation honors her sons and daughters who answered their country's call to defend a country they never knew and people they never met." 미국이 몰랐던 그 나라 그 백성들을 대신하여 미국인들의 희생에 대하여 한국인의 한 사람으로 감사를 드립니다.

그러나 여러분은 거기에 끝나지 않고 한국의 복음화를 위해 전쟁 후에 많은 선교사들을 보냈습니다. 저는 그 열매로 회심하고 그리스도인이 된 사람 중의 한 사람입니다. 저는 한국 지구촌교회를 목회하기 전, 한국전쟁을 기념하기 위해 한국 전쟁에 참전한 미군 침례교 군목들의 헌신으로 세워진 '서울침례교회Seoul Memorial Baptist Church'를 목회하기도 했습니다.

제가 예수님을 믿게 된 동기에 관해 간단히 말씀드리고자 합니다. 저는 결코 예수님을 믿을 생각이 없었습니다. 그러나 20대 초 제 인생의 미래가 보이지 않는 암담한 현실 앞에서, 저는 미래를 향한 창을 열기 위해서는 영어를 배워두는 것이 필요하다고 느꼈습니다. 당시 한국의 모든 회사에서는 영어를 할 줄 아는 사람들에게 더 많은 월급을 주고 고용하고 있었기 때문입니다. 그때 생각난 것이 미국 선교사들이었습니다. 그분들을 찾아가면 영어를 공짜로 배울 수 있을 것이라고 생각했습니다. 그래서 알아보니까 정말 선교사님들이 무료로 영어를 가르치고 있었습니다. 그런데 영어회화 교재가 성경이었습니다. 그래서 저는 영어를 배우기 위해 성경을 읽고 공부하기 시작했습니다.

선교사님은 클래스에 올 때마다 매주 성경을 한 구절씩 암송하게 했습니다. 그래서 요한복음 3장 16절, 요한복음 1장 12절과 같은 말씀을 처음으로 암송했습니다. 아직 예수를 믿지도 않으면서 성경을 외운 것입니다. 그때 저는 클래스에 갈 때마다 결심을 했습니다. "예수는 절대로 믿지 않는다. 영어만 배운다!" 그런데 그때 제가 모르고 있었던 것이 있었습니다. 그것은 성경의 능력, 말씀의 능력이었습니다. 저는 그때 이 성경이 얼마나 위험한 책인가를 모르고 있었던 것입니다. 이 성경이 내 인생을 바꾸고 내 운명을 바꿀 책인 것을 모르고 있었던 것입니다.

그렇습니다. 이 책은 위험한 책입니다. 저는 오늘 잠시 이 책의 능력, 말씀의 능력에 대하여 생각하고자 합니다. 때는 주후 64년경 저 유명한 로마의 네로 황제에 의해 소수의 그리스도인들이 박해를 받고 흩어지던 때에 이 공동체의 지도자, 예수님의 수제자 사도 베드로는 흩어지는 그리스도인들이 말씀의 능력을 붙들고 살 것을 권면하는 소망의 편지를 씁니다. 그것이 바로 베드로전서입니다. 오늘의 본문에서 사도가 전하는 말씀의 능력을 생각해 봅니다.

1. 말씀은 우리를 거듭나게 합니다

당시에 베드로와 예수님의 제자들은 이미 로마 문명의 거대한 능력을 경험하고 있었습니다. 로마는 벌써 온 세상을 관통하는 길egnatia을 만들기 시작했고, 로마의 군대는 그 길을 통해 세계를 지배하고 있었습니다. 그러나 그런 로마의 힘과 문화도 인간을 변화시키지는 못했습니다. 세네카를 낳은 로마의 철학도 한 사람의 인생을 바꾸지는 못했습니다. 그런데 베드로와 사도들은 말씀의 씨앗이 떨어질 때마다 사람들이 구원받고 변화되는 모습을 본 것입니다. 그래서 베드로는 그의 편지를 받는 사람들에게 이렇게 상기시켜 주고 있습니다.

요한복음 1장 23절입니다. "너희가 거듭난 것은 썩어질 씨로 된 것이 아니요 썩지 아니할 씨로 된 것이니 살아있고 항상 있는 말씀으로 되었느니라."

그렇습니다. 말씀은 거듭남의 기적을 가져옵니다. 일찍 니고데모는 "사람이 늙으면 어떻게 다시 태어날 수 있느냐고? 두 번째 모태에 들어 갔다 날수 있느냐고?"(요 3:4)라고 물었습니다. 거듭나는 것은 불가능하다는 말씀이지요. 그보다 더 오랜 옛날 예레미야 선지자는 악에 익숙한 인간이 선을 행하는 인간으로 변화될 수 있느냐고 물었습니다. "구스인이 그 피부를 표범이 그 반점을 변하게 할 수 있느냐 할 수 있을진대 악에 익숙한 너희도 선을 행할 수 있으리라"(렘 13:23).

그러나 여기 복음이 있습니다. 말씀이 인간을 변화시킨다는 것입니다. 말씀이 인간을 거듭나게 한다는 것입니다. 말씀의 씨seed가 인간의 마음에 떨어지면 인간은 새 생명을 얻게 됩니다. 여기 'seed'라는 단어는 희랍어에 'sporas'로 되어 있습니다. 여기서 영어 'sperm'이 나오지 않았습니까? 생명의 씨가 떨어지면 새로운 생명이 탄생합니다. 말씀은 생명의 씨인 것입니다. 이 말씀으로 루터가 거듭났습니다. 웨슬레가 거듭났습니다. 스펄전이 거듭났습니다. 저는 말씀을 변증하는 분들을 감사하게 생각합니다.

그러나 말씀은 사람의 변증을 필요로 하지 않는 그 자체로서 능력의 말씀입니다. 스펄전은 이렇게 말합니다. "The Bible is like a tiger. Turn it loose and it (-the Bible) will defend itself." 23절이 말하는 것처럼 말씀은 살아 있고 항상 있는 말씀입니다. 25절이 말하는 것처럼 말씀은 세세토록 있습니다.

인간의 육체에 떨어지는 씨는 유한한 것입니다. 그러나 주의 말씀의 씨는 영원한 것입니다. "모든 육체는 풀과 같고 그 모든 영광은 풀의 꽃과 같으니 풀은 마르고 꽃은 떨어지되 … 오직 주의 말씀은 세세토록 있도다 하였으니 너희에게 전한 복음이 곧 이 말씀이라."

이 말씀으로 저와 여러분이 거듭났습니다. 이 말씀이 복음입니다. 우리는 이 복음을 부끄러워할 필요가 없습니다.

2. 말씀은 우리를 거룩하게 합니다

기독교 교리에서는 영적 성장을 '성화sanctification'라고 부릅니다. 인간의 거듭남이 불가능해 보이는 과제인 것처럼 영적 성장도 인간의 힘으로는 불가능의 과제입니다. 성장은 탄생 이상으로 힘든 것입니다. 그런데 오늘 본문은 말씀이 이런 영적 성장의 기적을 가능하게 한다고 말합니다.

2장 2절을 보십시오. "갓난아기들같이 순전하고 신령한 젖을 사모하라 이는 그로 말미암아 너희로 구원에 이르도록 자라게 하려 함이니라." 그러나 이런 영적 성장은 단순히 육체적 성장처럼 우리의 사이즈만 커지는 것이 아니라 인간 전 존재의 변혁을 가져오는 것입니다.

1절의 말씀처럼 우리로 모든 악독과 기만과 외식과 시기와 비방을 버리게 합니다. 우리를 거룩하게 합니다. 이것이 말씀의 능력입니다. 우리는 말씀의 능력이 현저하게 한 시대에 수많은 사람들이 한꺼번에 경험하는 사건을 가리켜 '부흥Revival'이라고 말합니다. 한국 교회 부흥의 이야기를 들려 드리고 싶습니다.

한국 땅에 처음 성경을 전해 준 사람은 영국 웨일스 부흥을 경험한 후 동양 선교에 뜻을 둔 런던 선교회London Missionary Society 소속 하노버Hanover 교회 출신 토마스Robert Jermain Thomas 선교사였습니다. 그는 1866년 영국 상선 제너럴셔먼General Sherman 호를 타고 한국 평양 항구에 입성을 시도하는 과정에서 순교했습니다.

그는 죽어가며 "예수 예수!"를 외쳤고, 손에 들고 있던 중국어 성경을 던졌습니다. 그때 박영식이란라는 한 사람이 그 성경을 집으로 가져가서 도배wall paper를 했다고 합니다. 이제 그가 자신의 방에서 누워서도 일어나서도 앉아서도 성경을 읽게 되는 모습을 상상해 보십시오. 그는 이 성경을 읽고 그리스도인이 되었고, 토마스 선교사를 죽인 박춘권도 토마스 선교사가 던진 성경을 읽고 그리스도인이 되었습니다. 그리고 이들을 말씀으로 양육했던 새뮤얼 모펫Samuel Moffet 선교사가 이 집을 사서 이 도시 최초의 교회 널다리 교회를 세웠고, 이 교회는 후일 장대현교회가 됩니다. 스토리는 거기서 끝나지 않습니다.

1907년 이 교회에서 인류 역사상 가장 놀라운 부흥 운동이 일어납니다. 1907년 1월 두 주간에 걸친 바이블 컨퍼런스Bible Conference가 장대현교회에서 열렸고, 이때 강사들은 캐나다와 미국 선교사들이었습니다. 그런데 1월 14일 사경회가 끝나기 하루 전 날, 평신도 지도자였던 길선주라는 분이 간증 시간을 허락받아 나와서 신앙 간증을 했습니다. 그는 친한 친구가 죽었을 때 친구의 재산을 대신 정리하다가 돈 100불을 도적질했던 일을 고백했습니다.

그가 이 고백을 하는 동안, 성령의 강력한 임재로 모든 성도들에게 통곡하며 저마다 자신의 죄를 자백하는 거대한 불길, 거룩한 불길이 임했습니다. 이 불길은 사람들의 죄를 태우고 사람들의 마음과 가정을 새롭게 했습니다. 그리고 이 거룩한 불길은 한국 땅 곳곳으로 퍼져나갔고 도처에서 회개한 사람들이 교회로 몰려나왔으며 새 교회들이 한국의 도시와 촌락마다 세워지게 되었습니다. 이 부흥이 한국 교회 부흥의 기초가 된 것입니다. 말씀의 부흥이었습니다.

3. 말씀은 우리로 제사장이 되게 합니다

하나님의 말씀이 우리에게 성장과 변화의 기적을 가져오는 것은 당연한 일입니다. 그러나 거기에는 한 가지 조건이 필요합니다. 우리가 말씀을 정말 사모해야 한다는 것입니다. 오늘 본문 2장 2절은 말씀을 갓난아기처럼 사모하라고 가르칩니다. 갓난아기는 엄마의 젖을 아침에도 저녁에도 한밤에도 찾습니다. 엄마의 젖이 그리워서 보채며 우는 아기의 배고픔을 연상해 보십시오. 우리는 그렇게 말씀을 사모하고 있는지요?

유진 피터슨Eugene Peterson은 말씀을 묵상한다고 할 때 구약에서 그 단어가 'hagah'라는 것을 주목하라고 말합니다. 이사야 31장 4절에서 이 단어는 영어의 'growls'로 번역되고 있습니다. "As a lion growls a great lion over his prey…." 유진은 이 비유를 자기 집 굶주린 사냥개가 뼈다귀를 핥고 또 핥으며 growls하는 것으로 비유합니다.

엄마의 젖을 경험한 아기처럼, 먹이의 맛을 경험한 굶주린 사자처럼 우리는 말씀의 맛에서 떠나지 못합니다. 그리고 마침내 우리는 말씀으로 주의 선하심과 사랑의 깊이를 경험합니다. 그것이 바로 2장 3절의 말씀입니다. '너희가 이제는 주의 선하심을 맛보았다'라고 말입니다. 그리고 그들은 거기에서 끝날 수가 없습니다. 그들은 나아가 이 말씀의 능력을 증거하는 제사장들이 되는 것입니다.

베드로전서 2장 9절의 말씀을 보겠습니다. "그러나 너희는 택하신 족속이요 왕같은 제사장들이요 거룩한 나라요 그의 소유된 백성이니 이는 너희를 어두운 데서 불러내어 그의 기이한 빛에 들어가게 하신 이의 아름다운 덕을 선전하게 하려 하심이라."

이것이 저의 조국에서 일어난 변화입니다. 말씀의 능력을 경험한 저의 조국 사람들은 앞을 다투어 복음을 전하는 제사장들이 되었습니다. 그리고 작은 나라가 미국 다음으로 세계에 가장 많은 선교사를 파송하는 나라가 되었습니다. 1907년 대부흥을 경험한 한 할머니가 있었습니다. 그녀는 너무너무 전도하고 싶었지만 글자를 알지 못하는 문맹이었습니다.

그래서 기도했습니다. "성령님 전도하고 싶은데 도와달라고…." 하나님께서는 지혜를 주셨습니다. 할머니는 친한 성도를 찾아가 성경 요한복음 3장 16-17절에 표시를 해 달라고 부탁한 후, 자신의 집 앞에 있는 중학교로 가서 점심시간과 방과 후에 학생들을 만났습니다. 그리고 나는 책을 읽지 못하는데 이 부분을 읽어 줄 수 있느냐고 부탁했습니다. 학생들이 읽어주면 방금 읽은 이 말씀의 뜻을 아느냐고 질문하며 전도를 합니다. 그녀는 그렇게 해서 수백 명을 주님 앞으로 인도할 수 있었습니다. 이것이 말씀의 능력입니다.

나는 여러분이 이 학교에서 공부하는 동안 말씀에 사로잡힌 주의 군사들이 되었으면 좋겠습니다. 저의 조국 한국을 변화시킨 말씀이 여러분의 조국 미국을 다시 변화시킬 것입니다. 종교 개혁자들은 어두운 시대에 "오직 말씀Sola Scriptura"를 외쳤습니다. 그 말씀이 유럽을 변화시켰습니다. 지금은 다시 그 말씀이 필요한 때입니다. 침례교Baptist의 명예로운 별명은 "그 책의 사람People of the Book"입니다. 그 책의 사람이 되십시오! 그리고 그 책의 능력에 사로잡히십시오. 감사합니다.

2. 미얀마 침례교 총회 선교 200주년 기념 설교
(Myanmar Baptist Convention, 2013년 12월 9일)

1) 영어설교 원고
Title: The Father's Command / Passage: Luke 15:25-32

I want to congratulate you for the Bicentennial Celebration of Myanmar Baptist Mission. The Korea Baptist Convention consists of 2000 churches, including Global Mission Baptist Church, where I am serving, I would like to send greetings and congratulations on behalf of both the Korea Baptist Convention and Global Mission Baptist Church.

Today, we, as shepherds of Baptist churches all over the world, are gathered here to celebrate the Bicentennial Celebration of Myanmar Baptist Mission, with the event themed: "To be a Good Shepherd."

I chose Luke 15 as our passage today because that passage shows the heart of a good shepherd. Luke 15 has several familiar parables. The first parable is about the good shepherd. This parable was about how one shepherd left 99 sheep in search of one lost sheep.

The next parable is about a woman [who lost her coin]. She used a lamp and swept her entire house in search of her precious coin.

The third parable is the story about a father looking for his second son, who left the home.

Finally, the second son returned home. The father was so happy that he invited everyone in town and held a party [in honor of his son's return]. We usually call this story: "The Parable of the Prodigal Son."

This story about the prodigal is so famous that we can easily assume that the return of the prodigal son was the ending of the story. But this is not the case. Not everyone was happy that the prodigal son returned home. Rather, some hated the prodigal son's return. Who hated it? The calf. Why? It's because it got killed and eaten at the party for the prodigal son. But there was one more person who was not happy about the prodigal son's return. Yes, it was the older son.

So we often call today's passage, "The Parable of the Older Son." I believe today's passage is the real conclusion of Luke 15. Moreover, I believe that this last parable, "The Parable of the Older Son," is the reason why the church exists today and the reason we are gathered here.

Today's passage starts like this. In verse 25, the older son hears music and dancing on his way home from the field. In verse 26, he asked, "What was going on?" In verse 27, one of the servants told him that his younger brother has returned home and his father has killed a fattened calf because he has him back safe and sound.

V.28 says that the older brother became angry and refused to go in. And in verse 29, the older son protested it by saying this: "Look! All these years I've been slaving for you and never disobeyed your orders." But do you think this older son truly never disobeyed his father's orders?

I think that this older son was disobeying two of his father's important commands. The reason why the church and church leaders exist is because of these two commands, which the older son should have obeyed, but did not.

What are the father's two commands? The father's first command [to the older son] was to find his younger brother and bring him back home. Which of the father's commands could have been more important for the older son to obey, than the command to find his younger brother, since he was missing?

I believe this command is the Great Commission of Christ. The parables before this passage also focus on this command. The first parable, one shepherd left the 99 sheep to search for the one lost sheep. In the second parable, the woman searched for her lost coin. In the third parable, the father searched for his lost son.

What is the common emphasis here? They were all searching for something. What is the story of the whole Bible? If you look at Genesis, God asked Adam, who was hiding after sinning, "Where are you?" Since then till now, God is looking for the lost.

Two thousand years ago, God sent His Son, Jesus Christ, to earth. Luke 19:10 is Jesus' mission statement. "For the Son of Man came to seek and to save what was lost." What was his purpose of calling the 12 disciples? In Matthew 9:36, Jesus saw the crowds, harassed and helpless, like sheep without a shepherd.

And then He said in Matthew 9:37, "The harvest is plentiful but the workers are few." And then, if you look in Matthew 10:1, He called the 12 disciples. If this were the case, what would be the most important thing to do as the 12 disciples, the 12 apostles, or today's preachers and leaders?

It is to search for the lost. It is to share the Gospel. Why do you think Jesus pointed out this obvious command in our passage today? It is because their religious leaders at the time did not care about this command. In order to understand today's passage, we need to take a look at the beginning of Luke 15.

Let's look at Luke 15:1. "Now the tax collector and 'sinners' were all gathering around to hear him." In Jesus' time, the ones most enjoyed to hear Jesus preach were the so-called 'social outcasts.' People like tax collectors and prostitutes. The word of Jesus was hope and salvation for them. But there were people who did not want these 'social outcasts' to hear the word of Jesus and come back to the Lord.

Let's look at Luke 15:2. "But the Pharisees and the teachers of the law muttered, 'This man welcomes sinners and eats with them.'" The Pharisees and the teachers of the law were the representatives of the religious leaders of that time.

They just criticized Jesus for mingling with the social outcasts, but had no regard for their salvation. Jesus brought up the parables in Luke 15 because of them. Let's look at Luke 15:3. "Then Jesus told them this parable." Then, who was 'them'? Are they not the Pharisees and teachers of the law?

Then, who were like this older son, who was not happy about his younger brother's return, but protested to the father, in the last parable of Luke 15? They were the Pharisees and teachers of the law at that time. Why then do you think the Pharisees did not have a burden for the mission of saving the lost?

You can find the answer from Luke 18. If you look at Luke 18:10 and on, a Pharisee and a tax collector walked to the temple to pray. The Pharisees prayer begins in Luke 18:11. "God, I thank you that I am not like other men – robbers, evildoers, adulterers – or even like this tax collector."

The Pharisee stressed here that he was different than his neighbors. But he didn't feel responsible for his neighbors.

And in Luke 18:12, he says he fasts twice a week and gives a tenth of all he gets. Isn't it what the older son said? I never left home like my younger brother and I obeyed all the father's commands. But he couldn't understand his father's heart, which does not rest until the younger brother returns home.

Who is a good shepherd? Isn't he the one who understands the Father's heart, the One who is our Great Shepherd? The greatest command of the father was to find the younger brother. Isn't this the reason why God gave the church community to be effective in finding the lost? There are so many things for the church to do. But the most important command is still the command to share the Gospel.

I pray that Baptist churches in Myanmar will never forget the priority of this command. And I pray that all the good shepherds of the Baptists churches in Myanmar will never forget that their priority is to save the lost.

The father's second command in this passage is to love the younger brother. After the second son comes home, what would be the most important command the father gives to the first son? Wouldn't he tell him to love your younger brother? We call this command, the Great Commandment.

If you look at the Gospels, a Pharisee, who was an expert in the law (Matthew 22:34-40), one day asked Jesus what was the greatest commandment in the law. At that time, Jesus replied and told him to love the Lord your God with all your heart and with all your soul and with all your mind and to love your neighbor as yourself.

If you look at Luke 10, this expert in the law asked who his neighbor was. Another parable that Jesus used to answer this question was the parable of the Good Samaritan. The priest and the Levite, who passed by the man who got robbed and beaten on the way to Jericho, were the same representatives of the religious leaders of that time.

They were blind to the sight of the blood on his body and they were deaf to the sound of his groaning. They did not want to see nor hear him. But the Samaritan man poured wine on his wound. And bandaged it. And he carried him to an inn and took care of him. And Jesus asked, "Which of these three do you think was a neighbor to this man?"

So here, Jesus is asking if we are ready to serve not only our neighbors who live next door, but also anyone who needs our love and care. If you asked the Pharisees in Jesus' time if they loved other Pharisees, how do you think they would respond?

They must have replied, "Of course!" But their love failed since it could not reach the people they thought were different from them. The tax collector and the prostitute were not their neighbors. In our passage, Luke 15:30, when the older son was referring to the younger son in front of the father, he addressed him as 'your son,' rather than, 'my younger brother.'

However, in verse 32, the father said "this brother of yours was dead and is alive again' instead of saying, 'my son was dead and is alive again.' The command to love our neighbor as if they were our brother, especially those who are hurting, is another command to good shepherds from our Father, following the command to share the Gospel.

Several years ago, I visited a fellow pastor's house and met his daughter, Sue. She was playing with several dolls and I asked her which one she loved the most. She said that her favorite doll was not there but was on her bed. When I asked her to show it to me, she refused.

When I asked her why, she said that I might think she was weird if she showed it to me. So I promised her that I wouldn't think she was weird. A few minutes later, she brought out a doll that was ripped apart with broken legs. So I asked her again. "Why do you love this doll the most?"

And she gave me an answer that I could never ever forget. She said: "Pastor, no one will love this doll if I don't love this doll." That's right! If we could truly begin to love the people who may never know love, unless we and the church loves them, we can expect God to do greater things than what He has done in the past 200 years, through churches all over the world.

I have been serving Global Mission Baptist Church, a young church that was only planted 20 years ago. When I was planting this church 20 years ago, 65 charter members gathered and read Jeremiah 33:3 together. "Call to me and I will answer you and tell you great and unsearchable things you do not know."

In our prayers, we asked God what were these great and unsearchable things that He would show us. We were planning to plant this church in Bundang and Suji, which were satellite cities near Seoul, the capital of Korea. The population there was 300,000.

As we were praying, we asked God to help us reach out to 1/10 (one-tenth) of that population. That would be 30,000 people. As we continued to pray, we began to hope to raise 1/10 (one-tenth) of those 3,000 as devoted disciples who will truly love and care for the lost.

We also prayed that 300 or one-tenth of those 3,000 devoted disciples would be sent out as cross-cultural missionaries. Our church called this the '3-3-3 Vision.' We wanted to be a church that reached out to 30,000 people, raised 3,000 disciples, and sent out 300 missionaries.

15 years later, we became a church that worshipped in 4 different locations, with 7 services each Sunday. We never gathered in one location altogether.

For our 15th anniversary celebration, we rented Korea's World Cup Soccer Stadium so that we could gather in one location altogether. 31,000 people gathered, with 3000 cell group leaders, and more than 300 cross-cultural missionaries. God literally answered our prayers and our '3-3-3 Vision' came true in 15 years.

You may all remember William Carey, who made a great impact in global Baptist history, along with Adoniram Judson, who came to Myanmar. I want to remind you of his challenge to us here: "Expect great things from God. Attempt great things for God."

2) 한글설교 원고
제목: 아버지의 명령 / 본문: 눅 15:25-32

미얀마 침례교 총회 200주년을 진심으로 축복드립니다. 2,000교회들로 이루어진 기독교 한국 침례회 총회와 제가 섬기는 지구촌침례교회 교우들의 축하와 문안을 전해드립니다.

오늘 여러분은 총회 200주년을 기뻐하며 '선한 목자To be a Good Shepherd'라는 주제로 이 땅의 침례교 목자들이 한자리에 모였습니다. 저는 오늘 선한 목자의 심정을 보여 주는 본문으로 누가복음 15장을 선택했습니다. 누가복음 15장에는 우리가 잘 아는 몇 가지 비유들이 소개되고 있습니다. 첫 번째 비유는 소위 선한 목자의 비유입니다. 99마리의 양을 놓아두고 잃어버린 한 마리의 양을 찾아 나서는 목자의 이야기입니다.

다음 비유는 어떤 여자의 이야기입니다. 그녀는 자기가 소중히 여기던 은전, 드라크마를 찾기 위해 등불을 켜고 집안의 구석구석을 쓸고 있습니다.

세 번째 비유는 어떤 아버지가 집을 나간 둘째 아들을 찾고 있는 이야기입니다.

드디어 이 둘째 아들이 돌아왔습니다. 아버지는 너무 기뻐 동네 사람들을 초청하고 잔치를 벌였습니다. 우리는 흔히 이 이야기를 "돌아온 탕자의 비유"라고 부릅니다.

이 이야기는 너무 유명해서 우리는 탕자가 돌아옴으로 모든 상황이 끝났다고 가정하기가 쉽습니다. 그런데 그렇지 않습니다. 탕자가 돌아왔는데 이 사실을 기뻐하지 못한 존재가 있었습니다. 탕자가 돌아온 것을 오히려 싫어한 존재가 있었다는 것입니다. 누구지요? 송아지들입니다. 왜일까요? 탕자의 환영 잔치에서 송아지를 잡아다가 대접했기 때문입니다. 그런데 이 송아지 말고 탕자의 돌아옴을 기뻐하지 못한 또 한 존재가 있었지요? 예, 큰아들입니다.

그래서 오늘 본문을 흔히 '맏아들의 비유'라고도 일컫습니다. 저는 오늘의 본문이야말로 사실상 누가복음 15장의 결론이라고 믿습니다. 뿐만 아니라 이 마지막 비유, 맏아들의 비유 속에 오늘날의 교회들이 존재하는 이유, 그리고 여러분들이 여기에 모인 이유가 있다고 믿습니다.

오늘 본문은 이렇게 시작합니다. 25절에 맏아들이 밭에서 집으로 돌아오며 풍악과 춤추는 소리를 듣습니다. 그래서 26절에서 "무슨 일이 일어났느냐"라고 묻습니다. 그러자 27절에서 종이 "당신의 아버지가 당신의 동생이 건강하게 돌아온 것을 인하여 기뻐하며 송아지를 잡고 잔치를 벌였다"라고 대답합니다.

28절에는 맏아들은 노하여 집에 들어가기를 거부했다고 기록합니다. 그러면서 29절에 그가 아버지에게 이렇게 항변합니다. "아버지에게 대답하여 이르되 내가 여러 해 아버지를 섬겨 명을 어김이 없거늘…"이라고. 그런데 정말 이 맏아들이 그동안 아버지의 명을 어김이 없었을까요?

저는 맏아들이 그동안 어기고 있었던 아버지의 중요한 두 명령이 있었다고 생각합니다. 맏아들이 어기고 있었던 두 가지 명령, 맏아들이 지켰어야 했던 두 가지 명령 속에 바로 교회가 존재하고 우리 교회 지도자들이 존재하는 이유가 있습니다.

이 두 가지 아버지의 명령, 무엇일까요? 아버지의 첫 번째 명령은 "네 동생을 찾아오라"는 것입니다. 아버지가 둘째 아들의 행방을 모르던 상황 속에 큰아들을 불러놓고 명령을 내린다면 이것보다 더 중요한 명령이 어디에 있겠습니까?

저는 이 명령이 바로 그리스도의 지상 명령 곧 'Great Commission'이라고 믿습니다. 본문에 앞서 선행하는 세 가지 비유는 거기에 다 초점을 맞추고 있습니다. 첫째 비유, 어떤 목자가 99마리의 양을 놓아두고 잃어버린 한 마리의 양을 찾습니다. 둘째 비유, 어떤 여인이 잃어버린 하나의 은전을 찾습니다. 셋째 비유, 어떤 아버지가 집 나간 아들을 찾습니다.

공통된 강조가 무엇인가요? '찾는다'는 것입니다. 성경 전체의 이야기가 무엇입니까? 창세기를 보면, 하나님이 범죄하고 하나님으로부터 숨고 있는 아담을 찾아와 "네가 어디 있느냐?"라고 묻습니다. 그때부터 지금까지 하나님은 잃어버린 인생을 찾습니다.

2천 년 전 하나님은 하나님의 아들 예수 그리스도를 이 땅에 보내셨습니다. 누가복음 19장 10절은 예수님의 사명 선언mission statement이라고 할 수 있습니다. "인자가 온 것은 잃어버린 자를 찾아 구원하려 하심이라." 그가 12명의 제자를 부르신 목적이 무엇입니까? 그는 이 땅의 백성들이 목자 없는 양같이 고생하며 기진하는 것을 보셨습니다(마 9:36).

그리고 "추수할 것은 많은데 일꾼이 적다"(마 9:37)라고 말씀하십니다. 그리고 이어서 마태복음 10장 1절을 보면 12명의 제자를 부르십니다. 그렇다면 12제자, 12사도 혹은 오늘의 영적 지도자들이 해야 할 가장 중요한 일이 무엇입니까?

잃어버린 영혼들을 찾는 일입니다. 전도하는 일입니다. 그런데 이 당연한 명령을 예수께서 오늘의 본문에서 말씀하신 이유가 무엇일까요? 당시의 종교 지도자들이 이 일에 관심이 없었기 때문입니다. 오늘의 본문을 이해하기 위해서는 누가복음 15장이 시작되는 구절을 먼저 살펴 봐야 합니다.

누가복음 15장 1절을 보십시오. "모든 세리와 죄인들이 말씀을 들으러 가까이 나아오니." 예수님 당시에 예수님의 말씀을 제일 듣기를 좋아했던 이들은 소위 사회의 소외 계층에 속한 사람들이었습니다. 즉, 세리 또는 창기들과 같은 사람들이었습니다. 그들에게 예수님의 말씀은 소망이었고 구원이었습니다. 그런데 이들이 예수님의 말씀을 듣고 주께 돌아오는 것을 좋아하지 않은 사람들이 있었습니다.

누가복음 15장 2절을 보십시오. "바리새인들과 서기관들이 수군거려 이르되 이 사람이 죄인을 영접하고 음식을 같이 먹는다고 하더라." 바리새인들과 서기관들은 당시의 대표적인 종교 지도자들이었습니다.

이들은 예수님이 이런 사람 같지도 않은 사람들과 어울린다고 비판할 뿐 그들을 구원할 생각이 없었습니다. 그들 때문에 누가복음 15장의 비유들을 말씀하신 것입니다. 누가복음 15장 3절을 보십시오. "예수께서 그들에게 이 비유로 이르시되." 그들이 누구입니까? 바로 바리새인과 서기관이 아니었습니까?

그러면 여기 누가복음 15장의 마지막 비유에서, 동생이 돌아왔지만 함께 기뻐하지 못하고 아버지에게 항의하고 있었던 맏아들은 누구였습니까? 당시의 바리새인과 서기관이었습니다. 그러면 바리새인이 영혼 구원의 소명을 느끼지 못한 이유는 무엇일까요?

우리는 그 대답을 누가복음 18장에서 찾아볼 수 있습니다. 누가복음 18장 10절 이하에 보면 바리새인과 세리 두 사람이 성전으로 기도하러 올라갑니다. 누가복음 18장 11절은 바리새인의 기도가 시작됩니다. "하나님이여 나는 다른 사람들 곧 토색, 불의, 간음을 하는 자들과 같지 아니하고 이 세리와도 같지 아니함을 감사하나이다."

여기 바리새인들은 자신들이 그들의 이웃과 다르다는 것을 강조합니다. 그러나 이웃에 대한 책임을 느끼지 않습니다.

그리고 누가복음 18장 12절에서 자신은 일주일에 두 번씩 금식하며 소득의 십일조를 드린다고 고백합니다. 이것이 바로 맏아들이 한 소리가 아닙니까? 나는 내 동생처럼 집을 가출한 일도 없고 아버지의 명령을 다 수행했다고 말입니다. 그러나 그는 동생이 돌아오기까지 쉴 수 없는 아버지의 마음을 이해하지 못했습니다.

누가 선한 목자입니까? 우리의 큰 목자 되신 아버지의 마음을 이해하는 목자가 아니겠습니까? 아버지의 가장 큰 명령은 동생을 찾아오는 것입니다. 그 잃어버린 영혼을 효율적으로 찾아오라고 교회라는 공동체를 주신 것이 아닙니까? 교회가 할 일이 많습니다. 가장 중요한 명령의 우선순위, 그것은 아직도 전도의 명령입니다.

나는 미얀마 침례교회들이 이 명령의 우선순위를 잊지 않기를 기도합니다. 그리고 미얀마 침례교회의 모든 선한 목자들이 할 일의 우선순위는 영혼 구원인 것을 잊지 않기를 기도합니다.

본문이 가르치는 아버지의 두 번째 명령은 "네 동생을 사랑하라"는 것입니다. 둘째 아들이 집에 돌아왔을 때 아버지가 맏아들에게 또 하나 중요한 명령을 한다면 이제 무엇을 명하겠습니까? 네 동생을 사랑하라고 하지 않겠습니까? 우리는 이 명령을 가장 큰 계명, 'Great Commandment' 라고 합니다.

복음서에 보면 어느 날 바리새인 율법사(마 22:34-40)가 예수님에게 가장 큰 계명이 무엇이냐고 묻습니다. 그때 예수님은 네 마음, 목숨, 뜻을 다하여 네 하나님과 네 이웃을 사랑하는 것이라고 말씀하십니다.

누가복음 10장을 보면 이 율법사가 내 이웃이 누구냐고 묻습니다. 이 질문에 답하기 위해 예수께서 말씀하신 또 하나의 비유가 바로 선한 사마리아인의 비유입니다. 여리고 길에 강도 만난 사람을 보고 그 곁을 지나가던 제사장과 레위인, 그들도 당시의 대표적인 종교 지도자들이었습니다.

그러나 그들의 눈에는 강도 만난 자의 피 흘림이 보이지 않았고 그들의 귀에는 이 사람의 신음소리도 들리지 않았습니다. 아니, 그들은 보지 않으려고 했고, 듣지 않으려고 했습니다. 그러나 사마리아 사람은 그의 상처에 포도주를 부었습니다. 상처를 싸맸습니다. 들쳐 업고 주막에 가서 그를 돌보았습니다. 그리고 예수님은 묻습니다. "누가 강도 만난 자의 이웃이냐?"

옆집에 사는 사람만 이웃이 아니라, 우리의 관심과 사랑을 필요로 하는 사람들을 내 이웃으로 섬길 준비가 되어 있느냐고 묻습니다. 만일 예수님 당시의 바리새인들에게 당신들도 다른 바리새인들을 사랑하느냐고 묻는다면 어떻게 대답했을까요?

그들은 "물론"이라고 대답했을 것입니다. 그들의 사랑의 실패는 자기와 다르다고 생각한 사람들을 사랑하지 못한 것입니다. 세리와 창기는 그들의 이웃이 아니었던 것입니다. 오늘 본문 누가복음 15장 30절에서 맏아들은 자신의 동생을 동생이라고 하지 않고 아버지의 아들, 당신의 아들이라고 말합니다.

그런데 마지막 32절에서 아버지는 그래 "내 아들이 죽었다가 살았다"라고 하는 대신, "네 동생이 죽었다가 살았다"라고 하십니다. 우리가 우리의 이웃들, 특히 상처받고 고통받는 이웃들을 내 형제로 참으로 사랑하는 것, 이 사랑의 명령은 전도의 명령과 함께 모든 선한 목자들에게 아버지가 주신 또 하나의 명령인 것입니다.

저는 여러 해 전 제 친구 목사의 집에 방문했다가, "수Sue"라는 이름을 가진 딸이 여러 인형을 가지고 놀고 있는 것을 보고, 그중에 네가 제일 사랑하는 인형이 무엇이냐고 물은 적이 있습니다. 그러자 자기가 제일 사랑하는 인형은 여기에 없으며 자기 침대에 있다고 해서, 보여 달라고 했더니 보여 줄 수가 없다고 했습니다.

그 이유가 무엇이냐고 물었더니 보여 주면 자기를 이상하게 생각할지도 모른다는 것입니다. 그래서 절대 그렇게 생각하지 않을 테니 보여 달라고 했습니다. 이 소녀는 잠시 후 다리가 부서지고 옆구리가 터져 나온 인형을 방에서 가지고 나왔습니다. 그래서 다시 물었습니다. "왜? 이 인형을 제일 사랑하니?"

그러자 그녀는 제 평생에 잊을 수 없는 대답을 들려주었습니다. "목사님, 이 인형은 제가 사랑해 주지 않으면 아무도 사랑해 줄 사람이 없으니까요?"라고 말입니다. 그렇습니다. 우리가, 교회가 사랑하지 않으면 사랑을 알 수 없는 이들을 우리가 참으로 사랑하기 시작할 때, 이 땅의 교회들을 통해 하나님은 지나간 200년 동안 행한 일보다 더 위대한 일을 하실 것입니다.

제가 섬겨 온 지구촌침례교회는 창립된 지 만 20년 된 어린 교회입니다. 20년 전 교회를 개척할 때 65명의 교인들이 모여 우리는 함께 예레미야서 33장 3절을 읽었습니다. "너는 내게 부르짖으라 내가 네게 응답하겠고 네가 알지 못하는 크고 은밀한 일을 보이리라."

우리는 하나님이 우리에게 보이실 크고 은밀한 일이 무엇인가를 기도로 물었습니다. 우리가 개척하려는 교회가 위치한 도시는 한국의 수도 서울 근교에 위치한 위성 도시 분당과 수지였습니다. 당시 이 두 도시의 총 인구가 30만 명이었습니다.

기도하는 중 우리는 이 인구의 10분의 1을 전도하게 해 달라고 간구했습니다. 그것은 3만 명이었습니다. 우리는 기도하는 중 이 3만 명 중 다시 10분의 1인 3천 명이 영혼들을 정말 사랑하고 돌볼 줄 아는 헌신된 제자들로 세워지기를 소망하게 되었습니다.

그리고 다시 이 3천 명 중 10분의 1인 300명을 타문화권 선교사로 파송하게 되기를 기도했습니다. 그것을 우리 교회는 '333비전'이라고 불렀습니다. 3만 명을 전도하고, 3천 명의 제자를 세우고, 3백 명의 선교사를 세우는 교회가 되고자 한 것입니다.

15년이 지나 우리는 네 곳으로 흩어져 모이고, 주일이면 7번의 예배를 드리는 교회가 되었습니다. 한 번도 한 장소에 다 모인 일이 없었습니다. 15주년을 맞이하며 한 곳에 모이고자 월드컵 축구경기장을 빌린 적이 있습니다. 그때 거기에 모인 교우들이 31,000명이었고, 3,000명의 셀그룹 목자들이 모였고, 300명 이상의 타문화권 선교사들이 그곳에 있었습니다. 15년 만에 하나님은 우리의 333비전을 문자 그대로 실현하도록 응답해 주셨습니다.

미얀마를 찾아온 아도니람 저드슨과 함께 세계 침례교 역사에 큰 발자취를 남긴 윌리암 캐리가 남긴 도전의 말을 이 자리에서 다시 기억하고 싶습니다. "주님으로부터 위대한 일을 기대하십시오. 그리고 주님을 위하여 위대한 일을 시도하십시오."

참고문헌

1 이동원 목사는 나머지 세 목사들과의 우정을 추억하면서 그들에 대해서 다음과
  같이 소개했다. "제일 맏형인 옥한흠 목사님에게서 솔직하고 투명한 자기 드러
  냄과 사역에 집중하는 고결함을 배웠습니다. 홍정길 목사님에게서는 인생을 사
  는 깊고 넓은 멋과 맛을 배웠습니다. 하용조 목사님의 끊임없이 타오르는 창조
  성의 불꽃에 감염되기도 했습니다." 이동원, 『비전의 신을 신고 내일로 간다: 이
  동원 목사와 지구촌교회 이야기』 (서울: 두란노, 2010), 171.
2 가진수, 『마스터 처치 100』 (서울: 국민일보, 2000).
3 편집부, "통계자료 I", 『목회와 신학』, 통권 214호 (2007. 4), 71.
4 이동원, 『비전의 신을 신고 내일로 간다: 이동원 목사와 지구촌교회 이야기』,
  183.
5 주승중, "설교학적 관점에서 본 이동원 목사의 설교", 『이동원 목사 성역 40주
  년기념 설교 심포지엄』 (경기: 목회리더십연구소, 2009), 43.
6 한동수, "행복과 쾌락은 다릅니다", http://www.kwctu.org/kwctu/?c=6&iframe=
  Y&uid=3297.
7 이동원, 『비전의 신을 신고 내일로 간다: 이동원 목사와 지구촌교회 이야기』,
  18-20, 51. 이동원 목사는 미국 유학 중에 빌 가더드(Bill Gothard)가 인도하는
  "청소년 갈등 해결 세미나"(Basic Youth Conflict Seminar)에 참석하여 큰 감동을
  받고서 고국에 돌아온 후에 한국판 "새 생활 세미나"를 인도하게 된다. 그는 이
  세미나를 통해 자신의 불행했던 청소년 시절의 상처와 갈등이 극복되고 행복을
  되찾는 계기가 되었음을 고백한다.

8 두란노서원 편집부,『내가 본 이동원 목사』(서울: 두란노, 2010), 112.

9 한종호, "나의 설교를 말한다_(1) 이동원 목사",『기독교 사상』(2011. 3).

10 조갑제,『사랑이 너희를 자유케 하리라: 목사 25인 설교』(서울: 월간조선사, 2002), 129.

11 이동원,『비전의 신을 신고 내일로 간다: 이동원 목사와 지구촌교회 이야기』, 10, 18-23.

12 Ibid., 21-28.

13 Ibid., 28.

14 서문강, "설교담론",『월간 성경적 설교』Vol 88, (서울: 퓨즈딤 아카데미, 2012), 17-18.

15 이동원,『비전의 신을 신고 내일로 간다: 이동원 목사와 지구촌교회 이야기』, 45.

16 한순진,『왜 청중들은 그들의 설교에 매료되는가?』(서울: 베드로서원, 2000), 11.

17 Sung Wook Shin, "Paul's Use of Ethos and Pathos in Galatians: Its Implications for Effective Preaching", (Ph.D Dissertation, University of Pretoria, 2003): 2. 교회 성장과 부흥의 원동력에 대해서는 다음의 책을 참조하라. 홍영기,『설교의 기술』(서울: 교회성장연구소, 2007), 32.

18 조갑제,『사랑이 너희를 자유케 하리라: 목사 25인 설교』, 130.

19 이동원,『비전의 신을 신고 내일로 간다: 이동원 목사와 지구촌교회 이야기』, 29-30; 홍영기,『설교의 기술』, 169-170.

20 이동원, "나의 열두 설교 멘토",『나의 설교 멘토』, 65.

21 이동원,『청중을 깨우는 강해설교』(서울: 요단, 2011), 115.

22 문상기, "영상설교의 한계와 센스 어필의 효용성" (복음과 실천: 침례신학대학교 교수 논문집), 주승중,『영상세대를 향해 이렇게 설교하라』(서울: 예배와

설교 아카데미, 1994), 96-108.

23 한순진, 『왜 청중들은 그들의 설교에 매료되는가?』, 23.

24 주승중, "설교학적 관점에서 본 이동원 목사의 설교", 54.

25 마크 데버 외 6인 공저, 『십자가를 설교하라』 (서울: 부흥과개혁사, 2009), 193-196.

26 이동원, 『청중을 깨우는 강해설교』, 114; 홍영기, 『설교의 기술』, 76.

27 Jay E. Adams, *Truth Applied: Application in Preaching* (Grand Rapids: Zondervan, 1990), 20.

28 Charles G. Dennison, "Preaching and Application: A Review of The Modern Preacher and the Ancient Text: Interpreting and Preaching Biblical Literature by Sidney Greidanus", Kerux 4 (December 1989): 44-52.

29 Ibid., 40.

30 John MacArthur, Jr., *Rediscovering Expository Preaching* (Dallas: Word, 1997, 1992), 217. 존 맥아더는 "발견된 진리가 삶의 정황들에 적용될 때까지 성경 공부는 완성되지 않는다. 적용은 '이 진리가 내게 어떤 연관이 있는가?'라는 질문에 답하는 것이다"라고 주장했다.

31 Ibid., "Moving from Exegesis to Exposition", in Rediscovering Expository Preaching, ed. By Richard Mayhew (Dallas: Word, 1992): 300.

32 Martyn Lloyd-Jones, *Preaching and Preachers* (Hodder & Stoughton Ltd., 1971), 71, 77.

33 Ibid.,

34 Faris D. Whitesell, Power in Expository Preaching (Westwood, NJ: Revell, 1967), vi-vii.

35 John R. W. Stott, *Between Two Worlds: The Challenge of Preaching Today* (Grand Rapids, Mich.: William B. Eerdmans Publishing Co., 1982), 144. 강해설교

에 있어서 설교자의 적용과 설교자의 역할에 관해서는 필자의 다음 글을 참조하라. Shin, Sung Wook, "Application and the Role of Preacher in Expository Preaching." ACTS Theological Journal: 20 (2014), 155-188.

36 정용섭, "적극적인 설교와 소극적인 설교_마틴 로이드 존스 목사", 『기독교 사상사』(2006. 1).

37 이우제, "주승중 교수의 '설교학적 관점에서 본 이동원 목사의 설교'에 대한 논평", 『이동원 목사 성역 40주년 기념 설교 심포지엄』(경기: 목회리더십연구소, 2009), 116-117.

38 이동원, 『청중을 깨우는 강해설교』, 122.

39 Ibid., 120.

40 정장복, "한국 교회 설교의 유형 분석", 『성서와 현대목회』(서울: 연세대학교, 1982), 131-132.

41 김형준, "이동원 목사의 설교 세계와 그 이해", 『교회 성장』(2004. 7), 42.

42 이동원, 『청중을 깨우는 강해설교』, 163.

43 이동원, "강단 설교와 삶의 적용(1)", 『그 말씀』(1994, 1), 247.

44 이동원, 『청중을 깨우는 강해설교』, 117.

45 홍영기, 『설교의 기술』, 52.

46 한진환, 『설교의 영광』(서울: 생명의말씀사, 2005), 90-92.

47 이 설교 방식은 이재기 목사가 자신의 책에서 언급하는 '주제별 강해설교'와는 전혀 다른 종류임을 밝혀 둔다. 그가 말하는 '주제별 강해설교'는 각 대지가 모두 다른 성경 본문에서 나오는 반면, 필자가 여기서 언급하는 '시리즈별 강해설교'는 각 대지가 모두 한 본문에서 나온다는 점에서 근본적인 차이가 있다. 이재기, 『변화하는 세상을 위한 새로운 강해설교』(서울: 요단, 2011), 166-175.

48 편집부, "이동원 목사의 시리즈 설교", 『목회와 신학』(2010. 4), 8; 허셀 W. 요

크 & 버트 데커,『확신 있는 설교』, 신성욱 옮김 (서울: 생명의말씀사, 2008), 60.

49 한기채, "시리즈 설교, 이렇게 하라",『교회 성장』(2011. 11), 88-89.

50 김덕수, "시리즈 설교를 통한 연중 설교 기획",『목회와 신학』(2009. 12), 62-64.

51 이동원,『청중을 깨우는 강해설교』, 164.

52 Ibid., 152.

53 이동원 목사의 설교집『이렇게 찾으라』(서울: 나침반, 1983)에 16편의 설교가 나오는데, 이 중 1편을 제외하고는 모두가 본문 이야기로 설교가 시작된다. 그의 설교집『이렇게 사랑하라_고린도전서 13장』(서울: 나침반, 1989)에 8편의 설교가 나오는데, 이 중 7편이 본문 이야기로 시작된다. 또 그의 설교집『요나서_빌립보서』(서울: 나침반, 1990)에 7편의 설교가 나오는데, 이 중 모든 서론이 본문 이야기로 시작된다. 그의『욥기 강해설교』(서울: 나침반, 1995)에 9편의 설교가 나오는데, 모든 설교의 서론이 본문 이야기로 시작됨을 볼 수 있다. 그의 설교집『비유로 말씀하시더라』(서울: 나침반, 2002)에 24편의 설교가 나오는데, 이 중 4편을 제외하고는 모두가 본문 이야기로 설교가 시작된다. 그의 설교『기적을 창조하는 자가 되라』(서울: 나침반, 2003)에 14편의 설교가 나오는데, 이 중 1편을 제외하고는 모두가 본문 이야기로 설교가 시작된다.

54 이동원,『기적을 창조하는 자가 되라』(서울: 나침반, 2003), 3.

55 이동원,『비유로 말씀하시더라』(서울: 나침반, 1983), 35.

56 Ibid., 49.

57 Ibid., 59.

58 이동원,『출애굽의 오후』(서울: 요단, 1998), 9.

59 Ibid., 93.

60 Ibid., 115.

61 Ibid., 135.

62 이동원, 『기적을 창조하는 자가 되라』, 33.

63 Ibid., 55.

64 Ibid., 73.

65 Ibid., 151.

66 한진환 목사는 이런 방식의 기법을 '수미 연결'(wrapping up)로 명명한다. 한진
    환, 『설교의 영광』, 308.

67 칩 히스 & 댄 히스, 『Stick스틱』 (서울: 웅진윙스, 2007), 97.

68 이동원, 『내 영혼의 내비게이션』 (서울: 생명의말씀사, 2009), 135-136.

69 Ibid., 144.

70 Ibid., 145-146.

71 Ibid., 154.

72 이동원, "나의 열두 설교 멘토", 『나의 설교 멘토』, 45 - 75.

73 Charles H. Spurgeon, 『스펄전의 전도설교: 구원의 핵심』, 이중수 옮김 (서울: 양
    무리서원, 1999), 12.

74 이동원, 『비전의 신을 신고 내일로 간다: 이동원 목사와 지구촌교회 이야기』,
    194-195.

75 이동원, 『하나님, 그의 이름은 비밀입니다』 (서울: 디모데, 2010), 247-248.

76 이동원, "나의 열두 설교 멘토", 『나의 설교 멘토』, 66-68.

77 이동원, 『내 영혼의 내비게이션』, 138.

78 이동원, 『하나님, 그의 이름은 비밀입니다』, 247-261.

79 이동원, "나의 열두 설교 멘토", 『나의 설교 멘토』, 74.

80 이동원, 『내 영혼의 내비게이션』, 187-188.

81 이재기, "존 오트버그의 설교 세계", 『성침논단』, 제8집 (2011. 12), 111-134.

82 이동원, 『비전의 신을 신고 내일로 간다: 이동원 목사와 지구촌교회 이야기』

(서울: 두란노, 2004), 68.

83 이동원, "설교는 나의 운명이다", 『그 말씀』 (1993. 4), 33.

84 한순진, 『왜 청중들은 그들의 설교에 매료되는가?』, 23.

85 이동원, 『청중을 깨우는 강해설교』, 73.

86 이동원, "변하는 시대, 변치 말아야 할 설교 요소", 〈기독일보〉 (2009. 1. 17).

87 구약보다 신약을 강조하는 이동원 목사의 생각에 대한 심상법 교수의 논평을 참조하라. 심상법, "성경해석학적 관점에서 본 이동원 목사의 신학", 『이동원 목사 성역 40주년 기념 설교 심포지엄』 (경기: 목회리더십연구소, 2009), 17.

88 이동원, 『청중을 깨우는 강해설교』, 29, 35, 40-46, 48-49.

89 이동원, 『기막힌 하나님의 섭리』 (서울: 나침반, 2000), 42.

90 이동원, 『믿음으로 사는 모험인생』 (서울: 요단, 2011), 198-199.

91 이동원, 『예수님을 경험하는 기적 인생』 (서울: 두란노, 2013), 43.

92 존 맥아더, 김동완 옮김, 『강해 설교의 재발견』 (서울: 생명의말씀사, 1992), 29. 존 맥아더는 "구체적으로 말해, 복음주의 설교는 하나님의 말씀은 무오하고 오류가 없다는 확신을 반영해야 한다"고 주장함으로써 복음주의와 성경 무오성에 대한 확신이 밀접한 관계가 있음을 시사하고 있다.

93 이동원, 『청중을 깨우는 강해설교』, 13, 44; 한순진, 『왜 청중들은 그들의 설교에 매료되는가?』, 22-23; 박용규, 『한국 교회를 깨운 복음주의 운동』 (서울: 두란노, 1998), 232; 심상법, "성경해석학적 관점에서 본 이동원 목사의 신학", 15-19. 심상법 교수는 이동원 목사를 보수-복음주의자로 평가하는데, 이동원 목사는 보수신학이 지닌 문제점에 대해서도 잘 간파하고 있음을 본다.

94 라메쉬 리처드, 『삶을 변화시키는 7단계 강해설교 준비』, 정현 옮김 (서울: 디모데, 1996), 39-97.

95 이동원, 『청중을 깨우는 강해설교』, 84-88; 한진환, 『설교의 영광』, 104-128.

96 이동원, 『하나님을 감동시킨 사람들의 기도』 (서울: 나침반, 2005), 172.

97 이동원, 『내 영혼의 내비게이션』, 85.

98 이동원, 『쉽게 풀어 쓴 이동원 목사의 마가복음 이야기』 (서울: 두란노, 2001), 270.

99 이동원, 『내 영혼의 내비게이션』, 243.

100 이동원, 『예수님의 거룩한 습관』 (서울: 두란노, 2008), 211.

101 이동원, 『성령에 속한 사람』 (서울: 규장, 2000), 184.

102 이동원, 『우리가 사모하는 공동체』 (경기: 압바암마, 2013), 34.

103 이동원, 『회개행전』 (서울: 규장, 2000), 151.

104 이동원, 『우리가 사모하는 공동체』, 120.

105 이동원, 『인생 레슨』 (서울: 규장, 2008), 92-93.

106 이동원, 『내 영혼의 내비게이션』, 161.

107 이동원, 『성령에 속한 사람』, 149-150.

108 황창기, "강해설교: 본문 석의상의 원칙들", 『그 말씀』 (1992. 10), 73.

109 더글라스 스투어트 & 고든 피, 김의원 옮김, 『성경해석 방법론』 (서울: 기독교문서선교회, 1987), 86-87.

110 이동원, 『예수님의 거룩한 습관』, 19-20; 『회개행전』, 153.

111 이동원, 『당신은 예수님의 VIP』 (두란노, 2011), 126-127.

112 이동원, 『인생 레슨』, 161.

113 이동원, 『쉽게 풀어 쓴 이동원 목사의 마가복음 이야기』, 222.

114 이동원, 『우리가 사모하는 공동체』, 139-140.

115 Ibid., 153.

116 이동원, 『회개행전』, 38.

117 모제스 실바는 "문맥은 의미를 이해하는 데 도움을 주는 정도가 아니다. 문맥 자체가 의미를 만들어 낸다"고 말했다. Moises Silva, *Biblical Words and Their Meaning* (Grand Rapids: Zondervan, 1983), 138; Walter Kaiser, *Toward*

an Exegetical Theology (Grand Rapids: Baker Book House, 1981), 69-85; A. Berkeley Mickelsen, *Interpreting the Bible* (Grand Rapids: Eerdmans, 1963), 99-100; Roy B. Zuck, *Basic Bible Interpretation* (Victor Books, 1991), 106-111.

118 이동원, 『청중을 깨우는 강해설교』, 79-80; "설교 클리닉", 『설교 세미나 교재』(2006. 8), 46.

119 번영 신학에 관해서는 다음의 자료들을 참조하라. 류장현, 『예수를 살리는 교회, 예수를 죽이는 교회』(서울: 프리칭아카데미, 2008), 11-12; Ken L. Sarles, "A Theological Evaluation of the Prosperity Gospel", Bibliotheca Sacra 143 no. 572(1986), 329; Bobby Ross Jr., "Prosperity Gospel on Skid Row", Christianity Today (February, 2009), 13. Cf. Department, "The New Gospel of Wealth", Time Magazine (October 9, 2006).

120 심상법, "성경해석학적 관점에서 본 이동원 목사의 설교와 신학", 『이동원 목사 성역 40주년 기념 설교 심포지엄』(경기: 목회리더십연구소, 2009), 26.

121 이동원, 『예수님의 거룩한 습관』, 172-173.

122 이동원, 『기막힌 하나님의 간섭』(서울: 나침반, 2000), 57-58.

123 Ibid., 85-86.

124 Ibid., 119-120.

125 홍정길, "강해설교의 실제", 『그 말씀』(1992. 10), 97-98; John MacArthur, *Rediscovering Expository Preaching*, 존 맥아더, 김동완 역, 『강해설교의 재발견』, 203-205. 성경의 풍습과 관습에 대하여는 다음의 책들을 참조하라. Ralph Gower, *The New Manners and Customs* (Chicago: Moody, 1989); Fred Wight, *Manners and Customs of Bible Land* (Chicago: Moody, 1953); J. A. Thompson, *Handbook of Life in Bible Times* (InterVarsity, 1987); Douglas Stuart & Gordon D. Fee, *Old and New Testament Exegesis*, 더글라스 스튜어트 & 고든 피, 김의원 역, 『성경해석 방법론』(서울: 기독교문서선교회, 1987), 90-91, 93.

126 이동원, 『청중을 깨우는 강해설교』, 10.

127 Ibid., 37.

128 홍영기, 『설교의 기술』, 108.

129 박정근, "심상법 교수의 '성경해석학적 관점에서 본 이동원 목사의 신학'에 대한 논평", 『이동원 목사 성역 40주년 기념 설교 심포지엄』 (경기: 목회리더십연구소, 2009), 36.

130 이동원, 『우리가 사모하는 공동체』, 102.

131 Ibid., 106.

132 심상법, "성경해석학적 관점에서 본 이동원 목사의 신학", 24.

133 장두만, 『다시 쓰는 강해설교 작성법』 (서울: 요단, 2000), 116; Robert H. Mounce, *The Book Of Revelation* (NICNT) (Grand Rapids: Eerdmans Publishing Company, 1977), 125; C. J. Hemer, *The Letters to the Seven Churches of Asia in Their Local Setting* (Grand Rapids: Eerdmans, 2001).

134 이동원, 『우리가 사모하는 공동체』, 102.

135 Ibid., 104-105.

136 이동원, 『두려운 영광』 (서울: 포이에마, 2008), 129.

137 이동원, 『당신은 예수님의 VIP』, 86.

138 Ibid., 162.

139 이동원, 『믿음의 모델링에 도전하라』 (서울: 생명의말씀사, 2009), 140-141.

140 이동원, 『성령에 속한 사람』, 75.

141 이동원, 『미움이 있는 곳에 사랑을』 (서울: 나침반, 1992), 28.

142 이동원, 『믿음으로 사는 모험 인생』, 19.

143 이동원, 『면류관을 갈망하는 인생』 (서울: 요단, 2006), 43.

144 이동원, 『내 영혼의 내비게이션』, 104.

145 이동원, 『하나님, 그의 이름은 비밀입니다』 (서울: 디모데, 2007), 117-118.

146 Ibid., 118-119.

147 이동원, 『꿈으로 사는 비전 인생』 (서울: 요단, 2005), 83.

148 이동원, 『내 영혼의 내비게이션』, 231-232.

149 이동원, 『역설로 살아가는 행복』 (서울: 두란노, 2012), 94.

150 이동원, 『쉽게 풀어 쓴 이동원 목사의 마가복음 이야기』, 300-301.

151 이동원, 『우리가 사모하는 공동체』, 44-45.

152 주승중, "설교학적 관점에서 본 이동원 목사의 설교", 103.

153 이동원, 『믿음으로 사는 모험 인생』, 66.

154 이동원, 『당신은 예수님의 VIP』, 113-114.

155 이동원, 『믿음으로 사는 모험 인생』, 63.

156 이동원, 『하나님을 감동시킨 사람들의 기도』, 14.

157 이동원, 『이렇게 밤을 지나라』 (서울: 나침반, 2012), 5, 20-21.

158 이동원, 『인생 레슨』, 85-86.

159 이동원, 『내 영혼의 내비게이션』, 53.

160 이동원, 『기막힌 하나님의 간섭』, 24-25.

161 이동원, 『믿음으로 사는 모험 인생』, 260.

162 다음의 책들을 참조하라. 박종칠, "구속사적 성경해석과 설교, 그 흐름과 전망", 『목회와 신학』(1991. 4); 시드니 그레이다누스, 『구속사적 설교의 원리』, 권수경 옮김 (서울: 학생신앙운동 출판부, 1980).

163 이동원, 『믿음으로 사는 모험 인생』, 277-278.

164 Ibid., 289-290.

165 이동원, 『하나님, 그의 이름은 비밀입니다』, 106.

166 이동원, 『예수님을 경험하는 기적 인생』, 98-99.

167 이동원, 『하나님을 감동시킨 사람들의 기도』, 26.

168 이동원, 『꿈으로 사는 비전 인생』, 291.

169 이동원, 『기막힌 하나님의 간섭』, 55-56.

170 이동원, 『당신은 예수님의 VIP』, 73-74.

171 이동원, 『하나님, 그의 이름은 비밀입니다』, 105.

172 이동원, 『회개행전』, 56.

173 이동원, 『내 영혼의 내비게이션』, 130-131.

174 이동원, 『성령에 속한 사람』, 202.

175 이동원, 『쉽게 풀어 쓴 이동원 목사의 마가복음 이야기』, 249.

176 이동원, 『역설로 살아가는 행복』, 200-201.

177 이동원, 『이렇게 찾으라』 (서울: 나침반, 1989), 27.

178 이동원, 『믿음으로 사는 모험 인생』, 93.

179 이동원, 『내 영혼의 내비게이션』, 218.

180 이동원, 『하나님, 그의 이름은 비밀입니다』, 87.

181 이동원, 『성령에 속한 사람』, 108.

182 이동원, 『기적을 창조하는 자가 되라』, 253.

183 이동원, 『쉽게 풀어 쓴 이동원 목사의 마가복음 이야기』, 204.

184 Ibid., 215.

185 Ibid., 234.

186 이동원, 『인생 레슨』, 58.

187 잭 하일즈의 다음 이야기는 원 포인트 설교의 필요성을 더욱 강하게 체감시켜 준다. "예배를 마치고 각자 자신의 처소로 돌아갈 때, 자기 성도에게 한 가지 위대한 진리를 갖고 돌아가게 하는 설교자는 매우 훌륭한 사람입니다." 잭하일즈, 『설교가 보인다』, 이황로 옮김 (서울: 예향, 1997), 18-20.

188 한진환, 『설교의 영광』, 188-190. 주승중, 『성경적 설교의 원리와 실제』, 101-113.

189 이동원, 『청중을 깨우는 강해설교』, 227-231.

190 이동원, 『당신은 예수님의 VIP』, 11-19.

191 이동원, 『청중을 깨우는 강해설교』, 324.

192 이동원, "나의 열두 설교 멘토", 『나의 설교 멘토』, 69.

193 Harold T. Bryson, *Expository Preaching* (Nashville: Broadman & Holman Publishers, 1995), 335.

194 헤롤드 T. 브라이슨, 『청중의 필요를 채우는 설교 작성법』, 정성영 역 (서울: 요단, 1994), 144. 좀 더 상세한 내용은 다음의 논문을 참조하라. 강신종, "설교에서의 전환 문장 활용" (M.Div 석사논문, 합동신학대학원, 2003).

195 김덕수, "이동원 목사의 설교 세계: 최고의 전달자", 『그 말씀』 (2007. 1), 225; 새뮤얼 로건 엮음, 『설교자 지침서』, 서창원, 이길상 옮김 (서울: 크리스 챤다이제스트, 1999), 329.

196 이동원, 『역설로 살아가는 행복』, 110-125.

197 이동원, 『예수님의 거룩한 습관』, 32-42.

198 마크 데버 외 6인 공저, 『십자가를 설교하라』, 208.

199 소재찬, 『설교 누구나 잘 할 수 있다』 (서울: 생명의말씀사, 2005), 174-240.

200 이들의 연설문에 대한 분석 결과는 다음의 책을 참조하라. 소재찬, 『설교 누구나 잘 할 수 있다』, 216-229.

201 이동원, 『예수님을 경험하는 기적인생』, 11-23.

202 강요식, 『이기는 습관을 지닌 인생을 살아라』 (서울: 일송미디어, 2005), 150.

203 Ibid., 157-158.

204 Bryan Chapell, *Christ-Centered Preaching* (Grand Rapids: Baker Books, 1994), 229.

205 한진환, 『설교의 영광』, 294-296.

206 이동원, 『우리가 사모하는 공동체』, 29-30.

207 이동원, 『내 영혼의 내비게이션』, 125-127.

208 이동원, 『우리가 사모하는 건강한 교회』 (경기: 압바암마, 2013), 26-27.

209 Ibid., 190-192.

210 이동원, 『내 영혼의 내비게이션』, 73-74. 월터 부르그만, 주승중 옮김 『설교자는 시인이 되어야 한다』 (서울: 겨자씨, 2007), 17-18.

211 H. Grady Davis, *Design for Preaching* (Philadelphia: Fortress Press, 1958), 192.

212 주승중, 『성경적 설교의 원리와 실제』, 361-370.

213 류응렬, "예수님처럼 설교하라?: 크래독의 설교신학과 평가", 『신학지남』 76권 301(2009): 170; David Eung-Yul Ryoo, *Understanding the New Homiletics and an Evaluation from the Perspective of Biblical Preaching*, 13-14; Raymond Bailey, *Paul the Preacher* (Nashville: Broadman Press, 1991), 53; Hershael W. York and Bert Decker, *Preaching with Bold Assurance: A Solid and Enduring Approach to Engaging Exposition* (Nashville: Broadman & Holman Publishers, 2003), 17-18; 권성수, 『성령 설교』 (서울: 국제제자훈련원, 2009), 36.

214 류응렬, "최근의 설교학(New Homiletics), 어떻게 이해할 것인가?", 『복음과 실천신학』, 제11권 (2011. 봄호), 314.

215 이동원, "'나의 설교를 말한다' (1)", 『기독교 사상』 (2011. 3).

216 제드 메디파인드, 에릭 로케스모, 『화술의 달인 예수』 (서울: 리더북스, 2004), 45.

217 이동원, 『당신은 예수님의 VIP』. '개방 결론'에 대해서는 다음의 책을 참조하라. 신성욱, 『목사님, 설교 최고예요』 (서울: 생명의말씀사, 2011), 53-61.

218 Andrew Blackwood, 『설교는 예술이다』, 박광철 옮김 (서울: 생명의말씀사, 1994), 163.

219 월터 부르그만, 주승중 옮김, 『설교자는 시인이 되어야 한다』.

220 이동원, 『내 영혼의 내비게이션』, 21-22; 호은기, "찰스 스펄전 설교의 감각

적 호소에 관한 연구" (M.Div 석사학위논문, 목원대학교 신학대학원, 1998), 24.

221 이동원, 『내 영혼의 내비게이션』, 21-22; 이동원, "한국 교회, 희망의 불씨 남아 있다", 〈뉴스 파워〉와의 인터뷰 (2014. 3. 27), http://www.newspower. co.kr/sub_read.html?uid=24460.

222 문상기, "탁월한 이야기꾼의 감동적인 메시지", 『목회와 신학』 (2010. 9).

223 이동원, 『내 영혼의 내비게이션』, 49-50.

224 이동원, 『당신은 예수님의 VIP』, 162.

225 이동원, 『믿음으로 사는 모험 인생』, 234.

226 Ibid., 291.

227 이동원, 『비유로 말씀하시더라』, 43.

228 이동원, 『믿음으로 사는 모험 인생』, 316.

229 이동원, 『역설로 살아가는 행복』, 72-73.

230 E. C. Dargan, *A History of Preaching*, vol I. (Michigan: Baker Book, 1974), 537.

231 스펄전의 감각적 호소기법에 대해서는 다음의 논문을 참조하라. 고준호, "스 펄전 설교를 통해서 본 감각적 호소 기법과 현대의 설교 적용" (석사학위논 문, 침례신학대학교 대학원, 2003).

232 박용규, "스펄전의 영향력", 『그 말씀』 (1993. 3); 120-132; 이동원, "무엇이 스펄전의 설교를 만들었는가?", 『그 말씀』 (1993. 3): 35-42; 편집부, "스펄 전의 생애와 사역," 『그 말씀』 (1993. 3), 104-112; 전석훈, "찰스 스펄전의 설교 연구" (석사학위논문, 서울신학대학교 신학대학원, 1996); 고준호, "스 펄전 설교를 통해서 본 감각적 호소기법과 현대의 설교 적용" (석사학위논문, 침례신학대학교, 2003).

233 C. H. Spurgeon, *Spurgeon's Sermons*, vol. 2 (New York: Funk and Wagalls), 155.

234 제이 E. 애덤스 『설교 연구』, 정양숙, 정삼지 공역 (서울: 기독교문서선교회,

2002), 16; 워렌 위어비스,『상상이 담긴 설교』, 이장우 옮김 (서울: 요단, 1997), 31. 워렌 위어스비는 말하기를 "사람들은 그림을 떠올려서 생각하고 머리뿐 아니라 가슴으로 반응한다"고 했다. 우리는 여기서 설교에 있어서 그림 언어의 중요성을 새삼 깨닫게 된다.

235 이동원, "효과적인 서론",『그 말씀』(1994. 11), 213.

236 이동원 목사의 센스 어필에 관해서는 다음의 논문들을 참조하라. 손선호, "이동원 목사의 설교에 나타난 센스어필" (석사학위논문, 침례신학대학교 대학원, 2000); Sung Young Chung, "A Critical Examination Preaching Style of Daniel Dong-Won Lee" (Ph.D. Dissertation, New Orleans Baptist Theological Seminary, 1998), 13-22.

237 이동원,『골고다에서 본 예수의 삶』(서울: 나침반, 1996), 86.

238 Ibid., 83-86.

239 Ibid., 86.

240 이동원,『믿음으로 사는 모험 인생』, 277.

241 이동원,『이렇게 찾으라』, 215.

242 이동원,『믿음으로 사는 모험 인생』, 117.

243 이동원,『내 영혼의 내비게이션』, 13.

244 이동원,『믿음으로 사는 모험 인생』, 140.

245 이동원,『하나님, 그의 이름은 비밀입니다』, 95.

246 이동원,『역설로 살아가는 행복』, 84.

247 이동원,『이렇게 행하라: 산상수훈 강해설교』(서울: 나침반, 1983), 16.

248 이동원,『비전의 신을 신고 내일로 간다: 이동원 목사와 지구촌교회 이야기』, 260.

249 이동원, "강단설교의 삶의 적용 (2)",『그 말씀』(1994. 12), 245.

250 이근미,『큰 교회 큰 목사 이야기』(서울: 월간조선사, 2005), 175.

251 이동원, 『예수님의 거룩한 습관』, 34.

252 이동원, 『비유로 말씀하시더라』, 39.

253 Ibid., 63.

254 이동원, 『당신은 예수님의 VIP』, 38.

255 이동원, 『이렇게 찾으라』, 84.

256 이동원, 『쉽게 풀어 쓴 이동원 목사의 마가복음 이야기』, 177.

257 이동원, "영원을 향한 네비게이션 (3)_영원한 지금", http://graced.egloos.com/744547.

258 이동원, "영원을 향한 네비게이션 (완)_영원한 동행", http://blog.daum.net/seumchina/34.

259 이동원, 『기가막힌 하나님의 간섭』, 59-60.

260 이동원, 『예수님의 거룩한 습관』, 209-210.

261 Ibid., 149.

262 이동원, 『꿈으로 사는 비전 인생』, 82.

263 이동원, 『하나님을 감동시킨 사람들의 기도』, 145.

264 이동원, 『쉽게 풀어 쓴 이동원 목사의 마가복음 이야기』, 254.

265 이동원, 『기막힌 하나님의 간섭』, 92.

266 Ibid., 91.

267 이동원, 『기적을 창조하는 자가 되라』, 10.

268 이동원, 『꿈으로 사는 비전 인생』, 135.

269 이동원, 『믿음으로 사는 모험 인생』, 277.

270 Ibid., 277.

271 이동원, 『꿈으로 사는 비전 인생』, 334.

272 이동원, 『당신은 예수님의 VIP』, 50.

273 이동원, 『꿈으로 사는 비전 인생』, 158.

274 이동원, 『비전의 신을 신고 내일로 간다: 이동원 목사와 지구촌교회 이야기』, 168.

275 이동원, 『미움이 있는 곳에 사랑을』, 7.

276 이동원, 『호흡이 있는 자들의 노래_시편강해 하』 (서울: 요단, 2004), 125-126.

277 이동원, 『꿈으로 사는 비전 인생』, 82.

278 이동원, 『우리가 사모하는 공동체』, 22.

279 이동원, 『하나님을 감동시킨 사람들의 기도』, 152.

280 이동원, 『미움이 있는 곳에 사랑을』, 125.

281 Ibid., 125.

282 이동원, 『우리가 사모하는 공동체』, 159.

283 이동원, 『내 영혼의 내비게이션』, 13.

284 이동원, 『성령에 속한 사람』, 77.

285 이동원, 『우리가 사모하는 공동체』, 240.

286 호은기, "찰스 스펄전 설교의 감각적 호소에 관한 연구" (M.Div 석사학위논문, 목원대학교 신학대학원, 1998), 23.

287 "찰스 스펄전 설교의 감각적 호소에 관한 연구", http://blog.daum.net/bwchurch/15694670; 김기대, "내가 가장 닮고 싶은 큰바위 얼굴"; 한종호, "나의 설교를 말한다_(1) 이동원 목사", 143.

288 이동원, "설교를 자랑하지 않는다", 『두려운 영광』 이태형 지음 (서울: 포이에마, 2008), 135.

289 이동원, 『우리가 사모하는 공동체』, 38-39.

290 이동원, 『믿음으로 사는 모험 인생』, 210.

291 이동원, 『하나님, 그의 이름은 비밀입니다』, 291.

292 이동원, 『인생 레슨』, 222.

293 이동원, 『예수님을 경험하는 기적 인생』, 119-120.

294 이동원, 『역설로 살아가는 행복』, 66.

295 이동원, 『내 영혼의 내비게이션』, 19.

296 이동원, 『우리가 사모하는 공동체』, 122-123.

297 이동원, 『당신은 예수님의 VIP』, 128-129.

298 이동원, 『예수님을 경험하는 기적 인생』, 180-181.

299 이동원, 『믿음으로 사는 모험 인생』, 240.

300 Ibid., 202.

301 우명자 사모에 관해서는 다음의 책들을 참조하라. 우명자, 『들러리의 기쁨』 (서울: 두란노, 2010); 『루오의 삶과 작품에 나타난 기독교 영성』 (경기: 압바 암마, 2014).

302 이동원, 『당신은 예수님의 VIP』, 50.

303 Ibid., 79-80.

304 이동원, 『예수님의 거룩한 습관』, 168-169.

305 이동원, 『우리가 사모하는 공동체』, 85-86.

306 이동원, 『믿음으로 사는 모험 인생』, 240-241.

307 이동원, 『예수님을 경험하는 기적 인생』, 31-32.

308 Ibid., 244-245.

309 최윤규, 『예수와 함께 영화를 보다』 (서울: 고즈윈, 2006), 6, 11.

310 코넬리우스 플랜팅가, 『설교자의 서재』, 오현미 옮김 (서울: 복있는사람, 2014), 42-45.

311 이동원, 『인생 레슨』, 136.

312 이동원, 『우리가 사모하는 공동체』, 13-15.

313 Ibid., 200.

314 이동원, 『예수님을 경험하는 기적 인생』 (서울: 두란노, 2013), 15-16.

315 Ibid., 127-129.

316 이동원, 『예수님의 거룩한 습관』, 182-183.

317 이동원, 『예수님의 거룩한 순례』 (서울: 두란노, 2012), 37.

318 http://blog.naver.com/kaikk/70112041829.

319 이동원, 『내 영혼의 내비게이션』, 89-90.

320 이동원, 『우리가 사모하는 공동체』, 162-163.

321 이동원, 『미움이 있는 곳에 사랑을』, 18.

322 이동원, 『내 영혼의 내비게이션』, 239.

323 이동원, 『기적을 창조하는 자가 되라』, 120.

324 이동원, 『쉽게 풀어 쓴 이동원 목사의 마가복음 이야기』, 188.

325 이동원, 『비유로 말씀하시더라』, 270.

326 바이런 얀, 『자기 목소리로 설교하라』, 전의우 옮김 (서울: 성서유니온선교회, 2012), 16, 25, 29-36.

327 찰스 스펄전, 『목회자 후보생들에게』, 이종태 옮김 (서울: 생명의말씀사, 1992), 350.

328 정인교, 『정보화 시대 목회자를 위한 설교 살리기』 (서울: 생명의말씀사, 2000), 149.

329 이동원, 『예수님을 경험하는 기적 인생』, 157-158.

330 이동원, 『당신은 예수님의 VIP』, 216.

331 이동원, 『예수님을 경험하는 기적 인생』, 192-195.

332 이동원, 『당신은 예수님의 VIP』, 91.

333 이동원, 『회개행전』, 169.

334 이동원, 『예수님의 거룩한 순례』, 183.

335 이동원, 『예수님을 경험하는 기적 인생』, 86-88.

336 코넬리우스 플랜팅가, 『설교자의 서재』, 56-58.

337 이동원, 『내 영혼의 내비게이션』, 119-120.

338 Ibid., 63-64.

339 이동원, 『당신은 예수님의 VIP』, 138.

340 이동원, 『우리가 사모하는 공동체』, 70.

341 이동원, 『비유로 말씀하시더라』, 221.

342 이동원, 『이렇게 찾으라』, 51-52.

343 이동원, 『비유로 말씀하시더라』, 233.

344 R. Larry Moyer, "4 Ways to Gain Attention and 3 Ways to KEEP It!"; http://www.sermoncentral.com/pastors-preaching-articles/r-larry-moyer-preaching-4-ways-to-gain-attention-and-3-ways-to-keep-it-1889.asp?utm_source=newsletter&utm_medium=email&utm_campaign=scnewsletter&utm_content=SC+Update+20140503.

345 이동원, 『당신은 예수님의 VIP』, 195-196.

346 이동원, 『우리가 사모하는 공동체』, 20-22.

347 이동원, 『역설로 살아가는 행복』, 90-92.

348 이동원, 『믿음의 모델링에 도전하라』, 124-125.

349 이동원, 『하나님을 감동시킨 사람들의 기도』, 244.

350 이동원, 『당신은 예수님의 VIP』, 18.

351 이동원, 『믿음의 모델링에 도전하라』, 112-113.

352 이동원, 『기적을 창조하는 자가 되라』, 66.

353 이동원, 『당신은 예수님의 VIP』, 27-28.

354 이동원, 『믿음의 모델링에 도전하라』, 170.

355 이동원, 『우리가 사모하는 공동체』, 179-180.

356 이동원, 『믿음으로 사는 모험 인생』, 56-58.

357 이동원, 『우리가 사모하는 공동체』, 156.

358 이동원, 『예수님을 경험하는 모험 인생』, 160.

359 이동원, 『예수님의 거룩한 순례』, 89.

360 이동원, 『예수님을 경험하는 모험 인생』, 56.

361 최규명, 『돌을 취하여 보배를 짓다』 (경기: 열린책들, 2014), 14.

362 이동원, 『비유로 말씀하시더라』, 451.

363 이동원, 『역경에 무릎 꿇지 마라』, 83-84.

364 이동원, 『성령에 속한 사람』, 119-120.

365 이동원, 『꿈으로 사는 비전 인생』, 240.

366 이동원, 『비전의 신을 신고 내일로 간다: 이동원 목사와 지구촌교회 이야기』, 283.

367 Ibid., 275.

368 이동원, 『꿈으로 사는 비전 인생』, 147.

369 이동원, 『믿음으로 사는 모험 인생』, 178.

370 이동원, 『비전의 신을 신고 내일로 간다: 이동원 목사와 지구촌교회 이야기』, 161.

371 이동원, 『쉽게 풀어 쓴 이동원 목사의 마가복음 이야기』, 212.

372 Ibid., 128.

373 '자기동일시'란 설득의 수단으로 의사소통에 사용되는 수사적 장치 (Identification is a rhetorical device used in communication as a means of persuasion)를 말한다. 이것의 구체적인 개념에 대해서는 다음의 책을 참조하라. Kenneth Burke, *A Rhetoric of Motives* (Berkeley: University of California Press. 1969); 박영재, 『설교자가 꼭 명심할 9가지 설득의 기법』 (서울: 규장, 1977), 58-66.

374 바울의 '자기동일시'(Identification) 기법에 관해서는 앞서 소개한 필자의 박사 (Ph. D) 논문을 참조하라.

375 Raymond Bailey, *Paul the Preacher* (Nashville, Tennessee: Broadman Press, 1991), 25.

376 아네트 시몬스,『스토리텔링: 대화와 협상의 마이더스』(서울: 한언, 2010), 160-167.

377 이동원,『믿음으로 사는 모험 인생』, 232-233.

378 이동원,『예수님을 경험하는 기적 인생』, 129.

379 이동원,『비전의 신을 신고 내일로 간다: 이동원 목사와 지구촌교회 이야기』, 15.

380 Ibid., 13.

381 이동원,『하나님을 감동시킨 사람들의 기도』, 123.

382 이동원,『회개행전』, 42.

383 이동원,『행하는 그 일을 인하여 나를 믿으라!』(서울: 나침반, 1992), 30.

384 이동원,『비전의 신을 신고 내일로 간다: 이동원 목사와 지구촌교회 이야기』, 164.

385 Ibid., 30.

386 이동원,『꿈으로 사는 비전 인생』, 30.

387 이동원,『기적을 창조하는 자가 되라』, 15.

388 이동원,『기막힌 하나님의 간섭』, 44.

389 이동원,『이렇게 찾으라』, 117.

390 이동원,『하나님, 그의 이름은 비밀입니다』, 30.

391 이동원,『꿈으로 사는 비전 인생』, 219.

392 이동원,『비유로 말씀하시더라』, 209.

393 Ibid., 142.

394 이동원,『하나님을 감동시킨 사람들의 기도』, 127.

395 한진환,『설교의 영광』, 310.

396 이동원, 『내 영혼의 내비게이션』, 101.

397 Ibid., 114.

398 Ibid., 167.

399 이동원, 『당신은 예수님의 VIP』, 163.

400 이동원, 『우리가 사모하는 공동체』, 122.

401 Ibid., 242.

402 이동원, 『내 영혼의 내비게이션』, 225.

403 Ibid., 14.

404 Ibid., 15.

405 이동원, 『예수님의 거룩한 습관』, 233.

406 이동원, 『성령에 속한 사람』, 113.

407 이동원, 『비유로 말씀하시더라』, 107.

408 찰스 윌런, 『벌거벗은 통계학』, 김명철 옮김 (서울: 책읽는수요일, 2013).

409 이동원, 『예수님의 거룩한 습관』, 222-223.

410 이동원, 『비유로 말씀하시더라』, 227.

411 이동원, 『내 영혼의 내비게이션』, 66.

412 이동원, 『하나님을 감동시킨 사람들의 기도』, 19.

413 위키백과, "파레토 법칙", http://ko.wikipedia.org/wiki/%ED%8C%8C%EB%A
0%88%ED%86%A0_%EB%B2%95%EC%B9%99.

414 다니엘 오버도르프, 『설교를 적용하기: 삶을 바꾸는 설교의 적용을 디자인하
라』, 이재학 옮김 (서울: 디모데, 2013).

415 이동원, 『믿음으로 사는 모험 인생』, 214.

416 Ibid., 222.

417 Ibid., 347.

418 이동원, 『비유로 말씀하시더라』, 112.

419 이동원, 『내 영혼의 내비게이션』, 208.

420 이동원, 『우리가 사모하는 공동체』, 36-37.

421 알리스터 맥그라스, 『하나님의 얼굴을 엿보다』, 최요한 옮김 (서울: 복있는사람, 2006), 89.

422 제임스 스나이더, 『하나님이 평생 쓰신 사람』, 이용복 옮김 (서울: 규장, 2007), 154.

423 권영삼, "최고 복음주의 설교자 마틴 로이드 존스 I", 『교회와 신앙』(2014. 6. 19).

424 이동원, 『쉽게 풀어 쓴 이동원 목사의 마가복음 이야기』, 257.

425 Ibid., 50.

426 이동원, 『당신은 예수님의 VIP』, 37.

427 Ibid., 136.

428 이동원, 『우리가 사모하는 공동체』, 33-34.

429 이동원, 『면류관을 갈망하는 인생』, 57.

430 이동원, 『예수님의 거룩한 습관』, 110-112.

431 이동원, 『우리가 사모하는 공동체』, 128-129.

432 이동원, 『믿음으로 사는 모험 인생』, 104-105.

433 기독정보넷, "찬송의 위력", http://www.cjob.co.kr/bbs/board.php?bo_table=example&wr_id=5165&page=119.

434 이중태, 『찬송가 탄생의 비밀: 찬송가 속에 숨겨진 하나님 이야기』 (서울: 상상나무, 2007).

435 강원국, 『대통령의 글쓰기』 (서울: 에디치, 2014), 256.

436 홍영기, 『설교의 기술』, 182.

437 존 스토트, 『현대 교회와 설교』, 정성구 옮김 (서울: 생명의 샘, 1992), 311.

438 James R. Barnette, "Using Humor in Preaching: An Interviews with Bob Russell,"

Preaching (March/April, 1995), 5.

439 이동원, 『비전의 신을 신고 내일로 간다: 이동원 목사와 지구촌교회 이야기』, 177, 180.

440 한종호, "나의 설교를 말한다_(1) 이동원 목사", 133-134.

441 이동원, 『당신은 예수님의 VIP』, 60.

442 Ibid., 14.

443 이동원, 『역설로 살아가는 행복』, 139-140.

444 이동원, 『당신은 예수님의 VIP』, 72.

445 Ibid., 76-77.

446 이동원, 『믿음으로 사는 모험 인생』, 45.

447 이동원, 『당신은 예수님의 VIP』, 124.

448 이동원, 『예수님의 거룩한 헌신』, 53-54.

449 이동원, 『우리가 사모하는 공동체』, 180.

450 두산동아 사서편집국, 『동아 새국어사전』, 제5판 (서울: 두산동아, 2005), 1853; 한글학회, 『우리말 큰사전』 (서울: 어문각, 1996), 3305; 이형철, "설교에서 의성어와 의태어의 활용 연구", 『설교한국』 Vol. 4 No. 1 (2012 봄), 183-222.

451 이동원, 『쉽게 풀어 쓴 이동원 목사의 마가복음 이야기』, 402.

452 이동원, 『믿음으로 사는 모험 인생』; 『창세기 강해2』 (서울: 요단, 2004), 39, 117.

453 이동원, "나의 열두 설교 멘토", 『나의 설교멘토』, 53.

454 이동원, 『하나님, 그의 이름은 비밀입니다』, 157.

455 이동원, 『예수님의 거룩한 습관』, 243.

456 이동원, 『역설로 살아가는 행복』, 83.

457 이동원, 『당신은 예수님의 VIP』, 161.

458 Ibid., 166.

459 Ibid., 177.

460 이동원, 『내 영혼의 내비게이션』, 39.

461 이동원, 『예수님의 거룩한 습관』, 235.

462 이동원, 『내 영혼의 내비게이션』, 187.

463 이동원, 『당신은 예수님의 VIP』, 12.

464 이동원, 『로마가 들어야 했던 복음: 쉽게 풀어 쓴 로마서(1-8장)』 (서울: 두란노, 1996), 12.

465 사이토 다카시, 『질문의 힘』, 남소형 옮김 (서울: 루비박스, 2003); 도로시 리즈, 『질문의 7가지 힘』, 노혜숙 옮김 (서울: 더난출판사, 2002); 앤드루 소벨, 제럴드 파나스, 『질문이 답을 바꾼다』, 안진환 옮김 (서울: 어크로스, 2012).

466 김은배, "포스트모더니즘 시대의 청중을 위한 설교적 대응", 『학문과 기독교 세계관』, 1집 (2010): 30; 김창훈, "포스트모더니즘과 설교", 『신학지남』, 289 (2006. 2), 285; 신국원, 『포스트모더니즘: 우리 시대의 사상과 문화에 대한 기독교적 조망』 (서울: IVP, 2002); 이우제, "포스트모더니즘 시대의 말씀 사역이 직면한 도전과 가능성", 『기독신학 저널』, 제6호 (2004), 13.

467 이정엽, "설교에는 영원한 전문가란 없습니다", 『목회와신학』 (2002. 1), 212.

468 이동원, 『청년 설교』 (서울: 다은, 2002), 23-24.

469 이성과 논리보다는 감성과 느낌과 터치를 중시하는 포스트모던 시대에 적절한 설교를 이동원 목사는 'EQ 설교'라고 한다. 그에 의하면, EQ 설교학에는 상상력, 유머, 눈물의 3대 요소가 빠지지 않는다고 한다. 이에 대해서는 다음의 책을 참조하라. 이동원, 『청년 설교』.

470 이동원, 『믿음으로 사는 모험 인생』, 61-69.

471 이동원, 『예수님을 경험하는 기적 인생』, 105-116.

472 이동원, 『역설로 살아가는 행복』, 87.

473 이동원, 『쉽게 풀어 쓴 이동원 목사의 마가복음 이야기』, 175.

474 이동원, 『비유로 말씀하시더라』, 29.

475 Sung Young Chung, "A Critical Examination of the Preaching Style of Daniel Dong-Won Lee", 108.

476 이동원, 『기막힌 하나님의 간섭』, 228.

477 이동원, 『이렇게 찾으라』, 1.

478 Ibid., 123.

479 이동원, 『우리가 사모하는 공동체』, 116.

480 이동원, 『이렇게 찾으라』, 39.

481 이동원, 『이렇게 찾으라』, 15-16.

482 이동원, 『하나님을 감동시킨 사람들의 기도』, 174.

483 Ibid., 114.

484 이동원, 『당신은 예수님의 VIP』, 124-126.

485 이동원, 『역설로 살아가는 행복』, 82-83.

486 이동원, 『성령에 속한 사람』, 109.

487 이동원, 『예수님의 거룩한 습관』, 201-202.

488 이동원, 『인생 레슨』, 92-93.

489 이동원, 『역설로 살아가는 행복』, 93-94.

490 Ibid., 95.

491 그라시안, 『나의 가치를 높이는 화술』, 박찬희 옮김 (서울: 올댓Book, 2014), 139-140.

492 이동원, 『믿음의 모델링에 도전하라』, 155.

493 이동원, 『당신은 예수님의 VIP』, 101.

494 Ibid., 154.

495 Ibid., 160.

496 이동원, 『내 영혼의 내비게이션』, 47.

497 이동원, 『당신은 예수님의 VIP』, 165.

498 이동원, 『우리가 사모하는 공동체』, 65-66.

499 이동원, 『이렇게 찾으라』, 63-64.

500 Ibid., 50.

501 이동원, 『역설로 살아가는 행복』, 104-105.

502 홍영기, 『설교의 기술』, 209.

503 이동원, "강단 설교와 삶의 적용(1) (2)", 『그 말씀』(1994. 1-2).

504 이동원, 『예수님의 거룩한 습관』, 228-229.

505 Ibid., 229.

506 이동원, 『이렇게 찾으라』, 17.

507 이동원, 『예수님의 거룩한 습관』, 239.

508 이동원, 『당신은 예수님의 VIP』, 27.

509 이동원, 『이렇게 찾으라』, 24.

510 이동원, 『기적을 창조하는 자가 되라』, 48.

511 이동원, 『쉽게 풀어 쓴 이동원 목사의 마가복음 이야기』, 87.

512 이동원, 『예수님의 거룩한 습관』, 250-252.

513 이동원, 『당신은 예수님의 VIP』, 31.

514 Ibid., 66-67.

515 Ibid., 104.

516 이동원, 『내 영혼의 내비게이션』, 206.

517 이동원, 『당신은 예수님의 VIP』, 32-42.

518 홍영기, 『설교의 기술』, 176.

519 Ibid., 181.

520 Ibid., 59; 이시은, 『성공적인 대화를 이끄는 고품격 스피치』 (서울: 태학사, 2004), 13-14; 나승연, 『나승연의 프레젠테이션』 (서울: 21세기북스, 2012), 157.

521 이은복, "이동원 목사의 설교 스타일에 관한 연구" (석사학위논문, 침례신학대학교대학원, 2006).

522 해돈 로빈슨, 『강해설교』, 박영호 옮김 (서울: 기독교문서선교회, 2007), 224.

523 한진환, 『설교의 영광』, 338.

524 H. C. Brown, Clinard, H Gordon & Northcutt, Jesse J., *Steps to the Sermon: A Plan for Sermon Preparation* (Nashville: Broadman. 1963), 28-29.

525 Edwin C. Dargan, *A History of Preaching* (Grand Rapids, MI: Baker. 1954), 13.

526 Win Arn, *The Pastor's Manual for Effective Ministry* (Monrovia: Church Growth, Inc., 1988), 16.

527 브라이언 버드(Brian Bird)는 자신의 소논문인 〈크리스채너티 투데이〉(Christianity Today)에서 "나의 모든 연구들에서 교회의 강단에 청중들은 가득한데 설교들은 아주 공허한 서구 사회를 보고 있다"(…in all my studies I have yet to see a Western society where the church pews are so full and the sermons so empty)라고 말한다. Brian Bird, "Biblical Exposition: Becoming a Lost Art?" in Christianity Today 30 (1984), 34.

528 말콰트(Markquart)는 현대 설교의 문제점으로 다음의 10가지를 지적하고 있다. (1) 너무 추상적이고 이론적이고 신학적이고 학문적이며, (2) 너무 개념들이 복잡하게 많으며, (3) 청중의 필요에 민감하지 못하며, (4) 신학적 경구와 성경 이야기들이 너무 많으며, (5) 과거 이스라엘에 관한 이야기를 하는 데 너무 많은 시간을 소모하며, (6) 예화가 너무 적고, 너무 문학적이며, (7) 긍정적인 이야기보다는 부정적인 이야기가 너무 많으며, 많은 설교들이 너무 열정

이 없으며, (8) 너무 예측 가능하고 열정이 없으며, (9) 도덕적인 설교들이 많으며, (10) 연구 시간이 충분하지 못한 점 등. Edward F. Markquart, *Quest For Better Preaching* (Minneapolis: Augsburg Publishing, 1985), 21-46.

529 Helmut Thielicke, *The Troubled with the Church* (Grand Rapids: Baker, 1965), 131.

530 Craig A. Loscalzo, *Preaching Sermons that Connect: Effective Communication through Identification* (Downers Grove, IL: InterVarsity Press, 1995), 12.

531 Billy Graham, *A Biblical Standard for Evangelists* (Minneapolis: World Wide Publications, 1983), 31.

532 목회와신학 편집부, 『3인 3색 설교학 특강』 (서울: 두란노아카데미, 2010), 196.

533 홍순우, 『교회성장과 설교』 (서울: 대한기독교출판사, 1995), 75-76; H. C. Brown, 『설교의 구성론』, 정장복 옮김 (서울: 양서각, 1984), 209; J. R. W. Stott, 현대 교회와 설교, 287; Raymond Bailey, *Paul the Preacher* (Nashville Tennesses: Broadman Press, 1991), 76-77.

534 한순진, 『왜 청중들은 그들의 설교에 매료되는가?』, 16.

535 이동원, "비전의 땅을 찾아가는 여로" (2002. 5. 19. 주일설교).

536 이동원, 『비전의 신을 신고 내일로 간다: 이동원 목사와 지구촌교회 이야기』, 156.

537 한종호, "나의 설교를 말한다_(1) 이동원 목사", 80.

538 Ibid., 200-201.

539 이동원, 『비전의 신을 신고 내일로 간다: 이동원 목사와 지구촌교회 이야기』, 164.

540 Ibid., 175-176.

541 성연국, "이동원 목사의 설교연구" (석사학위논문, 총신대학교 대학원, 2013.

2): 29-30.

542 이동원, 『비전의 신을 신고 내일로 간다: 이동원 목사와 지구촌교회 이야기』, 22.

543 한진환, 『설교의 영광』, 340-341.

544 Haddon W. Robinson, *Biblical Preaching*, 2nd ed (Grand Rapids: Baker Academic, 2001), 260-262.

545 Sung-young Chung, "A Critical Examination of the Preaching Style of Daniel Dong-won Lee", 150.

546 김경태, 『실전 프레젠테이션 11Step』 (서울: 멘토르, 2007), 202, 225; 윤치영, 『당신도 화술의 달인이 될 수 있다』 (서울: 책이있는마을, 2002), 237-238.

547 한순진, 『왜 청중들은 그들의 설교에 매료되는가?』, 12.

548 정용섭, "근본주의적 강해설교의 조급증_이동원, 하용조 목사", 『기독교사상』 10월호 (서울: 대한기독교서회, 2004), 73.

549 이동원, "건강한 교회가 희망입니다", 〈미션 뉴스〉 (2009. 5. 14).

550 이동원, 『이렇게 찾으라』, 159.

551 이동원, 『하나님을 감동시킨 사람들의 기도』, 222.

552 이동원, 『비유로 말씀하시더라』, 277.

553 이동원, 『이렇게 찾으라』, 17.

554 Haddon W. Robinson, *Biblical Preaching*, 2nd ed., 236.

555 John Broadus, *On the Preparation and Delivery of Sermons* (New York: Harper & Brothers, 1926), 351.

556 Haddon W. Robinson, *Biblical Preaching*, 2nd ed., 265.

557 임태섭, 『스피치 커뮤니케이션』 (서울: 커뮤니케이션북스, 2004), 328.

558 이동원, 『설교 클리닉』 (2006. 8. 설교 세미나 교재), 10.

559 정성영, "설교 스타일의 특성: 흥미", 『복음과 실천』, 침신논집 29집 (2002. 3.): 178.

560 두란노서원 편집부, 『내가 본 이동원 목사』 (서울: 두란노, 2010), 117, 119.

561 정인교, "웅변을 넘어서는 설교_이동원 목사의 설교 세계", 〈국민일보〉 (2010. 8. 8), http://news.kukinews.com/article/view.asp?page=1&gCode=kmi& arcid=0003995234&cp=du.

562 Fred B. Craddock, *As One Without Authority* (St. Louis: Chalice, 2001), 113.

563 정인교, "웅변을 넘어서는 설교_이동원 목사의 설교 세계", 〈국민일보〉 (2010. 8. 8), http://news.kukinews.com/article/view.asp?page=1&gCode=kmi& arcid=0003995234&cp=du.

564 Thomas G. Long, *Preaching and the Literary Forms of the Bible* (Philadelphia: Fortress Press, 1989), 12-13, 24-29, 30-33; Jeffrey D. Arthurs, *Preaching with Variety: How to Re-create the Dynamics of Biblical Genres* (Grand Rapids: Kregel, 2007), 27-28; Fred B. Craddock, *Overhearing the Gospel* (Nashville: Abingdon, 1978), 70-75; Richard Jensen, *Telling the Story* (Minneapolis: Augsburg Publishing House, 1980), 129.

565 Helmut Thielicke, *Encounter with Spurgeon*, trans. John Doberstein (Philadelphia: Fortress Press, 1963), 45.

목회자들이 가장 본받고 싶은 설교자

이동원 목사의 설교 세계

발행일 2023년 9월 5일 초판 1쇄 발생

지은이 신성욱
발행인 고영래
발행처 미래사CROSS

주소 서울시 마포구 토정로 195-1 정우빌딩 3층
전화 (02) 773-5680
팩스 (02) 773-5685
이메일 miraebooks@daum.net
등록 1995년 6월 17일 (제 2016-000084호)

ISBN 978-89-7087-149-3 03230